김수현 드라마 전집

김수현 드라마 전집

09

완전한 사랑 2

솔

**1. 대사 문장에는 띄어쓰기 원칙을 적용하지 않았다.**

가장 먼저, 김수현 극본의 대사에는 마치 악보처럼 리듬이 존재한다는 것을 알면 이해가 한층 쉬워진다. 대사의 리듬과 더불어 대사의 타이밍, 대사의 전환점, 호흡의 완급, 감정선의 절제 또는 연장 등이 대본 자체에서 표현되고 있다. 따라서 문법적 원칙보다 대사의 리듬, 장단이 우선하는 이유로 띄어쓰기 원칙은 간혹 무시되고 있으며 이러한 작가의 의도를 손상시키지 않기 위해 띄어쓰기 문법을 적용시키지 않고 원본 그대로 실었다.

**2. 대사에는 맞춤법을 적용하지 않은 경우가 적지 않다.**

김수현 극작품의 대사는 구어체에 가까운 것으로 한글, 곧 '소리 나는 대로 읽기-쓰기'에 충실하다. 사투리가 대사에 적용될 때, 캐릭터의 어투나 억양을 강조하기 위한 수단으로 쓰일 때에도 그러하다. 곧 모든 대사의 바탕은 실제 생활 속 일상 언어의 발성이며, 때문에 공식적인 맞춤법이 적용되지 않은 경우가 많다. 외래어 또한 대부분 표기법을 적용해 사용하지 않았고, 문장부호의 사용 또한 일부 맞춤법을 적용하지 않았다.

> 예) "가께 오빠"("갈게 오빠") "늘구지 마세요 선생님"("늘리지 마세요 선생님") "택시 타구 갈께요"("택시 타고 갈게요") "어뜩해. 들으셨어요?"("어떡해. 들으셨어요?") "잔소리 피할려 그러지."("잔소리 피하려 그러지.") "친구 잘못 사겨 착한 내 아들 버렸다는 거랑 같아"("친구 잘못 사귀어 착한 내 아들…") "납쁜 자식"("나쁜 자식") "이제 여덜시야"("이제 여덟 시야") "키이"("키key")

마침표(.)를 넣지 않은 대사 문장에 대해
마침표의 유무에 따라 호흡과 말투, 대사와 대사와의 연결, 뉘앙스에서 차이가 있음

4

을 지시하는 것으로 원본 그대로 실었다.


**3. 의성어 및 의태어의 사용은 김수현 작가만의 언어를 반영하여 최대한 수정하지 않은 원문을 싣거나, 부분 삭제하였다.**

> 예) '식닥식닥'(화나거나 흥분해 가만히 있지 못 하고 숨을 헐떡거리
> 는 상태), '채뜰 듯'(낚아채서 빠르게 들어 올리는 모양)


**4. 작품에 쓰인 용어의 설명은 다음과 같다.**

S#: S: Scene의 약자. / #: Number를 의미하는 기호.

E: Effect의 약자.
E는 여러 쓰임새가 있다. 이번 전집에서는 대체로 다음 두 가지로 쓰인다.
　① 화면상에서 A의 얼굴 위로 B의 목소리를 나오게 할 때
　② 특별한 음향효과를 지시할 때
　이번 전집에서는 ①에서처럼 화면 연출상의 기법을 위한 경우로 쓰일 경우에는 전후 문맥상 반드시 필요한 경우를 제외하고 부분 생략하였다. 그러나 ②에서처럼 전화벨이나 음향효과를 위한 장면에서는 원문 그대로 E라고 표기하였다.

> 예) E 전화벨 울리고 있고 / E 볼륨 줄여놓은 피아노 연주곡.

F: Filter의 약자.
이것은 예를 들면 A와 B가 통화를 할 때, A가 화면에 나와 있는 상태에서 B의 전화 목소리를 들려줘야 하는 경우, 상대방의 목소리를 전화 저편에서 말하는 것처럼 들리게 하는 음향적 효과를 지시하는 부호이다.

오버랩: Overlap.

앞의 장면과 뒤에 연결되는 장면이 겹쳐지며 다음 화면으로 넘어가게 할 때 쓰는 부호이다. 대본에서의 오버랩은 앞 사람의 대사가 끝나기 전에 다음 사람의 대사를 겹쳐서 말하게 할 때 주로 쓰이고 있다.

인서트: Insert.

일련의 화면에 글자나 필름을 삽입하는 것을 뜻한다. 이 대본에서는 대부분의 경우 이 지시 사항은 생략되었고, 건물의 외경이나 풍경 등의 씬을 삽입할 때 주로 쓰였다.

디졸브: Dissolve.

한 화면의 밀도가 점점 감소되어 사라짐과 동시에 점차 다른 화면의 밀도가 높아져 나타나는 장면 전환 기법 중 하나. 대본에서의 디졸브는 시간이나 장소의 변화를 보여주기 위해 사용되었다.

페이드 인: Fade in.

영상이 검정색 상태에서 다음 이미지가 점차 선명하게 나타나는 장면 전환 효과를 말하는 것으로 대본에서는 'F.I'로 표기했다.

페이드 아웃: Fade out.

화면이 어두워져 완전히 꺼지는 상태. 장면의 전환, 또는 시간을 건너뛸 때 주로 쓰인다. 대본에서는 'F.O'로 표기했다.

스니크 인: Sneak in.

해설이나 대사 등이 진행되고 있는 사이에 음악이나 효과음을 서서히 삽입시키면서 점점 확대해가는 오디오 연출 용어이다.

**5. 기호와 지시문에 대한 설명은 다음과 같다.**

/ : 대사 속의 / 부호와 지문 속의 / 부호가 있다.
　① 대사 속의 / 부호
　대사 도중에 나오는 / 부호는 말투, 억양을 바꿀 때, 텀term 혹은 호흡을 지시 할 때 쓰인다. 그 길이는 길 수도, 짧을 수도 있으며 바로 전 대사의 호흡을 끊고 바로 다음 대사로 빠르게 연결해야 할 때도 쓰인다.

　　예) **수정**　(일어나 아들 앞으로 가 서며)너 어떻게/어디 아파? 돌았어?

　② 지문 속의 / 부호
　연출할 화면을 나열, 혹은 순서대로 지시하는 부호이다.

　　예) **서연**　???(허둥지둥 다른 손으로 무릎에 놓은 가방 휘저으며 전화 찾는/도저히 전화가 손에 안 잡힌다/브러시질 멈추고 아예 가방 내용물을 무릎에 몽땅 쏟아버린다/지갑 수첩 필통 손수건 콤팩트 립스틱 선글라스 두통약병 등등/그러나 전화는 없다/설마 하는 얼굴로 내용물들 다시 손으로 움직이며 체크/역시 없다)

　③ 지문과 대사 속의 //
　/ 부호를 겹쳐 사용한 것은 대사와 지문 모두 호흡을 위해 그대로 표기하였다. 행동이나 대사를 완전히 끊고 마무리할 때 사용되었다.

　　예) 지문: (대화 시작되고 유창하게 응답하는 이모//매일 전화로 학습시키는 영어 회화)
　　　　대사: ·····그럼 // 충격받을 준비해.

( ): 배우의 연기에 대한 지시 사항.

[ ]: 작중 정황을 지시하는 지문.
설정, 행동, 환경, 동선 등을 지시하는 부호이다.

…: 말줄임표
　① 대사의 말줄임표: 배우의 대사에서의 감정선에 따른 호흡의 길이를 지시하는 부호.
　② S#의 말줄임표: 도입되는 장면에 대한 연출의 길이를 조절하라는 뜻이다.
　③ [ ]의 말줄임표: 해당 장면에 대한 추가 연출이 필요하다는 뜻으로 쓰인다.

(오버랩의 기분): 오버랩처럼 대사가 완전히 겹치지 않고 앞 대사가 마무리될 때쯤 대사를 시작하는 것을 말한다.

　예) **이여사**　글쎄 기분 나쁜 이유가
　　　**영주**　　(오버랩의 기분)엄마 내가 말하구 싶지 않은 거 그래서 알아
　　내본 적 있수?

(에서): 장면의 마지막 대사 뒤에 붙여 대사 후 화면이 바로 전환됨을 나타낸다. 간혹 대사 후 바로 화면 전환을 하지 않고 그대로 두어 여운을 줄 때도 사용한다.

　예) **채린**　　어머니 꿈꾸셨어요?(에서)
　　　**S# 준모의 침실**


6. 배우의 연기나 대사, 작중 정황 등 대본의 서술과 실제 방영된 드라마 방송분이 다를 경우 대본을 우선으로 한다.

8

| 등장인물 |


주요 인물

**하영애**    37세. 시우의 아내.
**박시우**    34세. 영애의 남편.
**문지나**    34세. 시우의 친구.
**홍승조**    34세. 시우의 친구.


영애네 가족

**엄마**    영애의 어머니.
**나경자**    영애의 이모.
**하정호**    영애의 남동생.
**박은혜**    영애 부부의 딸.
**박준서**    영애 부부의 아들. 은혜의 남동생.


시우네 가족

**박(박회장)**    68세. 시우의 아버지.
**장(장여사)**    65세. 시우의 어머니.
**박재우**    시우의 형.
**정원**    재우의 아내.
**박연우**    시우의 누나.
**허(허서방)**    연우의 남편.
**허미주**    연우 부부의 딸.

**소정네 가족**

**소정모**  소정과 유정의 어머니.

**소정**  정호의 아내.

**유정**  소정의 여동생.

# 차례

# 제13회

**S#** 편집해서 몇 커트 넣어주시고요.

**S# 거실**

**영애**   …(서 있는데)…

**조**     (안방 앞에서 잠깐 망설이는 기분이다가)사모니임··

**장**     E 왜 그래요··

**조**     준서 엄마 왔는데요…

**장**     E ….

**영애**   ….(안방 보며)

**S# 안방**

　　　　[자고 있는 박회장 돌아보며]

**장**     ….(잠시 있다가 일어난다/자신은 사경 중이었고)…

**S# 거실**

**장**     (나오면서 영애 보고)

**영애**   (목례)

**장**     점심 드시구 잠시 눈 붙이신 참이다·· 기다려··

영애   ..(대답은 않고 대답 같은)

장   점심 안 먹었거든

영애   먹고 움직였어요..

장   얘는 뭐하나.

조   이층에 있어요 사모님..

장   애 왔다고 해요..

조   네..(하고 움직이려는데)

영애   제가 올라갈께요 아주머니..

조   그래 그럼. 차 갖다 줄게..

장   (애 왔다고 해요 하고 방으로)

영애   제가 갖구 올라갈께요..

조   아이구 올라가 내 갖다 줄께에..

영애   (좀 웃어 보이고)

**S# 정원의 방**

정원   (국제전화 중)·····(듣다가)어 듣구 있어...얘 형원아 저쪽 독일이나 유럽 쪽에는 혹시·····그럼 형원아..폐이식도 한다면서. 폐이식하면 안돼?····엉..엉 그래 그런 거구나...알았어..바쁜 사람 미안하다..니 댁은 잘 있지?·····그래 아무리 바뻐두 마음 써줘 가면서 이쁘게 살아...매형 잘 있지 그럼..응 건강하구..이런 일이나 있어야 전화하구 미안하다..그래 일봐..응...미안해 응? 너 성당에 열심히 나가구···(웃으며)응 안녕..(하고 착잡하게 전화 끊는다)

   E 노크

정원   네에..

영애   형님(들어서며)

**정원**　어 왔어?..

**영애**　누구 나이롱 신자 있어요?

**정원**　어 아냐..미국에 있는 생일 두 달 늦은 사촌 동생...

**영애**　네에..

**정원**　아버님 어머님 뵀어?

**영애**　주무신대요..기다리라구...

**정원**　그래 와 앉어...

**영애**　(의자 쪽으로 움직인다)

**정원**　(영애 앉는 것 안쓰럽게 보는데)

**영애**　(앉으며 안 보는 채)그렇게 안됐어하는 얼굴 하지 마세요 (조금 웃
　　으며 보는)안 편해요..

**정원**　그래 미안해..마실 거

**영애**　아주머니가 갖다 준댔어요..

**정원**　(끄덕이고 움직이며)서방님은 많이 바쁘지..그이 그러든데..

**영애**　네 그런가봐요..

**정원**　(앉으며)언제 말할 생각이야/...

**영애**　...(시선 내리고)

**정원**　동서..

**영애**　(고개 들며)알아서 할께요..다른 사람 통해서 알게 하고 싶지 않
　　아요..내가 말할 거에요.....(시선 내리며)그래야 하지 않겠어요..

**정원**　그래 그건 나두 같은 생각이야 그런데

**영애**　(오버랩의 기분)회사 일만으로도 머리 꽉 찼을텐데....숨구멍 좀
　　트이면요...걱정 마세요..할께요.....한 이주일 쯤 봐줄까 그래요.(보고
　　웃는 듯하며)

**정원**   (더 이상 말 못하고 그저 보는데)

   E 노크‥

**정원**   네에 (하고 일어나는데)

**조**   E 회장님 일어나셨다구 준서 엄마‥

**영애**   네 아주머니 (하고 일어난다)

**S# 거실**

**영애**   (이 층에서 내려오고 정원 조 아줌마 뒤따라 내려오는)…

**정원**   어머님‥ (안방 문 앞에서)

**장**   E 들여보내‥

**정원**   (문 열어주고)

**S# 안방**

**영애**   (들어선다‥)

**박**   (가디건 단추 채우면서) 당신 나가 있어‥

**장**   ??

**박**   ……

**장**   (잠시 더 남편 보다가 일어나며) 앉거라‥

**영애**   ……

**장**   (나가고)

**영애**   ……(시부 보며 서 있는데)

**박**   앉어‥

**영애**   (무릎 꿇고 앉으며 안 보는 채) 좀 ‥어떠세요‥

**박**   (보며 나직이) 마음에 없는 소리는 할 거 없구…생각해봤냐‥

**영애**   ……(시선 내린 채)

**박**   시효니 뭐니 그딴 코같은 소리 말구…

16

**영애** 궁금한 게 있습니다..

**박** ......뭐야..

**영애** 언제부터 하신 생각이세요..(보며)

**박** .....(보다가)그걸 니가 왜 알아야 해.

**영애** 알고 싶어요..

**박** 니 어머니는 날더러 내키는대로 변덕이 죽 끓듯한다 그런다만
....변덕으루 키운 회사 아니야.. .....호텔은 작년부터 구상 중이구 널
염두에 두었던 거두 그때부터야...

**영애** ....(가만히 보며)그러시면서..... 절 더더욱 몰아세우신 건....이해
할 수 없어요..

**박** 치.. 참새가 어찌 대붕의 뜻을 알겠냐.

**영애** (가만히 보며)....

**박** 정히 이사가 내키지 않거든 공부 준비만 하도록 해..허튼 소리
로 듣지 말구..

**영애** 아버님....(해놓고)징그럽다시는데 죄송해요..

**박** 건방진 것. 나랑 놀자는 게냐?

**영애** 저는 자신 없어요.. 형님께 맡기시는 게

**박** (오버랩의 기분)사람마다 제가끔 그릇이 달라.. 사양할 거 없다..

**영애** ....(보며)

**박** 가 봐..

**영애** ....(보며)

**박** 가 보라구..

**영애** (일어난다)....

**S# 거실**

영애    (안방에서 나온다)

장      (소파에 앉아 차 마시다 돌아보고)

정원    (같이 앉아 있다가 일어나며)이리 와..

영애    (소파 쪽으로)

장      (보며)애들은 어떡하구 왔어..

영애    (앉으며)즈이끼리도 잘 지냅니다..

정원    (준비해 두었던 찻잔에 따라주는데)

장      애비 곰국이라두 만들어 멕여..큰애 얘기 들으니 예삿일이 아
        닌 모양이던데..

영애    ..네..

장      지금까지 늬들 살던대로 지내는 건 포기해.. 회장님하구 다르
        게 별스레 안사람 애들 끔찍한 녀석이다만 자리가 자린 만큼 저
        라구 별 수 없을 게야.. 회사에 아예 줘버렸다 생각해. 뺏겼다 생각
        말구..

장      E (영애 위에)내조가 별 게 아냐...밖에서 일하는 사람 불편 안
        하게 그저 좋은 얼굴로 내보내구 맞아주면서 건강 안 다치게

장      E (영애 보는 정원 위에)한결같이 정성을 다해주는 거야.. 회장
        님 대신 자리 맡을 사람이

장      가정사 신경쓸 여유 없다..

영애    ....

장      알아듣는 건지 못 알아듣는 건지 표시를 해..

영애    네 알아요..

장      ....(이윽히 보다가)회장님께...감사합니다 인사는 드렸냐?

영애    ?....아뇨..

**장**　쯔쯔쯔쯔…당연히 드려야할 인사 아냐…무슨 생각이야 대체…

　　…이사는 어떡할 거야‥

**영애**　안해도 된다구 말씀하셨어요‥

**장**　‥‥양보하셨구나…(일어나며)됐다…나중 일로 미뤄 두자‥(두 여자

　　일어나고)

**영애**　저 그만 가보겠어요 어머님‥

**장**　(잠깐 돌아보고 방문 열고)준서 에미 간대요…(대꾸 없고 돌아보

　　며 가라는 손짓하고 들어간다)

**영애**　(안방 쪽 보며)‥(잠깐)

**S#**　정원…

　　[현관에서 나와 움직이는 두 사람…]

　　[몇 걸음 같이 걷다가 문득]

**영애**　들어가세요‥(멈추고)

**정원**　괜찮아 나가…(가볍게 잡으며)

　　[몇 걸음 걷다가]

**영애**　(멈추며)섭섭하지 않으세요 형님?

**정원**　??뭐가‥

**영애**　아주버님 계신데 그 사람이

**정원**　(오버랩의 기분)난 또 뭐라구‥ 그런 생각하지 마 동서. 감당할

　　일이 따루 있지 우리 그이두 (웃음 좀 섞어서)감당 못해애‥자기 입

　　으루 자긴 열 번 죽었다 깨나두 안된다 그러는데 뭘. 그이두 나두

　　당연히 서방님 몫이라구 생각해애‥그이 서방님 들어오신 거 얼마

　　나 좋아하는데에…

**영애**　(감동 먹은 눈길)그러기 쉽지 않을 거라 생각해요.

정원  분수를 알아야지.. 혹시라두 하는 생각하지 마..우리 진심으로 기쁘니까..

영애  (걸음 옮기며)천생연분이세요..

정원  흐흣..(같이 걸으며)그래 우린 성모님이 맺어준 사이야..

영애  (잠깐 보며 웃으며 그냥 걷는)

정원  (따라 걸으며)믿거나 말거나 얘기해 줄까 말까..

영애  (멈추고)? 무슨 얘기요?

정원  이거 그이만 알구 있는 얘기야..나 선보기로 해 놓고 나서 꿈꿨었는데 꿈에 성모님이 어떤 남잘 손잡아 데리구 오셔서 나한테 건네 주시더라..당신이 잡으셨던 손을 나한테 잡게 해 주시더라구.. 그러구 선 자리에 나갔는데 글쎄 신부님이 데리구 나온 남자가 바로 우리 그인 거야..

영애  네에에?

정원  믿을 수 있겠어?

영애  그렇지만 거짓말하실 리 없잖아요..

정원  정말이야...

영애  어쩌면....그래서 그렇게.... 아름답게 사시는군요..

정원  아니지이..성모님께서 부족한 나한테 아름다운 사람을 보내주신 거야....얼마나...선하구 훌륭한 사람인데...

영애  .....(보다가)내내 행복하세요 형님..

정원  ....(보며)

영애  제 몫까지 같이요..

정원  (울컥하면서)동서..(하고 손잡는데)

영애  (돌아서 빠른 걸음으로 나간다)

**정원** ……(보면서)

**S#** 아파트로 들어오고 있는 영애의 자동차‥

**S#** 거실

**영애** (들어오면서)엄마 왔어어어…

   [대꾸 없다‥‥]

**영애** 엄마 왔는데에에?…자는 거야 없는 거야… (하고 안방으로 움직
   이다 보면 안방 문에 붙여놓은 메모)

   [은혜 글씨‥]

**엄마** 지나 아줌마랑 아빠한테 가요‥

**영애** ‥‥(메모 떼어들고 소파로 앉으면서 전화번호 수첩에서 시우 회사 번
   호 찾아 버튼)

**시우** F 네 박시웁니다.

**영애** 여보 난데‥

**시우** F 아 깜박했네‥애들 여기 와 있어 여보‥

**S#** 시우 사무실‥

   [총무과장과 재우 같이 얘기하던 중이다‥]

**시우** (연결)근데 당신 어디갔었어‥

**영애** F 볼일 좀 있어서‥

**시우** 무슨 볼(하다가 그만두는데)

**영애** F 그런데 지나씨가 어떻게

**시우** 아 마침 여기 들릴려구 움직이는 중이래서 집에들려 애들 좀
   데리구 나와 달라구 부탁했어‥집에 전화하니까 즈이끼리 밥 먹을
   려는 중이래서‥당신 어디야‥

**S#** 거실

**영애**   집이지 어디야.. 밥은 먹었어?

**시우**   F 어 지나가.. 나는 따루 먹구. 당신 좀 나와라..애들 데리구 들어

   갈겸 구경해 엉?

**영애**   알았어..(전화 끊으며)....

   [놓아두었던 핸드백 집어 든다.]

**S#**   라페스 앞..

**시우**   (나와 서 있고)

   [영애의 자동차 와서 선다..]

**시우**   (들여다보며)내려..그냥 내려..

**영애**   (내리며)주차 어디다 해..

**시우**   그냥 내려 글쎄.. 키 꽂아 놓고....(옆에 누군가에게)주차시켜 주

   세요..부탁해요..

**남자**   예 실장님..

**시우**   (영애 손 잡아 끄는데)

**영애**   키이는..(자동차 쪽 돌아보며)

**시우**   걱정마 나한테 갖구 올 꺼야..

**S#**   지나 매장

**지나**   (디스플레이 바꾸는 중/ 움직이면서)여기서는 괜찮게 만진 거 같

   은데 차타구 가면서부터 뭔가 잘못한 거 같단 말야..도로 뛰어 올

   수도 없고 내애내 찜찜해 암튼..

**직원**   (보고 있다가)너무 신경쓰지 마세요 실장님. 훌륭하세요..

**지나**   호홋 그래?(하는데)

**시우**   E 실례합니다 여기가 지나네 회사 매장이야

**지나**   ??

**시우**　저번에 뒤늦게 들어와 오픈 한 거..(하는데)

**지나**　(오버랩의 기분)어머 언니이..

**시우**　야 너 애들 봐 준다더니 우리 애들 어떡하구 얘가 뭐야아.

**지나**　애들 승조가 본다. 놀라기는 대책없이 애들끼리 뒀을까봐 그래?

**시우**　승조 왔어?

**지나**　엉 (핸드백 챙기며)어 우리 인테리어 하구 다른 매장 일거리 생겼대..큰 일거리는 아니지만 짬내본대드라.. 나가요 언니. 커피 마셔요..(영애 손잡아 밖으로)

**S# 매장 밖**

**시우**　(따라 나오며)어 너 내 대신 구경 좀 시켜주라..잘 됐다..

**지나**　으응 기꺼이..

**시우**　여보 그럼 나 들어가서

**영애**　당신 나 좀 잠깐 봐..(시우 보는데 인상 팍 써 보이고)나 인상 썼어어?

**시우**　어 오랜만이다 그 얼굴… (지나는 옆에서 ? ? )

**영애**　구경시켜준다 나오래 놓구 짐보따리 떠맡기듯 뭐야 기분 나쁘게..

**시우**　아니 저 미팅하다 잠깐 나왔

**영애**　(오버랩의 기분)따라 와 커피 사주구 들어가..

**영애**　(시계 보고)알았어..가자 가.(앞서며)가자 지나야..

**지나**　언니 인상쓰면 꼼짝 못하니?

**시우**　(걸으며)꼼짝했다간 맞어 야..

**지나**　(소리 내어 웃어버린다)

**S# 아이들 이발소..**

　　[준서 은혜.. 승조와 같이 놀거나 게임을 하거나 ..]

E 핸드폰 벨

**승조**  어 왜..여기 어린이 이발소……그래?…알았어..알았어알았어 알
아서 할께..

**S# 쇼핑몰의 커피숍..**

[놓아지는 커피..]

**지나**  (핸드폰 끊으며)여기 커피 맛있어요 언니..

**영애**  (웃어 보이고)

**시우**  애들 데리구 온대?

**지나**  알아서 한대..그만 챙기구 커피나 드셔.

**시우**  점심 뭐 먹었어..(커피에 설탕 조금 넣으며)

**지나**  짜장면 먹자드라?

**시우**  (커피 잔 들며)바보들..부자 아줌만데 기껏 짜장면은.

**지나**  (오버랩의 기분)언니 처음이에요?

**영애**  처음이야..

**지나**  (기웃이 보며)뭐 신구 왔어요.. 운동화면 좋았을텐데..꽤 넓거
든요..

**영애**  담날 하지 뭐..

**시우**  왜애 나온 김에 봐아..볼만해..

**지나**  볼만해요..

**영애**  신두 불편하구...

**시우**  무슨 볼일 봤어..

**영애**  아버님 문병드리구 왔어.. 꼭 그렇게 알아야겠어?

**지나**  참 좀 어떠세요..

**영애**  뭐…여전하시든데?(시우 보며)

**시우**  그게 원래 멀쩡할 땐 전혀 아무 표두 안나는 병이야..관리 잘 하
셔야할텐데 당장은 주치의 말 들으시는 척 하시는데 모르지..(시계
보고)여보 매 맞어두 할 수 없다..(일어나며)나 들어가.. 자동차 키 보
낼게.. 지나 부탁한다..

**지나**  어엉..(시우 아웃되고 아웃되는 시우 등 보며)얼마나 재는지 몰라
요 회의 중이다 뭐다 전화 연결두 잘 안되구요(영애에게 고개)연결
돼두 십초 안에 끝내라 소리 먼저하구 우습지두 않아요.

**영애**  너무 그럼 못쓰는데.. 심하면 눈꼴시잖아..

**지나**  눈꼬리 벌써 시금시금해요..

**영애**  (웃어주고)선 보구 다닌다면서..

**지나**  시우한테 들었어요?..

**영애**  그럼 어디서 들어..

**지나**  (선 보고 다니는 게 아니라)한 사람 봤어요..데이트 중이에요..

**영애**  그래?..괜찮은가부지?

**지나**  만나다 보면 좋아질지두 모르니까 까불지 말라구 승조두 구박
하구 시우두 그러구....누구보다두 고모가 자꾸 압박을 하세요.. 노
력하는 자세는 보여야할 거 같아서 애쓰구 있는데요  이제 낯선 느
낌은 조금씩 덜해지는 거 같아요..

**영애**  잘되면 좋겠네..

**지나**  그렇죠? 그런데 고모가 아무리 소원을 하셔두 결혼을 위한 결
혼은 못할 거 같은데.(남아 있다)

**영애**  결혼을 위한 결혼은 하면 안되지이..

**지나**  맞선보구 두세달만에 결혼하는 사람들 꽤 있잖아요.

**영애**  그렇다구 결혼을 위한 결혼일까..서로 느낌이 맞아서 하는 거

아니겠어?

지나   그런가?…모르겠어요……(잠시 생각하는)

영애   …… (보는)

지나   (보며)비위 안 뒤집어지구 한 침대서 잘 수만 있으면 되는데..

영애   …… (쓴웃음/ 보며)

지나   못할 말이 없죠..

영애   어차피 늦었는데 고모님 압박에 밀려 대강 어째볼까 그럴 건 없어..물론 그럴 사람두 아니지만(남아 있는데)

지나   (오버랩의 기분)아니 요즘은 대강 어째볼까 싶기두 해요..어지간만하면 쿡쿡 한 침대 들어가면서 비명 안 질러두 될 정도만 되면 그냥 한번 해볼까

영애   (오버랩의 기분)몇 번이나 할 건데..그냥 한번 해볼까..그런 게 어딨어..

지나   얼마나 깝깝하면요….디게 깝깝해요 나..

영애   더 기다려 봐…

지나   호홋 기다리면 왕자님 나타나나요?

영애   누가 알아?…지금 수원쯤… 오구 있을지..

지나   뭐 타구 와요? 말 타구 와요 경운기 타구 와요 자동차 타구 와요 아님 걸어와요..

영애   글쎄…내 느낌엔 그렇게 오래 걸릴 거 같진 않은데?

지나   기대해볼까? 까르르르르. (입구 쪽 보며)근데 얘 뭐해얘.. 내가 가 데리구 올께요..

영애   ……(움직이는 지나 보며)….

  [입구 막 나가는 지나와 들어오는 애들 부딪힌다..]

**준서** 아줌마.(해놓고)엄마아아..(뛰고)

**지나** (은혜에게)아저씨는?

**은혜** 친구 만나셨어요..

**지나** 친구 누구?

**S#  야외 휴게 공간··**

**승조** (경구와 마주 서서)자잴 그렇게 자꾸 업그레이드시키면 공사비 엄청 추가되는데···국산두 괜찮아··

**경구** 공사비 추가되는 거 뭘 신경써···원하시는대루 해 드려. 돈 많으신데 뭘··

**승조** 삼십억이 사십억되게 생겼는데 어떻게 신경을 안써··과연 그 만한 효과가 날거냐두 생각 안할 수 없구 무조건 외국 자재 쓴다구 눈이 휘둥그레지게 그런 거 아니란 말야··

**경구** 쟁여논 돈이 숨을 못 쉬어서 곰팡이 쓸구 있나봐·· 귀가 얇으시 거든. 누가 뭐랬는지 암튼 바꿔보자 그러시니까 원대루 바꿔드려··

**승조** 별로 내키지 않는데···내가 한번 뵙구 말씀드려볼까?

**경구** 뭘 그래애·· 그냥 공사 해드리구 챙길 거만 챙겨··

**승조** 암튼 약속 한번 잡아주라·· 현장에 한번 나와 주심 좋겠는데·· 한 바퀴 돌면서 말씀드리면 이해두 훨씬 빠르실텐데··

**경구** 저녁 먹을까?

**승조** ···(잠깐 보고 커피숍 쪽 돌아보며)친구한테 오늘 라쟈냐 만들어 준댔는데··내 친구가 괜찮다면 올래?

**경구** 데이트 안된댔다면서··

**승조** 밥 먹는 건데 뭘··

**경구** 그럼 (움직이려 하며)한번 얘기해봐.

**승조**  그래 전화하자··

**경구**  응··(손 들어 보이고)

**승조**  (손 들어 보이고)

**S#  라페스 앞··**

　　[승조가 영애의 자동차 갖고 나와 세우고 내리고]

**지나**  자 타 빨리··(두 아이 태우고)

**영애**  (운전대로)····

**S#  차 안**

**영애**  (타서 시동 거는데)

**지나**  (유리 두드리며)들어가세요··

**승조**  안녕히 가세요··

**영애**  (문 내리고)갈께에··

**두 아이**  (앞 좌석 등받이로 붙으며)안녕히 계세요오오···

　　[적당히 대답하고 뜨는 자동차···]

　　[보고 있다가 같이 돌아서며/걷는/]

**승조**  저녁 내가 한 사람 초대하면 안돼?

**지나**  ?? 니 애인?··

**승조**  밥만 먹을게···

**지나**  그래 와인이나 한병 들구 오래.

**승조**  (지나 어깨 가볍게 치면서)야 그거야 기본이지이이··

**지나**  근데 언니 재밌는 말 한다? 내 왕자가 지금 수원 쯤 오구 있는 거
　　같으니까 대충 결정보지는 말래.

**승조**  그걸 어떻게 안대?

**지나**  몰라··그렇게 오래 걸리진 않을 거 같다는데? 갑자기 뭔가 희망

28

이 마구 샘솟는 거 있지 깔깔.

**S#** 운전하고 있는 영애. 차 안··

**영애** ·······

[뒷자리에서 묵찌빠하며 이마 튕기기 하는 준서와 은혜.]

**영애** 엄마 편지 선생님께 드리는 거 안 잊어먹었지··

**은혜** 응 엄마··

**영애** 준서는··

**준서** ····

**은혜** 너 까먹었구나. 엄마 준서 까먹었나봐··

**영애** 안 드렸어?

**준서** 네···

**영애** 잊어먹지 말랬는데···알았어··엄마가 전화 드릴게··

**은혜** 근데 무슨 편지야?

**영애** 가족여행 간다구··

**준서** (좋아서)등산요?

**은혜** 단풍 보러어··

**준서** 그래애 산에 가서 단풍 보러어··

**영애** 들어가 배낭에 각자 자기 필요한 거 챙기기··옷은 엄마가 할게··

**은혜** 응 엄마.

**준서** (동시에)네에··

**S#** 공사 현장을 둘러보며 브리핑 받고 있는 시우··

[시우는 중간중간 질문하시고요··]

**S#** 다른 현장으로 들어오는 시우의 자동차/새 지프

**시우** (지프에서 뛰어내려 현장 쪽으로)·····

**S#  현장 사무실**

**시우**  (들어오며) 한 소장 안 계신가요?

**청년 현장 사원**  (컴퓨터 두드리며) 어디서 오셨습니까..

**시우**  본사에서 나왔어요..

**청년**  (일어나며 예사롭게) 본사 누구시라구

**시우**  박시웁니다..

**청년**  ?....(갑자기 당황해서) 잠깐만 잠깐만요 실장님..(하고 튀어 나간다)

　　　[밖의 누군가에게 소리치는]

**청년**  E 소장님 어디 계셔!! 소장님 소장님 아직 안 들어오셨어?

**또 다른**  E 글쎄...못 봤는데에에..

**시우**  (나간다)

**청년**  소장님 좀 찾아요 소장님..(사람들한테 허둥대며)

**시우**  괜찮으니까 일 보세요..(하고 움직인다)....

**S#  거실**

**영애**  (안방에서 실내복으로 나와 소파에 앉으며 전화 집어 든다)

**S#  엄마의 가게..**

　　　[내일 쓸 물건들 받아들이고 있는]

**이모**  (화면 시작과 동시에 떡상자 들고 들어오면서) 어이구우 쌀쌀해
　　　언니이..(하는데)

　　　E 전화벨

**엄마**  (야채 다듬다가 전화 들며) 내의 입어어..

**이모**  벌써 입으면 어떡해.(하고 다시 문밖으로)

**엄마**  (내의에 연결) 여보세요.. 어 그래.. (웃으며) 아냐 안 바뻐.마침 아
　　　무두 없어..이상하게 딱 끊어질 때 있지 왜. 얘기하자..(좋아서)....

웬 여행?....뭘 우리까지 괜히 경비나 나가지 느이끼리 갔다 와. 돈 좀 모으라면서 난 돈이나 벌란다....으응 응...그래 바쁘겠지 이제 에..글쎄 좋기는 한데......아이구 이것아 그럼 진작 얘길해주지 지금 재료 들이구 있는데 (하다가 마침 다른 재료들 잔뜩 껴안고 들어오는 이모 보고)아니다 괜찮어..와서 쓰면 되지 뭐..

**이모** 무슨 얘기유?

**엄마** 영애가 가게 문 닫구 단풍 구경 가잔다..

**이모** 에에에에?(좋아서) 정마아아알??

**엄마** 니 이모 좋아서 넘어간다..그렇게 노는 게 좋은 위인이 참 고생한다.(이모에게)

**이모** 말이라구우? 아하하하하

**S# 영애의 거실**

**영애** (웃으며 듣다가 엄마가 들리지?)네 들려요...그럼 엄마 내일 아침 여덟시에 강남 터미널 대합실에서 만나요..따듯한 옷 준비하구요 신발두 편안한 거 싸요....아니 먹을 거 준비는 하지 마요. 그냥 적당히 사먹어요..(은혜 책 한 권 들고 나와서 엄마 옆에 앉으며)누군데?

**영애** (잠깐 있으라는 시늉하고)네...네....여덜 시에요. 괜히 너무 일찍 움직이지 말구요.. 알았어요...일박이일 할 거에요..엄마 가게 이틀은 문 닫는 거에요...알았어요..끊어요 그럼.(끊는데)

**은혜** ?(엄마 보고 있다가)엄마 할머니두 가셔?

**영애** 이모 할머니두..

**은혜** 우우 우리끼리만 가는 거보다 훨씬 재밌겠다..

**영애** 그렇겠지?

**준서** (오버랩의 기분 나오면서)엄마 배낭에 뭐 넣어요?

영애   이리와 엄마가 이따 도와주께 잠깐 쉬자‥얼른 와 엄마 아들‥

준서   (영애 한쪽으로 오는데)

은혜   (엄마에 연결)할머니랑 이모 할머니두 같이 가신다?

준서   진짜에요?

영애   진짜‥엄마 있지…할머니 모시구 여행 한번두 못해봤어‥그래
      서 이번에 모실려구.

준서   그럼 우리 뭐 타구 가요? 우리 차에 다 못타잖아요‥

영애   그래서 버스 타구 갈 거야‥

은혜   버스 싫은데‥

준서   사람이 그럼 못쓰는 거야‥(괜히 누나 툭 건드리며)버스도 타고
      자동차도 타고 그래야지‥

은혜   우리 네 식구 한꺼번에 앉을 수가 없잖아.

영애   은혜야.(하는데)

은혜   (상관없이 연결)자동차 타면 네식구 다 같이 타구 가는데‥

영애   그런데 이번에 아빠는 안 가셔‥

은혜 준서   ??왜요? 왜애?

영애   회사 때매 바쁘시잖어‥

은혜   그치만 아빠가 할아버지한테 말씀드리구

영애   그렇게 약속은 했지만 아무래두 무릴 거 같아서 아빠 같이 가
      는 거 포기했어‥할일 잔뜩 두구 우리 데리구 나가서 아빠 편하시
      겠어? 그러니까 우리가 깨끗이 포기하구 아빠 해방시켜주자‥

준서   그래서 할머니들하구 같이 가는 거에요?‥

영애   꼭 그런 건 아니구 할머니들한테 엄마 그동안 너무 잘못하구
      살았단 생각이 들어‥

은혜    그래서 반성하는 뜻이야?

영애    움‥딱 맞었어‥

준서    알았어요 반성 많이 하세요‥(하며 엄마 무릎 베고 누우며)근데 아빠 안 가서서 재미없으면 어떡해요?

영애    엄마가 재밌게 해 줄게‥

은혜    뭐어‥엄마는 잔소리만 하구 재미 별로 없어‥

영애    (잠깐 딸 보는데)…

준서    엄마엄마‥

영애    왜.

준서    저는요 이러구 누워 있으면 내가 아빠가 된 거 같아 기분 짱이에요‥

영애    (소리 없이 웃으며 아이 머리 만지고)

은혜    너 따라쟁이잖아아아‥

준서    나두 이담에 결혼하면 아빠처럼 이래야지‥

은혜    나는 남편이 그거 해 달라면 절대로 안 해 줄 거야‥

영애    왜애?

은혜    다리 아프잖어어어‥

영애    생각만큼 안 아퍼‥(은혜 만지며)신랑이 해달라면 깍쟁이처럼 굴지 말구 해줘‥

은혜    싫어.

영애    어떤 아내 어떤 남편을 얻을까 우리 은혜 준서는…

준서    엄마같은 아내.

은혜    흐훗 나는 아빠같은 남편.

준서    (몸 일으키면서)아빠 엄마 무릎에 눕는 거 디따 좋아하는데?

은혜   그거만 못하게 하면 돼..

준서   (도로 누우며)그럼 남편이 싫어하지이이..

은혜   걱정마..바보야..

준서   메에롱..

은혜   메에롱..

영애   (주고받는 두 아이 보며)......

은혜   엄마 아빠 늦으면 엄마 밥하지 말구 우리 시켜 먹어..

영애   뭐 먹구 싶은데..

은혜   아니이 엄마 밥하기 귀찮으니까

영애   안 귀찮아. 해줄게.

영애   E (보며/마음속 소리로)엄마 느이들 밥해줄 날 많지 않아..

은혜   그냥 아무 거나 시켜 먹어.

영애   아니라니까 뭐해 먹을까..준서 뭐 먹구 싶어..

준서   (몸 일으키며)소세지 볶음..토마토 케찹에..

영애   그래 간단하지 뭐..

은혜   근데 엄마 우리 왜 케익은 안 만들어? 재료는 사다 놓구..(책 넘
      기며)

영애   해야지? 여행 갔다와서 하자 응??

S# 아파트 전경..(밤)

      [은혜는 숙제하고 있고/영애와 준서는 솜 채운 종이 인형에 털실 머리
      붙이는 중이다..]

준서   근데 아빠는 왜 전화 안하세요?

영애   틈이 안나시나부지..

준서   그게 아니라 우리를 완전히 잊어버리신 거 아니에요?

영애  그럴 리가…바쁘시댔잖아..

은혜  전화 안하니까 이상해..

준서  나두.

영애  틈나면 하실 거야..

은혜  퇴근시간 아가 지났는데 뭐하느라 바쁜 거야? 지나 아줌마랑
승조 아저씨랑 술 먹구 노느라 바쁜가?

영애  그럴 리가..그런 거 같음 지금 놀구 있다구..전화하셨지..

은혜  지나 아줌마는 옷도 많아. 같은 옷 입은 거 한번도 못 봤어.

영애  디자이너잖아..부자구..멋있지..

은혜  응 근데 사치해..

영애  (웃는다)생긴 게 화려해서 더 그렇게 보이는 거야.. 준서는 어
때. 지나 아줌마 좋아?

준서  뭐. 싫지는 않아요..

은혜  나는 좀 싫을 때 있는데…

준서  어떤 때?

은혜  우리 아빠하구 너무 친한 척 할 때..

준서  응 그건 나두 그래..

영애  …..

S#  지나 오피스텔..

지나  (싱크대로 움직이는 승조 잡으며)아냐 놔두구 나가..내가 할께..
덕분에 저녁 잘 먹었다 댕큐. 경구씨 승조 데리구 빨리 나가요.

경구  그래두 돼요?

지나  그럼요..야 나가나가 빨리.

승조  우리가 뭐 느끼하게 굴었어?

**지나**  아아니? 그런 게 어딨어.(에이프런 집으며)

**승조**  근데 왜 쫓아낼려 그래.

**지나**  놀러 나간다면서..시간 애끼라구..

**승조**  잘못한 거 없지?

**지나**  전혀.

**승조**  그래 그럼 믿구 나간다.

**지나**  엉 빨리 나가..

**승조**  (상의 떼어 들며)나가자.

**경구**  초대 고맙습니다..

**지나**  (벌써 씻으며)천만에요..

**승조**  (앞서며)기다리지 마.

**지나**  안 기다려..(둘 나가고)

　　　[지나 설거지 좀 하다가 식탁에 남은 와인 따라 쭈욱 들이키고 잔 내리
　　　다 문득]

**영애**  E 어차피 늦었는데 고모님 압박에 밀려 대강 어쩨볼까 그럴
　　　건 없어

**영애**  E ...(사이 좀 두었다가)누가 알아?...지금 수원쯤... 오구 있을지..

**지나**  (와인 따르면서)아줌마 알구 그러는 거에요 모르구 그러는 거
　　　에요..(한 모금 마시고 돌아서 싱크대에 글라스 놓고 설거지 계속하며)
　　　알구 그런 거면 너무 교활하구 모르는 거라면 진짜 둔하다..(중얼
　　　거리듯)

**S# 정원의 기도실**

**정원**  (골똘하게 기도하고 있는데)·······

**장**  ····(나타나서 보는)·····

정원　……

장　　얘…

정원　??네 어머님··(일어난다)

장　　무슨 친정에 걱정꺼리 생겼어?

정원　아뇨··아닌데요 어머님 왜 그러세요··

장　　그런데 하루 종일 틀어박혀 기도할 일이 뭐야··되묻기는··

정원　요즘 너무 소홀한 거 같아서요…

장　　재우 들어와 저녁 먹는다··

정원　몰랐어요 죄송합니다 어머님.

장　　여기 틀어박혀 있으면 모르지 그럼·· 쯔쯔

**S# 거실**

[장 앞서고 정원 뒤따라 내려오는]

[정원/주방으로 장여사 안방으로/]

**S# 주방**

정원　(들어오며)미안해요 몰랐어요··

재우　(저녁 먹으며)괜찮아요··뭐하러 내려와요··

조　　사모님이 올라가셨나부네요··꾸중 들었죠··(뭔가 내일 아침 준
　　　비 하면서/또 한 사용인과 함께)

정원　네에··

재우　어머닌·· 그럴 수두 있는 거지 꼭

정원　(마주 앉으며)어떻게 이 시간까지 안 먹었어요··

재우　아 시우하구 4시쯤 샌드위치 먹었거든요··호호 녀석 혼 나구
　　　있어요··뛰어야할 현장만해두 사방인데 쇼핑 몰 관리두 그게 보통
　　　일 아니거든요··게다가 업무파악에 뭐에 낄낄낄 오후되니까 입에

서 단내가 난다 그러더라구요··

**정원**  보통 일 아니죠··

**재우**  내가 뭐 도와줄 수가 있어야지··홍삼으루 만든 드링크 몇 박스
하구 비타민이랑 간장약 좀 들여놔 줬어요··

**정원**  잘 했어요.

**조**  (돌아보며)준서 엄마가 잘 챙길 거에요··그래두 준서아빠 민구
회장님 일찍 들어오셔 쉬시기두 하구 마음이 한결 좋아요··

**재우**  예에 그러시죠?

**조**  나이 앞에 장사 없다는데 회장님 늦도록 밖에 계시다 들어오
시는 날은 그냥 지치신 게 완연한 게 은근히 걱정됐었어요.

**재우**  네 아주머니 고맙습니다··

**여인**  그런데 회장님 일찍 들어오시니까 숨을 제대루 못쉬겠어요··

**조**  쯧.

**재우**  아하하하하 (소리내어 웃고)

**S# 안방**

**박**  (누워 눈 감고 있고)

**장**  (자기 누울 자리 걸레질하고 있는데)

[불경 소리/화엄스님 독경으로/ 이산 혜원선사 발원문 중에서 불경독
송—저희들이 참된 성품 등지옵고 무명 속에 뛰어 들어 나고 죽는 물결
따라 빛과 소리 물이 들고 심술궂고 욕심내어 온갖 번뇌 쌓았으며 보고
듣고 맛봄으로 한량없는 죄를 지어 잘못된 길 갈팡질팡 생사고해 헤매
면서 나와 남을 집착하고 그른 길만 찾아다녀(계속되는데)]

**박**  (눈 뜨며)시끄러워··

**장**  (손 멈추고 돌아본다)

38

**박**     꺼..

**장**     아 좀 들어봐요..

**박**     꺼어..

**장**     (불만이지만 끄면서) 들어 해로울 거 없구면.

**박**     여기가 절간이야?

**장**     절간인 셈 치면 되잖아....

**박**     (등 돌리고 돌아 눕는다)

**장**     (눈 흘근거리고 방 닦는 것 계속한다)

**박**     불 꺼 잘테야..

**장**     끄으응 (일어나 나가기 전에 불 끄려다) 비자금 조사는 어떻게 돼 가요..

**박**     ....

**장**     예?

**박**     우린 새발에 피야...자알하면 묻혀 지나갈 거 같기구 하구...

**장**     (불 꺼주고 나간다)

**S# 거실**

**장**     (나오다보면)

　　　[연우가 정원의 손 잡아 끌고 막 계단 오르려는 참이다가]

**연우**   엄마.

**장**     이 시간에 무슨 일이야..

**연우**   아 싸우구 왔어요. 언니 와요.

**장**     (소리 죽여) 예가 싸우구 오는 집이야? 어린 거 두구 어딜 와..빨리 가 얼른.

**연우**   하루 밤만 자구 잘 거에요.

**장**    못 재워줘. 어이 가 어이..니 아버지 아직 안 주무셔. 다리 부러
     지구 싶어?

**연우**  알았어요 금방 가요 간다구요.. 언니 올라가요.(정원 손잡아 끌며)

**장**    걔는 왜 끌구 올라가.

**연우**  잠깐 할 얘기 있다구요오..어우 참 엄마는..(둘 사라지고)

**재우**  (주방에서 나와 보고 있다가)어이구 저건 정말 언제 철 들려구..
     들어가세요 제가 올라가 보낼께요..

**조**    (장이 들고 있는 걸레 빼내고)

**장**    쯔쯔쯔쯔쯔...(걸레 뺏기고 이 층 쪽 보며)
     [딸과 어머니 작은 소리로/박회장 들을까 봐 극도로 조심하는 맛을 내
     주시기를....]

**S# 정원의 방**

**정원**  아가씨이..

**연우**  (오버랩의 기분)나 열한시에 와서 계속 있다가 잠깐 헬스가 목
     욕하구 간다구 아홉시에 나간 거에요 에? 종일 여기 있었어요 에?

**정원**  어머님이 받으시면 어떡하구요.

**연우**  아래 층으룬 안 할 거에요. 엄마가 벼르구 있다 그랬거든요. 엄
     마 껄끄러우니까 하면 언니한테 할 거에요 그러니까 언니

**정원**  (오버랩의 기분)아가씨

**연우**  아 친구들하구 양수리가 좀 놀다 왔어요..바람둥이 남자 의처
     증 많다더니 딱 그거에요..지가 아니 자기가 허튼 짓하구 다니니까
     적반하장으루 사람 의심하구 족치는데 미치구 팔짝 뛰겠어요.아
     주 내가..내가 이러구 산다우..좀 도와줘요 에?

**정원**  ....(그냥 보고)

| 연우 | 안 도와줄 거에요? |
|---|---|
| 정원 | 친구들이랑 놀러갔다왔으면 그렇다구 |
| 연우 | (오버랩의 기분)답답하긴 안 믿으니까 그렇죠오오.. |
| 정원 | 아가씨가 왜 이렇게 위태위태한지 모르겠어요. |
| 연우 | 누가 설교듣재요? 해 줄 거에요 안 해 줄거에요.. |
| 정원 | 먼저두 전화 안하셨었어요 미주 아빠.. |
| 연우 | 하면 말이에요 하면.. 누가 안하는데 부러 언니가 전화해 말해 달랬어요? |
| 정원 | ....(보며) |
| 연우 | 그럼 믿구 가요..(하고 나가려는데) |
| 재우 | (들어오며)뭘 믿는다는 거야.. |
| 정원 | 아니에요.. |
| 연우 | (나가며)알 거 없어.. |
| 재우 | (나가는 연우 팔쭉지 잡으며)너 왜 그러구 살어어.. |
| 연우 | 뭐어.. |
| 정원 | 아 좀 잘 살아 임마..왜 걸핏하면 싸워 싸우기는. 너 싸울 사람 없어 결혼했어? 베로니카 본 좀 봐 임마. |
| 연우 | 어이그..자랑할 데가 없어 나한테 해요? |
| 재우 | 너 이자식 |
| 연우 | (오버랩의 기분)허서방이 어떤 자식인지 알면 오빠 나한테 그 말 못해. |
| 재우 | 남편한테 이 자식 저 자식 그거부터 틀린 거야 너. |
| 연우 | (팔 홱 빼며)아 모르면 가만있어..(하고 펑 나가버린다) |
| 재우 | 저 저어 |

**S# 거실**

**연우**  (빠르게 내려온다)

**장**  (앉아 있다가)이리 와 봐··

**연우**  가라며··가는 사람 왜 붙잡아요··(현관으로)

**장**  ······(보는데)

**연우**  (신 신으며)안 받어준다는데 할 수 없지 머·· 낼 오께요··(핑 나가
버리고)

**장**  ····(현관 보다가)끄으응(한숨 쉬며 일어난다)

**S# 영애의 거실**

[현관에 아이들 배낭 나와 있고/]

**영애**  (안방에서 간단한 가방 꾸려 들고 나와서 배낭 옆에 놓고 반토막 숨
쉬며 소파로)

[소파로 가 앉으며 반토막 숨 고르는············]

**영애**  ·········(숨 고르면서 조금씩 공포스러워진다)·········

E 요란한 전화벨 소리

**영애**  (?? 전화 보다가···집어 든다)네에에에···(소리만 아무 일 없는 듯)

**시우**  F 안 잤어?

**영애**  서방님 들어오실 때 기다리는데?

**시우**  F 흠흠 당신 서방님

**S# 시우 사무실**

**시우**  (휴지로 이마의 끈끈한 땀 닦아내며)아무래두 오늘두 두세시 될
거 같으니까 기다리지 말구 마누라는 그만 주무세요··

**영애**  F 나야 자면 되지만 당신 진짜 힘들어 큰일났다··언제까지 그
럴 거야.

**시우**  후우‥(의자에서 일어나며)우선 뭐가 어떻게 돌아갔었는지 돌아가구 있는지/(스트레칭하며)알아야 앞으루 어떻게 돌아가게 할 건지 머리 쓰지‥아무 거도 모르는 채 무작정 덤벼들 순 없잖아‥(스트레칭 때문에 다소 이상한 호흡)

**영애**  F 뭐하는 거야?

**시우**  잠깐 스트레칭‥ 왜 이상했어?

**영애**  F 웅‥시시티비 하나 매달아놓을까부다 진짜 일하는 건지 딴짓하는 건지 꼼짝마라 하게‥

**시우**  (조금 소리내어 웃으며)이 아줌마 은근히 의심많아아? 애들은.

**영애**  F 시간이 얼만데‥

**시우**  우리 새끼들한테 미안해 일났다 진짜‥뭐라구 안 해?

**영애**  F 심심해 하지 뭐‥ 전화 자주 안 해서 이상한가봐‥

**시우**  어 해야지하구 까먹구 그래‥그리구 다른 사람들한테 일 안하구 집에 전화만 하는 거 같을까봐 신경두 쓰이구‥

**S# 거실**

**영애**  전엔 어떻게 했니.

**시우**  F 그거야 움직일 때 단 사람 안 볼 때 했지‥지금은 계속 들락날락해‥

**영애**  일 해‥ 시간 낭비 말구‥

**시우**  F 얼른 자‥

**영애**  알았어‥

**시우**  F 끊어‥

**영애**  끊어(전화 끊고)……(전화 내려다보며)‥‥‥

**S# 빈 거실…**

[등 하나만 켜놓고……한동안 두었다가 열쇠 따고]

**시우** (들어온다)

[소리 안 내고 조심해 들어오려다가 내놓은 가방에 걸려 넘어질 뻔하고…]

**시우** ?….(하나 들어보고 혼잣소리)뭐야 이게…(안방으로 움직이는데)

**영애** (문 열며)왔어?

**시우** ??안 잔 거야?

**영애** 자다 깼어..

**시우** 나때매?

**영애** (들어오게 비켜주며)아냐 좀 전에..

**시우** (들어오며)근데 저건 뭐야..

**영애** 옷 벗어..

**시우** (상의 벗어주며 대답 기다리는/ 돌아본다)

**영애** 바지..

**시우** (바지 벗으며)엉?

**영애** (바지 벗는 시우 보며)당신 기다리다가 아무래두 단풍 놓칠 거 같아서 우리끼리 갈려구.

**시우** ? ..어 저기 여보 우리 단풍 내년에

**영애** (오버랩의 기분)아냐 갔다올게..

**시우** 애들 둘을 당신 혼자 힘들어.

**영애** (오버랩의 기분)엄마랑 이모 모시구 가..

**시우** ??

**영애** 엄마랑 나들이 가본 적 한번도 없어..

**시우** 어 건 잘했다..그래 잘했어 그런데 진짜 나 빼구두 그렇게 꼭 가구 싶어?

**영애**  응…

**시우**  ……(보다가)그래 그럼 모시구 갔다 와··그런데 숙소랑

**영애**  인터넷으루 예약했어··(웃으며) 근데 우리 엄마 좋은 호텔에서 주무시게 하구 싶어서 이번엔 싼데 안하구 비싼데 했으니까 그거 당신이 내줘야 해··

**시우**  (웃으며)잘했다··하구 싶은대루 충분히 해 드려··그 대신 사위가 쓰는 거라구 확실히 말씀드려 엉? 생색 팍 내줘 알았어?

**영애**  그래··그럴게./

**시우**  (욕실로 움직이다 돌아보며)머리 말려 줘··

**영애**  응 그러엄··(시우 들어가고)

　　E 곧 샤워 물줄기 소리

**영애**  (돌아선다)

**S#**  테라스

**영애**  (거실을 통해 문 열고 나와서 남편 옷 뿌려 먼지 털어낸다···제법 한참 동안 털고 또 털고 하면서)

　　디졸브

**S#**  아파트 전경(아침)

　　[완전 무장한 가족들과 출근하는 시우 나오면서··]

**시우**  (아파트 출입구 나서면서/두 아이 손잡고)아 그래 아빠 삐졌어. 아빠만 떼어놓고 이러는 법이 어딨어··된통 삐졌어 진짜··

**은혜**  에에 괜히이··아빠 바쁘잖아아아··

**준서**  우리가 아빠 봐주는 건데 왜 그러세요?

**시우**  필요없어 필요없어. 진짜 삐졌단 말야. 어떻게 나 빼 놓구 가자

는 엄마 속닥속닥에 넘어가 그럴 수가 있냐 말야..

**은혜**  (주먹으로 아빠 한 대 쥐어박으며)에이이 아빠 그러지 마아아..

**시우**  하하하하(하면서 다 같이 승용차 있는 곳으로)

**영애**  (은회색 승용차 옆에 가서 기다리다)트렁크 열어줘..

**시우**  어 아냐 그 차 아냐..이리 와..이리와 들..(지프 쪽으로)

**영애**  ??(애들도??)

**시우**  (지프 트렁크 열려다가. 말면서)어 트렁크까지 열거 없겠다 참..(뒷
좌석 문 열어주며)타타 ..빨리 타..

**은혜**  (타면서)누구 차야?

**시우**  엉 회사 차..아빠 타는 회사 차..

**준서**  (타면서)앗싸 그럼 우리 집에 차가 세대애애???

**시우**  아냐 야 이건 회사 차라니까. 줘..(영애 짐 받아 뒷 공간에 넣고 문
닫고 운전석 옆자리 열고)타.(영애 타는데)아버지 보내신 걸루 바꿔
타…(앞 유리 앞으로 돈다)

**영애**  ….(도는 남편 보며)

**S#  차 안**

**시우**  (타면서)타던 건 처분하고….(시동 넣으며 돌아보는)엉?

**영애**  큰 차 무서워..

**시우**  금방 익숙해져.. 걱정 마..벨트/

**영애**  어..(벨트 매고)

**시우**  (기다렸다가)출발한다아..

**두 아이**  엉 /네에./..

**S#  출발하는 자동차…**

**S#  차 안..**

**시우** 아빠두 회사 땡땡이 치구 따라갈까?

**은혜** 에에에이

**준서** (동시에)할아버지한테 혼날라구요?

**시우** 흠흠··니들은 조옿겠다···부럽다부러워··

**S#** 아파트 입구를 빠지는 자동차··

**S#** 대합실

　　[들어서면서]

**시우** 할머니 찾아봐 얼른 어디계신가 (하는데)

**준서** 할머니이이··(그쪽으로 뛰며)

**은혜** 할머니이이··

**시우** 눈도 빠르다··

　　[저쪽에서 준서 소리에 함빡 웃으면서 준서와 은혜 맞는 엄마와 이모··]

**엄마** (적당한 말로 맞고 나서 머리 쓰다듬으며)아침은 먹구 나왔어?

**준서** 네에··

**은혜** 그럼요··

**이모** 우리 두 할머니는 어젯밤 한숨두 못잤다··

**은혜 준서** 왜요?

**이모** 너머 좋아서··니들 소풍 갈 때 안 그래?

**준서** 아아아

**은혜** (동시에)그래요··

　　[부부 화면으로 들어서며]

**시우** 안녕하세요 장모님 안녕하세요 이모님··

**엄마** 응 그래··

**이모** (동시에)엄청 바쁘다면서?

시우    네..

영애    오래 기다리셨어요? (대사들 서로 얼크러지는 느낌 있어도 무방함)

이모    아냐 얘 정호가 태워다 줘 시간 맞춰(하는데)

엄마    (이모 제지하면서)얘 그런데 우리가 혹을 두 개 달구 왔다..

영애    ?

이모    (오버랩)하하하하 정호 내외가 따라 붙었어 얘.

영애    어머 그래요?

이모    (매점에서 뭔가 과자 같은 것 고르고 있는 두 사람 가리키며)저깃잖
        어..(다 같이 돌아보고/준서 어 외삼촌… 하며 냅다 그리로 뛰고)신혼여
        행가 쌈박질만하구 오구선 아쉬웠나봐..즈들 따라가면 안되냐구
        곰방 전화했더라구..

영애    (오버랩의 기분)정말 잘됐네요 이모..안 그래두 같이 가며언 잠
        간 생각했었는데..

엄마    즈들 경비는 즈들이 쓴대..

시우    어이 장모님 무슨 그런 말씀을/이 사람이 다 해요..당신이 해..

영애    응..내가 하는데 엄마 돈 내는 사람은 박서방이에요..

이모    아이구 얘 누가 그걸 모르니? 하하하하

정호 부부    매형 나오셨어요? / 안녕하세요?

시우    안녕하세요 (해놓고 정호 팔 두드리며)처남이 함께라 한결 안심
        이 되네.. (아내 돌아보며)이제 걱정 안해두 되겠다 엉?

영애    걱정은…(하는데 안내방송)어 저거야.. 나가요 엄마. 나가자 나
        가자…

**S#** 승강장

    [타는 가족들과 배웅하는 시우..아이들과 시우 뽀뽀 한판씩 하고 오르

고 영애가 마지막으로 오르는데]

**시우**  인사두 안해?

**영애**  갔다올께..(돌아보며)

**시우**  (손 키스 날리며)애들 잃어버리지 말구 꼭 챙겨와야 해..

**영애**  (어이구 참 웃고)낼 봐..

**시우**  엉...

[영애 자리 잡는 것 보며 섰고/ 아이들은 벌써 창에 붙어서 손 흔들고
마주 손 흔들어 주고..엄마는 이모와 앉아서 어이 들어가라는 손짓하
고 시우 꿈벅거리고/]

**S#**  운전하면서 전화 받고 있는 시우/차 안··

**시우**  네 형.. 집 사람 애들 데리구 여행가는 거 배웅하구 지금 가는 길
이에요··한 십분이면 들어가요···아뇨 단풍 보러 간대요··아마 별렀
었나봐요 나 빼구 애들만 데리구라두 꼭 가야겠대요·······아버지께
전화 드릴께요··알았어요 금방 드려요··네··(끊고 단축 누르는데)

**S#**  달리는 고속 버스/

**S#**  버스 안··

[엄마와 이모(창밖 보며 괜히 싱글벙글)]

[정호와 소정(귓속말 주고받으며 괜히 킬킬거리는)]

[준서와 은혜 만화책 보고 있고]

**영애**  ·····(흐르는 차창 밖 보며)········(있다가 문득 뒷자리 보고 작은 소리
로)눈 나빠져 보지 마··

**준서**  다 봤어요··한 다섯장만 보면 돼요··

**은혜**  (책 보며)나두야··

**영애**  그거만 끝내구 딴 건 보지 마··

**둘**   응/네..(하는데)

**소정**   은혜야..(하며 비스킷 같은 거 건네고)

**은혜**   고맙습니다..(받고)

**영애**   (도로 차창 밖으로 하는데)

**엄마**   (앞자리에서)애 밥 싸왔는데 밥 주까?

**영애**   엄마느은.아무 거두 하지 말랬는데..

**이모**   말을 듣니? 반찬 요거조거해서 흰밥 맛있을 거야…보온 도시
       락이라 밥두 아직 따끈따끈할 거구.

**엄마**   줘? 주래?

**영애**   아니에요. 아침 먹었는데 뭘…

**이모**   그렇다니까..

**엄마**   걱정마 안 내버려…

**영애**   …(차창 밖 보며)………

**S#**  특급 관광호텔 앞 택시 두 대에서 내리는 식구들··

**영애**   들어가 체크인 해..내 이름으루 예약했어..

**정호**   네..

**소정**   우리 방두 있어요?

**영애**   어 참..늬들 방 따루 잡아야 해..우린 온돌방 큰 걸루 하나 잡았
       는데 늬들 불편할 거야..알아봐..

**정호**   없으면 같이 자죠 뭐..

**소정**   어떻게 다같이 자아아..

**정호**   들어와 암튼 가자 (애들에게)

       [소정 아이들 정호 호텔 안으로 움직이는데]

**영애**   엄마는…(하고 보면)

50

[엄마 불안하게 호텔 건물 살피고 있고 이모는 옷에 묻은 검불 같은 것 떼어내고 털고 하는 중]

**영애**　엄마..

**엄마**　어… 얘 여기 비쌀 거 같애어.. 다른 데 어디 싼 데

**영애**　(오버랩의 기분)걱정마세요..시즌이라 정호네 방이 있을까 모르겠어 미리 연락 좀 주지..

**엄마**　누가 이런데 잘 줄 알었어? 아무데나 여관 같은 델 줄 알었지..

**이모**　덕분에 호강 좀 하는 거지 뭐어…

**영애**　들어가요…들어가요 이모..

**이모**　엉 그래… 들어갑시다..

**엄마**　얘 나는 오금이 제려서 발이 제대루 떨어질라나 모르겠다..

**이모**　(오버랩의 기분)아이구 참 언니는/(팔 끼면서)오금 저릴 거 뭐 있어어.. 그냥 비싼 여관이라 생각해..여관이지 뭐 별 거야?

**준서**　(뛰어나오며)엄마아 외삼촌 방 있대요..

**영애**　어 그래 운이 좋으네?

**S#**　호텔 승강기 안..

[다 같이 한꺼번에 탄 식구들…]

**이모**　(기웃이 엄마 본다)..눈은 왜 감구 있수?

**엄마**　(아무 소리 하지 말라는)

**이모**　어지러워요?

**엄마**　아 나는 이거 싫어..무서워..

**이모**　아하하하하

**영애**　(가만히 엄마 어깨 안아준다)

**엄마**　(눈 뜨고 딸 본다)….

**영애**  괜찮아요..안 떨어져...

**엄마**  (좀 웃고)

**S#**  시우 쇼핑몰/ 야외 무대 있는 곳

**총부**  그래서 오후에는 간단한 매직쇼 노래랑 기타연주 같은 걸 하구 주말에는 쇼형식의 공연을 했었는데

**재우**  (오버랩의 기분)무대 근처(주변 돌아보며)입점주들이 시끄럽다 구 하아 난리 벌거지를 치는 통에 두 주 째 중단하구 있어..그런데 막 상 중단하구 보니까 매상이 줄어드는 거야. 그러니까 또 다시 공연 해달라구 아우성이야.. 그래서  입점주들 동의 싸인 받아오랬더니 다 싸인했는데 몇집이 거부하는 거야..

**시우**  이유는요..

**재우**  시끄럽다지만 돈 내기 싫은 거지 뭐..일부 입점주들 부담이거 든. 입점주 대표들두 아주 미치겠대 야..

**시우**  (총부 보며)우리가 분양분 30퍼센트 잡고 있는 게 이런 경우 컨 트럴 때문 아닌가요?

**총부**  그렇습니다.

**시우**  모두를 위한 전략 아닌가요?

**총부**  네 그런데 아직 공동체 의식이 부족한 것 같아요.

**시우**  대책은 뭔가요.

**총부**  아직 상가연합회 조직이 완전히 안돼서 상가 운영에도 이견이 많고 잡음이 다소 있는데 곧 정리 될 겁니다..상가연합회 조직만 끝 나면 거기서 자체의결권을 갖는다는 전제하에 입점주들 이견이나 제재 조치는 연합회 자체에서 해결될 겁니다.

**시우**  공연 중단에 대해서 어떻게 생각하세요.

**재우**　이대로 중단한 채면 라페스 전체가 타격이야 야..이제부터 라페스 이미지를 만들어갈 때거든.인지도만 좋아갖군 안된단 말야..

**시우**　(오버랩의 기분 총부에게)점주들하고 상관없이 우리가 경비 전액 부담해서 공연 계속하도록 하죠. 몇사람 반대로 멈칫거릴 거 없어요..

**재우**　야 너 아버님께..

**시우**　사후 결재 받으면 돼요..보고드릴께요..(하며 움직인다)

**재우**　(총부와 함께 움직이며)발빠르게 움직여요..공연 팀들 빨리빨리 연락하구 당장 내일부터 다시 시작해요..

**총부**　네 조치하겠습니다.

S#　회장실

**시우**　개개인의 불만이 문제가 아니라 라페스를 위한 일이면서 고객과 시민을 위한 일이기도 해요..처음 의도와 약속이 고객과 시민을 위한 공간이었어요..지어서 팔아먹기만 하고 끝나는 게 아니라 지속적인 봉살 해야할 의무가 있어요..

**박**　……(눈 내리고 가만히 듣기만)

**시우**　……(기다리다가)라페스 이미지 제고를 위해서도

**박**　(나직이)여러말 할 거 없어..생각대로 해..

**시우**　알겠습니다.

S#　호텔 안 한식당

**엄마**　(제일 늦게 처져서/다른 사람들 벌써 안내 받아 자리로 가 앉고 어쩌고 하는데)뭐하러 아까운 돈 써어 얼마나 비쌀텐데에에..

**영애**　(엄마 팔 잡아 끌면서)아우 참 엄마 그러지 좀 마세요. 박서방이 다 내.. 왜 그루. 우리한테 이만쯤 써두 돼.. 엄마 자꾸 그러지 마요

나 속상해애애..

**엄마** 이런 데선 이거두 못 펼쳐놓잖어..(도시락 싼 것 들어 보이며)

**영애** (뻣듯 하며)왜 못해..내가 할께요.. 얼른 와요..(잡아 끌고 자리로)

　　[엄마 속상한 딸 눈치 보며 엉거주춤 앉고…영애도 앉는다..]

**이모** 왜 그러니..

**영애** 엄마가 자꾸 속상하게 해요..싼 데 가 먹자구..

**이모** 아이구 참 그러지 말라니까 언닌.

**엄마** 아 돈 안 아까워.(이모에게는 큰 소리)

**이모** 언니 돈 쓰는 거 아닌데 뭘 그래..박서방 높아졌대잖아. 그럼
　　월급두 많을텐데 무슨 걱정이야..

**엄마** 이건 그냥..

**영애** (오버랩의 기분)즐겁자구 나온 여행이에요 제발 아무 거두 신경
　　쓰지 마시구 기쁘구 즐겁게 지내요 에?

**이모** 그러게 말이다..

**엄마** 그래 알었어..그거 이리 내 난 그거 먹을 테다..

**영애** (보자기 풀며)다같이 먹어요..엄마 반찬 맛있으니까 같이 먹자
　　구요..정호야 주문 해..

**정호** 네..여보세요..

**영애** 뭐 먹을지 정했어?

**준서 은혜** 불고기 정식.

**소정** 나두.

**웨이터** (주문 받으러 와서)네에..

**영애** 저기요 우리 중간에 먹을려구 도시락 쌌는데 못 먹었어요..여
　　기서 먹어두 되죠?

**웨이터**　예 그러세요‥

**영애**　불고기 정식이 셋인 거 같구 너는 뭐야‥

**정호**　산채 비빔밥이요‥

**웨이터**　(적는데)

**이모**　우리는 뭐 먹지 언니?

**엄마**　몰러 니 맘대루 해.

**영애**　엄마‥

**엄마**　너 먹는 거 먹으께‥

**영애**　잠깐요‥(하고 메뉴 보는데)

**준서**　엄머엄마 떡만두 잡수시면 안돼요?

**영애**　먹구싶어?

**준서**　네/

**영애**　그래 그럼.(하는데)

**엄마**　우리두 떡만두하자‥(오버랩의 기분/이모에게)

**이모**　무슨 떡만두는 애 정호야 뭐뭐 있니 도대체

**정호**　네‥(하고 메뉴 쭈우욱 읽는데)

**엄마**　시끄러 떡만두 먹어‥

**이모**　?(불만으로 언니 보는데서)

**S#**　법주사 경내…

[아이들은 정호 내외와 별도로 자유롭게 사진 찍어가면서 히히덕거
리고]

[이모와 엄마 주변 경관 구경이 넋이 졌다…특히 엄마는 입까지 벌
리고‥‥]

**이모**　정말 좋으네 언니‥으으으응?

**엄마**  그래애··좋다 소리 말루만 들었지 이렇게 좋을 줄은 몰랐다아
····(영애 돌아보며 활짝 웃고)

**영애**  (웃어주고)···

**이모**  언니 우리두 사진 찍어야지··

**엄마**  아이구 그래 찍어야지 찍자 응? 찍자·· 애 어딨어··(둘러보다가)
전석은 저거저거 즈이기리만 몰켜 다니면서

**이모**  (오버랩의 기분)정호야 애 정호야아아아

**정호**  예에에에/

**이모**  이눔아 우리두 사진 좀 찍어 줘 이 망할 자식아 늬들만 찍지 말
구우우···

**정호**  하하하하 네에에. (달려와서)서세요·· 저 쪽으루 저 대웅전 배경
으루 서세요··

**엄마**  준서야 은혜야아아 소정이 너두 와 빨랑 와··

　　[모여지는 가족들··]

**정호**  (소정이 도움 받아서 삼각대 받쳐 조작해 놓고 냅다 둘이 뛰어 추가
되고/)

　　[사진 찍힌다···]

**S#**  산을 오르고 있는 식구들/ 화려한 단풍 아래··감탄하면서 애들은 까불면
서··이모는 아이들과 함께··

　　[뒤로 좀 처진 엄마와 영애··]

**엄마**  (위 쳐다보며)좋다아아··· 정말 좋다아아···

**영애**  ···(엄마 잠깐 보고)····(걸으며 조금씩 숨이 차기 시작하는)

**엄마**  엇쩌면 공기두 이렇게 달구 시원하구 맛있어어···서울서는 돈 주
구두 못 마시는 거네 이게.응?

**영애**   (끄덕여 주고)

**엄마**   좋다아아아아.....니 덕에 호강한다아아아....얼마나 고마운 일이
      야 이게.....

**영애**   .....(걸으면서 한 걸음 앞인 엄마 보며).....

**엄마**   소리 잘하면 소리하구 싶구 춤 잘 추면 춤추구 싶구나아아아..

**영애**   (걸음 멈추며 입 꾹다물고 눈 감는다).....

**엄마**   ......(가다가)얘 에미야..(했다가 처진 딸 본다/)???

**영애**   (올라가던 방향에서 옆으로 틀어 서 있다).....

**엄마**   왜 그래....뭐해.....아 왜 쳐져어...

**영애**   .......

**엄마**   ??(딸 쪽으로 온다....와서 울고 섰는 딸 보고)....얘....에미야..

**영애**   (울음 터진다)나 너무 나쁜 딸이지 엄마..(엄마 안으며)미안해요
      ...죄송해요오오..

**엄마**   무슨 초친 맛이야아.. 즐겁게 보내자더니...(떼고 보며)으응?

**영애**   나 사는 거만 바빠서 엄마한테 아무 거두 해준 게 없어..속만 썩
      여주구 힘들게만 만들구 엄마 나 어떡하지? 어떡하면 조오아아..

**엄마**   (딸 눈물 닦아주며 얼굴 만지며)너 뭐 점심 잘 못 먹었어?...쓸데
      없이 웬 눈물은 빼애..쯔쯔...울일두 많다..(손잡고)어이 올라가자...

**영애**   (엄마에게 잡혀 몇 걸음 걷다가)무릎은요..

**엄마**   아 대수야? 이렇게 좋은 구경 나섰는데...(함빡 웃으며)....
      [걷는 모녀.....]

**영애**   (하늘 올려다보며)........
      [하늘은 틈만 조금씩 보이고 아름다운 단풍 화려하다........]
      [갑자기 그 하늘이 뱅그르르 돌고]

**영애**   (아뜩 어지러워 주저앉는다)····(한동안 그러고 있다가 어지럼 가라
앉자 고개 들어 보면)

**엄마**   (걸어가고 있다/ 한 무릎 불편한 채)

**영애**   (천천히 일어나면서)······

# 제14회

**S#  아파트 입구**

　　[택시 와서 멎고 네 식구 내린다··]

　　[애들과 영애 각각 안녕히 가세요 감사합니다 인사하고]

　　[입구로 움직이는데]

**경비**　안녕하세요··여행갔다 오시나보죠?

**영애**　네 안녕하세요.(애들 안녕하세요)

**경비**　하하 그래··그런데··어떡하죠 사모님 지금 엘리베이터 점검 중
　　이라 걸어 올라가셔야 하는데요··

**영애**　(잠깐 멈칫하는 느낌으로)그래요? 그럼 그러죠 뭐··

**경비**　한 십여분 기다리시면

**영애**　(오버랩의 기분)아니에요 고맙습니다··

**경비**　예 그럼···

**영애**　올라가자··

**S#  아파트 현관 안··**

　　[들어오자마자 애들은 타라라락 뛰어 올라가고]

**영애**    (계단 올라가기 시작한다/)

## S# 반 층 올라온

**영애**    ……(숨이 차서 힘이 든다)……(잠시 쉬었다가 모퉁이 도는데)

**준서**    E 엄마아 빨리 올라오세요오오··

**영애**    어 그래 알았어어··

**은혜**    E 엄마 뭐해애··

**영애**    엄마는 늬들처럼 안돼 애애··먼저 올라가 옷 바꿔 입어어어··

**준서**    E 네에··

**은혜**    E 알았어어····

**영애**    (계단 오르기 시작··이번에는 반층의 중간쯤에서 멈춰서고···헉헉거
리다가 기침 잠깐 하고 원망스러운 얼굴로 위쪽을 올려다본다)

## S# 다른 계단

**영애**    (헉헉거리며 올라오다가 멈춰서 눈물 뚝뚝 흘리는데)……

　　　　E 핸드폰 벨··

**영애**    (꺼내서 보면)

　　　[핸드폰 화면의 시우와 영감이라는 글자···]

**영애**    ·····(그냥 집어넣어 버린다 숨차하면서)

　　　　E 울리는 벨··

## S# 공사장 꼭대기층

　　　　F 울리는 벨

**시우**    ·····(기다리다가 끊고 집전화로 건다)

　　　　E 벨 가는 소리··

**준서**    F 네 여보세요··

**시우**    아빠야.

**준서**　F　아빠아 누나 아빠야아..

**은혜**　F　받어어어

**시우**　(웃으며)엄마 뭐하는데 전화 안 받어..

**준서**　F　엄마 아직 안 들어오셨어요..

**시우**　뭐 어디 들리신댔어?

**준서**　F　아뇨..엘레베이터가 서서 걸어올라오세요. 우리두 걸어서 올 라왔어요 아빠..

**시우**　엘레베이터가 왜..고장났대?

**준서**　F　아니 고장은 아니구 누나아 뭐라구 그랬지?

**은혜**　점거엄..

**준서**　F　점검이 뭐야?

**시우**　어 그래 알았어 준서야 알아들었어..근데 엄마 핸드폰 안 받든데?

**준서**　F　왜 그러시죠? 다시 해보세요..

**시우**　그래 알았어..아빠 전화했다 그래..아빠 오늘은 일찍 들어가는 데 엄마 피곤하시니까 저녁 하지 말라구. 순두부 시켜 먹잔다구 전 해 준서야.. 아냐

**준서**　F　네에..

**시우**　끊어(끊는데)

**남자**　실장님..

**시우**　아 내가 잠깐 보자 그랬어요..

**S#**　계단 중간…

**영애**　(난간 붙잡고 흐느껴 울고 있다).......

　　　[딸아이 손잡고 내려오던 삼십 대 여인..영애 돌아보며 움직이고]

**영애**　(눈물 닦아내며 다잡는다)......(숨 몰아쉬며)........

**S# 거실··**

**은혜**  (제 방에서 빨랫거리 들고 나오며)준서야 니 빨래··

**준서**  (제 방에서 내밀어 준다)

**은혜**  (받아들고 안방으로 들어가고)

**영애**  (들어온다. 들어와 가방 거의 끌다시피 해서 안방 가까지 놓고 소파
에 피시시 엎드린다···엎드렸다가 도로 일어나 기대어 앉으며 숨 고르
는)·······(사이 두었다가)

**은혜**  (나오다 엄마 보고)누구 만났어?

**영애**  누구··

**은혜**  근데 왜 이렇게 하안참 걸렸어?

**영애**  엄마 너무 힘들다···이거 이 숨찬 거 봐··

**은혜**  에이구우 할머니두 아닌데 왜 그래··(하고 제 방으로 가다가)아 참
아빠 전화 받았어?

**영애**  아니?

**은혜**  일찍 들어오신대.근데 밥은 하지 말래 엄마 피곤하다구··순두
부 시켜 먹자 그러시드래··

**영애**  그래 알았어········(움직이는 딸 보고 있다가)은혜야···

**은혜**  응?(제 방 앞에서 돌아보는)

**영애**  (기댄 채 고개만 틀고)엄마 좀 쉴래···자거든 깨우지 말구 조용히
좀 해주면 고맙겠어···

**은혜**  잘려면 침대 가 자 엄마··

**영애**  그럴 거야··

**은혜**  너무 고단했나봐··

**영애**  괜찮아. 할머님들이 좋아하셨잖아···

**은혜**    그래 너무 좋아하시더라··

**영애**    그래서 엄마두 좋았었어··

**은혜**    나중에 나두 엄마 단풍구경 가러 데리구 가 주께··

**영애**    좋아라···고마워···

**은혜**    이모할머니가 그러셨어··딸 노릇 잘 할려면 엄마하구 단풍구 경두 다니구 그래야 한다구··

**영애**    엄마는 딸 노릇 잘 못했단다··

**은혜**    이제부터 하면 되지?···울 아빠 월급 많이 타올 거라는데··

**영애**    (그냥 웃고)

**은혜**    피아노 연습두 안되겠지?

**영애**    아니 그건 괜찮을 거 같은데?

**은혜**    에이 괜히 말했다(하고 들어가고)

**영애**    ·········

     E 피아노 연습하는 소리······

**영애**    ····(휑하니)·······

**S# 엄마의 방**

**이모**    (쭈그리고 앉아 방 걸레질 기운 좋게 하면서)박서방 즈 아버지 회 사 들어가니까 당장에 틀리네 <u>흐흐흐</u> 호텔값이랑 밥값이랑 경비 수월찮이 나왔을 걸?

**엄마**    게다가 정호 내외까지 덤붙었으니 원.

**이모**    개들이 왜 덤이야·· 잘했지 뭐··소정이두 햇쭉햇쭉 핸결 낫더 구만

**엄마**    (웃으며)나는 그거 또 말 실수할까봐 입만 열면 조마조마 아주 오줌매려 죽을 뻔 했어··

**이모**   아하하하··언니두 그랬수? 난 그것들 철없이 또 쌈이나 붙어 티걱거리면 어쩌나 했어·· 호호

**엄마**   그렇게 시두때두없이 싸우면 어떡해··

**이모**   신혼여행 가 싸우는 것들이 시때 가리는 애들인가? 암만해두 그 돌솥을 사갖구 오는 건데 그랬어 언니··

**엄마**   아이구 그만둬. 천년만년 살라구 살림은 자꾸 늘궈?

**이모**   고 깍쟁이 즈 집 꺼 사면서 우리 거두 하나 사주지 즈이거만 사구 입 싹 닦대?

**엄마**   쯔쯔쯔쯔//

**S#** 소정이네 거실

**소모**   (돌솥 중간치 들고보며)이쁘게두 깎았네·· (아주머니 주면서)무거워요··

**아줌마**   네에··

**소모**   우럭 매운탕 끓여봐요··잘됐네··맛있게 좀 해봐요··

**아줌마**   네··

**소정**   밥하라구 샀는데 엄마··

**소모**   밥은 밥솥이 하잖아··

**소정**   아냐아 오빠가 누룽지 않게 밥해 먹으면 맛있겠다 그래서 산 거란 말야아··

**정호**   아니 괜찮아요. 괜찮아.

**소정**   아냐 밥 해줘. 나두 누른 밥 먹구 싶어··찌개 하지 마요 아줌마·· 무슨 찌개느은··

**유정**   (과일 먹으면서)디이게 위하네··갑자기 왜 그래?

**소정**   뭐?

유정  아냐..

소정  엄마 빨리 밥하라 그래애..

소모  어이구 참..찌개 딴데 끓이구 누룽지 생기게 밥해 줘요 그럼..

아줌마  네 그러지요..(하고 아웃되고)

소모  어머니 좋아하시지?

정호  네..

소정  글쎄 엄마 호텔에서 자는 게 평생 처음이래 우리 시엄마. 어떻게 그럴 수가 있어?

소모  사는 게 바쁘면 얼마든지 그럴 수 있어.. 니가 자구 댕긴다구 다 그러구 사는 줄 알어?

소모  그건 아니지만 나이가 몇인데 지금까지

소모  (오버랩의 기분)말 버릇 좀 못 추슬러?

유정  연세연세..

소모  (쥐어박는)자는 건 뭐야 주무시는 거라구 해야지..아니 어떻게 어른에 대한 말버릇이 그 모양이야 남부끄러워 그냥 얼굴을 못들겠어 정말..날 어떻게 생각하실 거야 유서방 집에서..

소정  아 조심해애..이번에는 주의두 안 받았는데 뭐..그치 오빠..

정호  이번에는 잘했어요..

소모  경어 사전 같은 거 없어? 그런 거라두 사서 한 권 앵겨놓구 공부 좀 시켜..내가 한심해서 못살겠어 정말..

소정  뭘 그렇게 엄만 진짜루 화를 내구 그래애..

소모  자식을 보면 부모 답안지 나오는 거 몰라 그래? 니가 날 얼마나 망신스럽게 만드는데 그래..너 그 모양인 니 새끼는 또 어떤 모양일까 정말 걱정돼 이것아.

소정  아 이번엔 지적 안 받았다니까아?

유정  그걸 왜 지적받구 사니. 뭐 어려운 거라구 지적씩이나 받어.

소정  너 가만 못 있어?

유정  엄마엄마 홈 쇼핑..

소모  어 그리구 너 대체 홈쇼핑에서 뭘 그렇게 사들인 거야..한 동안
     뜸하더니 또 시작이야? 엉?

정호  ??(소정 보고)

소정  아 필요한 거 좀 샀어 엄마느은..

소모  너 사들이는 게 그런 게 어딨어. 그냥 즉흥적으루 두번두 안 생
     각하구 사구 보는 게..

소정  아 물건 보구 반품하는데 뭘 그래애..

유정  네 박스왔더라 네 박스..

소모  (유정에게 인상 쓰고)

정호  뭘 그렇게 샀어어..

소정  오빠 골덴 바지 세벌 샀어..사만원도 안되더라 뭐.

소모  바지 세벌이 네 박스야?

소정  어우 진짜 신경질 나 죽겠네..오빠 일어나 올라가자..

소모  유서방 올라가 봐. 보구 필요없는 거 빨리 반품처리 해 응?

정호  네..어머니..

     [둘 올라가면서]

정호  바지 말구 또 뭐 샀어..

소정  (까스러지게 소리친다)뜯어보면 알 거 아냐.. 금방 알게 되는데
     왜 물어 신경질 나게..(하고 픽픽 올라가고)

소모유정  ???

**S#** 아파트 지하 슈퍼에서 순두부 두 봉지 집어 들며

**영애**　이거 오늘 꺼죠 아주머니..

**여자**　그러믄요 사모님..

　　　[모시조개 사고 있는 영애..]

**S#** 거실

**영애**　(간단한 시장 들고 들어온다..시장 주머니)

**은혜**　엄마..잔다더니?

**영애**　응 순두부 사러..(주방으로)

**은혜**　안 시켜 먹구?

**영애**　맛있게 해 줄게..

**S#** 주방

**영애**　(시장 본 것들 꺼내 놓고 조개 찬물에 씻어서 담근다)....

　　　E 전화벨..

**은혜**　E 네에.. 외삼촌...잠깐만요. 엄마아..

**영애**　(벌써 움직인다)

**S#** 거실

**은혜**　(나오는 엄마에게 내밀며)외삼촌..

**영애**　(받아서) 응 왜..

**S#** 소정의 방

**정호**　소정이 바꿀게요..

**소정**　(바꿔서)형님 나에요...우리 엄마가 우리 데리구 가서 돈 많이 썼다구.(정호 옆에서—쓰셨다구/정호 밀어내며)쓰셨다구 너무 미안하대요. 미안하시대요.(밀어내며 눈 흘기고)그래서 내일 점심 대접한 대요. 어떠세요? 맞았어.

**S# 거실**

**영애**  뭐얼 안 그러셔두 된다구 말씀드려…다 내 식구들인데 뭐…남이야?….아냐 괜찮아..애들 학교서 오면 점심 챙겨줘야 하구 시간두 안 맞어…그럼 꼭 챙겨주지…잘 말씀드려..맛있게 잘 먹은 걸루 생각할 테니까 신경쓰지 마시라구…응…그래 먹은 걸루 생각할께…응..으응?(그래애애?/끊고 움직이려다)준서는 뭐해?

**은혜**  몰라 일기 쓴댔어..

**영애**  배 안 고파? 뭐 좀 줄까?

**은혜**  아니? 버스에서 핫독 먹구 그랬잖어..

**영애**  그랬지 참..(주방으로)

**은혜**  (숙제 계속하고)….

**S# 주방**

**영애**  (파 다듬으려 식탁에 놓고 앉는데)

  E 전화벨..

**영애**  (돌아보고)

**은혜**  E 에이 숙제를 못하겠네 여보세요? 아빠아.. 엄마아아 아빠..

**S# 거실**

**영애**  (부지런히 나와 받는다)응 나야..

**시우**  E 형이 같이 저녁 먹자 그러네?..

**영애**  여보 나 움직이기 귀찮은데…

**시우**  E 그렇기는 할테지만 그래두 어떡해..준서가 페이킹 덕이니 뭐니 해 놔서 그거 사줄려구 그러는 모양인데..형이 그렇잖아..빚쟁이 같대…….응? 형수님 지금 집으루 가시는 중이래……

**영애**  (은혜 돌아보며)알았어..

68

시우   E 그래 빨리 준비해..좀 있다 봅시다.마누라.(끊어지고)

영애   (일어나며)순두부는 내일 해 먹어야겠다..

은혜   아빠가 나와서 딴 거 먹재?

영애   아니 큰 아버지가…(하다가 처져서는 안되겠다 큰 소리로)박준서 뭐해 엄마 좀 봐야겠는데?

준서   E 왜요오..

영애   뭐하는데 왜요야아..빨리 안 나와?

준서   (문 열고 내다보는)뭔데요?

영애   큰아버지가 페이킹 덕 사주실 거 같은데?

준서   진짜요?

영애   진짜..

준서   어이 다른 날 사주시지 다리 아프구 피곤해서  나가기 싫은데 에에..

영애   (같이 찡그리며)그치만 어떡해 큰 엄마가 벌써 데리러 오시구 있다는데에..(에서)

**S#** 중국집..

　　[페킹 덕이 실려 나온다..]

시우   (딴전치는 준서에게)야야 나오잖아. 봐 봐…

준서   (고개 돌려 보며…신기한 얼굴)맞어요 바로 이 거에요..

재우   눈이 보배다 인석아 에이 욘석.

남자   그럼 시작하겠습니다..

시우   아 네..감사합니다..

준서   뭘 시작해요?

재우   구경해 구경.. 아저씨 기막힌 솜씨 예의바르게 구경하는 거야..

**남자**  (웃으며 페킹 덕 다루기 시작한다)

　　　[맨 먼저 나온 껍질 재우와 시우에게/]

**재우**  아니 우리는 나중에 주세요‥오늘 전석 생일이에요 애들 먼저 주세요‥

**준서**  ? 나 생일 아닌데에에?

**시우**  먹구 싶은 거 먹는 날이 생일야 야‥ 그거두 몰라?

**정원**  큰 어머니가 가르쳐 줄께‥우선 (밀떡 한 장 집어 접시에 놓고 오리 껍질 놓고 파 썬 것 집는데)

**준서**  저 파는 안 먹어요 큰엄마.(질색하는)

**재우**  야 이건 그렇게 먹어야 맛있는 거야‥

**준서**  그래두 파는 싫은데에…안 익었잖아요‥

**정원**  (춘장 등 넣을 것 넣으며)그럼 한 개만 먹어보고 싫으면 다음부터 파는 빼자 우리 응?

**재우**  파를 빼면 무슨 맛이야아아‥

**정원**  (써서)아아‥

**준서**  (입 벌리고 받아 먹는다)

**은혜**  ‥‥‥(먹는 거 찌푸리고 보다가)어때?

**준서**  별로다 뭐‥근데 파 맛은 안나는데?

**재우**  그렇다니까아아‥(그동안 남자는 껍질 바른 것 계속 내놓고 있고)

**시우**  (제가 싼 것 은혜에게 내민다)

**은혜**  (고개 흔들며)난 안 먹을래‥

**시우**  먹어봐아‥

**은혜**  싫어 배 불러‥

**시우**  그럼 당신 먹어. 자‥ 아 해‥

**영애**  이리 내애..(손에서 빼들고)정말 안 먹어? 후회 안해?

**은혜**  (고개 젓는다)

**영애**  (한 손으로 입 가리고 베어먹는다).....

**정원**  (잠깐 영애 가만히 보는)......

**재우**  E 야 먹자...(정원 위에)

**시우**  E 먹어요..

**S#**  여자 화장실

　　[나란히 서서 손 씻고 있는 영애와 정원....]

**정원**  (수건 집으려는데)

**영애**  (웃으며 새 수건 집어 준다)

**정원**  나...잠을 못 자...

**영애**  그러지 마세요..

**정원**  나 혼자 알고 있는 거 힘드네..(손 닦으며 안 보는 채)혼자 알고 있

　　을 일이 따로 있지..

**영애**  곧 얘기할게요 형님..

**정원**  (보며)언제...

**영애**  금방요..

**정원**  .....(보다가)얼굴 벌써 ... 상해간다..(목이 메면서)

**영애**  그러려니 해서 그래요..(거울 보고 웃으며)아직 멀쩡한데요 뭘

　　..형님 오바에요..

**정원**  나 어떡해야 좋지를 모르겠어어어...

**영애**  형님.

**정원**  가만있으란다구 가만있는 사람/좀 모자라지 않아?

**영애**  (팔에 손 대며)안 그래요...존중해 주시는 거 저 고맙게 생각해요..

**정원**　그런 거 안해줘두 좋으니까 은혜 엄마/빨리 말해애애.. 누구보다 먼저 알아야할 사람이야아아..

**영애**　아는 날부터 지옥일 텐데….뭐하러 하루라두 빨리 지옥에 밀어넣어요..

**정원**　(좀 서늘해져서 본다)…..(애 버틸 생각이구나)….

**영애**　(잡으며)나가요..화장실에서 뭐하나 그러겠어요(앞서 움직여 나가고)

**정원**　……..

**S#  호텔 앞**

　　[대어지는 시우의 지프와 재우의 자동차..]

**재우**　야 먼저 가.

**시우**　아니에요 먼저 가요.

**재우**　아냐아냐..(뒷문 열어주며)준서 은혜 빨리 타.

**애들**　(엄마 보고. 타도 되냐)

**영애**　얼른 타..(두 아이 타고)

**재우**　(문 닫아주며)제수씨..

**영애**　네..형님 그럼..

**정원**　응 잘가..

**영애**　(영애 타고)

**시우**　그럼 먼저 움직여요..

**재우**　어 그래..

　　[시우가 타고 뜨는 자동차…시우가 타서 열어준 뒷 유리창으로 두 아이 내다보며 손 흔든다.]

**두 아이**　안녕히 가세요오..

[둘 대답하고··]

**재우**　(자동차 문 열어주러 움직이며)갑시다··(하는데)

**정원**　저기 잠깐··

**재우**　?? 왜요··

**정원**　차 다시 주차시키구 우리 차한잔 해요··

**재우**　??··(했다가 좋아서)그래요 그럼··(하고 옆에 서 있던 발레파킹 요
　　　원에게)다시 부탁해요··

**남자**　예 알겠습니다··

**S#　호텔 커피숍··**

[안내받아 자리 잡고 앉는 두 사람··]

**재우**　(앉으며)이 자리···우리 처음 만났던 바로 그 자리 같은데요 베로
　　　니카··

**정원**　그건 저 자리였어요··

**재우**　아 그랬나 참?

**정원**　디까페 커피 주세요··

**재우**　난 냉 녹차요··(주문 마치고 두리번거리며) 난 여기 밥이나 먹으
　　　러 올까 잘 안들르는데/연우랑 어머니 부댈까봐···좀 뭣해요 식구
　　　부딪히는 거··

**정원**　(냉수 글라스 들며 웃는 듯 마는 듯)

**재우**　새삼스럽네요··분홍색 단정한 투피스 입구 나타난 베로니카 그
　　　때····천사처럼 고왔어요··

**정원**　(오버랩의 기분)(안 보는 채)당신··알아야할 얘기가 있어요··

**재우**　(보며)····뭔데요··좋은 얘기에요 나쁜 얘기에요··

**정원**　·····

재우    얘기해요··

정원    은혜엄마 많이 아파요··

재우    ???···

S#  움직이고 있는 시우의 지프 안··

시우    그래애 그러니까 임마 앞으른 티비보고 덮어놓고 아무거나 찍
       지 말어··괜히 큰아버지 돈만 왕창 쓰시구 느이들은 맛없구 그게
       뭐야··

준서    누가 그럴 줄 알았나요?

은혜    난 탕수육이 젤 맛있어··

준서    나는 짜장면··

시우    하하하 짜식. 당신두 별룬 거 같더라··

영애    그저 그랬어··생전 첨 먹어보는 거라 뭘 몰라서 그렇겠지··

시우    그냥 그래애··나두 별루야··

영애    떡볶이 맛이라면 내가 자신 있지··

시우    하하하

은혜    떡볶이는 할머니께 젤 맛있어··

준서    맞어어··

시우    (문득 시계 보고)아직 아홉 시두 안됐네·······우리 저 혹들 집에 떨
       어트려 놓구 영화라두 한편 볼까? 보구 싶은 거 없어?

영애    피곤한데 무슨··

시우    아 참 그렇겠다

영애    괜한 입생색은··

시우    아냐 정말 그러구 싶어서 한 얘기야··

영애    믿어줄게·· 빨리 집에 가 쉬자··(좀 기대듯하며)쉬구 싶어··

74

시우   뭐랬어.. 나 없이 가니까 기운 배루 빼게 되지?

영애   늬들 뭐해애?(뒤로 고개 틀며)

은혜   준서 졸린가봐 엄마..

영애   그럼 잠깐 졸아..

준서   (졸리지만)아직 잘 시간 아니에요..집에 가 아빠랑 놀다 잘 거
      에요..

시우   뭐 또 레고 쌓기 하자구?

준서   아무 거나요..

시우   잠깐 자구 일어나 하면 되지..

준서   (두 눈 마구 비비면서)계속자면 어떡해요..

시우   그럼 계속 자지..

준서   싫어요..

은혜   어이구 그래 니 마암대루 해..

**S# 커피숍**

재우   ....(탁자 내려다보며).......(아무 말도 할 수가 없다)

정원   (가만히 남편 보며)........

재우   .......

정원   .......

재우   (고개 틀어 창밖으로/ 또 가만히).......

정원   ......(남편 보며)......

재우   (눈이 축축해지며 조용히...힘들게)시우 놈....어떡하지?......애들
      은 어떡해요...

정원   .......(보며)

재우   (고개 탁자 쪽으로/ 아래 보면서)........제수씨는......어떻게......그렇

게 운이 없어·····이제부터 사는 거 모양 살 수 있는데요 베로니카.

**정원**  ·····(시선 내리고 물 잔 들면서)·····

**재우**  할···말이 없네······뭐라구····· 할말이 없어요·····(여전히 안 보는 채)

**정원**  (집어 든 물 잔 도로 내려놓으며 안 보는 채)서방님 아셔야 해요··

**재우**  알아야죠 그럼·· 알구 돌더라두 알아야지 제수씨가 그러구 있는데 저는 아무 거두 모르구/제수씨 혼자 그렇게 외롭게 (비죽거리며)놔둘 수 /아니 어떻게 이런 일이 ···이런 터무니없는 일이·····

**정원**  ····(보며)····

**재우**  그런 줄두 모르구 갑자기 베로니카 기도 시간이 길어졌다 그냥 그랬지···나는 우리 기돈 줄만 알구···(얼굴 우그러지며)····

**정원**  (고개 돌리며 입 꽉 다문다··차올라서)······

**S#  아파트 거실**

  [아이들과 시우 부루마블 놀이 준비하는 중이다···자유롭게 떠들어 주세요···]

**S#  주방··**

**영애**  ···(과일 준비하고 있는데)

  E  밖에서 놀이 시작하는 소리·····

**S#  거실**

  [주사위 굴리고 나온 주사위 숫자에 따라 자유롭게······]

**시우**  여보 뭐해···

**영애**  E  나가아··

**시우**  은행장 와서 앉아 있어야지이이···

**영애**  E  은행장 어디 안 없어져···나간다구우우.

  [히히덕거리며 놀이 진행되는데···]

[과일 들고 나와 놓아주며]

**영애**   초장부터 왜 은행장 목메어 찾아··

**시우**   보나마나 준서한테 털릴 거니까···

**준서**   <u>ㅎㅎㅎㅎ</u>···

**영애**   나는 앉아서 좀 쉴테니까 되도록 말 걸지 말구 심부름은 더구 나 안돼···

**시우**   알았어알았어··니 엄마 디게 고단한가부다··늬들 엄마 기운을 얼마나 빼주구 온 거야 대체··

**은혜**   별루 그런 거 없는데에에?

**준서**   글쎄요? 우리는 외삼촌이랑 외숙모랑 다녔는데에에?

**은혜**   엄마 그렇게 피곤해?

**영애**   (기대어 앉으며)글쎄 오늘 좀 그러네에에?

**은혜**   그럼 들어가 일찍 자아··

**영애**   은행장 해야 하잖어어··

**시우**   (오버랩의 기분)야야 그리구 니 엄마 없으면 아빠 재미없어··

**준서**   나두야 나두 나두 엄마가 계셔야지 엄마 안 계시면 싫어··

**은혜**   그건 나두 그래··그렇기는 하지만

**준서**   얼른 해애··

**은혜**   알았어··(주사위 던지고 나온 숫자대로)

**영애**   (기대어 앉아서 창 쪽으로 고개 틀어지며)

[횅한 그 얼굴에 세 사람 히히덕거리며 노는 소리······]

**S#** 박회장 정원···

[들어오는 부부···조용히 둘 다 침울하게 집 쪽으로 움직이는데.]

**박**      E 어디 갔다 오는 게야··

[박회장 저만큼에 서 있다..]

재우 아 예.아버님...준서랑 은혜 저녁/시우네하구 같이 저녁 먹구.....

박 근석은 회사 팽개치구 일찌거니 나갔드라. 그래두 되는 게야?

재우 일일요일이잖습니까 아버님..

박 책임에 일요일이 어딨어..변변찮은 눔들 쫒..

재우 열심히 하구 있어요 아버님..회사가 훨씬 기강이 잡히는 거 같구
모두들 긴장해서 일처리두 한결 빨라지구

박 (오버랩의 기분)니 애비는 핫바지저고리였단 소리야?

재우 아아니 그런 뜻이 아니라...

박 (걷기 시작하며)들어가.. 됐어...

재우 예...(하고 움직이는 척하다가)나 날씨가 찬데요 아버님.

박 갑갑증 나서 그래..상관 마..

재우 예..예 아버님..

[두 사람 안쪽으로]

S# 거실

[사용인들 마중 받으며 들어오는 두 사람..적당히 인사하고 적당히 받
고...안방으로]

S# 안방

장 (독경 틀어놓고 사경하고 있다)....

재우 E 즈이들 들어왔어요 어머니..

장 (쓰며) 알었다...

재우 (문 열고)아버님 감기 드세요..

장 답답하신 모양이야..몇 바퀴 걸어보신다구 나가셨어...알어서
하시겠지..

재우   예··즈이들 올라가요··

장     ·····

재우   (문 닫는다)

S# 주방··

정원   (침실로 갖고 올라갈 물 챙기면서)별일 없었죠 아주머니··

조     (모과 차 담으려 모과 썰고 있는 중이다/둘이)일은··(웃으며)회장
       님 답답해 하시는 거 빼구는 호호

김     집에 계시는 게 아주 벌떡증이 나시나봐요 킬킬··

정원   그러실 거에요··

조     아까 나가구 난 뒤에 나씨 아저씨하구 벼락 맞었어요·· 정원 손
       질 마음에 안 드신다구··

정원   네에··· 쉬세요 그럼··

조     올라가세요···

S# 부부 침실

재우   ····(옷도 안 벗은 채 침대 옆구리에 앉아서 뿌우우우)

정원   (물 쟁반 들고 들어와 놓고 돌아본다)·······

재우   (침통한 채)·······

정원   ······(보며)

S# 영애의 빈 거실(어둠)

S# 침실···

영애   (엉겨붙으려는 시우 밀어내며 좋게)피곤해···

시우   피곤 풀어주께에··

영애   정말 피곤해 응?

시우   ·····(잠깐 멈추었다가 다시 시도)나두 피곤해 나두··그렇지만 여보

우리

**영애** 박시우..(밀어내지는 않고) 제발 나 좀 봐주라..(울듯하다)

**시우** ???

**영애** 미안해...용서해줘...나 정말...그냥 자구 싶어어....

**시우** .......(보다가 김새서 퍽 누우며)알았어 그래..나두 존심있지 야 치사하게 더 이상 안한다..

**영애** ......

**시우** 남자가 제엘 김새는 게 뭔지 알아?....바루 이거야 하선생....

**영애** ........

**시우** (등 돌리고 누우며)집적거리기만 했다 봐라..국물도 없다...보기 좋게 복수해 준다.......

**영애** .....(눈 잠깐 감았다 뜨고)

**시우** .......(잠시 있다가 일어나며)내가 싫어졌어?

**영애** 철없는 소리 말구 어서 자기나 해..

**시우** 재미없어졌어? 응? 싫증났어?

**영애** 아냐...그냥 너무 피곤해애..

**시우** 뭐가 그렇게까지 피곤해애... 할망구처럼...내가 할망구랑 사냐?

**영애** 아우 증말 성가시다...

**시우** ......성가셔?

**영애** 그래....

**시우** ......(보다가)권태야? 시시해졌어?

**영애** 정말 보챈다아아..그래 맘대루 해..해...하라구..(사지 펴며)

**시우** 시이..송장하구 놀일 있어? 됐어..자 자자구..(하며 제 쪽 불 끄고 폭폭 누워버린다).....

**영애**　(시선만 남편 쪽으로)……

**시우**　……

F.O

**S#**　아이들 학교 근처(아침 등교시간)

　　[시우의 자동차 와서 멎고]

**시우**　(뛰어내려 아이들 내리는 것 도와주며)정신 똑 바로 차리고 열심히 최선을 다하는 거야아

**준서**　네에‥

**은혜**　(동시에)알았어알았어‥

　　[두 애들 벌써 뛰는데 F.O]

**시우**　빠아이

**애들**　빠아이‥

**시우**　(차에 올라 문 닫는 데서)

**S#**　주방‥

**영애**　(설거지거리 놓고 앉아서 하염없이)……

**S#**　라페스로 들어오고 있는 시우의 자동차‥

**S#**　라페스 매장 에스컬레이터/

　　[아직 움직이지 않고 있는 에스컬레이터 계단을 펄펄 뛰듯 올라가는 시우‥]

**S#**　매장 복도‥

**시우**　(청소하는 아줌마 아저씨들과 인사 나누면서)………

**S#**　시우의 사무실…

**시우**　(빠르게 들어서며 옷 갈아입으려고 벗으며 옷걸이 쪽으로 가려다 문득 돌아보면)

**재우**   (소파에 앉아 있다 탁자 내려다보며)

**시우**   ??….형…

**재우**   …..

**시우**   (다가들며)무슨 일이에요..아버지 나쁘세요?

**재우**   (고개 들어 보며)아냐..좀 앉아..

**시우**   ???(얼떨떨한 채 앉으면서)뭐 사고 터졌어요?

**재우**   …..(보며)

**시우**   뭐에요..왜 그래요..

**재우**   시우야..

**시우**   ….뭔데요오..

**재우**   충격받겠지만 …..그래두 니가 알아야할 일이라

**시우**   (오버랩의 기분/답답해서)어어이 빨리 말해요 빨리빨리..뭐에요.

**재우**   제수씨 건강이 아주 나쁜대 시우야..

**시우**   ??….에?….

**재우**   보통 나쁜 게 아니라 많이 나쁜대…

**시우**   ………………암이에요?

**재우**   암은 아닌데 듣기로는 암보다 더 나쁜

**시우**   (오버랩의 기분)그게 뭔데요.

**재우**   특발성 폐섬유증이라구 나두 첨 듣는 병명이야…십만명에 하나 꼴인 희귀병인데

**시우**   (오버랩의 기분)그래서 …죽는대요?

**재우**   방법이 없단대…

**시우**   ………무슨 말두 안되는 소리에요 지금.

**재우**   애기 들어 시우야. 집 사람하구 같이 검진하구 재검통지 받았었

82

대‥너 신경쓸까봐 암말 않구 재검 받는데 입원하래서

**재우** E (쏘듯이 보는 시우)하루 입원해 다시 정밀 검사해서 나온 결과래‥제수씨 베로니카한테까지 입 닫구 있어 몰랐는데

**재우** 저번에 아버님 때문에 병원갔다가 복도에서 우연히 호흡기내과 황박사님 만났는데 같이 건강진단 받았던 친구 상태가 어떠냐구 그러시다 집사람이 모르는 거 같으니까 좀 당황하시더란다. 그래 진찰실까지 따라 들어갔는데 본인한테 알아보라구 말씀을 안 해 주셔서‥‥제수씨한테 확인했대…

**시우** (픽 등 붙이며 잠깐 약간 눈 감았다 뜨며)믿을 수 없어요‥

**재우** 시우야‥

**시우** (몸 떼고 보며)형수는 왜 이제야 그말을 해요‥

**재우** 제수씨가 부탁했대‥너 자리잡을 때까지만 참아주면 직접 말한다구

**시우** (오버랩의 기분)그게 들어줄 부탁이에요?

**재우** 베로니카두 갈등 많았나봐 시우야.

**시우** (오버랩의 기분/몰아세우듯)주욱 갈등만 하시지 왜 말했대요‥

**재우** 어제 보니까 가능한한 끝 생각이더래 그래서

**시우** (오버랩의 기분/한손이 이마로 올라가며)그만해요 형……그만 그만 해요……

**재우** ……(보다가)베로니카가 /존스홉킨스 병원 의사/…사촌동생한테까지 알아봤는데 현재로서는 방법이 없다 그러더래‥

**시우** (나직이)그만해요‥

**재우** ……(보며)

**S#** 주방

**S#  거실**

E  오디오 세트에서 첼로 연주곡 나오고 있고/

**영애**  (느린 움직임으로 설거지하고 있다)……

**S#  라페스 앞**

**시우**  (박차듯 라페스에서 나와 빠르게 성난 사람처럼 걷기 시작한다)

**재우**  (잠시 후 뒤따라 나와서)시우야..야 시우야..(뒤쫓는다)

[성난 얼굴로 아주 빠르게 두 주먹 흔들며 걸어오는 시우………]

**재우**  (와서 붙잡으며)시우야 너 화내면 안돼..(하는데)

**시우**  (모질게 떼내면서 걸음은 같은 템포)

**재우**  (다시 달라붙으며)시우야

**시우**  놔요!!! 날 내버려둬요 제바알!!!

**재우**  ….(보며)

**S#  다른 큰길**

[걷는 시우 다른 행인과 부딪히거나 말거나/………]

**S#  다른 길**

[여전한 걸음의 시우……앞의 씬보다 상당히 더 길게…]

**S#  아파트 근처에서 입구까지**

**시우**  …..(여전한 걸음 속도와 보폭)

**S#  주방··**

**영애**  (주전자 물 가스에 올리다 멈춘 상태)……(가만 있다 돌아서며)왜 그러셨어요..직접 말한다 그랬잖아요오(원망스러운)형님 왜 약속 안지켜요오오..(설거지거리 싱크대에 담겨 있고)

**정원**  약속 못지킨 거 미안해 동서 그런데 나 동서보기 너무 힘들었어어..(하는데)

84

E  현관문 부서져라 열리며

**시우**  E 하영애애애/너 나와

## S# 거실

**시우**  (안방 문 벌컥 열며)나와 빨리이이! 빨리 안나와!!!?(하며 돌아서
는데)

**영애**  (주방에서 나서며)……(울음 잔뜩 머금은/남편이 너무나 가여운/
보며)

**시우**  ……당신 어떻게 나한테…나한테 어떻게 어떻게에!!(식닥거리며
보는)……

**영애**  (그냥 고개 약간 옆으로 기운 채 보는)……여보…

**시우**  ………(노려보며)……

**영애**  은혜아빠……(조금 다가갈 듯 하며)

**시우**  (툭 꺾어지듯 바닥에 무릎 꺾고 바닥 두 손으로 짚고 엎드리며 기는
자세)잘못했어 여보‥잘못했어 잘못했어잘못했어…

**영애**  …(스르르 앉는다/쭈그리는)

**시우**  (성내듯)당신을 사랑하지 말았어야 해! (궁둥이 붙으며)죽을 놈
바로 나야. 용서하지 마‥절대 용서하지 마‥ 용서하지 마아아!!!

**영애**  (가만히 앉으며 시우 머리에 손댄다)…

**시우**  …

**영애**  ……왜 그런 생각을 하니…이건 그저…내 수명일 뿐이야‥

**시우**  (잡아채 듯 껴안으며 무릎이 선다 얼굴 마주하고 흔들며)당신 포기
하지 말아. 포기하면 안돼‥

## S# 주방‥

[정원 위에]

시우   E 우리 집 원수 갚기 위해서라두 반드시/ 무슨 일이 있어두

**S# 거실**

시우   살아야 해. 살아나야해 알았어? 나 봐. 내 눈 똑바루 봐 여보.. 봐..
보라구..

영애   (보며)....

시우   우리 사는 거야..안 죽어 안 죽는다 웅?

영애   시우야..

시우   (벌떡 일어나며 일으키고 손 잡아 끌며)병원 가자. 가자 빨리.

영애   (몸 빼며)여보.

시우   암말 말구 하라는대루 해!! 암말 마. 암말 마 으웅?!!!

영애   (잡힌 팔 위 시우 손잡으며)알았어 여보..그렇게 그럴테니까 좀 진
정해 웅? 진정해 진정해..아직 시간 많아..괜찮아..(식닥거리는 남편
앉아주면서)괜찮아 여보..진정해....진정해애애(하며 울음 터뜨린다)

시우   .....(있다가 와락 마주 껴안는다)..........

**S# 아파트 앞**

정원   (눈물 훔치며 나와서 자동차 쪽으로)

**S# 차 안··**

정원   (차에 오른다)......(손수건 아예 눈에 대고)...........
E 핸드폰 벨...

정원   (전화 꺼내 받는다)나에요...

재우   F 그쪽 어때요. 시우 안 들어갔어요?

정원   (울먹해서)동서가 진정시키구 있어요...차마 못 보겠어서 잠깐
나왔어요...

**S# 쇼핑몰 복도··**

86

**재우**  하아아 (숨 내쉬고)아버님이 찾으시는데····나왔다가 집에 일이
      있어 잠깐 들어갔다 말씀드렸는데 어떡하죠?

**S#  정원의 차 안**

**정원**  이제 아버님 어머님두 아셔야죠오·····그럼요 어차피 아시게 될
      건데 말씀드려요···네···겁내지 마세요 당신······아버님한테 회사가
      아무리 중요해두 어쩔 수 없어요··(하다 보면)
      [아파트 현관을 시우에게 손잡혀 나오고 있는 영애/트레이닝복 홈웨
      어 차림인 채··]

**정원**  여보 끊어요··동서랑 서방님 나와요··(끊고 차에서 내려 영애 쪽으
      로 뛴다)

**정원**  (차에 태워지는 영애)동서 어디가··(영애 돌아보며 무슨 말인가 하
      려는데)

**시우**  (오버랩의 기분)우리 애들 좀 부탁해요 형수님(하며 문 닫아주고
      운전대로)

**S#  차 안**

**시우**  (타면서 곧장 영애 안전벨트 매주고)
      [부웅 출발하는 자동차···]

**정원**  ·····(보며)

**S#  영애의 주방··**

**정원**  (상의 벗어놓고 흐르는 물에 그릇 씻고 있는데)····
      E 거실의 전화벨··

**정원**  (돌아보고)

**S#  거실**

**정원**  (나와서 받는다)네에·····여보세요··

**엄마** F 잘못걸었나··(중얼거리는)

**정원** (얼른)여기 은혜네 집인데요··

**엄마** F 어 그럼 맞는데 실례지만 저기 나는 은혜 할민데 누구세요?

**정원** 네 저 저는 은혜 큰엄마에요 사둔어른··안녕하세요··

**S# 엄마 가게**

**엄마** 아 어 예에에··안녕하세요. 누구신가 했네요.지난 번 혼사 때 다녀가시구 인사두 못드렸어요···댁네 평안하시지요?····예 우리두 잘 지냅니다··

**이모** 누군데?

**엄마** (입 모양만으로 큰엄마큰엄마)

**이모** (모르겠다/ 엄마가 한 입모양 흉내내고 갸웃)

**엄마** 그런데 애들 에미는 뭐하는데 ····예에···예 알었어요··들어오거든 전화 좀 하라구 해 주세요···예 예에 안녕히 계세요···(끊으면서 혼잣소리)에이구우 그나마 다행이지··이 사람 없었으면 더구나 어쩔 뻔 했어어

**이모** 누구 언니.

**엄마** 은혜 큰엄마 와 있네··영애 잠깐 수퍼갔대··

**이모** 하하하 그게 큰엄마 소리였수?

**엄마** (일거리로 붙으며)너머 음전하구 상냥해···영애보다 세 살이나 어린데 전화 두 참 예의바르구 공손하다··잘 자란 사람답다··

**이모** 영애보다 어렸나?

**엄마** 어리지이이···영애보다 늦게 들어왔잖어.

**이모** 어어 참 그랬던 거 같네··나이 어린 손위동서 어쩌구 했던 생각 나네 언니.

**엄마**  하하거리지만 말구 정신이나 똑바루 챙겨들구 살어. <u>쯔쯔쯔쯔</u>..

**이모**  하하하하

**엄마**  너 그럴 때마다 정신이 부서져 오락가락 하는 거야. 아하하하
       하..(흘기며)남이 들으면 공연한 헛웃음이구먼/사람 실없어 보이
       게 쭛.

**이모**  할일없어 헛웃음 웃어어?

**엄마**  남은 그렇게 들릴 거란 말야.. 까닥하면 병원에서 금방 나온 새
       친 사람으루 보이거나..

**이모**  아하하하하

**엄마**  <u>으으응?</u>

**이모**  아 나 생긴대루 살다 죽을 거야아 남이사 전봇대루 이를 쑤시
       거나 말거나 관심갖지 말라구 해..생긴대루 살다 죽겠다는데 무슨
       말이 많어어..

**엄마**  대거리하지 말구 부지런히 움직여..오늘 장사 너 혼자 해..

**이모**  언니 뭐할려구.

**엄마**  아 빨래하러 돌 차례야..

**이모**  (좀 버럭)빨래는 딴 사람 좀 시키라니까 그러네에..빨래하구 온
       날은 무릎을 굽두 접두 못하면서 멀쩡한 나두 쭈구리구 앉어 빨래
       한판 하구 일어날라면 아그그 소리 절루 나는데 언니느은?

**엄마**  기름집 메느리가 거들어준댔어..

**이모**  장사 언니가 해..빨래 내가 하께..

**엄마**  따따 한 집 빨래하구 두시간 놀구 한집 하구 세시간 놀라구?

**이모**  안 그래애애애..

**엄마**  앓느니 죽지..너한테 뭘 매껴..

**이모**　한번 매껴봐‥

**엄마**　안 매껴 봤어어어?

**S#** 병원 복도/호흡기 내과 황박사 진찰실/

　　[대기 중인 사람들 속에 시우 부부‥‥]

**시우**　‥‥‥

**영애**　(담담한)‥‥‥(잠깐 남편 돌아본다)

**시우**　(복도 벽 아래 부분 보면서)‥‥‥

**영애**　(가만히 손잡는다)‥‥‥

**시우**　(손 빼가고)‥‥‥

**영애**　‥‥‥(보며)‥‥‥

　　[다른 환자 한 사람 나오자…]

**시우**　(일어선다)‥‥‥(제가 들어갈 차례)‥‥‥

**영애**　(앉은 채 남편 보며)‥‥‥

**시우**　일어나…

**영애**　(일어난다)‥‥‥(간호사가 나와야 하는데 안 나온다)‥‥‥(가만히 또
　　남편 손잡는다)

**시우**　(또 빼내는데)

　　[시우 주머니에서 핸드폰 벨.]

**시우**　(전화 꺼내 보지도 않고 배터리 빼버린다)

　　[문 열리고 간호사 나오면서]

**간호사**　들어가세요‥

**S#** 황박사 방‥

**황**　(봉투에서 영애 검사 필름/‥끼우고 있다)‥‥‥

　　[들어서는 부부‥]

**영애**  안녕하세요 선생님··

**황**  아···하영애씨··

**영애**  남편이에요··

**황**  예에··

**시우**  박시웁니다··

**황**  (돌아보며)앉으세요··(의자 두 개.)

  [두 사람 앉는다··]

**황**  (앉으면서)최총장 따님하구 가족관곈줄 몰랐어요··

**영애**  네에··

**황**  어떠세요.

**영애**  아직은···(하며 남편 보는데)

**시우**  저 오늘에서야 알았어요 선생님. 제가 알고 있는 건 치료 방법이 없다는 것뿐이에요·· 사실인가요?

**황**  아직 정확한 원인을 찾아내지 못한 병이라 치료 방법도 치료약도 약에 대한 효과도 장담 못하는 형편이죠.

**시우**  그럼··그럼 아무 것도 못하는채 안하는채 그냥

**황**  면역억제제와 부신피질 홀몬제를 사용할 수 있는데 일부를 제외한 대분분의 환자는 치료 반응이 없는 게 현실이에요··

**시우**  반응을 보이는 쪽이라면 그럼

**황**  (오버랩의 기분)그래도 오래 쓸 수는 없어요. 백혈구가 정상인의 반 수치까지 밖에 사용할 수가 없죠··

**시우**  ······(있다가 보며)폐이식은 어떻습니까 폐이식을 하면

**황**  폐만을 이식할 수 없어요. 심장과 동시에 해야하는데 조직이 맞고 안 맞고는 차치하고라도 그걸 어디서 얻겠어요··간혹 미국에서

는 폐이식을 했다는 보고가 있기는하나 현실적으로 불가능해요··

**시우**  ·····(의사 보면서)············

**황**  지내시기 어떠세요··

**영애**  아직은····괜찮아요··

**황**  증세는요··

**영애**  (잠깐 끄덕이는 듯)말씀하신대로 열이 좀 있고···기침··해요···

**황**  호흡은 어때요/.

**영애**  (조금 웃듯)숨···차기 시작해요··많이 움직이면요··

**시우**  지금 입원합시다··

**영애**  여보··

**시우**  면역억제제···부신피질 홀몬제···해보자구··

**영애**  그거두 치료는 아니라잖아··

**시우**  그렇다구 아무 거두 안하는 채 그냥 기다려?

**영애**  나중에 얘기해 여보··

**시우**  입원시켜요 선생님.

**황**  (끄덕이며/한번)진행 상태 검사 해 보십시다·· 면역억제제 투여
반응도 좀 보구요··

**영애**  전 하기 싫어요 선생님.

**시우**  여보.

**영애**  보장 없는 치료 무슨 소용있어요··병원에 들어와 있는 시간 애들
하구 지낼래요.

**시우**  여보오!!

**S#** 시우의 거실

**정원**  (외출복인 채 상의만 벗어놓고 거실 바닥 닦고 있는 중이다)······

E  집 전화벨 울리는‥‥

**정원**  (전화 돌아보고 움직여 받는다)네 여보세요‥

**박**  F  시우 뭐하냐‥

**정원**  ???(기절을 하게 놀라서 저도 모르게 전화 끊어버린다)

## S#  박회장 거실

**박**  ??? 무식두 하다‥잘못 걸렸으면 잘못 걸었다 소리하구 끊어야
지 쩟/ (전화 밀며)다시 걸어‥

**연우**  (찻잔 놓고 다시 걸어 아버지에게)

**박**  (귀에 댄다)

F  벨 가는 소리‥‥‥‥한참 기다렸다가

**박**  치/(전화 끊는다)

**장**  안받어요?

**박**  안 받으니까 끊지‥

**장**  왜 쥐어는 박어요오?

**박**  이눔자식 뭐하는 눔이야 대체‥ 내 자식눔 이러니 남에 자식놈
들 오죽해?

**연우**  혹시 애들한테 무슨 사고 생긴 거 아뉴 엄마?

**장**  ???(이 방정)

**연우**  집에 일 있을 게 뭐야‥그리구 전화는 왜 안돼‥또 집은 왜 비었냐
구요‥

**장**  방정 떨지 마‥

**연우**  알 수 없잖아요‥얼마나 무서운 세상인데‥애들 납치 사건두 많
구 (남아 있는데)

**장**  어허/

연우  ....(보다가)아이구 참 엄마 말 안하구 입만 다물구 있음 생긴 일
      두 안 생긴 거 돼요?

장    조용해 글쎄··

연우  엄만 신문두 뉴스두 잘 안보니까 몰라요··애들 거리에 내놓기
      얼마나 무서운 세상인데 엄만

박    (연결처럼)관셈보살만 찾으면서 (신문 펴며)태평세월이지...

장    ??(영감 본다)

박    치과 간다면서 어이 일어나...

연우  마시던 거나 비우구요 아버지...(홀짝 마시고)저 용돈 좀 안 주
      세요?

박    뭐 이쁘다구··

연우  돈 좀 주세요··

장    (찻잔 놓고 일어나며)에이그 쯔쯔쯔쯔...(움직이려는데)

재우  (들어온다)

모두  (돌아보는데)

박    너는 왜 들어와··회사 문 닫았어?

재우  아닙니다 아버님.

박    그런데··시우눔 들어갔어? 뭐래··

재우  아직...

박    뭐야?

재우  .......(소파 쪽으로 와서)드릴 말씀이 있습니다...어머니두 앉으
      세요··

장    ...무슨....사고야?

재우  ....예...

장    애들한테…. 무슨 일 생겼어?

재우   아니에요..앉으세요..

장    (불안하게 앉으며)그럼 뭐야….

재우   앉겠습니다 아버님..(하고 앉는다)

박    (태평하게)뜸들이지 말구 말해..그눔 회사 그만둔다대?

재우   그게 아니라..

박    (버럭)이눔아 명짧은 사람 운명하겠어 우물거리지 말구 빨리
      말해!

재우   ….(아무도 안 보면서)

박    ….(보다가)이눔은 어떻게 말두 하나 제대루 못하구 이렇게 굼떠.
      누구 자식이야..

장    (남편한테 눈총 주고 아들 보며)재우야..

재우   …예….

연우   …오빠아아..

재우   (탁자 내려다보며)아주…나쁜 소식이에요 아버지..

조    (재우 찻잔 들고 나오다 멈추고/특별한 표정 쓸 필요는 없고 그냥 멈
      추는)

박    ???…수사 들어온대?

재우   아니에요.

박    그럼 뭐야 이 자식아아..

재우   은혜엄마가…치료법이 없는 불치병이래요 아버님…

박    ???

장    ???

연우   ?? 오빠 지금 뭐랬수 뭐라구?

재우  가만 있어 이 기집애야.

연우  ??

장   재우야

재우  혼자만 알구 있다가 시우가 오늘 알았어요..

박   (아들 보며)⋯⋯불치?(가만히)

재우  네…

연우  무슨 암인데..

재우  암 아냐 이기집애야.(이갈듯)

연우  ?? 오빠 왜 그래애..

장   가만 있어..못고친대?

재우  예..

장   (눈 감으며)나무 관셈보살 관셈보살/

박   (아들 가만히 보면서)⋯⋯

연우  무슨 병인데에..

박   (나직이)무슨 병인지 알면 니가 고쳐?⋯⋯입 다물어…

연우  ⋯⋯

박   언제부터야..

재우  베로니카하구 건강진단 받고⋯알게 됐대요··팔월 끝무렵쯤…
    인거 같습니다…

박   ⋯⋯(그냥 아들 보며)⋯⋯얼마 본대…

재우  ??

박   병원에서 말야.. 석달이야 삼년이야 얼마야..

재우  급성인 경우 이개월에서 육개월⋯⋯만성인 경우에도 길어야 오년…

장   (눈 감고 입으로만 관세음보살관세음보살/소리는 없이)⋯⋯⋯⋯

| 박 | 급성이래 만성이래.. |
|---|---|
| 재우 | 그건 아직....지금 시우가 데리구 병원 갔답니다.. |
| 박 | .........(아들 보다가 조용히 일어나 안방으로 들어간다).......|
| 재우 | ....(고개 내리고)... |
| 장 | (눈 뜨고 가만히 아들 보는)........그래서 정원이....거 가 있어? |
| 재우 | 네.. |
| 장 | (무겁게 일어나 안방으로 천천히 들어가고).... |
| 연우 | ....(오빠 보다가)확실한 거야? |
| 재우 | (일어나며)시끄러 이 기집애야.. |
| 연우 | (일어나며)왜 나더러 그래..내가 뭘 어쨌다구.. |
| 재우 | 어쨌다구? 너 양심있어? 양심있는 거야? |
| 연우 | 아버지에 비하면 난 아무 거두 아니지 뭐어어..(저도 황당하기는 마찬가지다) |

**S# 안방**

[각각 앉아서........]

| 장 | (나직이/안 보는 채)소원성취는 하시는데 이 업을 다 어쩌실려우... |
|---|---|
| 박 | ........ |
| 장 | 오백년 재수 입에 달구 살더니....기어이 자식 상처하게 만드는 구먼.. |
| 박 | 내가 그렇게 힘이 쎄? |
| 장 | 독한 말이 사람두 죽이는 거 몰라요? 원 그렇게 저주를 퍼부니 애가 다치지 안 다쳐요? |
| 박 | .......(아내 보다가 그냥 고개 돌려 버리고 만다)..... |

**S# 영애 거실..**

[맞아들이는 정원…]

**시우**  형수님 이제 그만 가보세요…우리끼리 할 얘기가 있어요…

**정원**  알았어요··

**영애**  (가만히 정원 팔 잡으며 끄덕인다)

**정원**  (소지품 챙겨들고 상의 집어 들고 조용히 아웃되는데)

**영애**  ……(정원 나가는 것 보다가 고개 돌려 남편에게)

**시우**  (소파에 앉아서)……이리 와….

**영애**  (소파 쪽으로)……(의자에 앉으려는데)

**시우**  아니 이리….

**영애**  (보는)….

**시우**  (목이 차오르면서)나한테…… 빨리…(고개 꺾고)

**영애**  (와서 시우 무릎에 앉으며)

　　　[두 사람 서로 꽉 껴안는다…….]

　　　[껴안은 채 그대로 한참 동안 ……………]

**S# 주방··**

　　　[마주 앉아서]

**영애**  ……(보며)기운 내 여보··

**시우**  ……(안 보는 채)

**영애**  마지막 순간까지….당신 보호해 주구 싶었어……우습지….신경 질 내면서 당신 피곤하게 만들었으면서 그게 보호한 거란다….

**시우**  ……

**영애**  이상하지?….오히려…뭔가 정리가 되는 거 같네… 당신 힘들게 만들어 놓구 나는 많이 편해진다…….박시우…..

**시우**  ……

영애  나는 떠날 사람이야…내 예감으루는 그렇게 긴 시간이 아닌 거 같아…그래서 머지않아 떠날 사람으로…부탁해…나를 위해서… 죽을 사람 취급하지 말구 그냥 감기 정도 앓구 있는 사람처럼 대해 주라…얼마 안 남은 시간을 울며불며 그렇게 보내기는 정말 싫어 …..내…마지막 허영이라구 생각해…그런데…소망이기두 해…떠나는 날까지 우리 네 식구…그냥 행복하자…지금까지처럼 많이 낄낄거리구 많이 떠들구 많이 행복해 하면서 보내자….

시우  (시선 들어 본다/ 꽉찬 눈물)…..

영애  후회두 말구 화내지두 말구 자책두 말구…. 헛된 희망두 품지 말구 그냥 매일을 기분좋게…그저 먼 여행 떠나는 사람/ 떠나는 날까지 기분좋게 꽉꽉 채워서 보내자 그래줬으면 ….해…

시우  …….(그냥 보며)

영애  만약 당신이….중심 못잡구 비틀거리면서 …약하게 굴면 ….나 너무 힘들 거 같아…나 좀 도와줘..

시우  (한 손바닥 이마에 붙이고 일어나 나간다)

영애  ……..

    E 안방 문 여닫히는 소리

영애  ……..

시우  E (대성통곡이 터진다)……….

영애  …..(미칠 것 같은)……………(가슴이 너무 아파서 쥐어뜯듯이 하면서)……..

    E 통곡소리……

S# 박회장 서재··

박  (우두커니)…………

**S# 안방**

장    (염주 굴리고 앉아 있고)……

**S# 주방…**

조    (심란하게 북어 찢고 있고)……

김    (눈치 보면서 김 재우고 있다)……암 아닌데두 죽는 병이 있나봐요?

조    일이나 해··아는 내색하지 말구 무슨 말씀들 하실 때는 얼른 자
      리 피하구 밖에 나가서 입두 뻥긋 단 한 마디두 하지 마··

김    ····

조    알았어?

김    알았어요……불쌍해서 어떡해요오오…구박만 받더니 결국에는

조    아무 말 하지 말라니까 글쎄··

김    …네에…애들은 어떡해요 아직 철부지들인데····

조    애들 건사야 사모님이랑 이층 새댁이 하겠지만 죽는 사람이
      가엾지 산 사람 걱정이야 뭐····다 잘들만 살더구만····

김    너무 복이 없죠··

조    (본다)

김    준서 엄마 말이에요··

조    (북어 찢으며)기름 너무 칠갑하지 말어··싫어하셔··

김    알아요오오··

**S# 어느 레스토랑…**

      [지나 승조 밥 먹는중…]

지나    (먹으면서)엉 첫 번째 발표회 반응 좋았어··무시무시한 불경기
       긴 하지만 제법 괜찮을 것같은 분위기야··

승조    내가 봤어야 했는데 이차 발표횐 언제야··

100

**지나**  아직 날짜 안 잡혔어. 근데 늬들 요즘 지방일 많이 하는 거 같더라?

**승조**  지방이 지방이 아니야....괜찮은 빌딩들이 얼마나 많이 생기구 있는데..

**지나**  (끄덕이며)좋은 현상이야... 저번에는 별루더니 도루 맛이 괜찮아졌다..

**승조**  그랬어? 난 여전한데?

**지나**  아냐 지난 번에 재미없었어..

**승조**  재료가 잘못들어오면 그럴 수 있어..

**지나**  그랬나봐..(물 잔 집으며)승조야 나 닥터 신하구 주말 여행 한번 해볼 심산인데 어떻게 생각하니..

**승조**  ??거기까지 진전됐냐?

**지나**  진전을 시켜보자 그런 거야..진전이 돼서가 아니라..

**승조**  암튼 그런 생각을 한다는 자체가 진전아냐?

**지나**  흐훗 그런가?

**승조**  약속이 됐어?

**지나**  아니 내가 먼저 제의해볼까 그래..

**승조**  야아아 문지나 뭔가 대단한 심경에 변화가 있는 거 아니냐? 갑자기 왜 그렇게 되셨어?

**지나**  아이 만들려구.

**승조**  야이!!(까불지 마)

**지나**  까르르르르 /아니 그건 아니구...근데 진짜 나 아이는 무지무지 갖구 싶어..이러다 남의 애기 훔치는 거 아닌가 몰라..

**승조**  쇠고랑 찬 너는 보구 싶지 않으니까 정신 챙겨라..

지나 　그렇다구 니 아일 낳을 수도 없고..

승조 　느끼해 죽겠네..

지나 　깔깔……주말여행가서 말야….한방에서 잘 수 있으면 결혼한다..

승조 　그래?

지나 　최소한 아이는 얻을 수 있을 거 아냐..

승조 　목숨 걸었어?

지나 　더 늦으면 희망조차 포기해야니까..마지막 말악이다 머..

연우 　(들어와 다가선다)

지나 　어 언니..우리 먼저 시작했어요..

연우 　그러라구 했잖아..

승조 　(일어나 의자 빼주며)앉아요 누나..

연우 　(앉는다)

지나 　얼굴이 왜 그래요?…뭐 골나는 일 있어요?

연우 　무슨 이런 개같은/(했다가 얼른)이런 기막힌 경우가 있니 지나야..

지나 　??? 뭔데요?

연우 　(지나 물 잔 집어 벌컥벌컥 마시고 내리면서)황당하다는 거 아무
　　때나 쓰는 말이 아니야…..

지나 승조 　(보며)….

연우 　영애가 시한부랜다..

지나 　???

승조 　…네에에?

연우 　불치병에 걸렸대..

지나 　농담이면 너무 심해요 언니.

연우 　넌 이런 농담하구 사니?

지나  ???·····그럼··· 정말이라는 거에요?

연우  애 좀 봐··나 지금 우리 집에서 오는 길야·· (좀 떨어지며)올케언
니랑 건강검진 받았다가 걸렸대··두달에서····· 반년이랜다··(물 잔
들다가)여보세요 여기 물 좀 주세요··별일을 다 보겠다 진짜·· 남의
집 일이기만 한줄 알았더니······

지나  언니··한번만 더 물어요·· 정말이에요?

연우  ·····(보다가)정말야····됐어?

지나  ·····(포크 놓고 입 닦으며)··나 왜 이렇게 떨리니 승조야···

승조  ·····(지나 보며)

지나  오늘 안 거에요?

연우  본인은 진작에 알았었던 거 같구 시우는 오늘 알았다더라··

승조  시우한테 감췄단 말이에요?

연우  걔가 원래 앙큼하잖어··

지나  (냅킨 접으며)그래서가 아니라····시우 위해서였겠죠···

연우  ·····(지나 보다가)그랬을 수두 있구······그런데 내 기분이 왜이러
니 지나야··

지나  ·····(본다)

연우  (울음 터뜨릴 듯하며)여기 오다가 중간에 갑자기 다리가 후둘거
리면서 운전을 못하겠어서 간신히 왔어 애····

지나  ······(보며/)·····

**S#  영애의 거실**

시우  (영애 무릎 베고 한 손등으로 얼굴 덮고 누워 있고)······

영애  (시우 머리 만져주면서)···········

# 제15회

**S#** 편집해서 몇 커트 넣어주시고요.

**S#** 아파트 광장(다른 날 낮)

**준서** (정신없이 달음박질…광장을 뛰어 현관으로 들어가다가 경비원과)
안녕하세요 아저씨‥(하고 대답과 상관없이 뛰어든다)

**경비** 하하 그래‥

**S#** 승강기 앞

**준서** (좀 숨차 하면서 버튼 누르고 기다리다 열리는 문으로 뛰어들어 버튼 누른다)

**S#** 승강기 안

**준서** (숫자판 올려다보면서 흥얼흥얼 콧노래‥기분이 괜찮다)

**S#** 거실

**준서** (뛰어 들면서)엄마아아‥

**정원** E 준서 왔어어?

**준서** 네‥엄마 아직 안 오셨어요?

**정원** (주방에서 나오며)아직 안 오셨는데?

104

**준서**   (좀 불만)학교 갔다오면 와 있을 거라구 하셨는데··

**정원**   이제 오시겠지··(가방 벗기며)점심 먹어야지··큰 엄마가 상 차

릴게 얼른 옷 갈아 입구 나와 응?

**준서**   네에··(가방 빼내 들고 제 방으로)

**정원**   ·····(보며)···

    E  전화벨 운다···

**정원**   (움직여 받는다)네에···

**승조**   F  저 은혜네 집···

**정원**   승조씨 나 은혜 큰엄마에요··

**승조**   F  아 네··네 형수님. 저 승조에요··

**정원**   오랜만이에요.

**S#  승조 사무실····**

**승조**   (점심 먹으러 나갈려고 책상 정리하면서)네 저기···사실은 나쁜 소

식 들었는데요. 전화하기도 어렵고···며칠 동안 그랬어요·····네···시

우는 어떡하고 있어요 핸드폰은 꺼놨구 회사에는 안 나온다던데

····네···네에···어디죠?····네 알겠어요···네··그럼 계세요···(전화 끊으

며)····

**여디자이너**   (나가자는 뜻)선생님?

**승조**   아··오선생 나가세요. 나는 다른 일 좀 봐야겠어요··

**여디자이너**   네 그럼··

**승조**   맛있게 먹어요··

**여디자이너**   (나가며)네에···

**승조**   (상의 떼어든다)··

**S#  박회장 정원··**

[사용인들 인사 받으며]

**연우**   (적당히 대답하며 안채로 좀 빠르게 올라가고 있다)

**S# 거실**

**장**   (우두커니 앉아 있는데)

**연우**   (들어온다)····

**장**   (소리에 돌아보고)

**연우**   아직 점심 전이죠 엄마··나 밥 줘야 해요··

**장**   ·····(대꾸 않고)

**연우**   아버지 계시다면서요··(앉으며)

**장**   좀 전에 들어오셨어····

**연우**   (상의 벗으면서)도무지 일이 손에 안 잡히네··아무 일두 못하겠
어 아무 일두··

**장**   ·····(그냥 묵살하듯 하지만/ 니가 무슨 일을 하는데)····

**연우**   나뭇잎은 우수수수 떨어지지 아무 일 없어두 허무하구 김새서
죽는 계절에 푸우우우 (하며 엄마 보면)

**장**   ······(부처처럼)

**연우**   시우 안 왔어요?

**장**   아니··

**연우**   어떡할거유··

**장**   ??(본다)

**연우**   모르는 척하구 계속 그럴 거유? 엄마가 먼저 시작을 해야 나두
움직이지··

**장**   ······(시선 내리고)

**연우**   할말이 없어 이러구 있지 엄마··

장    ? ?

연우   정말 이런 땐 무슨 말을 어떻게 해야하는 거에요‥아무리 연굴
      해두 떠오르질 않아.(하는데)

조    (나와서/오버랩의 기분)사모님 점심 준비

장    (오버랩의 기분)잠시 기다려요 전화 중이셔‥(안 보는 채)

조    네에‥

S# 박회장 서재‥

박    (테이블에 전화 내려다보며 우두커니. 바로 앞에 전화……전화는 끊은
      상태)……(한동안 충분한 시간 그러고 있다가 이윽고 무겁게 일어난다)

S# 거실

박    (나오고)

      [모녀 일어난다‥]

장    (일어나서 보다가 안방으로 움직이려는 남편)점심 준비 다 됐대요‥

박    ? ?(돌아본다)

장    점심요‥

박    (대꾸 없이 식당 쪽으로)……

S# 식당

      [들어와 앉는 가족들‥여자들 부지런히 움직이고/]

박    (자기 앞에 맨 먼저 국 놓여지자 수저 집어 들어 국물 떠먹는다)……

장    ……(보다가)뭐래요…

박    ……(그냥 먹는)

장    제대로 알아봤대요?

박    밥이나 먹어…

장    ……(보다가)데리구 나가두 안된대요?

박       .......

장       길……없대요?

박       출근부 만들어 줘?(딸에게)

연우     ??

박       (그냥 먹는다)

연우     (엄마 잠깐 보고 먹는)….

장       나무관세음보살‥

박       그 소리 좀 집어치워‥

장       ??

박       평생 그래봤자 무슨 소용이야 빌어먹을…

장       ……(그냥 보는)

박       쯧/(숟가락 놓고 일어난다)

연우     ??(엉거주춤 일어나고)….

박       (나가버리고)

장       ….(수저 멈춘 채)

**S# 병원 입원실…일인실 정도…**

영애     (퇴원 준비 하는 중…작은 가방에 소지품들 집어넣고 침대 시트 정리
        하는데)

        F 핸드폰 벨‥

영애     (핸드백 속에서 꺼내 보고 받는다)네 엄마‥

엄마     F 아니 애들 팽개치구 무슨 출장에 따라나서어어‥

영애     엄마 집에 전화하셨었요?

엄마     F 며칠 꿩궈먹은 소식이길래

**S# 엄마 가게**

**이모**　(손님들 수발 들고 있고)

**엄마**　뭐하느라 바쁜가‥궁금해서…뭐야. 수퉁스럽게 출장가는덴 왜 따러가.무슨 너 없으면 안될 일 있어?……(듣다가)무슨 소리야 애가‥ 주말두 아니구 학교가는 애들 동서한테 맡기구까지 참말 뭐하는 앤지 모르겠네……(듣다가)아 그 위인은 하루라두 너 떨어지면 죽는대?

**이모**　(움직이며)뭐래는데?

**엄마**　박서방이 같이 가자구 목을 매더래‥

**이모**　으흐흐흐흐 금슬 하나는 정말 끝을 내주지‥

**엄마**　(상관없이)목매는 물건이나 목맨다구 날룽 따러나선 너나 어 이그 쯔쯔쯔쯔

**이모**　아 놔둬어어‥남들은 그렇게 못살어 한인데에에

**엄마**　에미 노릇 제대루 하게 돼 좋다더니 그게 제대루야?…쯔쯔쯔 쯔….언제 와‥(약간 쥐어박듯)

**S#** 병실

**영애**　오늘 가요 엄마‥네…네 지금 가구 있는 중이에요…어 박서방 지금 잠깐 화장실 갔어요……네 엄마 휴게소에요 네…네…

**S#** 황박사 방…

**황**　환자 대부분의 경우 부인처럼 ….반응 신통치 않아요‥

**시우**　……(보면서)

**황**　환자가 원하니까 퇴원시키세요‥병원에 있어도 뭐 별로 큰 도움될 방법이 없어요‥

**시우**　(시선 내리며)……

**황**　아직은 일상생활에 크게 힘들진 않은 단계지만 곧 힘들어질

거에요··상체를 세우는 게 호흡에 도움이 될 거구 신선한 공기가 좋습니다··산소마스크도 할 수 있습니다만 병이 어느 정도 진행이 되면 큰 효과는 기대할 수 없어요·· 우선은 많이 움직이지 않고 편한 자세로 있으면 그런대로 견딜만 할 거에요··

**시우**   ······

**황**   마지막에 호흡을 돕기 위해서 기관절개 수술도 하기는 하지만 잠깐 숨쉬는 걸 돕는 걸뿐 병세가 좋아지거나 하는 건 아니구요···

**시우**   ······(고개 떨군 채 약간 옆으로 돌리며 일어선다)

**황**   (일어서며 보는)

**시우**   (목례 정중하게 하고 나간다)····

**S# 황박사 방 밖 복도··**

**시우**   (나와서 잠깐 바닥 보고 서 있다가 입원실 쪽으로)

**S# 입원실로 올라가는 계단··**

[계단 반층 올라와서 나머지 반층 올라가려 하다가 그만두면서 벽 쪽으로 붙는]

**시우**   ······(두 주먹 쥐어져 있고 눈 질끈 감고)·············(있다가 두 손바닥이 얼굴을 덮는다)······(흔들리는 어깨와·····억제해도 새어 나오는 작은 울음)········

[다른 사람들 지나가는데······]

**시우**   ········

**S# 입원실··**

**영애**   (창에 붙어서 병원 마당 보며)·······

[병원 마당 인서트/ 영애 시각으로·······]

**영애**   ········

E 핸드폰 벨…

**영애** (움직여 전화 보고)응 은혜야 엄마야..

**은혜** F 엄마 지금 어디야?

**영애** 집으루 가구 있는 중?

**은혜** F 얼마나 걸려?

**영애** 글쎄? 한시간? 아니다 두시간 쯤 걸리겠다..

**준서** F 아빠 전화 아직두 못 살렸어요?

**영애** 엉 못 살렸어..충전할 데가 없네?

**준서** F 엄마 오실 때 치즈버거 좀 사다 주세요..

**영애** 그게 먹구 싶어?

**S# 영애 거실**

**준서** 네.누나두 먹구 싶대요..아뇨 점심은 먹었죠오.. 저녁으로 먹
을려구요…(돌아보며)큰 엄마 우리 숙제하는 거 봐 주세요…네 좋
아요…

**S# 병실**

**영애** 그래 엄마 좀 있으면 들어가니까 그때까지 숙제 완전히 마치
구 있어….그래 응….그래 쫌 있다 보자아?(끊고)……(있는데)

**시우** (들어오며)여보 가자.. 다 챙겼지?(아무렇지도 않은 척 하지만 시
선을 못 맞추며)

**영애** 그러엄..(가방 들며)신난다..방금 은혜 준서 전화 왔었어..

**시우** (가방 빼내며)빼논 거 없어?

**영애** 없을 걸?(하고 다시 한바퀴 돌아보는데)

**시우** (어깨 한쪽 안으며)갑시다..

**영애** (움직이며)선생님게 인사드려야지..

**시우**  내가 했어 괜찮아..

**영애**  그래두.

**시우**  점심 시간이야..안 계실 거야..

**영애**  아아..

**S#  병원 로비**

[걸어나오고 있는 시우와 영애…영애 계속 시우 눈치 보는데 시우는 모르는 척…]

**영애**  ……(걷다가 조금 힘들기 시작/ 시우 걸음에 맞추다 보니까….)여보 조금….

**시우**  ??

**영애**  (웃으며)천천히 걷자….콤파스 긴데다 당신 걸음 너무 빨라…

**시우**  ….(보는)

**영애**  옛날부터 그랬잖어.. 따라가는 사람 사정 안 봐주구 자기 혼자 마구 내달아서

**시우**  (오버랩의 기분)됐어 알았어….미안해…

[속도 좀 늦춰서 걷기 시작하는 시우와 눈치 보며 따르는 영애..]

**S#  병원 현관 앞…**

**시우**  (나와서)있어 차 갖구 올게..

**영애**  아냐 같이 가.. 가서 타지 뭐..

**시우**  있어..말 들어..(하고 움직이다 보면 승조)…….(보는데)

**영애**  어머 승조씨…

**승조**  네…(하고는 시우에게)전화연결이 안돼서..

**시우**  (끄덕이며)퇴원하는 거야..(안 보는 채)어떻게 알았니..

**승조**  니집에 형수님 계시더라..

**시우** 그래‥가자‥(앞서려 하며)

**영애** 저기 승조씨 우리랑 점심 먹어요‥

**승조** (돌아보는데)

**시우** 아냐‥ 당신 있어‥승조야 가자‥

**승조** (영애에게 눈인사하고)

　　[같이 주차장으로 움직이는 두 남자‥]

　　[두 남자‥ 묵묵히 걸으며]

**승조** (두 번쯤 시우 눈치 보고 나서)…(걸으며)연우 누나가 우리 밥 먹는데 뛰어왔더라구…지나…

**시우** ……

**승조** …말이라는 게 참 이럴 땐 한정없이 빈약하구 초라하다…(멈춰서서 땅 보며)얼마나 힘드니 하는 거두 우습구 너무 충격이다 그러는 거두/그렇구‥

**시우** (같이 멈추어 섰다가)그래‥ 아무 말 안해두 돼 승조야…알아…

**승조** (보며)……

**시우** (보며)괜찮아‥내가 아무리 힘든다 그래두 애들 엄마만이야 하겠니‥

**승조** (끄덕인다)

**시우** 점심 너는 빠져주라‥저 사람하구 둘이 할래‥

**승조** 알았어…그렇게 해.

**시우** 정신이 들면…‥나 지금 좀 그렇거든‥ 나중에 연락할게‥

**승조** 상관없어 신경쓰지 마…그런데 너‥‥잘 해라‥ 아픈 사람이 …니 걱정까지 하게 만들지 말어…

**시우** 그럴려구 해…

**승조**  잘 극복하구…잘…하기 바란다…

**시우**  (끄덕이며 한 손 들어 보인다/가라고)

**승조**  그래 그럼…(하고 제 자동차 있는 곳으로)

**시우**  지나는…

**승조**  (돌아보며 잠깐 서서)걔 쇼크 받아서 회사 이틀 결근했어..

**시우**  ….(보며)

**승조**  간다…(하고 다시 가고)…..

**시우**  …..(잠시 보다가 돌아선다)

S#  현관 앞..

　[시우 자동차 대어지고/승용차로/시우 문 열어준다]

S#  차 안

**영애**  (타면서)승조씨..

**시우**  갔어..

**영애**  같이 먹자니까..안 먹었을텐데..(안전 띠 빼면서)

**시우**  출발해..

**영애**  응…

　[움직이기 시작하는 차..]

**영애**  당신 뚝부리 돼서 재미없는데..

**시우**  …….

**영애**  기정사실 해…그러구 덮구 잊어버려 줘..곧 죽을 사라암….그러구 스물 네시간 지켜보는 사람들한테 둘러싸여 나두/ 나 곧 죽어어어어 그러구 스물네시간 보내게 만들지 말구..

**시우**  …..

**영애**  모르겠어?(돌아보며)나 되도록이면 의식 안하구 지내구 싶어..

114

안하려구 노력할 거야..나 죽을 사라아아암 그러면서 남아있는 날 다 써먹는 거 너무 바보 천치 짓이잖아..

**시우** .....

**영애** 선생님 말 들어라...선생님 말이 맞으니까...

**시우** ......

**영애** 아아 좋다아아....(바깥 풍경 보며) 역시 가을날이 좋아.. 한없이 투명하잖어..(하며 시우 보면)

**시우** 뭐 먹구 싶어..

**영애** 글쎄...뭐 먹을까..

**시우** 비싼 거....좋은 거 먹어....설렁탕 비빔밥 그런 거 말구/(목이 메 는 기분)최고루 맛있구 좋은 거/돈 생각하지 말구 ...

**영애** (보면서 느끼지만 내색 않고 고개 앞으로 하며)막 불러봐?

**시우** 불러..

**영애** 흐흣, 아파서 존 거두 있구나..

**시우** .....

**영애** (돌아보며)초밥 사줄래?....아버님 어머님...박씨네 일가 단골집 가서..

**시우** 알았어..

**영애** 바가지 한번 써봐라..흐흣..맛있겠다..

**시우** .....

**S#** 호텔 일식당 방…

　　[송이요리 코스/]

**영애** (송이 한 쪽 집어 들고)추석에 당신 집에나 가면 한두 쪽 구경하 던 걸 이렇게 먹다니 흐흐 안녕하세요..우리 남편 바가지 씌우구 있어요..맛있게 먹어줄께요오?(하고 씹으며)이거 향기로 먹는 건가 씹히는 느낌으루 먹는 건가..

**시우** 맛이랄 건 별로 그렇잖아..

**영애** 응..무맛이 진짜 맛인가봐..물도 그렇잖아.. 아무 맛 없을수록 맛있는 거..밥은 무슨 맛 있어?

**시우** 응...

**영애** 은혜랑 준서한테 좀 나쁜 짓하는 거 같다..

**시우** 괜찮아 걔들은 앞으루 먹을 날 많아..

**영애** 맞어..신경쓰지 말아야지..근데 여보 우리 초밥 취소하자..너무 많아..

**시우** 먹다 남으면 갖구 감 돼..

**영애** 장어도 시켰잖아..

**시우** 준서 장어 잘먹어..걱정 마..

**영애** 엄청 깨지겠다.. 집 잡혀야겠어..

**시우** 살로 안가..그냥 아무 생각말고 먹어..

**영애** 응 그럴께...근데 준서가 치즈버거 사다 달래던데..

**시우** 가다 사지 뭐...

**영애** 연우한테서 알았대지?

**시우** ??..응..

**영애** 그런 줄 알았어...

**시우** 지나는.....충격받구 회사 이틀 못 나갔대..

**영애** ??...(했다가)의외루 물캥이네?....나 별로 안 좋아하는 줄 아는 데 그렇게 충격이었어? 내가 잘못 알았나?

**시우** 남의 얘기 하니?

116

**영애**  그러자구 했잖어··

**시우**  ···(그냥 먹는데)

**영애**  당신 물려받게 돼 너무 놀라 경기했나부다··

**시우**  ?? 무슨 소리야 지금··

**영애**  뭐 몰라서 물어?

**시우**  내가 무슨 물건야?(정색으로 성내는)당신 쓰다 누구한테 넘겨주는 핸드백이냐? 구두야?

**영애**  왜 그렇게 성은 내애··

**시우**  말이 왜 그렇게 싹수가 없어··나에 대한 예의두 아니구 지나에 대해서두 모욕이야 그건···

**영애**  ······(보며)

**시우**  당신 앞에 있는 사람 당신 그런 말 수용할 주제 못돼··함부루 말하지 마··

**영애**  비싼 돈 내구 밥 멕이면서 얻어먹는 사람 체하겠다··그냥 가볍게

**시우**  (오버랩의 기분)우리 아무 일 없어? 난 아직 아무 거두 모르구 바보놀음하구 당신은 나 상대루 사기치구 있는 중이야?

**영애**  ····(보다가 시선 내리며)형님이 원망스러워·· 왜 약속을 안지키냐구.

**시우**  혼자만 알구 혼자 준비하구 혼자 초연하구····그러지 마···어디 소풍 갈 날 받아 놨어? 유럽 여행 가?···남겨지는 사람 생각두 좀 해··그런 말 나한테는 전부다 비수 꽂는 거 몰라?

**영애**  잘못했어····

**시우**  나는 ···당신처럼 대단하게 잘난 놈 아니야··평범두 못돼 그 이하야··발바닥이야··

영애    여보

시우    당신하구 수준 맞추기 기대하지 마…어림반푼어치두 없어…

영애    …..(보며)

S# 아파트 광장으로 들어오는 시우의 승용차…

  [주차하고 둘 내리는데 시우가 퇴원 가방과 일식집 음식/치즈버거 봉
  투들 들고…..]

시우    (영애 감싸안듯이 하고 현관으로)

S# 승강기 안··

영애    (숫자판 올려다보다가 문득 남편 보고 가만히 허리에 두 손 넣어 안
  으며)웃으며 들어가기··

시우    ……

S# 영애의 거실··

  [들어서면서…]

영애    엄마 왔네에에? (이미 두 팔 벌리며)

  [준서 은혜 만화 책 보다가 후닥탁 엄마에게]

두 아이    엄마. 엄마아아··

영애    (빠르게 두 아이 안고 번갈아 뽀뽀 날려주면서)아빠 아는 척 빨리
  빨리./

두 아이    아빠 (부르며 달려들고)

S# 주방··

시우    E (아이들 안아주며)그래 잘 지냈지? 안 싸웠지?

은혜    E 싸우지는 않았는데 싸울 뻔? 하기는 했지이이··

시우    E 에에이 왜애애애··

준서    E 누나 잘못이에요··

118

**은혜**  E 아냐 너야 너.

**준서**  E 아냐 누나야.

**시우**  E 됐어됐어됐어..그만하구 큰 엄마는..

**연우**  (정원에게 얼른 나가라는)

**준서**  E 큰 엄마아아..

**정원**  (나가며)저 여깄어요 서방님..

　　　　[연우 위에]

**시우**  E 수고하셨어요 형수님.. 고맙습니다..

**S# 거실**

**정원**  아니에요 무슨

**영애**  (오버랩의 기분)불편하셨죠 미안해요 형님..(시우가 들고 있는
　　　도시락과 햄버거 봉투 빼내면서)초밥 좀 갖구 왔는데 안 드실래요?

**정원**  어 아냐.. 지금 못 먹어..이따 애들 먹이자..(빼내며)얼른 옷 갈
　　　아 입어.. 옷 갈아 입으세요..

**시우**  네 저기 여보 나 잠깐 나갔다 올게..

**영애**  어디?

**시우**  잠깐 볼일. 아빠 잠깐 나갔다 올게..(하고 현관으로 움직이는데)

**은혜**  고모 오셨어 엄마..(엄마에게)

**시우**  ??

**영애**  ??

**준서**  어 진짜...고모 오셨는데?

**연우**  ……(나온다)….

**시우**  (나가려다 말고 연우 쪽으로 움직이는데)

**영애**  (급하게 시우 잡아 세우고)왔어요?..옷바꿔 입구 나올께요..(애들

몰 듯이 데리고 들어가며)자아아 오랜만이니까 좀 보자아아 엄마 강
아지드을….(들어가고)

**시우** 왜 왔어..

**정원** 서방님.

**시우** 뭐하러 왔어.. 확인하러 왔어?(애들 때문에 소리는 작으나)

**연우** 시우야..

**시우** 그래 사실이야 좋아? 좋으니? 손뼉이라두 치지 그래..못잡아
먹어 안달이더니 마침내 잡아 먹는다 그래..

**정원** 서방니임.

**시우** (잡는 손 뿌리치며)파티라두 하지 여긴 왜 와. 누가 반갑단다구 와..

**연우** 너무 그러지 마 이 자식아아아..(울듯이)

**시우** 누나느은!!(터진다)누나라구 안해 빌어먹을/ 너 말야 너어..(하
는데)

**영애** (달려나와 시우 잡는다)왜 이래..하지 마. 하지 마 하지 마..(시우
끌고 밀어 현관으로)애들 들어. 다 들려.. 나가 빨리 빨리 신 신어..

**시우** …(식닥거리며 신 신으며 이 갈듯이)두번 다시 오지 마..죽는 날까
지 안 봐..(영애 시우 등 한 대 갈기고)안 볼 거야..(영애에게 끌려나간다)

**연우** ……

**정원** ……(연우 보며)…..

**S#** 아파트 복도

**시우** (영애에게 밀쳐져 뒷걸음치며)저 기집애 저거 말야..(하다가 부르르
또 뛰어들어가려)저걸 그냥..

**영애** (미치겠다/ 가슴 퍽 밀면서)애들 화장실에 가둬놨어. 애들한테
까지 뽀록나게 할래? 진정 못해? 말 안 들을 거야?..

120

**시우**  ……(식닥거리며 숨 고른다)

**영애**  ……(보며)

**S#  주방…**

**연우**  (물 마시고 있다··선 채로/····물 잔 내려놓으며)·····

**정원**  (보며··· 선 채로)·····

**연우**  그래두····와야할 거 같았어요···시우한테 맞어죽는 한이 있어
두·····잘못했단 말은 해야할 거 같아서·····빨리 하구 ····좀 편해지구
싶어서요·· 얄팍한 속셈이기는 하지만요···(한 손 팔목 안 이마에 붙
이면서)·····

**정원**  ……(보며)·····

E  현관문 여닫히는 소리··

**둘**  (돌아본다)

**S#  거실**

**영애**  (들어와 안방으로)····

**S#  화장실**

**준서**  (세면대서 손 씻으며)엄마 왜 이렇게 안 오셔? 손 다 닳겠다····

**은혜**  그만 헹구구 닦아아아··(수건 들고)

**준서**  흐흐흐 나는 비누가 좋아··미끌미끌미끌··(하는데)

**영애**  (들어오며)손 닦았어?

**은혜**  애 장난치구 있어 엄마··

**영애**  (씻어주며)헹구구 가서 준비물이랑 빠트리지 말구 책가방 챙겨··

**준서**  네에··

**영애**  엄마 고모랑 큰엄마랑 조용히 얘기할 거 있으니까 방해하지
말구 응?

**준서** 네..

**은혜** 고모랑 아빠랑 뭐 나쁜 일 일 있어?

**영애** ??아니?

**은혜** 큰 엄마랑 얘기하시는데 아빠 이름이 자꾸 나오던데?

**영애** 글쎄?…

**은혜** 고모가 엄마 안 좋아해서 아빠두 고모 별루잖아.. 근데 고모가
　　 뭐 또 아빠 화나게 한 일이 있는지이이(갸웃하고)에에 모르겠다..

**영애** …(잠깐 보고)

## S# 거실

**영애** (애들 데리고 나와서 각각 제 방으로 들어가는 것 보고 주방으로)

## S# 주방..

**영애** (들어온다)…

　　 [연우 앉아 있다가 보고]

**정원** (연우 잔에 녹차 물 붓다가 돌아본다)

**영애** 물 자라요?

**정원** 엉..충분해..(움직이려)

**영애** 내가 할께요..(하고 녹차 봉지 하나 커피 잔에 넣어 컵 놓아주면)

**정원** (따라준다)……

**영애** ….(말없이 봉지 끈 두어 번 들었다 났다 하고 앉으며)애쓰셨어요..

**정원** 그런 말 하지 마아….

**영애** …(찻잔 드는데)

**연우** (안 보는 채)병원에선 뭐라니…

**영애** ??…(보며)달라진 거 달라질 거 없는 병이야..

**연우** ……(보며)

122

**영애**  애들 아빠 때문에 간 거야..

**연우**  (오버랩의 기분)영애야……

**영애**  ……(보는)

**연우**  니가 받아주거나 안 받아주거나……미안하다.. 나…너무 나쁘게 굴었어..

**영애**  …..(보며)

**연우**  어떻게 얘길해야 할지 모르겠는데/

**영애**  죽을 병 들었다니까 좀 쩔리디?

**연우**  ………벼락맞은 거 같아…

**영애**  벼락은 내가 맞았지 니가 왜..

**연우**  (오버랩의 기분)솔직하게 난 니가 정말 가당찮았어..

**영애**  …..(보며)

**연우**  너 맨날 낡은 운동화 신구 다니면서….그랬잖아..

**영애**  너는 그런 걸루 사람 평가하지.. 그러니까 그 기준으로는 내가 니 집안 사람되는 거 기막혔을 거야…그래.. 사람마다 얼굴 다르듯 생각 다르구 가치관 다르구 그러니까 뭐…

**연우**  (오버랩의 기분)너 나 우습게 생각했어…

**영애**  ？？？

**연우**  지금두 그렇구..

**영애**  …..(보며)

**연우**  나보다 날 거 조금두 없는데 언제나 나보다 난 얼굴 하구 다녔잖아. 한창 나이에 날마다 똑같은 옷을 교복처럼 입고 다니면서도 기 하나 안 죽구

**영애**  (오버랩의 기분)그게 그렇게 빈정이 상했었니?

연우 니가……날 골빈 아이로 보이게 했으니까‥

영애 (오버랩의 기분)그런데 왜 일자린 만들어줬니‥두 군데 뛰는 거 쳐주면서‥

연우 너보다 나아보구 싶어서…

영애 ……(쓰게 웃으며 끄덕인다)

연우 니가 아버지 사업 물려받을 시우 차지하는 거 ‥‥끔찍했어…니가 나라면 안 그렇겠니? 너 정말 아무 거도 아니었잖아‥ 샘 안나겠어?

영애 (웃으며)형님 좀 앉으세요‥

정원 아냐 나 나가 있을께‥(좀 웃어 보이고 찻잔 들고 나간다)……

영애 샘났겠다……(조금 웃고 천천히 차 마신다/)

연우 ……(보며)

영애 ……(사이 두었다가 한 모금 더 마시고 내리는데)

연우 영애야‥

영애 (오버랩의 기분)유감이네…길게길게 오래 살아서 니 약 좀 있는 대루 올려주면 좋을텐데‥너한테 당한 거 갑절로 갚아주면서……

연우 ……(보며 있다가)그래 이 기집애야‥ 나 좀 혼내주지 하필이면 왜 그런 병이 들어‥

영애 ……(본다)

연우 이건‥‥미안하다/용서해/잘못했어/ 다 아냐‥‥(탁자로 고개)정말…너한테 어떡해야 하는 건지를 모르겠어‥ 나 정말 상것으루 굴었어…너 내 친구였는데 …니가 나 대리시험두 쳐주구 출석 체크두 해주구‥너는 나한테 잘못한 게 없었는데 영애야…

영애 ……(그저 보며)……

연우 (쏟아지는 눈물 때문에 고개를 못 들고)……

**영애**     …‥나는 벌써 반은 죽은 것 같다‥…

**연우**     ??(고개 들고 본다)

**영애**     다… 옛날 일들처럼 아득해…심지어는 얼마 전 너랑 휘트니스 클럽 입구에서 험한소리 주고 받은 거 조차‥…

**연우**     영애야…

**영애**     우리…‥너두 기집애 나두 기집애…(쓴웃음으로)어른이 못된 기집애들끼리 그저…시샘하구 분해하구 ‥…그래서 서로 할퀴고 나빴었던 것쯤으로 치부하자…니가 이러면 나두 반성할 거 많아‥시누이라기 보다는 친구란 생각이 더 많아서‥…항상 더 많이 섭섭했구 미웠어…그래서 시누이 비위두 못 맞춰줬구…내가 좋은 의미에서 아부라두 좀 했었으면‥우리 관계 그보다는 나았을지두 몰라‥나두 잘한건 없어 뭐…

**연우**     (울음 터지면서 얼굴 싸쥔다)‥…

**영애**     …‥(보며)……

**S#  박회장 집 대문 앞**

[시우의 지프 와서 멎고 기다렸다가 열어주는 문으로 들어간다.]

[사용인들 인사 받으며]

**S#  정원**

[같은 템포로 들어오고 있는 시우‥]

**시우**     …‥(시선이 잠시 집 건물을 보면서)‥…(여전한 걸음 템포)‥…

**S#  거실**

**장**      (조여인이 먼저 나오고 나와서 서재로 /노크한다)

**S#  서재**

**박**      (기대어 앉아 졸 듯이 눈 감고 있다가 눈 뜨며)누구야‥

장    (문 열고)준서 애비 왔대요··

박    (그대로 보며)·····

S# 거실

시우   (들어선다)

장    (기척에 돌아보고 서재 문 열어놓은 채 아들 보며)······

시우   아버지 어머니 뵈러 왔어요··

장    (한숨 섞어서)그래··· 나오세요··(하고 소파로 움직이고)

시우   (소파 쪽으로)··

장    (앉으며)퇴원 시켰다구··

시우   네··(하며 아버지 나오기 기다리고)

장    병원에 알아봤다···

시우   ····(그냥 어머니 보며)······

박    (무겁게 나온다)·····

시우   ····(잠깐 보고 기다리는)·····

박    (앉는다)····

장    앉어···

시우   (앉으면서)간단하게 말씀드리겠어요··회사 그만두겠어요.

장    (영감 본다)

박    (아들 보며/ 놀랄 건 없다)

시우   (아무도 안 보는 채)우리 애들 형수님한테 맡기구요··그런 줄 아
       세요··그만 일어납니다··

박    (오버랩의 기분)그러구 뭐할 건데···

시우   ····(아버지 보며)

장    앉어어···너 혼자만에 일이야? 그러지 마··

126

**시우**  (앉으며)저만의 일이 아니면 아버지 어머니 무슨 상관이세요‥

**장**  ‥‥(보는)

**시우**  무슨 죽을 죄라구 십년씩이나 그렇게 지독한 학댈 하셨어요. 나한테 와서 그 사람 잘못한 거 눈꼽만큼두 없어요. 제 자식 둘 낳아 잘 키웠구요 죽어라 돈 벌어 집두 샀어요‥부모님께 나쁜 자식 되지 말라구 틈틈이 절 나무라기두 했구요.

**장**  (무슨 말인가 하려는데)

**시우**  (상관없이)도대체 그 사람 죄가 뭐에요. 그 사람 죄가 뭡니까 아버지.

**박**  지난 일은

**시우**  (오버랩의 기분)중요하지 않다는 말씀하지 마세요. 덮자는 말씀두 하지 마세요. 애들하구 저 놓구 그 사람 가요. 떠납니다‥ 얼마나 고통스러웠으면‥‥얼마나 절망이었으면 그런 /가슴이 벌집이 되는 병이 들어요!!! 자알 하셨어요 아버지 어머니‥참 자알 하셨어요.

**장**  시우야‥(좀 엄하게)

**시우**  사람 볼줄을 그렇게 모르세요? 사람 귀한 줄을 그렇게 모르세요? 축하드려요‥‥승리하셨습니다‥(벌떡 일어나 현관으로)

**장**  애비야(일어나며)

**시우**  (그냥 뛰쳐나간다)

**박**  ‥‥

**S# 현관 밖‥**

**시우**  (뛰쳐나와서 곧장 대문으로 내닫는다)‥‥‥

**S# 대문 밖**

**시우**　(나와서 자동차로 뛰어올라 거칠게 차 돌리는)···

## S# 동네 길

**시우**　(운전하면서 피를 토할 지경이다)·····

## S# 거실

　　[우두커니 앉아 있는 부부·····]

**박**　·······

**장**　······

　　[충분한 시간·····]

**박**　그런 병 들라구 경 읽었어?

**장**　???(날카롭게 보고)····

**박**　····(모르는 척)

**장**　·······나무 관세음 보살·····

**박**　(중얼거리는)회살 그만두면 어쩌겠다는 거야··

**장**　환장한 애한테 회사가 대수에요?

**박**　········(그만두고)

**장**　그만해라그만해라···말두 참 직살하게 안 듣더니 어이구우우
　우(일어나 안방으로 들어가 버린다)·····

**박**　·········(한참 동안 앉아 있는)

## S# 라페스 공연 무대··

　　[한창 공연 중/ 시끄러울수록 좋고/···]

**재우**　(총무부장과 뭔가 얘기하고 있는데/)

　　[여직원 와서 재우에게 뭔가 얘기하고 재우 빠르게 그 자리 벗어난다··]

## S# 라페스 현관 앞···

**재우**　(부지런히 나오면)

**시우**  (자동차에서 내려선다)……

**재우**  (와서 보며)…퇴원했다며……

**시우**  네‥

**재우**  왜 안 들어오구‥

**시우**  (오버랩의 기분/안 보는 채)우리 아이들 좀 맡아줘요‥형 차루 애들 학교 등하교 좀 해주구 미안하지만 형수님께 부탁해요‥

**재우**  그거야 어려울 거 없어 야‥병원에 있게 하려구?

**시우**  아니에요‥맑은 공기가 좋대요. 데리구 어딘가루 떠나려구요‥

**재우**  ?? 회사는

**시우**  그만둔다구 말씀드리구 오는 길이에요. 주말에 옮기도록 할께요‥부탁해요‥

**재우**  야 무슨 얘긴지 알겠는데 너 회사 그만두면 아버님한테

**시우**  (오버랩의 기분)상관없어요‥아들 노릇할 때두 하구 싶지두 않아요.

**재우**  시우야

**시우**  (자동차 키 내밀며)차 놓구 가요‥

**재우**  아버님 건강두 요주의 경보야 임마.

**시우**  (다소 거칠게 화내는)오래오래 사실 거에요 걱정 말아요‥(하며 움직이려)

**재우**  (재빨리 잡으며)애 시우야.

**시우**  (형 떼어내고 걷기 시작한다/빠르게)………

**재우**  (그냥 보며)………

   E  재우 핸드폰 울리고

**재우**  (전화 꺼내 보고/)예 아버님‥

박      F 사무실 안 있구 어딨어..

재우    예 저 쇼핑 몰 안에 있습니다 아버님..

박      F (오버랩의 기분)시우 녀석이 회살 집어치우겠대.. 잡아서 데리
       구 얘기 좀 잘 해봐..

재우    .....

박      F 왜 대답이 없어..

재우    예 저 아버님... 현재 시우 심정으로서는 /

박      F 무슨 코 같은 소리야.(오버랩의 기분)

S# 박회장 서재

박      (선 채로 전화 중/연결)그런다구 죽을 사람이 살아나? 며칠 더 쉬
       었다 나와 일하게 만들어..그거 못하면 너두 사표 내 이눔 자식아.
       (픽 끊어버린다)

S# 라페스 앞..

재우    (끊긴 전화 보며 황당하고)......

S# 대형 서점에서 책 고르고 있는 시우… 『암을 이긴 사람들』/『채식으로 암
   을 고쳤다』 종류의 책들…

S# 의료기 상사..

시우    (책 봉지 든 채..산소호흡기 설명 듣고 있는 중이다)........

S# 백화점 슈퍼마켓

       [카트에 책 봉지 실어놓고 야채 과일 마구 집어넣고 있는 시우....]

S# 지나의 오피스텔..

승조    (커피 따르고 있다)

지나    ....(커피 잔 들고)시우는 어때....

승조    뭐…정신 들면 나중에 연락한다구..잠깐 봤어… 나 들어가는데

130

퇴원해 나오더라구..현관에서 부딪혔어..

**지나**  언니는....

**승조**  반가와 하더라..(소파 쪽으로 움직이며)같이 점심 먹자 그러구..

**지나**  같이 먹었어?

**승조**  (앉으며)아냐..시우가 둘이만 있구 싶어하더라..

**지나**  (커피 잔 비운다).....

**승조**  더 줘?

**지나**  아냐 됐어....

**승조**  (한 모금 마시고 내리며)그래두 니 안부 챙기더라..

**지나**  (본다)

**승조**  이틀 결근했다 그랬어..

**지나**  뭐래..

**승조**  별말 안했어........(보다가)뭐라 그러구 조퇴했어...

**지나**  컨디션 젬병이야..

**승조**  잠을 그렇게 못 자니까 당연하지 나쁜 거..니 얼굴 마구 들떴어...
....(보다가)오늘은 수면제라두 삼키구 자. ....알았어?

**지나**  잘 만큼 자..걱정마.

**승조**  뭐얼 밤새 덜그럭거리면서........(보다가)지나야 영애씨 그렇
게 된 거 /니가 했던 나쁜 생각 때문 아니야..거기서 빨리 벗어나

**지나**  (시선 내린 채)탐내기는 했지만 그래서 가끔 한번씩은 싸가지
없는 생각도 했었지만 승조야....하늘에 맹세하는데 시우 불행을
바란 적은 없어..믿어주지?

**승조**  ..... 그러엄.....

**지나**  그 자리 누구도 대신 못해..그거 나 너무 알아.......알면서도 포

기 못했던 거…물론 나 못난 탓이지만….어쩌면 시우가 너무너무 끔찍하게 좋아하는 언니에 대한 비열한 시기심때문이었는지도 몰라..

**승조**　…..(본다)

**지나**　그런데 참 이상스럽다…조금두 털끝만큼도 반갑지가 않어… 어떡하나…언니 어떡하나 시우 어떡하나…..은혜 준서 어떡하나 …. 그래…./수원쯤 오구 있을 거라는 말이….너무나 걸려…그 동안 나 완전히 들키구 있었잖아. 그렇게 안 샐려구 애썼었는데…..자기 죽을 거 미리 알구 ··그런 말 해야하는 …..어떤 심정이었을까…

**승조**　지나야..

**지나**　(오버랩의 기분)너무나 나쁜 짓 하구 있었어.. 내 생각만/ 나 좋은 짓 하느라 너무 무신경하게 굴었어…. 어쩌면 시우 말이 맞어 승조야…적당히 무시하구 적당히 깔아 뭉개구 싶었던 거 분명히 있었던 것 같아..가슴에 손 얹고 생각하면 그래··그랬던 거 같아..

**승조**　……(보며)

**지나**　나 자신이 이렇게 싫을 수가 없다…·(고개 숙이면서)당연히 내 껀줄 알았던 시우가 연상에 과외선생 좋아한다 소리 들었을 때 보다 더 싫어··아주 치사하구 드럽구…형편없어….

**승조**　그쯤 해두구 잠을 좀 자는 게 어때…·(안 보는 채 식탁 내려다보며) 후회하구 반성할 시간 …·우리는 얼마든지 많아..

**지나**　……

**승조**　지나야..

**지나**　(벌떡 일어나며)나가 일 해.. 니 말 대루 난 좀 잘래..

**승조**　(보며)…..

지나    (침대로 움직여 쓰러지듯 누우며 이불 당겨 머리 덮는다)

승조    ……(보며)….

S#  어린이 놀이터에서 놀고 있는 두 아이와 보고 있는 영애……

      E 영애 핸드폰…

영애    어 당신 전화 살렸네?….놀이터.. 알았어..(끊고)은혜야아 아빠
       오셨어..

은혜    그래?(동생 찾다가)준서야아 아빠아빠..

준서    오우케이이이……

      [두 아이 엄마에게 달려오고/]

영애    (두 아이 양쪽에 하나씩 잡고 걸으면서)저녁 밥 햄버거 괜찮아?

두 아이   응/ 네에..

영애    엄마 밥 안해두 된다.. 좋아라..

은혜    밥하기 싫어?

영애    아니이..

은혜    근데 왜 좋아라 그래?

영애    가끔은 밥 안해두 되는 거 좋아..

준서    금 날마다 안하시면 더 좋겠네요?

영애    아냐아 그런 말.. 내 강아지들 맛있게 먹여야지이 그러구 열심
       히 만드는 거두 재미있어..엄마 오늘은 고단하니까..

준서    차 오래 타서서요?

영애    응..

준서    나는 차 타는 거 좋은데 엄마는 고단하다 그러시대요?

은혜    어른은 그래..

준서    왜 그래?

**은혜**  나이 먹으면 그런 건가봐‥할머니두 아그그그 그러시잖아‥

**준서**  맞어 그러신다‥

**S#**  승강기 안‥

  [다 같이 숫자판 보고 있다가]

**준서**  앗참 엄마 오늘 엄마 아빠 발 씻어드리는 숙제 해야해요‥

**영애**  어 그래애? 마침내 준서두 그 숙제 받어왔어?

**준서**  네‥

**영애**  행복하겠네‥ 누나가 그 숙제 하는 날두 무지 행복했었는데‥

**은혜**  맞어‥엄마 간지럽다구 막 웃었었어…

**영애**  니가 간지럽혔잖아‥

**은혜**  으흐흐흐

**준서**  좋아 나두 그래야지‥

**S#**  거실…

  [아이들 앞서 들어오고]

**준서**  아빠아아‥

**시우**  E 어 아빠 부엌이야‥

  [은혜 영애도 물론 들어오고/]

**준서**  (주방으로)

**S#**  주방

**준서**  (들어와)??아빠 이게 다 뭐에요?

**시우**  뭐긴 임마‥시장 봐 온 거지 (식탁에 산같이 쌓인 야채들과 과일/
  아직도 봉투 안에서 꺼내지는 현미와 잡곡들)

**은혜**  (들어서서)히이익/ 엄마 아빠 수퍼 심부름 시켰어?

**영애**  (들어서서 보며)

**은혜**　아빠를 왜 시켜어어 우리가 가지이이‥크은일 났다‥

**시우**　큰일날 거 하나두 없어. 우리가 다같이 마구 먹어 치우면 돼‥
　　　　아침 점심 저녁 마구마구 먹으면 금방 없어져‥

**영애**　여보‥

**시우**　(상관없이)엄마랑 아빠는 이제부터 채식할 거야‥

**영애**　현미는 왜 샀어 애들 안 먹어. 당신두 싫어했잖아‥

**시우**　아냐 이제 안 싫어‥건강에 좋다는데 왜 안해‥

**은혜**　(엄마 보며)아빠 갑자기 왜 이래?

**영애**　뭔가 때문에 자극 받으셨나봐. 늬들 건강해지라 그러시는 거
　　　　겠지?

**준서**　지금두 건강한데(현미밥은 싫은데)

**은혜**　그래‥맞어‥

**영애**　손들 씻어야지?

**아이들**　응/ 네에‥

**영애**　아예 샤워까지 하는 게 어떨까?

**두 아이**　응/ 네에‥

　　　　[두 아이 나가면서]

**준서**　E 이이이 싫다아아‥

**은혜**　E 나두야‥‥

　　　　[두 아이 각각 들어가는 문소리]

**영애**　이걸 다 어디 두라구‥‥

**시우**　날씨 차져서 상관없어‥다용도실(하는데)

**영애**　애들 눈치챌까 무섭다‥

**시우**　‥‥‥(보다가)사흘 안에 다 먹어‥

**영애** 뭐라구?

**시우** 아니다 싸갖구 감 되겠다··

**영애** ??(시장 본 것 건드리다가)어디?

**시우** 형한테 부탁했어 여보. 이번 주말에 애들 형한테 보내구 우린 공기 좋은데루 옮깁시다. 내가 인터넷으루 찾을게.

**영애** 여보.

**시우** 황박사 그러셨어··공기에 신경쓰라구··그럴려면 아무래두 여긴 안돼·· 산림욕하는데 괜찮은 펜션 있다더라··

**영애** (오버랩의 기분)당신 지금 뭐하니··

**시우** ??

**영애** 회산 어떡하구 아니 회산 둘째 문제야

**시우** 회사 그만뒀어. 아버지한테

**영애** (오버랩의 기분)나 좀 잠깐 봐··(하고 나간다)····

**시우** ·····

**S# 안방··**

**영애** (들어와 침대 옆구리에 앉는다)·····(남편 들어올 때 기다리다 문득 보면/)

    E 화장대에 서너 보퉁이 책들···

**영애** (일어나 화장대로 /책 봉투 하나 쏟아낸다/드러나는 책들····)·······

**시우** (들어온다)

**영애** 이런 책들 애들 보이구 싶어?

**시우** 치워 놨다가 갖구 감 돼.

**영애** 어딜 가는데···

**시우** ·····여보··(설득하려)

**영애** 참 생각도 짧다…나 우리 애들 볼 시간 많지 않어.. 이 학년 삼 학 년 되는 거두 볼지 못 볼지야..

**시우** 왜 그렇게 생각해. 중학교 고등학교 대학교 다 봐. 다 볼 거야..

**영애** 허세부릴 일 따루 있어. 그러지 말자 우리.. 순하게 받아들여.. 몸부림치지 마..

**시우** (다가들며)여보.

**영애** (오버랩의 기분)그래 나 하라는대루 다 할께/현미밥두 먹구 채 식두 할께.그런데 우리 애들하구 지내는 시간은 뺏지 말아줘..

**시우** 은혜엄마.

**영애** (오버랩의 기분)그냥 나한테 고스란히 다 줘 여보..한달이 될지 두달이 될지 그보다는 좀 더 길지 모르지만 여보/ 나 싫다?…떠나기 전에 보고 또 보고 만지고 또 만지고…..스물 네시간을 이백사십시 간처럼 쓰게 해 줘..어떻게 그런 가혹한 생각을 해. 당신은 어떻게 날 애들한테서 떼어놀 생각을 해….

**시우** …….(보며)

**영애** 나 회복 안돼.. 기적같은 거 없어.. 오백년 재수가 무슨 기적을 기대해.. 난 안해..당신두 하지 마..도와주구 싶으면 내 맘 안 불편하 게…자알..지내다 가게 해줘..부탁해…..

**시우** …….(보다가 다가가 들어 안는다/가만히)…….

**영애** 아무데두 안가…마지막까지 애들하구 보낼 거야…

**시우** ……

**영애** 당신 회사 나가..나가서 일해..

**시우** (몸 떼고 본다)

**영애** 아버님 힘드셔.. 일단 맡았으면 끝까지 책임 다해..

**시우**    나한테 그건 하라지 마.

**영애**    아냐 해야해.. 이유 얘기할게..애들한테 뭐라 그럴래..엄마 죽을 병들어 간호해야하기 때매라 그럴래? 당장 오늘 내일 얘기해얄 거 아냐...아버님께 마지막 순간까지 당신 초쳐준 오백년 재수루 끝나게 하구 싶어?

**시우**    ....(보며)

**영애**    박시우 아버님 회사 맡을 사람야.. 다른 대안 없잖아. 박시우 의무구 팔짜야..무책임하게 굴지 마. 그런 사람 나 싫어..

**시우**    나두....나두 있지 여보...당신하구/ 당신 옆에....있구 싶어..

**영애**    (안아주면서)우리 늘 함께였어 은혜아빠..따로따론 적 없는데 왜 그래..부족한 적 없어..언제나 넘치게 충분했어..

**시우**    (안는다)

**영애**    (울며 웃으며)선생님 말 들어라 시우야...선생님이라는 사람들은 언제나.....제자가 바른 길로 가기를 바란단다.....(울음 터진다)

**시우**    ...(꽈악 안으며)......

**S#** 아파트 전경(밤)

**S#** 주방..

    [아이들은 햄버거 먹고 둘은 초밥과 장어 먹은 상 치우면서]

**영애**    준서가 우리 발 씻어준대..숙제래..

**시우**    은혜두 했었잖아..(쓰레기 비닐봉투에 넣으며)

**영애**    (식탁 닦으며)응...

**준서**    (들어오며/ 플라스틱 대야 들고)물 좀 받아 주세요..

**영애**    벌써어? 과일 먹구 하지? 안 그래두 지금 아빠한테 얘기하는 중 이야..과일 먹구 하자 응?

**준서**   빨리하구 아빠랑 만화볼려 그러는데……

**시우**   임마 밥 먹은 거나 좀 꺼지거든‥ 배부르잖아‥

**준서**   네‥(대야 싱크대에 놓으며)이건 여기 둬요 엄마‥

**영애**   응 그래‥

**S#   소정모의 식당‥**

**유정**   (아줌마와 함께 움직이는/ 아줌마는 찌개 냄비 옮기고 유정은 음식 접
       시 돌리고)

**소모**   다 됐나요?

**아줌마**   네 드세요 선생님…

**소모**   그냥 우리 먹는대루에요‥

**이모**   아이구 날마다 이렇게 드시면서 사세요?

**소정**   엄마(뭔가 대답하려는데)아니에요. 엄마는 날마다 이렇게 먹어?

**소모**   아이구 겸손의 말이지이이‥드세요‥ 어서 시작하세요‥

**엄마**   예에…이거 원 별루 잘하는 거두 없이 미안스러워서‥

**소모**   애들 공짜 여행시켜준 답례로 생각하세요‥

**이모**   하하 돈쓴 사람 따루 있는데‥

**엄마**   (오버랩의 기분)박서방이 아주 바빠요‥지방 출장두 다녀야 하
       는 모양이구 오늘두 출장 갔다 올라온 모양이에요‥곧장 또 회사
       들어가얄 거구 그래서

**소모**   (오버랩의 기분)네에 이해해요‥한창 젊은 사람이 바빠야지 한
       가하면 되나요‥시작하시라니까요?

**엄마**   (수저 들면서)염치없지만 그럼…잘 먹겠습니다…

**이모**   (괜히)하하하하하

**엄마**   (눈총 잠깐 주면서 밥 뜨며)그저 무엇보다 고마운 게 소정이가

무탈한 거에요··속 타게 할려면 이런저런 탈두 나구 그러든데··

**소모** 네에··

**유정** 탈날 게 뭐 있나?(혼잣소리처럼)그냥 놀구 먹구 하는데··

**소모** ??(작은딸 눈총)

**유정** 원래 건강해요··걱정하실 거 조금두 없으세요··

**정호** 네 건강한 편이에요 어머니··

**소모** 괜히 차린 거두 없이 가게 문 만 닫게 한 거 아닌가 모르겠네요··

**이모** 아이구 아니에요··안 그래두 재료가 달랑달랑 곰방 문 닫게 생
겼었어요 ㅎㅎㅎㅎ

**소모** 잘 되나 부죠?

**엄마** 뭐 그럭저럭

**이모** 찬 바람 돌면 재미있어요··그리구 워낙에 재료를 많이 안 들여
놔요··딱 하루 팔 만큼만 들여서 팔아버리구 새 재료 받구 그래요··
언니가 묵은 재료 질색하거든요··

**소모** 그래두 손님 왔다가 문 닫겼으면

**이모** 하하 거의 다 단골들이라 그러려니 해요··상관없어요··

**정호** 오히려 신선한 재료만 쓰는 걸로 알려져 있어서 플러스면 플
러스지 마이너스는 아니에요··

**소모** 그럴 수두 있겠네요··

**엄마** 예에··

**소정** 일부러 그러시는 거죠 어머니/

**엄마** ??

**소모** 일부러 우리는 신선한 거만 쓴다아 소문 낼려구

**엄마** 아이구 애 아니야·· 기운이 없어 그래·· 하루 왼종일 서서 움직

이는 거 너무 힘들어서 저녁에는 그저 어지간한 시간에 문닫구 두 늙은이 쉬자아 그래서 그래‥‥

**소모** 결과적으루 그게 고도의 상술일 수 있어요‥

**정호** ??

**엄마** ??무슨 소리냐?

**유정** 아무 거두 아니에요‥신경쓰지 마세요‥ 언니는 암튼‥

**소정** 계산을 했거나 안했거나 결과적으로‥

**정호** 무슨 얘긴지 알어‥그런데 그런 거 아냐‥

**소모** 아니면 그만이구‥

**엄마** 무슨 얘기야?

**이모** 아 우리가 일부러 재료떨어지게 장사한다 소리잖아아아아‥

**정호** 아니 그런 거 아니에요 이모‥소정이 얘기는

**엄마** (오버랩의 기분)난 또 무슨 소리라구‥애 그런 말 지금두 더러 들어‥무슨 소리라구‥

**소정** 봐아‥나만 그렇게 생각하는 거 아닌데 뭐‥

**소모** 어쨌든 참 대단하세요‥가게만두 부치실텐데 그렇게 좋은 일두 하시구 우리 같은 사람 부끄럽습니다‥

**엄마** 아우아우 무슨 그런 말씀을‥‥

**소모** 그래서요‥‥정말 낯간지럽지만 이달 부터는 저두 조금씩이나 마 좀 동참해 드릴까 그래요‥

**엄마** ??

**정호** 한달에 얼마씩 내 주신대요‥보태 쓰시라구요‥

**엄마** ????

**소모** 몸으루는 못 하는 대신 약소하지만 돈으루 낼께요‥

**엄마**　아이구우 이런 고마울데가 으응? (이모 보며)

**이모**　그러게? 하하하하

**유정**　엄마 우리두 하잖아아..

**소모**　가만있어..우리 집 애들두 따로따로 오만원씩은 보탠답니다..

**엄마**　고맙습니다..사둔 처녀 고마워요..소정아 고맙다..

**소정**　그 대신 어머니 돈 쓰시는 거 좀 줄이세요..우리가 이러는 거 순전히 어머니때문이니까…오빠 그러는데 어머니 버는 거 반 이상 그런데 쓴다면서요.

**정호**　쓰신다면서요..

**엄마**　무슨 그렇게나…아냐아..시장 사람들이 많이 도와줘..야채가 게서는 채소 주구 양념 가게서는 양념 보태주구 다 그러니까 하지 내가 무슨 나 혼자 하는 거 아니야..아니에요..

**소모**　예에..어쨌든간에 훌륭하세요..

**엄마**　아우아우아우아우…그러지 마세요..<u>흐흐흐흐</u> 그러지 마세요..

**S#** 영애의 거실

　　　[시우와 영애 각각 대야에 더운물 받아 들고 나온다]

　　　[은혜 타월 한 장 반으로 접어 두 군데/소파 아래 깔면서]

**은혜**　여기..

**시우**　댕큐..(놓고)

**은혜**　엄마..

**영애**　응…(놓고)

　　　[둘 나란히 앉아서 발 담그는]

**시우**　으으음..물 온도가 딱이네..역시 당신은 짱이야..

**영애**　(그냥 웃어주며 발 집어넣는다)….

142

준서    (만화 보고 있다)····

영애    뭐해? 발 닦아 준다면서··

준서    일단 불쿠세요···

시우    뭐 너 때 밀거야?

준서    선생님이 그러셨어요·· 물만 바르는 거 아니구 정말 깨끗이 씻

        어드리는 거라구요··

시우    때 밀리면 망신이다··(아내 보며)

영애    그러게?

시우    (아내 어깨 안고)

영애    (좀 붙어주고)····

은혜    (만화 넘기며)엄마 수정이네 아빠 기어이 결혼하신대···

영애    ·····그래?····그래서 수정이는 생각 좀 고쳤어?

은혜    몰라아·· 이제 죽는다는 소린 안해··

시우    (아내 보며)····

영애    즈 아빠 재혼한다구 떨어져 죽겠다는

시우    알아 얘기했잖아··

영애    한번 데리구 올래?

은혜    왜애?

영애    엄마가 얘기 좀 하게··

은혜    놔둬어. 신경쓰지 마··

영애    친군데 왜 그런 쌀쌀한 말을 해애··나쁘다··

은혜    심술만 펴어·· 싫증났어··

시우    그러는 거 아닌 거 같다 은혜··· 친구면 이해하구 더 잘 해 줘야지···

은혜    ····(책장 넘기는)

**시우**   엉?

**은혜**   노력하구 있어…

**영애**   그런 일은 노력할 필요두 없이 저절로 돼야지 은혜야….니가 개
처지라구 한번 생각해 봐..(시우 아내 본다)….응?

**은혜**   알았어어어…잘 해 줄게..

**시우**   준서야..다 불은 거 같은데?

**준서**   쪼꼼만 기다리세요.. 끝나가요..

**시우**   짜식 숙제하는 태도가 그게 뭐야..성의가 없잖아..

**준서**   (만화 놓으면서)아이구 참…(일어나 팔 걷으며 둘 앞으로 가서)가위
바위 보 하세요..

**둘**   응? 왜?

**준서**   누구 발을 먼저 씻을 것이냐 결정을 해야지요..

**둘**   (동시에)아빠 먼저 엄마 먼저..

**준서**   가위바위보 하세요..(거봐요, 그럴 줄 알았어요)

**시우**   당신 먼저 해..

**영애**   아냐 나 당신보다 더 길게 행복할래..

**시우**   그래 그럼 나 먼저..

**준서**   오케이…(물에 손 집어넣고 발닦기 시작한다)……아빠 발 대따 크다..

**은혜**   키가 크잖아..

**준서**   발크면 키 큰 거야?

**은혜**   몰라..

**준서**   모르면서 왜 아는 척 해.. 그래요 아빠?

**시우**   글쎄 대충 그런 거 아냐?

**영애**   나두 잘 모르겠는데?

144

**은혜**　키는 크은데 발이 작으면 쓰러지는 거 아냐?

**영애**　그런가?

**시우**　그래 일리 있다··

**준서**　(제 발 보며)내 발은 작은데?

**영애**　괜찮아.준서야····클 거야·· 지금 아직 애기니까 그래애··

**준서**　하하하 날더러 애기래··하하···

**시우**　(아이 바라보고 있는 아내 돌아보며)·········(있다가 느닷없이)야 이 (발 저도 모르게 뽑으며)장난치지 마 간지러 임마··

**준서**　갤갤갤갤갤

**은혜**　ㅎㅎㅎㅎㅎ

**영애**　(웃는다)····

**S#　빈 거실**

**영애**　(준서 방에서 나와 거실 불 끄고 안방으로)

**S#　안방····**

**영애**　(들어오고)

**시우**　(낮에 사들고 들어왔던 책 중에서 한 권 보고 있다가/사랑+의술/기적/)당신 이거 먼저 읽어··기적이 분명히 있대·· 의사가 쓴 건데 자기가 맡았던 환자 실제 케이스들이래··

**영애**　(그냥 화장대에 앉는다)

**시우**　분명 가망없는 암이었는데 어느 날 부턴가 암이 완전히 거꾸로 방향을 틀어 스스로 줄어들기도 한대··환자 마음 자세하에 따라서 여보/

**영애**　나 암 아니야··

**시우**　······(보며)

**영애**  그래 알었어 읽을게…그런데 그 보다두 읽구 싶었는데 못 읽었던 것들이나 보구 싶다··애들 없을 때··재미있는 거··심각한 거 말구··나 가르치러드는 거 아니구 그냥 손을 못 놓게 재미있는 거··

**시우**  무협지같은 거?

**영애**  아니….그건 아니구…….

**시우**  그런데………장모님한테는 어떡해…(안 보며)

**영애**  (손 멈추고)………

**시우**  …….

**영애**  (손 움직이며)그냥……있어……(얼굴에 바르고 손 내리며)생각해 봤는데……무슨 그런 방법…말두 안되는 소리지만…당신 따라서 애들 데리구 외국 나가 살게 됐다 그러구……나간 걸루 하구 당신 내 대신 편지 쓰면서……엄마 돌아가실 때까지……나같은 딸은 …없는 게 좋았을 텐데…

**시우**  …….(보며)

**영애**  (화장대서 일어나며)나중에 생각합시다…너두 고단해…(침대로 오른다)··기대어 앉는데)

**시우**  (베개 넣어주고)…….

**영애**  ……그래두 이모가 계신게……그나마 다행이야……정말 다행이야….

**시우**  ……(보며)

**영애**  (시선으로 남편 보는)……

**시우**  ……(마주 보며)

**영애**  우리……좋았지?

**시우**  그런 말 하지마··

**영애**  아냐··나중에는 말 못하게 될 거야··할 수 있을 때……생각나는대루 하구 싶은대로 할래.. 좋았지? 나는 좋았는데 당신은 어땠어?……

**시우**   좋았어….더 할 수 없이……(하다가 얼굴 우그러지며)아무 일 없는 거모양 하자면서 왜 과거형으루 말해.. 이게 아무 일 없니? 아무 일 없는 거처럼 그게 어떻게 가능해 이 사람아…

**영애**   ……(얼굴 우그러지며)미안해….정말 미안해애애애….

**시우**   (영애에게 엎어진다)…….

**영애**   (머리 만져주면서)…..미안해….천만번 미안해….하늘에 별만큼 미안해 시우야아아…..미안해 미안해….미안해애애애….

**S#  안방**

**박**   봤어?

**재우**   (방문 앞에 들어와 서서)잠깐 회사에 들렀었어요 아버님..

**박**   그래서…

**재우**   자동차 놓구 갔어요..

**박**   그 얘기가 아니잖어 이눔아…

**재우**   은혜 엄마 데리구 공기 좋은데루 떠난다구

**박**   (오버랩의 기분)그래 그러라구 했단 말야 지금?

**재우**   그게 아니라….며칠 있다 달래보려구..

**박**   사표내..

**장**   ??

**박**   며칠 있다 회산 어떡하구 며칠 있다야. 사표 내구 꺼져 이눔아..

**장**   그눔으 사표내라 소리/뭐 대단한 자리라구 걸핏하면 사표 소린 해요 하기를.

**박**   ??

**장**   어이 올라가 봐..

**재우**　예… 안녕히 주무세요‥

**박**　안녕히 주무시게 됐어?

**장**　걔가 안녕히 못 자게 했어요?

**박**　??

　　　[재우 나가고]

**박**　자식 눔 있는데 누구한테 큰 소리야‥

**장**　회사가 아무리 중하기로소이 그렇게 목을 졸라요? 눈에 뵈는
　　게 없을 애한테 정신 들 시간은 줘야 할 거 아니에요‥

**박**　회사가

**장**　그 회사 문 닫구 말어요‥아쉬울 거 없으니까‥

**박**　뭐뭐야?

**장**　처분해서 반 잘라 당신 갖구 반 내놓구 맙시다 우리‥

**박**　???

**장**　뭘 그렇게 봐요‥우리 아버지 논밭으루 시작한 거 아니에요‥여태
　　나가 일한 값으루 반은 쳐 주리다‥

**박**　이 사람이…돌았나아아‥‥

## S#  정원의 방

　　　[부부 같이 들어오면서]

**재우**　어어이 아버님두 참‥‥지금 시우한테 회사가 무슨 상관이에요‥

**정원**　이해해 드려요‥ 아버님한테는 회사가 전부시니까 그러 실 수
　　있어요.

**재우**　애들 우리한테 맡기구 둘이 떠난대요…

**정원**　??어디루요?

**재우**　맑은 공기가 좋단다구요‥‥

**정원**   ····(네에/타이 받으며)

**재우**   그 자식 가진 돈두 없을텐데··

**정원**   그건 당신하구 내가 거들어주면 돼요···

**재우**   (끄덕이며)안 그래두 내일 내 통장 털 생각이었어요··

**정원**   그런데 ··그럼 애들한텐 뭐라 그런대요··

**재우**   그 얘기까지는 못했어요·· 다야 어디 얘기하겠어요?····그저 좀 휴양이 필요하다 정도로 하겠죠··· 씻어요··

**정원**   그러세요···

**재우**   (욕실 문 앞에서 돌아보며)베로니카··

**정원**   (옷 만지다 돌아본다)

**재우**   사 사랑합니다···

**정원**   (웃어 보이고)···

**재우**   (욕실로)

**정원**   ·······

**S#** 빈 거실

　　[어둠 속에서 영애 나온다····서서 반토막 숨 쉬면서········]

# 제16회

**S#** 편집해서 몇 커트 넣어주시고요.

**S#** 아파트 입구

**시우** (분리수거 쓰레기봉투 들고 나오는 어느 부인 뒤따라 봉지 들고 나온다)…

**부인** (문득)몇호 살어요? (50대/움직이며)

**시우** (수거함 쪽으로 따르며)예 저 ****에요..아주머니..

**부인** 아아 그 인사 잘하는 애기들 아빠시구나아.. 이쁜 애기 엄마하구..

**시우** (어정쩡)예에…

**부인** 휴가신가?

**시우** 예…

**부인** 우리는 **층에 살어요…

**시우** 예 그러세요…(대꾸는 하지만 좀 부담스럽다)….

**S#** 주방

**영애** (그전보다는 상당히 느려진 동작으로 아침 설거지하고 있다)…..(손은 움직이면서 생각은 딴 데…..)

          E  전화벨…

**영애**  (느리게 놓고 손에 물기 닦고 싱크대에 갖다놓은 무선전화 집어 든
     다)네에에(평소처럼 하려고)

**재우**  F  애들 큰아버지에요 제수씨‥

**영애**  아 네에‥안녕하세요‥

**S#**  라페스 어느 코너‥

**재우**  (이상한 인사지만)네‥저…저기 시우놈 잠깐 통화해야겠는데요
     ……그럼 올라오거든/아버님이 찾으시는데 /저한테 전화 좀 하라
     구 해 주세요. 근석 회사 그만둔다 그러는 건 아세요?

**S#**  주방

**영애**  알아요‥근데 걱정하지 마세요 아주버님…아버님께 다음 주
     부터는 나갈 거라구 말씀드리세요…아니 지금 얘기 중이에요….네
     ….네 알아요‥그런데 저 애들 떼어놓구 그러기 싫어요……회사 못
     그만두게 할께요. 아주버님… 네… 네 그럼요…네 이해해요…네 그
     럼…안녕히 계세요…(전화 끊고/ 다시 설거지로)……

**S#**  라페스 회장실‥

**박**   (결재하고 있는데)……

          E  노크‥

**박**   ??들어와‥

**재우**  (들어온다)

**박**   (힐끗 보고 서류 검토)….

**재우**  …‥(눈치 보는)…

**박**   (안 보는 채)왜 들어왔어‥

**재우**  예 저기 시우녀석

박    (오버랩의 기분)안 나오겠대?

재우   그게 아니라 제수씨하구 통화했는데

박    (오버랩의 기분/보며)왜 개랑 통화해..안 받는대?

재우   그게 아니라

박    (오버랩의 기분)그게 아니라 빼구 빨랑빨랑 말해 이눔아. 혈압
     올라.

재우   쓰레기 버리러 내려가구 없어서

박    (오버랩의 기분) 회사 그만두구 기껏 그거야?

재우   (얼른)그런데 아버님 시우녀석 다음 주부터 출근시키겠답니다...

박    ??

재우   너무 염려마시라 그러네요..지금 얘기 중이라구/회사 못 그만
     두게 한다구..(이건 본인이 덧붙인 것)아버님 곤란하게 만들면 안된
     다구 설득 중인 모양입니다.아버님..

박    ......(아들 보며)...걔가 그래?

재우   예...

박    정말야?

재우   그럼요 아버님..제가 어떻게 그런 얘기를 /얼마나 중요한 문젠
     데요..

박    그럼 놔둬봐...(서류로)......

재우   ......(아버지 보며)

박    ...뭐 또 할 말 있어?

재우   아 아닙니다..

박    그럼 왜 그러구 섰어.나가보지이이..

재우   예 /예 (굽벅하고 나가고)

**박**    (도장 찍으려다 문득 그만두고 도장 아무렇게나 던지듯 하며 기대어
      앉는)··············

## S# 시우의 거실··

**시우**   (쓰레기 버리고 올라온 참/ 들어오면서 곧장 꺼내 놓았던 청소기 들
      고 돌리기 시작한다)······

## S# 주방··

**영애**   (설거지 거의 마무리 단계···꼭 짠 행주 탁탁 털어 걸어놓고 밖을 향
      해서)차 마실래?

      [시우는 못 듣고/]

## S# 거실

**영애**   (나와서 뒤에서 콕콕 건드린다)

**시우**   ??(돌아보며 청소기 끈다)

**영애**   차 마실라느냐구···

**시우**   뭐 마실 건데··

**영애**   새마을 커피··

**시우**   녹차가 낫잖아?

**영애**   당신은 그거 주께··

**시우**   녹차루 해··

**영애**   ····(잠깐 보고)알았어··(주방으로)

**영애**   (다시 청소기 돌리고)····

## S# 거실

**시우**   (앉는데)

**영애**   (찻잔 내려놓으며)아주버님 전화하셨었어·· 아버님/ 당신 보자
      그러신다구··염려 마시라구 말씀드리랬어··다음 주부터는 출근할

테니까..

**시우** 누구 맘대루..

**영애** 내맘대루..

**시우** (찻잔 들며)내가 결정할 문제야..

**영애** 당신 내꺼구 난 죽을 거니까 이번엔 결정권 나한테 넘겨..

**시우** (마시며 보는)....

**영애** 애들 떼어 놓구 우리 둘이 어디 숲속으로 들어가서 하루 스물 네시간 어떻게 지내질까.. 스물 네시간을 온통 다/ 나는 갈 사람 당신은 남을 사람/그러면서 지내기 얼마나 끔찍하겠어..

**시우** (마신다).....

**영애** 죽어간다구 죽는 생각만 하면서 끊임없이 죽음을 의식하면서 그랬음 좋겠어? 왜 미리 죽이려 들어?

**시우** 죽는다 소리 빼군 얘기가 안돼?

**영애** .....(보다가)....(한 모금 마시고 내리며)우리 공원 갈까?

**시우** 쌀쌀해..

**영애** 둘둘 싸구 나감 돼.. 나무 냄새 물 냄새/가을 냄새 맡구 싶어..

**시우** 그래 그럼 가자..(찻잔 놓고 일어서는데)

　E 인터폰/

**시우** (방으로)당신 옷 내가 챙겨볼게..

**영애** (인터폰으로)응 부탁해....(화면 보며)근데 여보 지금 못 갈 거 같다 ..형님 오셨어..(들어가려다 돌아보고/ 수화기 들고)네 형님..올라오 세요..(하고 열어 주는데)

**정원** F 그런데 저기 동서..어머님 오셨는데...

**영애** .....(남편 돌아본다)

**정원**　F 동서 싫다면 그냥 가시겠다 그러시는데…

**영애**　모시구 올라오세요‥(수화기 걸고 돌아보면 시우는 들어갔다)

**S#** 안방‥

**영애**　(문 열고)나가봐‥‥

**시우**　(화장실로 들어가며)싫어‥

**영애**　‥‥

**S#** 주차장‥ 자동차에서 내리는 장여사와 조여인‥ 자동차 옆에 서 있는 정원/ 장여사 내리는 것 봐주고/

**장**　(내리면서 조에게)기다리게‥

**조**　네 사모님‥

**S#** 승강기 안‥

　　[착잡한 장여사와 정원‥‥]

**S#** 영애네 복도…승강기 안에서 잡은… 승강기 문이 열리면

**영애**　(서 있다가 목례)‥‥

**장**　(잠깐 보고 내린다/)

**정원**　(따라 내리며 가볍게 영애 팔 잡고)

**영애**　(정원 보고)‥

**S#** 거실

**장**　(소파에 앉으면서 안 보는 채)필요한 거 없으니 앉어라‥‥

**영애**　‥‥(잠시 보고 앉는데)

**장**　애비는…(보며)

**영애**　(잠깐 안방 보며)씻는‥ 중이에요.

**장**　그래…(안 보며)‥‥‥

**영애**　‥‥‥(보며)‥‥‥

**장**    ……회장님이(안 보는 채)걱정을 많이 하셔……주치의한테 특별
청을 넣어 외국에서는 어떻게 ‥방법이 없나 알아보게 하시구‥‥그러
시드구나‥

**영애**    ……(보며)

**장**    한 평생‥‥옳고 바르게만 사는 사람 / 별반 없다……저마다 쓰잘 데
없는 아집에 갇혀서 보자기 쓰구 밤길 가듯‥‥우리 다 그렇게 살다가
가는 어리석구 미련한 중생들 아니야‥

**영애**    ……(시선 내리고)

**장**    이런 기막힌 일이 기다리고 있는 줄 너는 알았겠니 우린들 알았
겠니…어려운 병들어 지난 세월 돌이켜보면‥‥억울하고 서러운 생각
밖에 안 들겠지……늙은이들 노망나 그랬달 수두 심심해 그랬달 수
두 …니 앞에 내 놀 …말이 없다…

**영애**    ……

**장**    죄는/ 진 거만큼 벌루 돌아오는 모양이다‥회장님두 밤잠을 제
대로 못 주무시는 걸 보면 내색은 안하시지만 후회가 막급이신 모양
이구…… 부처님 모시는 사람으로 나 역시‥‥멀어두 한참 멀었었어…

**영애**    ……

**장**    그런데 너‥‥혹시 시우한테 우리 늙은이들 때문에 그런 몹쓸 병
들었다구 했니?

**영애**    ……(보며)

**장**    원망이 왜 없겠냐만 그런 말은 하는 게 아니다‥ 분수라는 말이 왜
있겠어‥감당하기 힘든 자리는 피하는 게 상순데/ 벼락을 맞어두 별 수
없었던 일이구 골병이 들어도 자초한 일이니 어쩌겠니‥(안 보는 채)그
렇다구 그런 병 들라구 기원축수야 했을까‥그저 모든 게 니 업이구 우

리 업이겠지..

**영애**    ······(가만히 보며)··

**장**    이제와 다 쓸데없는 소리기는 하다만····내 자식놈이 그렇게나
좋다는 너를····왜 팔 벌려 품어주질 못했었나·······끝간데 없는 욕심
이 참 숭하구 천박하구나···

**영애**    (고개 조금 틀고 툭툭툭툭 떨어지는 눈물)

**장**    그런 몸으루 애들 챙기며 집안 일하며···

**S# 주방**

**정원**    ···(서 있는 위에)

**장**    E 힘이 들테니 별채루 들어오면 어떨까 한다만 큰애가 내키지
않아할 거래서

**S# 거실**

**장**    큰 아줌마 데리구 왔으니까 (보며) 도움 받어··

**영애**    (눈물 손으로 닦아내며 담담하게)아직은 할만해요 어머님···

**장**    (보며)·····

**영애**    더 힘들어지면···도와 주세요···

**장**    ·······(보며)

**영애**    아직은 괜찮습니다···

**장**    (영애에게서 시선 내리며 무거운 한숨 후루루루)

**영애**    ·····아직···아이들 아무 거두 모르구요·····

**장**    ·····(한동안 그러고 있다가)그래 그럼 ····다른 사람 보다는 아줌
마가 날 거다···언제라두 얘기해··

**영애**    네에···

**장**    (무겁게 일어서고)

**영애**  (따라 일어난다).....

**정원**  (주방에서 나오고).....

**장**  (현관으로)...(아까 정원이 따라 들어오며 바로 놓아준 신 신고)나 올 거 없어..(나가고)

**정원**  (영애에게 끄덕여 주고 따라 나간다)....

　　　[두 사람 나가고 나서]

**영애**  (입 꽉 다물고 흐르는 눈물 손바닥으로 닦아내는데)

**시우**  (안방 문 열고 내다보며)....

**영애**  (안방으로 움직이며)몇 시야..아직 공원 갈 시간 되지?

## S# 안방

**시우**  (들어와 장문 여는 아내에게)뭐라셔..

**영애**  우아하시게....고해성사하구 가셨어..

**시우**  이제와 무슨 필요야..

**영애**  (옷 꺼내며)큰 아주머니 보내 주신다구.....(돌아보며)아직은 괜찮다 말씀드렸어..

**시우**  든든하게 입어..나가면서 마스크 하나 사자..

**영애**  바람 불면..바람 있어?

## S# 아파트 주차장…

**조여인**  (장이 나오는 것 보고 얼른 자동차에서 내린다)........(기다리는)

**장**  (와서 기사가 열고 선 문으로 타기 전에)아직은 필요없대.. 타라구..

**조**  네에..(타고)

**정원**  (기사 옆자리로 타고 움직이는 자동차)

## S# 차 안..

**장**  (숨 내쉬며 차창으로 고개)........

**정원**  (장여사 조심스레 보면서)……

**장**  큰애야‥(옆자리)

**정원**  네에…

**장**  절에 좀 들러야겠다‥

**정원**  네 어머님‥

**장**  (눈 감으로 작은 소리로 불경 외기 시작한다)……

**정원**  ……

**S#**  공원

**영애**  (시우 팔 끼고 들러붙듯 해서 걸으며)……

**시우**  (아내 안고 걸으면서)……

**영애**  곧장 아이들한테 가면 되겠다‥

**시우**  ……

**영애**  우리 엄마한테 갈까?

**시우**  ……

**영애**  싫어?

**시우**  자신이 없어‥

**영애**  ……(보고)알았어‥

**시우**  ……안 추워?

**영애**  기분 좋아…

**시우**  그럼 됐어…

**영애**  좀 쉴까?

**시우**  (앉을 자리 찾는)

　　　[두 사람 자리잡고 앉는다.]

**영애**  참 좋은 데루 이사 왔어 그치?

**시우**  음…

**영애**  봄두 좋을 거야…

**시우**  (돌아보는)……

**영애**  마지막 잎새 생각나네….뭔지 알지? 그리니치 빌리지에 사는 무명화가가 폐렴으로 죽어가면서 창밖에 보이는 담쟁이 덩쿨 마지막 이파리 하나에 자기 목숨 걸어놓고… 그게 떨어지면 자기도 죽는다 그랬는데/ 그게 절대로 안 떨어지고 그 여자 살아나는 얘기. 나중에 알고 보니 같은 집에 사는 노인화가가 담쟁이 잎새 한 장을 벽에 그려붙여줘 여자 살렸다는 거….(돌아보며)여자 이름이 뭐였더라?…… 으응…엉 존시였다..(웃으며)나 아직 쓸만하네에에…

**시우**  ….(그냥 앞만 보면서)….

**영애**  …….(잠시 남편 보다가 고개 앞으로 돌리면서)안 듣는구나..

**시우**  …..

**영애**  여보.(돌아보며)

**시우**  (앞 보는 채)그냥….있습시다….

**영애**  …..(보다가)그래 그럼 ….그거두 괜찮아…(하고 남편 팔 끼고 좀 기대듯이 하며)너무 좋아…

**시우**  ….(돌아보고 있다가 팔 돌려 안는다)…..

**영애**  더 흉해지기 전에 사진관 사진 한 장 찍구 싶어..

**시우**  …..(아내 보며)

**영애**  (안 보는 채)가슴에 한꺼번에 껴안구 가게..

**시우**  (안았던 것 풀며)참 잔인하다 당신..

**영애**  (몸 떼고 본다)…….

**시우**  (좀 올라서)무슨 일이 있어도 살 생각을 해야지 어떻게 죽을 생

160

각만 해.

**영애**  나 알아 여보.

**시우**  뭘 알아. 신이야? 하느님이야? 뭘 알아..

**영애**  ·····(보다가)알았어.. 안 그럴게..

**시우**  질 때 지더라두 이길 생각을 해. 아니 이길 생각만 해. 왜 질 생각을 해. 그렇게 빨리 떠나구 싶어? 뭐가 그렇게 급해..

**영애**  여보.

**시우**  어떻게 그렇게 쉽게 놔 버려…애들하구 나를 어떻게 그렇게 간단히 포기해.

**영애**  나 안 그래 여보. 사이사이 틈틈이 살려달라 기도해‥자고 일어나면 말짱해지는 상상 수없이 해.

**시우**  그러면서 말은 왜 그렇게 해..

**영애**  느끼는 걸…하루하루가 다른 거..

**시우**  ·····(보며)

**영애**  갑자기 너무나 지치구 피곤한 생각이 들어…주어진 목숨이 이게 다라면‥‥ 반항하면서 투쟁해봤자‥무슨 소용이야…당신두‥‥준비해…

**시우**  안 해.. 난 안 할 거야..(하며 고개 앞으로)······

**영애**  (쓰게 웃으며)하게 될 거야…해야지 별 수 없을 거야…

**시우**  ······

**영애**  내일부터 출근해… 애들이 이상하게 생각해..

**시우**  ·····

**영애**  아버님두 걱정하신대…주치의 선생님께…알아두 보시구 그러셨나봐…(웃으며)참 골아픈 수학문제 같은 영감님이셔‥그래두 다행이야.. 이제 아버님한테 한 없으니까....

**시우**  (돌아본다/ 뭐가)

**영애**  오랫동안은 정말 진실로 분하구 미우셨을 거야.. 나한테 지신
셈이니까...여쭤 봤어...공부시켜 써먹을 생각하신게 언제부턴가...
작년이셨대...그럼..그 때쯤부터는 어느 부분 날 인정하셨다는 말
씀인데..그러시구두 왜 계속 그러셨을까...아마 (쓴웃음)나름대로
마지막 통과시험 치르게 하셨던 건가봐.. (돌아보며)그치?

**시우**  ......(앞 보며)

**영애**  (고개 앞으로)열심히 도와드려..부모자식은 천륜이야...은혜랑
준서 본보기로도 반듯한 자식 노릇 제대로 해야 해..

**시우**  (돌아보며)당신 두구 나가 일이 될 거라구 생각해?

**영애**  당신 붙잡아 옆에 두구 나는 편할 거 같아?

**시우**  (고개 앞으로)

**영애**  말 들어....아주버님한테는 다음 주부터 출근할 거니까 걱정 말
라 그랬는데 내일부터 나가...애들한테 출근하자마자 휴가라 그럴
수도 없고 생각해보니까 그래..(하며 남편에게 고개)알았어?

**시우**  ......

**영애**  아버님 어머님 내 걱정 해 주시는데 하루라두 빨리 출근시키
는 걸루 라두 보답해야지...(웃으며)이제야 당신네 작은 며느리 진
가를 아실 거다 뭐...

**시우**  ....(돌아본다/너는 웃음이 나오니?)

**영애**  왜..박 시우는 이제부터 내가 죽으라면 죽는 시늉이래두 하는
거야...불만이면 불만이라 그래..(주먹 쥐어 보이며)쌍코피 터뜨려
줄테니까..

**시우**　참 난해한 여자다..

**영애**　좀 출려 그런다..

**시우**　(일어난다..영애 일어나는 것 거들어 주고)…

**영애**　(시우 허리 안고 붙으면서)천천히 걸어줘 응?

**시우**　….(안으며)그래…당신한테 맞출게…

**영애**　보는 사람 없으면 우리 몰래 뽀뽀 한번 하자..(둘러보는데)

**시우**　(영애 얼굴 돌리고)보는 사람 있어도 상관없어..(뽀뽀한다)…

**영애**　(제 쪽에서 한번 더 뽀뽀하고)

　　　[걷기 시작하는 두 사람…]

　　　E 시우 핸드폰 울린다..

**시우**　(꺼내서 보고 주머니에 그냥 집어넣으려는데)

**영애**　(기웃이 봤다)왜 그래 받어..

**시우**　안 받아두 돼.

**영애**　(시우 주머니에 손 집어 전화 빼서 열고)지나씨 오랜만이네?

**S#** 어느 모피 가게..

**지나**　??…언니..

**영애**　F 잠깐. 바꿔줄게.

**지나**　아니 저기 안바꿔도 돼요 언니.

**영애**　F 전화해 놓구 무슨 소리야?

**지나**　그냥..어떤가.. 아직두 전화 끊은 챈가 궁금해서(남아 있는데)

**영애**　F 살렸어..기다려어? 여보..

**지나**　……

**시우**　F 엉… 왜…

**지나**　…….(말이 안 나온다)

**시우**  F 말을 해‥

**지나**  할 말‥‥없어‥어떡하구 있나 그래서‥‥승조 만났단 얘긴 들었어‥

**시우**  F 그래‥‥

**지나**  ‥‥‥‥

**시우**  F 끊어‥

**지나**  그래 그런데‥‥‥너 정신차려‥‥‥정신차려서 언니 잘 보살펴 줘‥ 너 어떡하니 시우야.

**시우**  F ‥‥

**지나**  시우야‥

**시우**  F 그만 끊어‥‥

**지나**  응 그래.(끊고)‥‥‥‥(있는데)

**여직원**  (아주 근사한 숄 펼쳐들고 있다가) 이거 어떠세요‥

**지나**  좋아 보이네요‥(받아서 걸치고 거울에 비춰 보는)

**여자**  너무 멋있어요‥

**지나**  ‥‥‥(그냥 이리저리 비추어 보며)‥‥‥

**S# 공원‥**

　　[말없이 붙어서 걷는 두 사람‥‥‥‥걷다가]

**영애**  왜 그렇게 불친절하게 굴어‥

**시우**  뭐가‥

**영애**  지나씨한테‥‥‥

**시우**  별로 그런 거 없는데‥‥‥

**영애**  그래 보였어‥‥‥

**시우**  뭐‥‥할 말이 없잖아‥ 걔두 그렇구 나두 그렇구‥‥‥

**영애**  괜히 아무한테나 골난 사람처럼 그러지 마‥ 나때문에 모두 편

편치 않을 사람들인데 당신까지 왜 화난 사람모양 그래.. 잘못한 거 아무 거도 없는데 들..

**시우**    .....

**영애**    응?

**시우**    알았어...

**영애**    승조씨랑 지나씨 만나자 그럼 나가서 만나구 그래.. 술 두 먹구..

**시우**    개들이 또라이들이야? 이 상황에 술 먹자구 불러내게?

**영애**    당신이 또라이돼 그럼. 당신이 불러내라.

**시우**    쓸데없는 소리 마. 귀찮아..

**영애**    .....(보다가)어느 새 벌써 귀찮다네...앞으로 정말 귀찮을 일 밖에 없을텐데..

**시우**    그런 말 아니잖아..

**영애**    알아.. 괜히 그러는 거야...

**둘**    ......

    [걷는 두 사람.........]

**S# 학교 앞···**

    [아이 나오기 기다리는 두 사람·······]

    [아이들 나오고 있는데···]

**시우**    (시계 보고)이 녀석 왜 안 나와··운동장으루 들어갈까?

**영애**    아냐 오히려 놓치기 쉬워···

**시우**    혹시 공차구 있거나 그런 거 아냐?

**영애**    글쎄에? (하다가)여보 나온다··

**시우**    (보면)

    [준서 친구들하고 장난치면서 나오는 중이다···]

**영애**  ·····(보면서)우리 아들이 젤 잘 생겼지··

**시우**  (픽 웃고)

**영애**  왜 웃어··광채가 나잖아··준서야아아아···

**준서**  ??(멀리서 했다가 친구들과 인사 챙기고 냅다 뛰어와서)아빠 회사 안 가셨어요?

**시우**  어 출장이 너무 피곤해서··

**준서**  아아아···(엄마 손잡으며)엄마 온다구 말 안했는데요?

**영애**  더 반가우라구 말 안한댔잖아··

**준서**  호호호 맞어요 참··

**영애**  근데 배고픈 거 쪼끔 참구 누나 기다려야하는데.

**준서**  네 좋아요. 문제 없어요··

**시우**  이렇게 서서 기다려? 어디 케익 집에라두 들어가지··

**준서**  나한테 좋은 생각이 있어요 아빠··

**시우**  뭔데··

**S#**  망치로 때려 잡는 놀이 하고 있는 세 사람··

**S#**  인형 건지기 놀이 하는 세 사람···

**S#**  만두집···

   [만두 먹는 네 식구··화면 시작과 동시에/]

**은혜**  기막혀. 약속 안 지키는 건 저면서 나래 순 얌체.

**준서**  어제 내 날인데 누나두 했잖아아··

**은혜**  그렇게 말하면 너는 맨날이잖아.

**준서**  내가 언제?

**은혜**  언제? 언제? 월요일에두 니가 두시간 뺏어갔잖아. 수요일에는 한 시간 하구우우.

준서    누나는/ 누나는 화요일에 했잖아..

은혜    삼십분두 못 했어 야. 니가 하두 구찮게 굴어서.

준서    그래두 한 건 한 건데 머?

은혜    내 컴퓨터잖아아아..

준서    ??그게 왜 누나 컴퓨터야?

은혜    내 방에 있으니까 내꺼지.

준서    첨에 살때부터 우리 네 식구 전부 껄루 샀는데?

은혜    엄마랑 아빠는 거의 안쓰시잖아.

준서    그러니까 누나랑 나랑 반반이지 왜 몽땅 누나꺼래?

은혜    내꺼야..

준서    ???내꺼기두 해..!!

영애    언제 끝낼 거야 컴퓨터 전쟁?

준서    누나 혼자꺼라잖아요..

은혜    준서가 너무 많이 쓴단 말야 엄마.

시우    뭐 기껏 게임이나 하면서 싸우는 거 아냐.

영애    맞어.

시우    월수금 화목토 나누기로 했으면 약속 지키면 간단한 걸  왜 이
       리 시끄러?

은혜    준서가 약속을 안 지키니까 그렇지이이..

준서    아 뭐 누나두 마찬가지잖아아아..

시우    됐어됐어.월수금 은혜/ 화목토 준서 약속 다시 해..다시 하고
       절대로 끼어들기 없기 알았어?

둘      네..응..

        E 전화벨..

**영애**   (보고) 네 엄마..

**엄마**   F 바뻐?

**영애**   아뇨 왜요 엄마.....네 알었어요...

**S# 엄마 가게 골목 입구에 와서 세워지는 시우 승용차··**

**영애**   (내리는데)

**시우**   나오기 전에 전화 해··

**영애**   응··

**S# 엄마 가게/**

　　[이모 혼자 바쁜데··]

**영애**   (유리 밖으로 나타나 들어서며)엄마는요··

**이모**   어 들어가 봐··니 엄마 속 무지 끓는다...

**영애**   무슨 일이에요··

**이모**   끓을 일이 뭐 있어 정호놈때매지...

**영애**   또 싸웠어요?

**이모**   아으 들어가 봐. 바뻐··(음식 내면서)

**영애**   (잠깐 보다가 돌아선다)

**S# 엄마의 방**

**엄마**   .....(무릎 아래 두 손 찌르고 앉아서)........

　　　　E 기척 소리

**엄마**   (돌아보고)

**영애**   (들어온다)....

**엄마**   ......(고개 도로 앞으로)

**영애**   .....(보다가 앉으면서)무슨 일이에요··

**엄마**   ....정호 아버지가 세상 떴대...

168

**영애**　……(보며)

**엄마**　그으렇게 한번 가봐라가봐라 ….말 안 듣더니…. 죽었다는 데두 안간대‥

**영애**　……(보며)

**엄마**　누굴 닮어 그렇게 모질구 독한지……아무리 생각해두 마지막 가는 길 자식 노릇은 해야지 그런 법은 없잖어‥

**영애**　당연히 가야죠…

**엄마**　니가 좀 보내…내 말은 별루 힘이 없어….뭐 잘한 게 있어야 힘을 쓰지…

**영애**　엄마가 잘못한 게 뭔데요.

**엄마**　잘 한 건 뭐야…. 빠트려만 놓구‥거두지를 않었는데….이럴 줄 알었으면 죽이 되든 밥이 되든 끼구 키우는 건데…애비 없는 자식 만드는 거 보다는 호적에 올라 떳떳이 살라구 보냈는데….

**영애**　(보며)….

**엄마**　애시 팔짜 그른 년이 한 넝쿨에 호박인걸 무슨 팔짜를 고쳐보겠다구….어이구우우

**영애**　….(보며)

## S#  정호 약국

**영애**　(문 열고 들어선다)

**소모**　(손님에게 약 내주고 있다가 보고)어머 어서오세요 안녕하세요‥

**영애**　안녕하세요‥

**소모**　뭐 필요하세요‥

**영애**　아니 아니에요…동생 좀‥(조제 기다리는 손님들 너댓 명)

**소모**　약 짓구 있어요‥ 잠깐요‥유 서방(하며 들어가는데)

**영애**   죄송합니다..

**소모**   아아니에요오오

**S# 근처 찻집**

**정호**   ……(안 보는 채)

**영애**   ……(보다가 다소 엄하다)다른 생각 아무 것도 할 거 없어. 단지 아
버지라는 이유 하나만으로도 너 가야해.

**정호**   누나.

**영애**   (상관없이)어쨌든 널 이 세상에 나오게 해준 분이잖아.

**정호**   감사한 적 없어요.

**영애**   싸가지 없는 소리 마.. 니가 뭘 알아..세상이 얼마나 아름다운데
살아 있다는 게 얼마나 큰 축복인데..

**정호**   나는요

**영애**   (오버랩의 기분)태어났으니까 세상 구경도 하고 좋아하는 여자
만나 결혼도 하고 눈에 너도 안 아플 자식도 얻는 거야..태어나지 못
했으면 어디서 그런 걸 얻어..어쨌든 삶은 소중한 거구 감사할 일이
야..제발 꼬인 오장 좀 풀어. 너 그래서 정말 걱정돼..왜 긍정적이질
못해 사람이.. 안 이뻐..

**정호**   ……(안 보며)

**영애**   사랑을 많이 가져 정호야…가슴을 좀 따뜻하게 뎁혀..그래야 니
주위가 훈훈해져..지난 일은 지난 일루 흘려버려.. 너한테 심했던
사람들 이해할 맘 없거든 그럼 그냥 그 사람들은 그거 밖에 안돼서
그런 거라구 생각해. 그리구 그건 그 사람들 미숙함이지 니 문제가
아니야.. 왜 그 사람들 때문에 니가 뒤틀어져 바보같이..

**정호**   (보며)누나 나처럼 살아 봤어요? 자기들 새로 한 밥 먹는데 쉰밥

170

얻어먹으면서 말끝마다 첩 새끼란 소리 들어 봤어요?

**영애**  ·······(보며 울컥 가슴 아프다······수습하며)엄마 첩 아니었어·· 속으
셨던 거야.

**정호**  그 사람들한텐 첩이었어요.

**영애**  너 엄마한테 그 소리 하면 안돼···

**정호**  ····그 집 식구들 정말 두 번 다시 보기 싫어요. 이해 못해요?

**영애**  두번 다시 보기 싫은 만큼 당당하구 떳떳하게 나타나 꼿꼿하게
자식 노릇 하구 와···양복 깔끔하게 입구 면도 깨끗하게 하구 가··누
가 무슨 소릴 하든 들은 척 하지 말구 너 할 일만 하구 와··

**정호**  ·····

**영애**  죽은 사람한테는 우리 다 너그럽잖아·····혈연관계 아닌 남한테
두···아버지셔···

**정호**  ····(여전히 안 보는 채)

**영애**  잘난 동생 좀 돼 줘···나는 못난이가 싫어···

**정호**  장모님께···· 뭐라 그러구 비워요··아버진 벌써 옛날에 돌아가신
걸로 아시는데··

**영애**  다른 이유 만들어야겠지···누구 친한 친구가 잘못됐다 그러든지··

**정호**  소정이는 안 데리구 가요··

**영애**  데려갈 건 없어··

**정호**  ·····

**영애**  소정이한텐 바른대로 얘기하구··

**정호**  좋은 소리 안 할 거에요··

**영애**  그래두 감추지 마··부부 사이에 감추는 일은 없어야 해··

**정호**  ····알았어··· .

**영애**　장례 모시는 거 보구 와…

**정호**　네…(시선 내리며)

**영애**　……(보다가)아이가 태어나면 좀 풀어질까…

**정호**　(본다)

**영애**　제발 가슴에 응어리 좀 풀구 살아.. 응?

**정호**　……

**영애**　……(보며)

**S#　근처 거리…**

**영애**　(걸어와서 두리번거리면)

　　　[시우 자동차 와서 멎는다.]

**영애**　(올라 타고)

　　　[움직이는 자동차..]

**영애**　(핸드폰 꺼내 건다)……저에요 엄마.얘기 잘 됐어요 걱정 마세요
　　　…네…네 간대요…아니 별로 고집 안 부렸어요..정말이에요…저 그
　　　냥 집에 가요..애들만 있어요…네…심난해 하지 마시구요…네…네
　　　끊어요..(끊는데)

**시우**　무슨 일야..

**영애**　정호…아버지 돌아가셨다는 연락 온 모양인데 안 간다구 버텨
　　　서 가게 하라구….

**시우**　안가면 어떡해..

**영애**　(끄덕이며)간댔어..

**시우**　……(운전하면서)보통은 넘어..

**영애**　그런 말 하지 마…자기들 새로 한 밥 먹는데 쉰밥 먹으며 컸대..
　　　그런 말 처음이야..

172

**시우**    (잠깐 보고)‥‥무슨 그런 나쁜 사람들이 있어…

**영애**    …있나봐‥‥지금까진 정호가 고약하다 그랬는데‥‥그렇게 컸으면 나래두 정호 같아졌을 거 같아‥

**시우**    ……

**영애**    정말 다행이야 거기서 그냥 쭈그러 안 들구 엄마 찾아 온 거…정말 큰 일 날 뻔했어‥‥

**시우**    그래…천만다행이지…

**영애**    ‥‥‥

**S#**  소정의 방

**소정**    (정호 장문 여는데 화면 시작과 동시에)뭐 거짓말까지 하게 만들면서 가아‥가지 마 오빠‥(정호 대답 없이 움직이고/잠깐 기다렸다가)가지 마아. 그딴 집에 뭐하러 가. 그렇게 이를 북북 갈면서 오빠 바보야?

**정호**    (좋게/검정 양복으로 갈아입는 중이다)가고 싶어 가는 거 아니야. 어머니하구 누나가 가래. 가야 하는 거래‥

**소정**    누나는 무슨 그런 참견까지 해애‥ 전화했어?

**정호**    (옷 입다 잠깐 멈추고 본다)

**소정**    아 그래 알었어어‥전화하셨어?

**정호**    (그만두고)왔었어‥

**소정**    오기까지?

**정호**    어머니가 연락하셨나부더라‥

**소정**    무슨 크은 일이라구…진짜 갈 거야?

**정호**    ‥‥

**소정**    언제 오는데?

**정호**  모레쯤 될 거야..

**소정**  낼 저녁에 영화보기루 했잖아아아.

**정호**  (한심해서)다른 날 보면 되잖아..

**소정**  .....(보다가)우리 엄마한테 사실대루 다 불어버린다 뭐.

**정호**  ??(보는)

**소정**  아 나 거짓말하는 거 싫어어어..

**정호**  (정떨어져서 다시 움직이며)그럼 다 불어.

**소정**  ??

**정호**  마음대로 해.

**소정**  막 가자구?

**정호**  (좀 올랐다)이럴 때 할 수 있는 말이 그거 뿐이야? 어떤 기분으루
가는지 알잖아.

**소정**  (오버랩의 기분)그러니까 가지 말란 말야아..

**정호**  도움 안된다 어엉?

**S#**  소정의 거실

**정호**  (내려오는데)

**유정**  (음료수 마시며 주방에서 나오다 보고)어 형부..

**정호**  아..

**유정**  어디 상가 가세요? 왜 검정 양복은 입었어요?

**정호**  바로 맞췄어.. 상가 가는 길야 처제..(좀 웃어 보이고 현관으로)

**유정**  언닌 없어요?

**정호**  아냐 있어..

**유정**  왜 안 내려 와요?(하는데 소정 내려오고 정호는 나간다)왜애?(언니
부었다)

| | |
|---|---|
| **소정** | 갈 필요 없는 델 간다잖아아아.. |
| **유정** | 갈 필요가 있으니까 가는 거겠지이.. |
| **소정** | 왜 들어온 건데. |
| **유정** | 속옷 갈아 입으러..(마시며) |
| **소정** | 오줌 쌌어? |
| **유정** | (푹 품을 뻗하면서)미쳤다..땀 너무 흘려서어..누가 죽었대? |
| **소정** | 몰라 친군가봐..(주방으로 움직이며) |
| **유정** | 왜 같이 안가? |
| **소정** | 할 일이 그렇게 없니? |
| **유정** | 모르는 사람이야? |
| **소정** | 아 그래애 귀찮아 말시키지 마..(아웃) |
| **유정** | (언니 들어가는 것 보며 컵 기울인다) |

**S# 아파트 광장..**

　[주차되는 자동차..]

　[두 사람 거의 동시에 내리고/]

| | |
|---|---|
| **시우** | (자동차 문 잠그고 영애 옆으로 손잡고 두어 발자국 걷다가)업어 줄까? |
| **영애** | 뭐라구? |
| **시우** | 안 업힐래? |
| **영애** | 어디 아퍼? |
| **시우** | 갑자기 왜 업어주구 싶은지 모르겠다.. |
| **영애** | (그냥 기막힌 웃음 날리고) |

**S# 아파트 거실**

| | |
|---|---|
| **연우** | (옷 갈아입고 소파에 앉아 있는 두 아이에게/ 안락 의자에 앉아서) |

사진 찍으러 간다구?

**두 아이**   네..

**연우**   (벽에 걸린 사진 돌아보며)저 사진 있는데 뭐하러 또 찍어? 저거
언제 찍은 거야?

**준서**   언제지?

**은혜**   아마 작년 일거야.

**준서**   작년일 거에요 고모.(하는데)

　　　[들어오는 부부..]

**영애**   (앞서 들어오며)은혜야 준서(하다 연우 보고 뒤돌아본다)

**시우**   (들어오다 보고/ 아이들은 벌써 현관으로/ 연우 일어서고)

**영애**   (뒤로 가만있으라는 시늉하면서)고모 왔어요?

**연우**   누가 그러는데..(한 걸음 나서며)

**영애**   잠깐요..당신 얼른 옷 갈아 입어..은혜 준서 어디 보자..그래 엄
마가 입으라는대루 잘 입었네에? 어디 양말..(양말 체크하고)됐어.
만점..먼저 내려가 있을래? 엄마 아빠 금방 내려갈게 응?

**두 아이**   응. 네에..

**영애**   잠깐. 여보..애들 키이 줘..(키 받아 아이들에게)타구 있어..

**은혜**   (받는데/준서 채가고)

**시우**   아무 것도 건드리면 안되는 거야아..

**준서**   알아요오오..

**은혜**   알아아아(동시에)

　　　[두 아이 빠지자]

**시우**   왜 또 왔어..

**영애**   여보.

176

**시우**   죽는 날까지 안 본댔잖아.

**연우**   너 보러 온 거 아냐.(하며 영애 손잡고 주방으로 움직이려)

**시우**   손톱 만한 양심은 있어? 왜 잠자리가 안 편해?

**영애**   그러지 마 여보.

**시우**   (상관없다)갑자기 왜 이렇게 친절한 척 해 엉? 그렇게 못 잡아먹
          어 난리더니 갑자기 왜 이래 징그럽게.

**연우**   그래 니 말대루 손톱만한 양심이 아파서 그래··

**영애**   들어가요.

**시우**   (아내와 상관없이)아프면 아픈채 그냥 살아 여기 들락거리지
          말구. 그런다구 누가 면죄부 줄줄 알아?

**연우**   (주방으로 들어가며)그딴 거 안 줘도 돼··나하구 싶은대로 할 뿐야.

**시우**   너 하고싶은대로 하구 사는 독무대냐? 돌팔매질 있는대로 해
          놓구선 약 발라주겠다는 거야 뭐야 이거··

**영애**   그만해. 하지 마.(작게)

**시우**   받아주지 마 당신!! 등신천치냐? 뭐때매 받아줘. 쥐정신이야?
          당신한테 어떻게 했는데 받아줘. 성인군자야? 당신이 예수님이야?

**영애**   여보

**시우**   노인들은 그래 노인들이라 쳐. 너 뭐야. 똑같은 여자끼리 그거
          두 친구끼리 눈 만 마주치며 비꼬구 하비구 꼬집구 (우루루 움직이
          려 하며)빌어먹을 무슨 누나가 저딴 게 누냐야 야아!!(영애에게 잡혀
          서 소리 지르는 입/틀어막힌다)

**영애**   (입 틀어막으며)왜 이래··정마알··

**연우**   E 놔둬 영애야. 하구 싶은 말 다하게 놔둬··괜찮아.

**시우**   (입 막은 영애 손 떼어내면서)하구 싶은 말 야 석달 밤새두 모자

라 이 깡통아!!

**영애** (시우 등짝 때리면서)그만해! 형편없이 굴지 마. 조금두 안 고마
워.(방으로 밀어 넣으면서)들어가 들어가 빨리‥

**S# 안방**

**영애** (남편 밀고 들어오면서)그만하면 됐어. 괜한 화풀이 더 이상 하
지 마.

**시우** 괜한? 내가 괜한이야?

**영애** 진정해…보기 숭해.

**시우** 밸 없어? 창자 없어? 벌써 다 잊었어? 그렇게 되는 거야? 천당 갈
려구?!

**영애** 어떻게 잊어…어떻게 잊겠니.

**시우** 그럼 왜 받어줘.

**영애** 당신 누나니까…미우나 고우나 친구니까.

**시우** ‥‥‥(보다가)엿이다.

**영애** (좀 웃으며)응 나 엿이야‥

**시우** ‥‥(아내 쏘아보는)…

**S# 주방‥**

[식탁에 쌓여 있는 각종 과일이 산 같다‥]

**연우** ‥‥(부우 앉아 있는데)

**영애** (들어오며)?? 이게 다 뭐야‥

**연우** ‥‥

**영애** 과일 많은데…

**연우** (일어나 소지품 챙기면서)누가 그러는데 피를 깨끗하게 만들어
주는 무슨 그런 약이 있대‥결국은 모든 병이 피 장난이라나 뭐라나‥

178

구해 달라구 부탁해 놨어..한 일주일이면 갖구 들어올 거야..오면
갖다 줄게..

**영애**  ……(보며)

**연우**  무슨 짓이든 할 수 있는 건 다해 봐야 할 거 아냐…뭐 기치료를
끝내주게 하는 사람두 있다더라.. 환자가 너무 많아서 파고들기 어
렵다는 데 거기두 손써 볼 거야..

**영애**  연우야/

**연우**  (오버랩의 기분)사진찍으러 간다며..

**영애**  그럴려구.

**연우**  그딴 짓은 뭐하러 하니 김새게..

**영애**  (그냥 쓰게 웃고)

**연우**  간다…

**S# 거실**

**연우**  (나와서 현관으로)

**영애**  (따라 나와서)잘 먹을게..

**연우**  (대꾸 없이 나가고)

**영애**  …..

**S# 사진관 스튜디오..**

**영애**  (머리빗으로 두 아이 차례로 머리 손질해주고 옷차림 만져주고)

**시우**  (그러는 영애 보면서)…..

**준서**  엄마 나 오늘은 안 웃어요..

**영애**  ??왜..뭐 기분 나빠?

**준서**  아니이 (이 보이며)이렇잖아요..

**영애**  무슨 얘기라구..그래두 화난 사람처럼 보이면 싫다는 거 억지로

데리구 온 거 같으니까 입 다물구 미소는 지어. 미소가 뭔지 알지?

**준서** 하하 엄마는 내가 바본줄 아세요?

**영애** 아니 바보 아냐..

**은혜** 바볼 때두 있지..

**준서** 언제?

**은혜** 그럴 때 있어.

**사진** (나오며)준비 다 되셨어요?

**시우** 아 네에. 대충 돼 가요..

**영애** 잠깐만요..(하고 두 아이 같이 데리고)오늘이 며칠인지 기억해 둬..

**준서** 왜요?

**영애** E (시우 위에)그냥…언제 찍은 사진인가 기억해두면 좋잖아.

**은혜** 그냥 나 이학년 준서 일학년 가을이다 그럼 안돼?

**영애** 더 자세히 기억해두면 더 좋지 않을까?

**준서** 알았다 일기장에 써두면 된다 누나.

**은혜** 뭐 일기장 씩이나 그냥 외워노면 되지..그러니까 넌 바보라는 거야.

**준서** 시이 나두 외우면 돼 뭐. 그까짓 거 못 외워? 내가 머리가 얼마나 존데..

**시우** 자자 아저씨 기다리신다..(움직이며/애들 몰 듯이)

**영애** 여보 잠깐..(하고 빗 들고 시우 머리 만져주려는)

**시우** 됐어 놔둬.(하고 피하려다 보면)

**영애** ….(보며)

**시우** 해봐 그럼..

**영애** (머리 손질해주는)….

**영애**   ....(아내 보며)....

[촬영 중인 가족들… 시진사 지시에 따라… 이렇게도 저렇게도 서너

방.. 시우만 굳은 얼굴..영애는 미소는 짓고 있지만 가득한 슬픔…]

**S# 장여사 거실··**

[들어오고 있는 장여사와 정원 조여인··]

**박**   (신문 보고 있다 돌아보는)·····

**장**   (그냥 안방으로 들어가고)

**정원**   (목례)

**조여인**   (같이 목례하고)

**박**   아주머니 왜 도루 왔어요··

**조**   네 회장님··(하고 대답하려는데)

**정원**   동서가… 아직은 괜찮다 그래서요 아버님··

**박**   ……(보다가 도로 신문으로)···

[정원은 이 층으로 조여인은 자기 방으로]

**박**   ……(잠시 더 신문 보다가 일어난다)

**S# 안방**

**장**   (옷 갈아입고 있는 중)··········

**박**   (들어온다)····

**장**   ……

**박**   (아내 좀 흘끔거리면서 앉는다…)

**장**   ……

**박**   (신문 접으며)가출했는줄 알었어…왜 이렇게 오래 걸려··

**장**   절에 좀 들렸어요··

**박**   ....아줌마 필요없단다면서··

장    (앉으며)아직은 그렇다네요··

박    필요 없어서 없다는 거야 치사해서 싫다는 거야··

장    그 속을 누가 알겠어요··

박    ·····(보다가)그래 가서 애 보니 어때.

장    ??

박    시어머니 노릇 잘못한 죄루 지옥 안 가게 해 달라구 빌구 왔어?

장    그런데 이 양반이 누구한테 슬금슬금 자기 죌 뒤집어 씌우려구
      들어.

박    당신두 잘한 거 없잖아.

장    그래서 둘이 같이 잘못했다면 좀 낫니?

박    낫지··(아주 작게 꿍얼거리듯)

장    나무관세음보살 관세음보살··

박    끄응 (일어나며) 바람 좀 쐬야겠어··

장    (쥐어박듯)걸치구 나가요··(일어선다)

박    심심하니까 잠만 와.

장    (흘끈거리며 장에서 스웨터 꺼내고)

**S#** 정원··

박    (나온다···나무들 둘러 보면서)··최과자앙··

최    (냅다 내달아 와서)예 회장님··

박    죽어간다는 모과 /으떻게 살려낼 거 같어?

최    글쎄요··어쩌면 살 거두 같구 잘/워낙 고목인데다가

박    못 살려내면 사표 내···고목이라구 다 죽냐? 그렇게 될 때까지 뭐
      하구 있었어··낮잠 잤냐?

최    죄송합니다··

182

**박**　유실수 계분 주는 거 했어?

**최**　예 어제 오늘 다 마쳤습니다.

**박**　나무아미타불 관세음보사아알··

**최**　??(웬일)

**박**　(천천히 걷기 시작하면서) <u>ㅎ<u>ㅇ<u>ㅇ<u>음</u></u></u></u>······

**S#** 아파트 광장(밤)

**S#** 아파트 거실

[소파에 나란히 앉아서 영애 빨래 개키고 있고 시우는 멍청하니 티브이 틀어놓고···]

[은혜의 피아노 연습 소리 화면 시작과 동시에 시작되고]

**부부**　·····(따로따로)······

**영애**　(개키며 문득 남편 보고)······(있다가) 켜놨으면 보든지 안 볼 거면 <u>끄</u>던지··

**시우**　(그 소리에 티브이 <u>끄</u>면서) 다른 집에 방해 되는 거 아냐? 다들 들어왔을 시간인데··

**영애**　아직 뭐···곧 끝날 거야···

**시우**　(슬그머니 빨래 당겨 개키기 시작한다)

**영애**　놔둬. 다 새루 개게 만들면서

**시우**　잘해 볼게···

**영애**　·····(보다가 그만둔다)······

**시우**　·····(개키면서)····

**영애**　추워질 거 같아···사진찍구 들어오는데 스산하더라··

**시우**　추워진댔어··

**영애**　·····옷 단단히 입혀 보내야겠다···당신두 그렇구···

**시우**  (잠깐 보고)

**영애**  출근 안 한다 소리하면 맞을 줄 알어..

**시우**  .....

**영애**  나중에 많이 나빠지면 그 때 잘 봐줘..아직은 괜찮으니까....나
    는 한 사람이지만 회사는 얼마나 많은 사람이 매달려 있니..잘 돼
    야지..

**시우**  나 없이두 잘만 굴러갔어..

**영애**  아버님 건강 생각해..과로하시면 안된다잖어.

**시우**  누구 건강 걱정이야 지금..

**영애**  ....당신 집안에 영원한 오백 년 재수로 남게 하지 말구...

**시우**  그 소리 좀 하지 마. 듣기 싫어..

**영애**  하기는 이래두 저래두 마찬가지긴 하다....그래두 어쨌든 회사
    나가 돈 벌어 와..우리 돈 없어..

**시우**  ....

**영애**  당신 필요할 지경되면 나간대두 붙잡구 늘어질테니까...

**시우**  ....

**영애**  알았어?

**시우**  잔소리 머리 구멍나겠다. 한 소리 또 하구 한 소리 또하구..(하
    는데)

**은혜**  (만화 들고 나오며)엄마 삼십분 끝났어.

**영애**  응 수고했어..

**은혜**  준서야 만화 안봐?

**준서**  E 봐아..

**은혜**  아빠 우리 만화 보자 (시우에게 안기며)

시우    (안아주며)아빠 피곤해서 그냥 쉬구 싶은데..

은혜    회사두 안나갔는데 머가 피곤해? 그리구 만화 보는 게 뭐가 피
        곤해? 오히려 피곤이 풀리지?

영애    글쎄 말야.. 게름피지 말구 놀아줘.

준서    (비디오 들고 나오며)만화 보지 말구 우리 비디오 보자...

은혜    뭔데..

준서    알라아아아딘.(까불며)

은혜    나는 포카혼타스가 존데..

준서    하하하하 그거두 좋지요 그럼 우리 알라딘 보고 포카혼타스도
        봅시다. 하하하

은혜    그래 좋아..(하고 아빠 옆에 붙어 앉고)

시우    잠 안자구 비디오만 볼 거야?

은혜    보다 졸리면 자면 되지?

준서    (비디오에 테이프 넣고)

부부    (보고 있고)……

S#  지나의 오피스텔··

승조    (찌개는 끓고 있고/ 간단한 상 차리고 있다)……

지나    (퇴근해 들어오는)

승조    어서 와..

지나    날씨 참 언짢네..잔뜩 찌프린데다 바람까지 불구 낙엽 굴러 다
        니구..

승조    나중에 씻구 밥 먼저 먹자.. 배고프겠어 나두 고파..

지나    (상의 벗어놓고 싱크대에서 손 씻으며)먼저 먹으라니까..

승조    우유 하나 먹었어..(찌개 옮기는)

지나   뭐야?

승조   생태..

지나   수퍼 봤니?

승조   생태 생각나서.. 진짜 생태 아니구 살짝 생탠 거 같으면 거래 끊
       겠다 공갈 쳤는데 모르겠어.. 밥 푼다..

지나   (행주에 손 닦으며)엉...

승조   (밥 뜨면서)오늘 처음 엄마랑 통화했어..

지나   그래? 엄마 전화 받으셨어?

승조   오늘은 안 끊으시더라구..

지나   봐 풀리실 수 밖에 없다 그랬지? 뭐라셔?

승조   엄마 우시구 나두 울구 ....(밥 놓아주며) 한참 그러다가....우리 어
       머니 뭐라 그러셨는지 알아?

지나   ??

승조   (제 밥 뜨면서)승조야 다 잊구 장가가라..소원이다..장가가자...

지나   ......(보며)뭐랬어..

승조   다시 전화 드린다 그러구 끊었어..

지나   ...(그냥 반찬 먹어보며)너 이거 니가 묻혔어?

승조   (밥그릇 들고 오며)뭐...어 아냐..반찬가게서 쬐끔 샀어. 참기름
       만 좀 더 넣어봤어..너 파래 무침 잘 먹어서.

지나   너같은 마누라 하나 얻어 살면 좋겠다..

승조   나 니 마누라 해애..

지나   (먹기 시작하며)시우하구 통화했어..

승조   걔가 전화했어?

지나   내가.. 살려놨더라..언니가 받아서 바꿔줬어..

186

**승조**　어때‥

**지나**　언니는 전혀 아무 일 없는 사람 같아‥시우는 지가 아픈 사람이
　　　　구…별말 못했어. 뭐 할 말이 있어야지‥할말 없드라 정말 전화는
　　　　걸었는데…

**승조**　‥‥‥어지간한 일이래야 할말이 있지…

**지나**　정신차리라구만 했어‥빨리 끊어줬으면 해서 끊었지 뭐.

**승조**　그럴 거야. 걔기 지금 무슨 누구 말이 듣구 싶겠어. 이해해‥

**지나**　(끄덕이며)그러엄‥‥‥(사이 두었다가)추워질 일 밖에 없는 계절
　　　　에‥‥언니가 너무 가여워 뭐 좋은 선물할 거 없나 그래서‥‥따듯한 선
　　　　물 하나 골랐는데…언제 어떤 식으로 전해야할지 모르겠어…

**승조**　‥‥‥(보며)

**지나**　밥 먹구 구경해… 니 마음에 안든다 그럼 바꿀래‥

**승조**　그래‥ 보께‥

**지나**　우리 고모 참 오후 비행기로 쥬네브 가셨어.

**승조**　오신지 얼마 됐다구 또‥

**지나**　언니가 디스크 수술했다나봐‥ 닥터 신하구 약혼식이든 결혼
　　　　식이든 암튼 그런 소식 보내기 전엔 안 오신대‥

**승조**　문지나 큰일났네‥아무래도 고모님때매 웨딩드레스 입어야
　　　　겠다‥

**지나**　글쎄 말야‥‥‥

**승조**　‥‥‥(보며)

**S#** **거실**

　　　[〈알라딘〉 주제가가 아름답게 흐르고 있고‥‥‥]

　　　[네 식구 붙어 앉아 보고 있다‥‥‥‥]

[한동안 그러고 있다가]

**영애**  (슬그머니 일어난다)

**시우**  (보고)

**영애**  잠깐 화장실‥

**시우**  (끄덕이고)

**영애**  (방으로)

## S# 침실

**영애**  (들어와 전화로)‥‥‥엄마 저에요. 정호 연락 왔어요?

## S# 엄마의 방

**엄마**  (겨울 이불 껍데기 이모와 씌우는 중이다)근석이 그렇게 엽엽하면 무슨 걱정이야. 아직 아뭇 소리 없어‥‥간댔으니까 갔겠지‥‥소정이가 지 서방두 없는데 무슨/ 개두 조용하구‥‥인석이 가기는 간 건가 안 그래두 긴가민가 그런 생각두 들어‥거 간대 놓구 딴데가 단청 부리구 오는 건 아닌가.

**이모**  어이그 언니는 설마아아‥

**엄마**  그래 취진다더라‥취질 때 됐지‥너머 안췄잖어.

## S# 침실

**영애**  엄마 옷 단단히 입구 움직여요‥감기 들면 큰 고생이에요‥‥‥아우 귀찮아 하지 마요. 우리 키울 때 엄마 이런 잔소리 입에 달구 살았잖어‥이젠 엄만 늙구 난 젊으니까 내가 잔소리 할 차례에요‥‥작년에 사준 양모 내의 엄마 그거 입어요 애끼지 말구요‥‥‥으으응? 애끼다 썩는다니까 엄만?‥‥‥애끼지 말구 입어요 글쎄. 내가 그거 한 꺼번에 다섯벌 더 살테니까 네?

## S# 엄마의 방

**엄마**  에엥? 얘가 밑엣 돈이 숨을 못 쉬나 무슨 내의를 다섯벌씩이
나 사아 돈두 읍는게/ 아서 관둬‥쓸데없는 돈 쓰지 말어. 입을 거 천
지야‥아이구 알었어알었어 오늘 따라 얘가 왜 이리 말이 많어. 그
래 입을게‥입는다구. 걱정마 입을테니까‥‥‥그래‥‥일찌감치 끝냈어
얘‥여덜시두 안돼서 들어왔는 걸? 지금 겨울 이불 준비해‥응‥‥응
그래‥아 참 영애야 고맙다‥

**이모**  ??뭐가?

**엄마**  아 정호 보내줘서‥(이모/무슨 소리라구)그래두 그놈이 니 말은
들으니 그나마 얼마나 다행이야.고마워‥‥‥(소리내어 웃으며)모녀
지간에두 고마운 건 고마운 거지 ‥‥오냐‥그래 끊어‥(끊고)이거두
늙는다 부쩍 잔소리가 심해져‥

**이모**  나이 먹어 철 드는 거야‥저 나이 먹어 보니까 늙은 엄마가 보이
기 시작하는거지 그렇지‥한창 애들 키우구 과외 하구 정신없을 땐
어디 뭐가 보이나. 집 사 들어 앉었지 애들 어지간히 키웠지 과외 그
만뒀지 지 남편은 아버지 회사루 가 자리 꿰차구 앉었지 이제 언닌
그저 영애 효도받을 일 밖에 안 남었네‥

**엄마**  글쎄 그게 신관은 훨씬 편해졌을 텐데 왜 얼굴이 안 깨나는지
모르겠어‥살두 좀 붙구 그랬으면 좋겠는데 여전히 꺼어칠하니 더
한 거 같어 어째‥

**이모**  원래 걔가 살피듬 존 애는 안데 뭘‥ 그리구 바쁘다 쉬면 오히
려 한동안은 여기저기 아프구 맥없구 그렇답디다‥이제 깨나겠지‥

**엄마**  에이구우우 애 키우면서 과외 뛰어다니느라 눈이 걷어달리면
서 내 새끼 고생 참 마안이 했지이‥

**이모**  그런데두 사둔 영감 마나님은 공없이 애 괄시나 하구우?

**엄마**  으뗗게 입을 열어 그 분한 걸 말을 해‥내 속 아픈 거 하늘이나

　　　알지 누가 알어‥(안 보고 일하는 채로다)

**이모**  내가 알지이이‥

**엄마**  니깐 게 뭘 알어. 하하하하거릴 줄 만 알었지‥

**이모**  하하하하하

**S# 침실**

**영애**  ‥‥‥(전화 끊은 자세로 앉아서)‥‥‥‥‥

**시우**  (방문 열고)‥‥‥(보다가)뭐해‥

**영애**  엄마한테 전화했어‥

**시우**  애들이 궁금해해‥

**영애**  (일어나며)나갈게‥

**시우**  누워 쉬든지‥

**영애**  아냐…

**S# 거실**

**영애**  (나오고)

**시우**  (기다렸다가 앉았던 자리에 다시 앉으며 아내 어깨에 팔 두른다)‥‥‥

**영애**  (돌아보고 가볍게 키스해주고)

**은혜**  (그거 보고 저도 엄마한테 뽀뽀해주고)

**영애**  응?…고마워‥

**은혜**  질투야‥

**영애**  뭐가?

**은혜**  아빠가 엄마한테 뽀뽀하면 심술난다구‥

**준서**  아빠가 엄마한테 뽀뽀했어?

**은혜**  그래 못 봤지?

**준서**  그럼 나두 해야지‥(일어나 엄마한테 펄쩍 뛰어올라 뽀뽀하는데)

**영애**  (뛰는 서슬에 좀 아프고)

**시우**  ??? 그렇게 뛰어오르면 엄마 아퍼 임마.(한다는 게 약간 야단치는 게 된다)살살해야지 이제 애기 아냐. 너 무겁다구‥

**준서**  ??

**영애**  아냐 준서야 괜찮아‥엄마 안 아퍼.

**시우**  아냐 아퍼‥엄마 아파하는 거 내가 봤어‥조심해 알었어?

**준서**  (뿌우우 울 거 같다)

**영애**  왜 그래애 애 무안하게 쓸데없이 (준서 안으며)괜찮아괜찮아 준서야‥

**준서**  아아앙‥

**시우**  (좀 난처하지만 아이 잡아끌려 하며)야단 친 거 아닌데 왜 울어 임마아아 아빠 말으은

**준서**  (뿌리치고 울며 제 방으로)

**시우**  ???

**은혜**  야 뭐 그 정도에 우니‥바아보‥

**영애**  삐졌어. 빨리 가 달래 얼른‥

**시우**  어이 뭐 저래애‥

**영애**  당신 아들이야‥

**시우**  (준서 방으로 가)준서야‥(하며 문 열려는데 잠겼다)야 문 열어 준서야‥‥아빠하구 얘기 좀 하자 엉?

**준서**  E 싫어요 필요없어요‥

**시우**  ‥‥‥(있다가 오며)당신이 해‥난 상대 안한대‥‥

**영애**  잠시 놔둬‥‥

**시우** (앉으며)사내자식이 저래서 어떡해 저거..

**영애** 무안 잘 타는 줄 알면서..

**시우** 저거 꺼 은혜야..우리끼리 볼 순 없잖아..

**은혜** (비디오 끄면서)근데 아빠한테 물어 볼 거 있어..

**시우** .....뭐야..

**은혜** (도로 어른들 자리로 오며)아빠 뭐 고민있어?

**시우** 무슨 고민..

**은혜** 갑자기 점잖아진 거 같아서.. .....좀 이상해..

**시우** 뭐가 이상해 임마..

**은혜** 알라딘 보면서 아빠 한 마디두 안했어.. 아빠가 어디 그런 사람
이야? 장난두 안 걸구..

**시우** 피곤해서 그래.

**은혜** 아까 사진 찍을 때두 뭐 골난 사람 같던데?

**시우** 내가 언제..

**은혜** 아빠 그랬어..엄마랑 싸운 거 같지는 않구....아빠 회사 그만뒀어?

**영애** (시우가 대답하려는 것 막으며)회살 왜 그만둬. 낼부터 나가실
건데?

**은혜** 그럼 어디 아퍼?

**시우** 아프긴 야 너무 건강해서 웬수같다..

**영애** ??(남편 보고)

**시우** (일어나며 혼잣말처럼)염통이라두 팍팍 썩었으면 좋겠구먼..(들
어가 버린다)

**은혜** ??...아빠 왜 저러서?

**영애** 몰라아..괜히 좀 심통이시네?....엄마가 뭐 잘못한 거 있는데 모

192

르구 있나?

**은혜**  잘 생각해봐.. 아빠. 좀 이상해..

**영애**  알았어..엄마가 해결볼께..(뽀뽀해주고)잘자? 엄마 준서 달래

야지..(일어난다)

**은혜**  응..엄마 해결사니까..

**영애**  (웃어 보이고 준서 방으로)

**은혜**  (제 방으로)

**S#  준서 방 앞**

**영애**  사랑하는 아들.....엄만데?.......목숨보다 귀한 아들.....엄마가 면회

신청 넣는다아아......으응?...엄마 섭섭하게 할래?(하는데 문 열린다)

**S#  준서의 방**

**영애**  (들어서며 아들 꽉 안는다)......

**준서**  (쿨쩍쿨쩍).......

**영애**  울지 마 준서야..니가 울면 엄마 가슴 찢어져어...그랬잖아..자

식이 울면 엄마 가슴 찢어지는 거라구...(아들 떼고 눈물 닦아주며)봐

아 엄마두 눈물 나잖아...별일두 아닌 거 갖구 왜 그래...아빠가 좀

오바하신 건데 아들이 아아 우리 엄마를 너무 사랑하시는 나머지

그러시는구나 그럼 될걸..

**준서**  제가 어른이에요?

**영애**  아직 어른은 아니지.

**준서**  챙피하게 만드셨잖아요..

**영애**  아빠두 너무 심했다 그러셨어. 반성하실 거야..

**준서**  ....(누그러지며 엄마 눈물 닦아준다)진짜루 내가 울면 엄마두 슬

퍼요?

**영애**   그러엄··

**준서**   이제 괜찮으니까 울지 마세요 엄마··

**영애**   우리 준서···어떤 어른이 될까··

**준서**   (웃으며)누구나 기분 좋게 만드는 어른이요···

**영애**   그래···마음에 사랑이 마안은 어른·····(안으며)그런 어른이 돼 줘 준서야···

**준서**   네에···노력할께요 엄마(기분 좋아져서)

**영애**   ······

**S#**   **침실··**

**시우**   (걸터앉아서)·······(부우우)

**영애**   (들어온다)

**시우**   (본다)

**영애**   풀렸어 낼 아침에 사과해··

**시우**   알았어···(하고 일어서 화장실로)

**영애**   ····(잠깐 보다가 침대로 오르는데 숨이 찬다)·····(기대어 앉으며 숨 고르는데)

　　　E   소리 잠깐 났다가 그치고

**시우**   (나와서 발톱깎이 손톱깎이 세트 찾아 들고 욕실에서 들고 나온 타 월 한 장 /침대로 올라 수건 깔아놓고 발톱 깎기 시작한다)

**영애**   뭐하는 거야····

**시우**   ······(그냥 깎고)

**영애**   해주께··

**시우**   놔둬······(깎으면서 목이 멘다)별 걸 다 시켰어····옘병할 부려먹어 두 너머 부려먹었어 망할 자식··

194

**영애**  (숨차 하면서)이리 올라와……해 주께에……

**시우**  ??? (돌아본다)

**영애**  ……해 주께··

**시우**  (숨차 하는 아내 보면서)……여보…(겁내듯)

**영애**  이리 내 응?

**시우**  (소리친다)그러지 마 당신!!! 그러지 마아 그러지 마아아!!!

# 제17회

**S#** 편집해서 몇 커트 넣어주시고요.

**S#** 아이들 학교 앞에 세워지는 시우 자동차··

　　[두 아이 지프에서 내리는 것 도와주고 인사 나누고 아이들 학교로 뛰고]

**시우** ·····(보며)···(있다가 차로 오른다)

**S#** 차 안

**시우** (올라서 핸드폰 꺼낸다)

**S#** 영애의 주방

**영애** (느리게 식탁 치우고 있다/담담하게/숨은 반토막)···

　　E 울리는 전화벨.

**영애** (싱크대에 있는 무선전화)네에에··

**시우** F 나야

**영애** 벌써 왜 또. 애들 내려줬어?

**시우** F 내려줬어··아줌마 오실 거야.

**영애** ? 무슨 아줌마.

**S#** 움직이는 시우 자동차 안

196

**시우**　당신 안되겠어. 보내달라구 했어‥군소리말구 도움받아. 아무 거두 하지 말구 책이나 보면서 쉬어. 당신 남편 결정이야.

**영애**　F (오버랩의 기분)여보 애들한텐 뭐라 그러구‥애들 까먹었어? 눈치 빠른 애들이야. 뭐랄 작정이야.

**시우**　이따 얘기해. 의논해 보자구‥네 시간만 참아‥끊어‥(끊는다)

**S#　거실**

**영애**　……(끊고)……(있다가 먹다 남은 야채 접시 집어 싱크대로 옮겨 녹즙 기에 차례로 쑤셔 넣는데)

　　　E 현관 벨‥

**S#　거실**

**영애**　(속도가 느려진 걸음으로 나와서 비디오폰 보고 수화기 들고)네 아 주머니‥(하고 버튼 눌러준다)……(그래놓고 돌아서 주방으로 가려다가 되돌아서 소파의 쿠션들 집어 제자리 놓으며 정돈하다가 그대로 앉아버 린다)……(반 토막 숨)……(시선이 창 쪽으로)……

**S#　제주도 수영장 씬‥**

**S#　폭포 있는 곳 씬**

**S#　해변 걷는 씬**

**S#　승조가 아이들 데리고 노는 씬‥ 잠깐잠깐씩**

**S#　거실**

**영애**　‥‥

　　　E 현관 벨…

**영애**　(일어나 현관으로 가 문 연다)

**장**　(들어서고)…

**영애**　??(했다가 목례하며)오셨어요‥

**장**　(들어서며)아침은 먹었냐?

**영애**　네에..

**장**　(뒤따라 들어온 조여인 가방 하나 들고 잠깐 돌아보며)이렇게 금방 찾을 거면서 쯔쯔.....

**영애**　어서 오세요 아주머니..

**조**　(그냥 안된 얼굴로 보는)....

**장**　옷부터 갈어입어야지..

**조**　아무데서나 갈어 입죠 사모님..염려마세요 (하고 두리번거려 주방 쪽 찾아서 아웃)....

**장**　(소파로 움직이며)오긴지 뭔지는 모르겠다만 오기 부릴일 따루 있지..쯔쯔..

**영애**　.....

**장**　(앉으며 보는)워낙 거리가 멀어 출퇴근 하면서는 아줌마가 힘들 거구 잠잘 방은 있니?

**영애**　(두어 걸음 따르면서)방이라고 하기에는...너무 작아요 어머님. 짐도 있고...

**장**　짐 치우게 하면 되겠구나. 잠만 자는 방 클 필요 어딨어..요즘 애들 즈들 방 누구하구 같이 쓰는 거 싫어할 테구.....

**영애**　.....(보며)

**장**　앉어 봐..

**영애**　....(앉는다)

**장**　늬 어머니는 아시니?

**영애**　아직....

**장**　......(보다가)너 나 하구 절에 기도 안 들어갈래?

198

영애   ??

장    일심으루 기도해서 기적처럼 부처님 가피 입는 사람들 많아..

영애   ....(시선 내리는)

장    믿는 아이두 아니구...믿는 내가 우스운 너한테 먹힐 소리 아닌
      거 알지만...다급하면 지푸라기라두 잡는 게 사람 아니니. 혹시라두
      마음이 동한다면 너 데리구 백일기도라두 들어가 볼까 싶어 그래..

영애   그냥..... 아이들하구 지내겠어요..

장    살아보겠다는 맘이 없어?

영애   ...(시선 내린 채)

장    애도 안 써보고 어느 새 그렇게 놔 버렸어? 그런 법이 어딨어..

영애   야채 과일도 많이 먹고 ...현미도 먹어요..

장    아이들 놓구 어떻게 갈려구 그래. 부처님한테 매달려서라두

영애   전 그런 믿음이 없어요 어머님..

장    ......(보다가)억지로 할 수는 없는 노릇이지만 그래두 믿어보도
      록 노력을 해...발걸음 했던 절마다 기도는 부탁해 두었어..벌써들
      시작했을 거야..

영애   .....

조    (녹즙 컵 받쳐들고 나와서)준서 엄마...

영애   (돌아본다)

조    (내민다)

영애   고맙습니다...(받아서 고개 조금 돌리고 두 번에 나누어 마신다)

장    .....(보다가)상황 먼저 앉혀..

조    네 앉혔어요 사모님..

영애   (오버랩의 기분)저기요 어머님...그냥 제가 따로 도우미 아주머

니 쓸게요..아주머니 안 계시면 불편하실 거구

**장**　(오버랩의 기분)나야 힘들면 다른 사람 구하면 되는 거구 신경 쓸 거 없어. 안성댁 어지간한 건 익혔구..

**조**　네 그래요 사모님..

**장**　(일어나면서)잘 좀 도와줘..

**조**　그럼요.. 가시게요?

**장**　(대꾸 없이 현관으로)

**조**　(얼른 움직여 신발 바로 해주고)…

**장**　나올 거 없다..(나간다)

**조**　(따라 나가려는 영애 막고 자기가 나가다가/문 닫기 전에)….

**조**　E 뭐 이 집에 오는 거에요?(영애?)

**남자**　E 네..택밴데요..

**조**　(들여다보며)택배 왔네 준서 엄마..

**영애**　네에..

**남자**　(커다란 상자가 든 큰 쇼핑백과 장미 한 다발 들고 들어온다)…하영애 씨 댁 맞습니까?

**영애**　네…

**남자**　(물건들 놓고 사인할 종이 내민다/볼펜)

**영애**　(싸인해주고)

**남자**　안녕히 계세요..

**영애**　네 감사합니다…(가방과 꽃다발 들고 소파로…남편이 보낸 것으로 믿고)……(꽃향기 맡으며)……(꽃 놓고 종이 봉투에서 상자 꺼내서 뚜껑 연다…)?????(일단 눈이 커지고 혼잣말)미쳤나봐……(캐시미어에 모피가 달린 숄 꺼내서 펼치는데 떨어지는 카드 봉투..집어서 카드 꺼내 펴면..)

200

**지나**  E (지나의 글씨 잠시 보이다가 영애로)지나에요 언니. 다른 말 다 생략할래요. 언니를 따듯하게 해줄 선물이 뭐 없을까 생각하다 골랐어요··이번 겨울이 추울 거라 그러대요·· 기쁘게 받아주면 맹꽁이 지나 행복할 거에요·· 덧붙임···언니는 완벽한 여자에요··샘나요··

**영애**  ······(그냥 카드 보며)········(고개가 들려서 창 쪽으로 돌아가고)······ (한참 동안 그대로)······

**S#** 라페스·· 에스컬레이터··

　　[올라오고 있는 지나···]

　　[에스컬레이터 내려서 걷다가 멈춘다··]

**시우**  (오다 보고 멈춘다)······

**지나**  ······(보며)

**시우**  ····체크하러?

**지나**  (끄덕이고)승조한테 들었어··오전에만 있다면서··

**시우**  (끄덕이고)···

**지나**  어디 나가는 길야?

**시우**  (안 보며)아니 한 바퀴 도는 중이야····

**지나**  (끄덕이며)힘들지?

**시우**  (그냥 보며)···

**지나**  그래 내 말 웃겼어····

**시우**  일봐··

**지나**  그래··너두··

　　[둘 각각 제 갈길로··]

　　E 지나 핸드폰 운다···

**지나**  (걸으며 핸드폰 꺼내 보고···잠깐 망설였다가 받는다)네 지나에요.

**영애**  F 나 완벽한 여자야..

**지나**  ..(잠깐 멈칫하는 기분이었다가)네 맹꽁이에요..

**영애**  F 무슨 말을 해야할지 모르겠네..너무 과분해 지나씨..

**지나**  (멈추며)기쁘게 받아 주세요..정말 언니 따듯하게 해 주구 싶었어요.

**S#  거실**

**영애**  그래 숄 안 둘렀는데두 벌써 많이 따듯해..더울 지경이야..근데 너무 비싼 걸 거야..부담이 된다.....돈 잘 벌구 부잔지는 알어.그래두.......그래 그럼 고맙게 받을게..그런데 거기 어디야?.....그래? 그럼 혹시 잠깐 틈낼수 없을까? 와서 커피 한잔..아니 녹차 한잔 마시구 가라구...

**S#  다른 코너에서 자판기 커피 두 개 뽑고 있는 시우····빼내서 들고 형 있는 곳으로**

**시우**  (내밀며)아버지 병원 다녀오셨어요 참?(체크)

**재우**  어제...(마시며) 많이 나빠졌어?

**시우**  숨이 얕아요..짧구요..

**재우**  갑자기 급격히 그러는 거래?

**시우**  내가 몰랐겠죠..둔짜라..

**재우**  아주머니 데려가기 잘했어..될 수 있는대로 편하게 만들어줘야지 그럼..

**시우**  (그냥 마신다)

**재우**  우리 베로니카는 할 게 기도밖에 없으니까 줄창 그냥 기도만 한다...몰래 들여다 보면 기도하면서 항상 울어..참 천사같은 사람이야..내가 무슨 복인지 몰라..

**시우**    .....(다시 한 모금)

**재우**    야 너 참.. 우리 입간판이 자기네 점포 가린다구 어제 밤중에 몰래 포크레인 불러다 뽑으려 했다는 보고 들었어?

**시우**    들었어요.

**재우**    (그래 놓고 할 말이 없어서 있다가)아버지 열한시에 회의하러 나오시나부더라.

**시우**    네..

**재우**    그래두 아버지가 많이 봐 주신다..오전 근무 만이 어뎠냐 야 사 형깜이지..니가 꼼꼼하게 챙기기두 하지만.

**시우**    (커피 잔 비운다)

**재우**    월요일 아침에 부서마다 그 주 안에 처리할 일들 일일이 다 뽑아 준다면서..

**시우**    언제까지 그런 식으로 땜질해 넘어갈지 모르겠어요.

**재우**    야 전화도 있고 팩스도 있고, 어 참 너 집에 팩스 하나 갖다 놔.. 급한 결재거나 보고 같은 거 팩스로 받으면 되잖아..

**시우**    (마신 종이컵 적당히 구기면서)들어가 봐야해요..

**재우**    그래 들어가자..(같이 움직이며)총무부장이 꽤 괜찮지?

**시우**    빨라요.

**재우**    입사 시험 성적은 꼴등인데 그 기에서 제일 난 사람 아냐... 신입 사원 뽑는 방법두 연구 좀 해야할 문제야..

**시우**    ....(대꾸 없이 걷고)

**S# 침실**

**조**    (침대 세팅 펄럭이며 다시 하는데)

**영애**    (들어오며)도와드릴께요.

조　　 아이구 그만둬. 나가나가. 문 열어놔 줘.(밀어내며)도와줄게 뭐 있다구 빨리 나가 준서엄마.

영애　 괜찮아요 아주머니.

조　　 (침대 이불 반듯하게 손질하면서)세에상에  아프면서두 어쩌면 그렇게 잘 치우구 살았는지 기가 막히네..찬장두 하나 손 볼 데 없구 구석구석 먼지 한 톨이 없으니 원 그럴려니 얼만 고단했겠어..그럴 사람인줄은 알았지만서두..

영애　 뭘요..엉터린데요..

조　　 춥다니까아.. 아 나가.. 걸리적거려..

영애　 (웃으며)아주머니 신세....이렇게 지게 될줄은 몰랐어요..

조　　 에이구우 누구는 알았겠어어..(일하며)

영애　 느을 잘해주셨는데...

조　　 잘해주기는 뭘(궁시렁)

영애　 쉬어가시면서 하세요. 아주머니..

조　　 (나가라는 손짓하며)알어서 해..나 프로 선수야 걱정 마..

영애　 네에...(하고 나간다)

조　　 (영애 나가는 문소리 들리자 손 멈추고 방문 돌아보면서)......(측은해 죽겠다)....(다시 부지런한 몸놀림으로 청소기 돌리기 시작한다)

S# 거실

영애　 (천천히 창 쪽으로 움직이다가 문득 소파 돌아보고 접혀 있는 숄 집어 들어 두르고).......(잠깐 몇 번 쓰다듬어 보고 테라스로 나간다).....

　　　 [화병에 소담지게 꽂혀 있는 장미..]

　　　 [약간의 바람...]

영애　 (아파트 광장 내려다보며)......

**S#** 부감‥ 아파트 광장…인서트‥

**영애**　‥‥‥

**S#** 거실

　　E 거실에 울리는 현관 벨 소리…

　　[안방에서 들리던 청소기 소리 그치고]

**조**　(긴가민가하는 얼굴로 문 열고 내다본다)??

　　E 다시 울리는 벨 소리

**S#** 테라스 영애 위로 움직이는 조여인과 문 열어주자 들어오는 지나/모르는
　　사람이다‥인사하고…둘이 같이 찾는 듯 하면서 들어서는 그림이 보이고

**지나**　(조여인과 같이 발견하고 자기가 하겠다는 표현하며 움직여 테라스
　　문 연다)

**영애**　??(돌아보고)왔어?

**지나**　꽤 추워요 언니‥ 빨리 들어오세요‥

**S#** 거실

**영애**　(들어서며)금방 왔나봐‥어떡하지 이 좋은 걸 이렇게 둘러서 미
　　안해‥ 그냥 한번 해 본 거야‥얼마나 따뜻한가 시험삼아…

**지나**　바루 그렇게 쓰라구 보낸 건데요 머 언니‥마구 두르세요. 아무
　　상관없어요‥

**영애**　(소파로 움직이며)꽃도 예뻐…어 지난 번 꽃은 애들 아빠도 신기
　　해 하더라. 못보던 것들이라구‥(앉는다)

**지나**　그 집이 원래 좋은 꽃들을 써요‥(소지품 놓으며) 솜씨도 제일 낫
　　구요‥ (앉으면서 서 있는 조여인에게)녹차보단 커피가 좋겠어요‥아
　　무 것도 넣지 마시구 커피 반 스푼만 넣어 주세요‥

**조**　그러지요‥ 준서 엄마는‥

지나  ??

영애  녹차요..

조    그래..(주방으로)

지나  ??(영애 보는데)

영애  (작은 소리로)애들 아빠 집에 계신 아주머니셔..어머님이 보내
      주셨어..

지나  (아아 하는 얼굴)....

영애  왜 전화도 잘 안하구 그래...

지나  .....(보며)

영애  무섭지..그치..

지나  저번에 ..했잖아요..

영애  그러지 말구 전처럼 편하게 지내.. 전염되는 거 아니니까 승조
      씨랑 와서 밥두 먹여달라 그러구..

지나  .....(보며)

영애  박시우가 알기 전까지는 괜찮았는데 알구 나서부터 뭐랄까...
      리듬이 부서졌어.. 그 사람은 뚜우우 애들이 이상하게 생각할 정도
      로 그래지구...나 혼자 아무리 전과 같으려 노력해두 잘 안되네...지
      나씨 전화두 잘 안오구(조금 웃으며)

지나  (시선 내리며)시간 안 가리구 시우 찾는 전화하구 그랬던 거...
      미안해요 언니..

영애  그런 얘기 아냐..

지나  (시선 내린 채)언니 알고 있었죠..

영애  .....느끼구 있었지..

지나  아주머니 좀 신경쓰여요..

**영애**　그래 잠시 다른 얘기하자….우리 집 분위기 자꾸 처지는 거 별로 기분 안 좋아…애들 위해서두 그렇구 또 그 사람두 가끔 한번씩은 아픈 마누라 말고 다른 사람도 보면서 지내야 해.. 나는 승조 씨랑 지나씨가 나를 아픈 사람 취급해서 피하지…않아 줬으면 좋겠어….

**지나**　…..(보며)

**영애**　그럴 수 없는 친구들인데…나 때문에 소원해진달까 그런 거두 반갑잖구….애들 아빠가 못되게 굴어두 이해해 주구 …자꾸 챙겨줘 …..아마 속으로 많이 외롭구 힘들 거야..

**조**　(찻잔 들고 놓아주며)나 목욕탕 청소 들어가 준서 엄마..

**영애**　네 그러세요..

**조**　(침실로 들어가고)

**영애**　잘 만들었나 모르겠네.. 먹어 봐..

**지나**　네..(찻잔 들어 한 모금 마시고 내리며)좋아요..

**영애**　(차 봉지 담갔다 뺐다 하면서)…..

**지나**　…..(보며)

**영애**　(문득 보고 좀 웃어주고)

**지나**　(찻잔 테이블에 놓으며)시우가 ..첫사랑이에요..

**영애**　…..(가만히 보다가)알아..

**지나**　(안 보는 채)당연히 시우도 그런 걸루 믿었었죠…아니었어요 …..아니면 말아라…유학 떴어요.. 자존심 때문에 너 어떻게 나한테 이럴 수 있냐 소리 한 마디두 못하구요..지워버릴려구 했는데 그럴수록 안 지워졌어요..

**지나**　E 시우 집안 어른을 아니까..결혼까지는 죽어도 안될 거다 믿구 헤어졌다는 소식 올 때만 기다렸죠…..결혼까지 할 줄은 정말 몰

랐어요··

**지나** 　결혼한다는 소식 듣고 (좀 웃으며)세느강에 그만 빠져 죽어버리구 끝내구 싶었어요···못했어요··못하는 대신 두구보자 얼마나 잘 사나···그래봤자 이삼년 버티겠지 그 시집이 어떤 시집인데······와서 봤더니 너무 잘 살구 있었는데····그럼에두 불구하구 시우는 여전히 내····· 꿈이었어요···미련··· 뿌리가 너무 깊어 뽑아버릴 수가 없었어요··

**영애** 　······(보며)

**지나** 　(보며)겉으로는 웃는 얼굴이면서 끊임없이 언니를 미워하구 시우를 탐냈어요··언니한테 나쁜 일 생기는 상상···죄 받겠다 하면서두 했었어요···(눈물 고이기 시작하면서)나 정말 나쁜 애에요··

**영애** 　솔직해서 고마워····나래두 그렇게 욕심나는 남자 있으면··그런 상상··할 거 같아··

**지나** 　언니.

**영애** 　얼마나 힘들까····그렇게 한결같이 한 사람만 생각하는 거·· 지나씨한텐 내가 참 미운 사람이다···

**지나** 　(좀 터지듯이)미운 사람이에요. 그럼요·· 엄마나 미웠는데요···

**영애** 　·····(보며)

**지나** 　(핸드백에서 손수건 꺼내 눈물 닦는다)····

**영애** 　시우 잘 부탁해··

**지나** 　(눈물 닦으며 끄덕인다)

**영애** 　나 다음에 그 사람 제일 잘 아는 게 지나씰 거야··

**지나** 　많이 알죠··(끄덕이며)

**영애** 　잘 챙겨주겠지만 노파심이라구 생각해··보드라운 사람이야··

삐지기두 잘 하구 응석두 많아..다 받아주구 보살펴 줘..

**지나**　(끄덕이며)가여우니까요....잘 해 줄게 걱정마세요..

**영애**　그런데 너무 서둘지는 마..

**지나**　(보는).....

**영애**　수원 쯤 오구 있을 거랬지..

**지나**　(보는)....

**영애**　도착하더라두 충분한 시간을 줘..

**지나**　언니.

**영애**　쉽지 않을 수두 있어.. 인내심 갖구

**지나**　지금 무슨 얘기하는 거에요..

**영애**　....무슨 얘긴지

**지나**　(오버랩의 기분/고개 강하게 흔들며)분통 터지지만 나 여자루 본 적 한 번두 없어요. 인수인계 할 생각하지 마세요..(앉은 채 핸드백 챙기면서)언니 아프다는 거 알구 수원이 무슨 뜻이었나 알았어요. 정신 번쩍 들었어요..생각해 봤죠..어림없는 일이에요..시우한텐 언니가 전부구 난 껍데기는 싫어요. 결론 내구 미련 나무 뽑아 버렸어요...의외루 간단하더라구요. 이제 친구 이상의 흥미 없어요. (일어나며)나 움직여야 해요.언니..

**영애**　......(있다가 일어나며)지나씨가 그러니까 애들 아빠 갑자기 너무 불쌍하네...

**지나**　......가요..

**영애**　(끄덕여주고)

**지나**　.....(잠시 보다가 돌아선다).....

　　　[두 여자 현관으로....]

**지나**   (신 신고 돌아보며)힘내요 언니..

**영애**   그럴게..

**지나**   (조금 웃어 보이는 듯 하고 나간다)......

**영애**   (돌아선다)

**S# 동네 스튜디오··**

**영애**   (혼자 독사진 찍고 있는 중이다.)····

**찍사**   편안하게 하세요······너무 많이 웃지 마시구 살짝요··

**영애**   내 맘대루 하구 싶은데요··

**찍사**   예?

**영애**   많이 웃고 싶어요··

**찍사**   그러세요 그럼··

**영애**   (포즈 다듬고 웃는)

　　　[터지는 플래시··]

**S# 거리**

　　　[숄 두르고 걸어오고 있는 영애·····구르는 낙엽·····]

**S# 어느 카페··**

　　　[창가 자리에 혼자 앉아 커피 놓고 앉아 있는 지나····]

**S# 걸어오는 영애····**

**S# 카페의 지나**

**S# 걸어오는 영애···그러다 멈춰 서서 숨차 하는 영애··**

**S# 승조 사무실**

**직원**   (승조에게)부탁하신 도면이요.

**승조**   (컴퓨터 보고 있다가)어 땡큐.

**옆자리 디자이너 여자**   이거 하나만 도와 주세요.(화면 보며)

**승조**  응 뭔데‥(옆자리 컴퓨터 보며)

**디자이너**  이 부분에서 조인이 안돼요.

**승조**  (자기 의자 옆으로 밀고 그만큼 디자이너 물러나 주고/마우스 잡고) 이런 경우에는요‥이거 클릭하구/어 안되네?‥엠엠?

**디자이너**  아 라인이요? 호호호 티티에요.

**승조**  응‥잘 안될 때는‥같이 맞물려 있는 곳 중에 하나를 트림을 시켜서?‥그냥 라인을 그은 다음에 조인을 시키면 돼.(클릭)

**디자이너**  아 됐다‥고마워요‥

**승조**  뭐얼‥(하고 의자 자기 자리로 미는데)

E  핸드폰

**승조**  (테이블 위에 내놓았던 핸드폰 집어 들고 보고 열고)어 지나야‥

**지나**  F 바뻐?

**승조**  적당히.

**지나**  F 점심 안 먹어?

**승조**  아직 이르지?(시계 보며)

**지나**  F 니 회사 현관 앞이야. 불가항력 아니면 나와‥ 너 자켓 산다면서.

**승조**  그래 알았어.(끊으며 일어나 상의 집으며)이른 점심 먹으러 나갑니다아‥

[적당히들 대답하고]

**승조**  (나가다가 매드 작업 중인 컴퓨터 하나 힐끗 보고 들여다보며)이 부분 조명 말이에요‥‥잠깐만‥‥(자기 자리 조명 제품 카탈로그 집어 접어 놓은 페이지 펼쳐 보이며)이런 거/이게 적당할 거 같은데‥이 스타일로‥천장에서 300정도 내리면 어떨까요‥

남자 · 넵 알겠습니다.

승조 (가볍게 어깨 쳐주고 출입구로)

S# 승조 회사 현관 앞에 대어져 있는 지나 차··

승조 (빠르게 나와서 곧장 자동차로 오른다)

S# 차 안

승조 (타면서)아직 열한 시 반이야.

지나 자켓 먼저 찾으면 될 거 아냐··(부웅 출발)

승조 무슨 일 있어?

지나 무슨 일? 아아니?(잠깐 돌아보며)

S# 영애의 침실···

영애 (옷 갈아입는 중이다··숄은 침대에/벗은 옷 장에 거는데)

　　E 현관 벨 소리··

영애 ??(나간다)

S# 거실

영애 (나오는데)

조 (바닥 걸레질하다 움직이는 참이다)

영애 제가 할께요 ····(비디오폰의 엄마/ 현관으로 문 연다)

엄마 (들어서면서/한약 상자 들고)마침 들어오는 사람 있으면 아주 반
　　가워·· 냉큼 묻어들어왔지·· 두번 일어날 거 한번이면 되잖어.(하면
　　서 시선이 엉거주춤 서 있는 조여인에게)

영애 어 저기 엄마···나 도와 주시는 아주머니·· 아주머니 엄마세요··

조 네에··안녕하세요··

엄마 아이구우우··고마워요··잘 좀 도와 주세요··

조 네 뭐 제가··(어정쩡할 수 밖에)

**영애**  (약 보면서)하지 말라니까‥말 안 듣구‥(주방으로)

**엄마**  (따르면서)진맥하러 가재두 싫다구 어떡해‥기운 돋구구 살 찌
는 걸루 만들어 달랬어‥(조여인 위에)

**S#  주방**

**엄마**  하루 세 번 씩 식후 삼십분에 한봉씩 먹어. 렌지 돌리지 말구 뜨
거운 물에 뎁혀서‥(식탁에 놓았다가 도로 집어 들며)아니다 아예 내
놓자‥서늘하게 둬야지‥

**영애**  내가 하께요…(약 들고 다용도실에 내놓았고 들어오며)괜히 쓸데
없는 짓은 먹기 싫다는데‥

**엄마**  먹어둬 해로울 거 없어‥사람이 우선 기운이 있어야 꿈지럭거
리지

**영애**  기운 많은데 뭐 언젠 내가 이보다 낫었어요?

**엄마**  그런 소리 마. 내가 알어. 너 맥 떨어졌어‥약 먹어야 해‥

**영애**  맥 떨어졌으면 죽은 사람이지‥

**엄마**  얘 그런데 (소리 죽여)저 아주머니는

**영애**  (아무것도 아니라는 듯/오버랩의 기분)박서방이 괜히‥‥이제 보
통 월급쟁이 아니라는 폼 잡을라구 기어이 그러잖아요‥

**엄마**  (헤벌쭉)

**영애**  E (그 위에)말 들어야죠 어디.

**엄마**  이쁘기두 하지 내 사위‥<u>ㅎㅎㅎㅎ</u> 매일 와?

**영애**  …네‥

**엄마**  쉴찮겠다‥얼마나 줘?

**영애**  몰라요‥알아서 하겠지‥

**엄마**  아이구 그래‥할만하니까 하겠지. 신경쓰지 마‥저 알어 하라

그래·· 나 간다··

**영애**  그냥?

**엄마**  바쁘다니까아··(하다가 돌아보며)꼭 챙겨 먹어··(약간 으름장)괜
히 풀쑤지 말구··

**영애**  알었어요··

**S# 거실**

**조**  (걸레 들고 일어서며)어느 새 가시게요?

**엄마**  예 가야해요··장사하는 게 있어 나두 바쁜 사람이에요 으흐
흐흐

**조**  네에····

**엄마**  그저 잘 부탁해요 아주머니··애가 성격이 좀 꾀까다론 데가 있
기는 하지만 그저 조카 자식이나 뭐 그렇게 생각하구 봐 줘요··

**영애**  (엄마 좀 잡듯 하며)그런 말 안해두 잘하세요 엄마··

**엄마**  그래그래··(현관으로 움직이며)바람 차 나오지 말어··(하는데)
  [현관문 활짝 열리고(시우가 열어주는 문)]

**시우**  (문 안 닫히게 뭔가 끼워 놓든지 하면서/ 저는 손에 산소호흡기 가정
용 들고 있고)들어가세요·· 여보 안방으루(하다가 장모 보고)장모님
오셨어요?

**엄마**  어 으으응···

**영애**  ??(한 채 보면 박스 위의 글자들/ 컴퓨터 세트 박스들과 팩스 상자가
들여지고 있다)····

**조**  (안방 문 열며)여기 여기에요 이리 오세요··

**남자**  예에에.(상자 들고)

**시우**  (산소호흡기 적당한 데 놓고 나머니 박스 들어 안방으로)·····

214

**엄마**  저게 다 뭐냐‥

**영애**  컴퓨터네요…애들이 자꾸 싸우니까아…‥(애매하게 말하면서 안 방 쪽 보는데)

**시우**  (나오면서)앉으세요 장모님‥ 금방 끝나요‥왜 서계시게 해애‥

**엄마**  아유 아냐아‥

**영애**  (엄마와 동시에)가시는 참이었어‥엄마 가요‥

**엄마**  오냐‥(현관으로)

**시우**  아니 저 점심 땐데‥

**엄마**  아냐아냐아냐…

**S#**  아파트 승강기 문 열리기 직전부터‥

**엄마**  E 아줌마가 엇쩌면 저렇게 인물이 좋으냐‥(승강기 문 열리고 나오는 모녀)

**엄마**  아주 자알 생겼어 응? 교양두 있어 보이구‥

**영애**  엄마가 잘 보셨어요‥

**엄마**  내가 얘 사람은 잘보지 <u>흐흐</u>(하며 출구로 움직이다) 따라 나오 는 딸 도로 밀어 넣으며)들어가 들어가‥

**영애**  엄마‥

**엄마**  감기 들어 말들어 글쎄‥

**영애**  금방인데 뭐.

**엄마**  아 글쎄 싫어. 춘데 멀거니 배웅하구 섰는 거 하나두 안 좋아… 들어가 어이.

**영애**  엄마 성격 정말 이상해‥

**엄마**  흐흐 그래 이상해‥흐흐‥(하고 나간다)‥(나가서 유리 밖으로 손 저어 보이고)

[유리 안의 영애]

**영애**  알았어요 가기나 해요…

[가는 엄마…계단 내려가는 게 무릎 때문에 어설프다.]

**영애**  ·····

**엄마**  (다시 손 저어 보이고)

**영애**  (손 들어 보인다)····

**S#  거실**

**시우**  (산소호흡기 박스 뜯고 꺼내고 있는데)

**영애**  (들어온다)···(현관께 내어져 있는 박스들··)

**시우**  (잠깐 돌아보고)····

**영애**  (시우 쪽으로)그게 뭐야?

**시우**  힘들 때 써…사용법 이따 같이 보자··

**영애**  ·····(호흡기 보며)····컴퓨터는 왜··

**시우**  내가 쓰게…

**영애**  (남편 보고)

**시우**  (호흡기 구석자리로 놓으며)어지간한 업무 파악이나 지시는 할 수 있거든··이따 테이블이랑 의자 올 거야·· 당신 꾸며논 침실 좀 망가지겠지만 참아 줘··

**영애**  이 사람들 갔어?

**시우**  아니 셋업 중이야…(상의 벗으며)뭐하구 지냈어··

**영애**  그냥·· 잘 지냈어··

**시우**  꽃 사러 갔었어?

**영애**  아니··(의자로 앉으면서) 지나씨가 보냈어··엄청 좋은 선물하구 같이··(남편 올려다보는)

216

**시우** ……(옆에 앉으며)엄청 좋은 선물 뭐..

**영애** 당신한테두 못 받아본 엄청 좋은 거..

**시우** 그래 글쎄 뭔데..

**영애** 캐시미어 숄인데…가장자리에 모피 달린 거…엄청 줬을 거야… 개 통 크더라..나 같으면 죽었다 깨나두 못할텐데…

**시우** 주제넘게..내가 있는데 지가 왜 그런 선물을 해..

**영애** ?? 당신 능력으루 안될 걸?

**시우** 그러니까 주제넘단 거야..

**영애** 이 겨울에 내가 유난히 출 거 알구 따듯한 선물 보낸 건데 왜 그래? 고맙지..

**시우** 정말 고마워서 고맙다는 거야?

**영애** 우움….조금은 씁쓸하기두 했어.. 남편 걸프렌드한테 그런 선물 받는 여자…나 말구 또 있을까..

**시우** 걸프렌드 아냐. 그냥 프렌드야.

**영애** 그럼 짝사랑하는 여자루 바꾸지 뭐.

**시우** 그건 내 소관 아냐.(일어나며)금방 나올께..

**영애** 응 ….그래서 지나씨 잠깐 들리래서 차 마셨어..

**시우** (돌아본다)

**영애** 부탁했어..전염병 아니니까 전처럼 밥두 먹으러 오구 놀러두 오라구.. 소외감 느낀다구..

**시우** …(잠깐 보다가 그냥 들어간다)

**영애** …..

**준서** (뛰어들면서)다녀 왔습니다아아…

**영애** (일어나며)어서 와 우리 아들..

준서 ??이게 뭐에요?

영애 컴퓨터 들어왔어..

준서 ??내 꺼요?(벌써 제 방으로 뛰려는)

영애 아냐 준서야.. 아빠 꺼.. 회사 책임이 크시니까 집에서두 필요하신가봐..

준서 에에에 난 또..

영애 아빠 안 계실 때 잠깐 씩 쓰면 되잖아..

준서 실망이지만 할 수 없죠.. 배고파요 엄마..(제 방으로 가며)

영애 손 씻구 나와..

준서 E 네에…

영애 ……

S# 주방··

영애 (아줌마와 함께 상 보고 있다··4인분)……

준서 (들어오다가 아줌마 보고)????

영애 놀랬지?

준서 네. 안녕하세요?

조 으응 잘 있었니?

준서 네 그런데 웬일이세요?(엄마 보며)

영애 나중에 얘기하자 가서 아빠 기사 분하구 같이 오시라 그래.. 상 다(차렸다구)

시우 (들어온다)안 먹겠다는데?

영애 왜애..

시우 거북한가봐…나가서 먹겠대··(앉으며)

조 밥 충분한데에..

218

**시우**　그냥 두세요.. 내성적인 사람인가봐요.. 준서 아는 척 안해? (손 하나 들어 보이며)

**준서**　(그 손에 제 손바닥 딱 부딪히고)오늘두 일찍 퇴근하셨어요?

**시우**　응 그래.. 앉어..앉으세요 아주머니.

**영애**　(앉고)

**조**　(시우에 연결)아냐 난 나중에 먹을게..

**영애**　앉으세요오..

**조**　그래 잠깐…생선 좀 데우구..

**준서**　그럼 아빠 월급 반 밖에 못 타오시는 거 아니에요?

**시우**　뭐?

**준서**　반만 일하시니까요.

**시우**　그렇지 않아 임마. 나머지 반 집에서 할려구 컴퓨터 들어왔어..

**준서**　할아버지가 그래두 된다 그러셨어요?

**시우**　그러엄..

**준서**　나두 나중에 그런 회사 취직하면 좋겠다.. 집에서 게임하며 실 컨 놀게.

**영애**　그러는데 누가 월급 다 줘. 그런 회사는 없네요..

**준서**　할아버지 회사에 취직하죠? 아빠는 되는데 나는 왜 안돼요?

**시우**　너는 게임하겠다면서어.. 게임하는데 누가 월급 줘.

**준서**　에이 게임하는 거 할아버지한테 안 보이잖아요..

**시우**　안 보여두 이 녀석이 일을 하나 안 하나는 다 보이는 거야. 말 안 되는 꿈은 깨구 밥 먹어.. 맛 있다..

**조**　(생선 데운 거 갖다놓는다)

**영애**　앉으세요.. 이거 드시면 되겠네요..

조       그래 걱정 마‥(하고 앉는다)

준서    놀러 오셨어요?

조       ??(대답하기 난처하고)

시우    (먹으며)누나 오면 얘기해 주께‥누나 올 때 기다려‥

준서    ???(이 사람 저 사람 보는)‥‥

**S# 엄마의 가게**

　　　[정신없이 바쁜 가게‥]

이모    (이리 뛰고 저리 뛰는데)

　　　[들어오는 엄마.]

이모    아이구우 바뻐 죽겠는데 왜 이리 더뎌요오오.

엄마    (감았던 목도리 풀고 스웨터 벗고 어쩌고 하면서)오늘 따라 길이
　　　왜 그렇게 맥히는지 모르겠더라‥

이모    퀵 보내자니까 일하기 싫어 갔지‥ 영애 보구 싶구.

엄마    아 보약은 정성이 반인데 어떻게 킥으루 보내애‥ 제대루 안 먹
　　　구 게름피면 어쩌. 워낙 한약은 안 먹으려 드는 앤데‥직접 들구 가
　　　부담을 콱 줘야지. 늙은 에미가 들구 간 거 함부루야 하겠어?

이모    가게 비워놓구 배달을 네 번이나 갔다왔어.

엄마    잘했어‥덕분에 손님들 푹푹 떠다 배불리 먹었겠네 뭐.

이모    (떡 볶던 주걱 같은 것 놓으면서)언니가 좀 해. 난 허리 좀 두드려
　　　야겠어‥

엄마    알었어 좀 쉬어‥

이모    (앉으려는데)

　　　[주문한다‥여기 김밥 일 인분 더 주세요오‥]

이모    아 와서 썰어다 먹어‥ 나 좀 쉬어야겠어‥ 눈치 껏 좀 해라 엉?(상

대는 여학생이다)

**여학생**  네에.. 죄송해요 할머니이.(하고 움직이고)

**엄마**  썰어는 줘라..

**이모**  ??(엄마에게 인상 쓰고)

**엄마**  썰줄 알겠어?

**이모**  (일어나며)어이구우 어이구 내 팔짜야아아..

**엄마**  팔짜 늘어진 사람 영애밖에 없어.

**이모**  (김밥 썰 준비하면서/다가온 여학생에게)기다려..

**여학생**  네..(웃으며)

**이모**  (썰며)박서방 월급이 천만원쯤 된답디까?

**엄마**  이건 돈 밖에 몰러.. 도우미 아줌마 불르더라구.

**이모**  ??그 짠순이가 돈 아까와 어떻게에에?

**엄마**  박서방이 기를 쓰구 들이댄 모양이야.. 툴툴툴 뭐 보통 월급쟁이 아닌 거 으스댈라구 그런다나 뭐라나 그거야 괜히 하는 말이지 니 말대루 월급두 전보다 날 거구 지 여편네 애끼구 싶은 맘이 너머 이쁘잖어..내가 그냥 어찌나 마음이 좋은지 불쌍한 게 이제야 서방덕 보구 산다아 싶은게 신이 난다 으흐흐흐

**이모**  먹구름 흐터지구 햇빛 쨍 나네 영애..이제 호강할 일만 있는 모양이네 개 팔짜아?

**엄마**  글쎄 말야..

**여학생**  (썰다 멈춘 이모의 손)빨리 좀 해주세요 할머니..

**이모**  어어어어 (부지런히 나머지 반 썰면서)내년 여름 비철에는 언니 우리 박서방한테 비행기 타는 여행 보내 달랍시다.(접시 건너가면서)엉?

**엄마**  여자가 아주 저엄잖게 생겼더라.

**이모**  원님덕에 나발 좀 불자구.(하는데)

**손님**  (너댓 사람 들어오며)여기 라면 다섯 개(하다가)자리가 없네..

**다른 손님들 일행 다섯 중 하나**  여기 금방 끝나요 일분이면 돼요 야 빨리빨리 방빼애..

　　[적당히―알았어알았어..]

**엄마**  조금만 기다려요..(일어난다는 손님들 한꺼번에 일어나고)

**이모**  (행주 들고 우루루루 달리면서)그냥 들 나가지 말구 빈 그릇 좀 엉?..도와줘 도와줘..

　　[에에. 알았어요요..적당히 하면서…]

**엄마**  참 아버님 편찮으신 건 좀 나아지셨어요?

**남자**  (기다리는)네 고비는 넘기신 거 같아요..

**엄마**  아이구 감사하네에에..

**S# 영애의 거실**

　　[바닥에 앉아 과일 깎고 있는 영애….]

**두 아이**  (소파에 나란히 앉아 뭔가 좀 멍한 채 엄마 보는)……..

**준서**  (은혜 귀에 귓속말 하고)

**은혜**  (고개 흔들고)…

**영애**  여보오오…

**시우**  E 어엉….

**영애**  안 나와?.. 애들 기다려어…

**시우**  E …….

**영애**  금방 나오실 거야..(포크 두 개에 하나씩 찍어 두 아이에게 준다)

**은혜**  (받으며)무슨 얘긴데 엄마?

**영애**   아빠가 하실 거야..

**은혜**   엄마두 알 거 아냐……미리 좀 가르쳐주지?

**영애**   조금만 기다려..아빠가 하시기루 했으니까.. (시우 나온다)봐 금
       방 나오시잖아..

**시우**   (자기 자리로 가 앉는다)

**영애**   (과일 내밀자)

**시우**   아냐..

**영애**   (도로 놓고)

**시우**   먹어..왜 들고만 있어..

**은혜**   무슨 얘긴지 궁금해..

**시우**   먹어. 그거 다 먹으면 얘기할게..

**준서**   (그 소리에 과일 콱 물고)

**은혜**   엄마 아빠 이혼하는 건 아니지?

**준서**   ???

**영애**   뭐?..왜 그런 말을 해?

**은혜**   아 그런 집 있어어어..아무 거두 모르구 있는데 어떤 날 갑자기
       할 얘기 있다 그러구 엄마 아빠 이혼하게 됐다/

**영애**   누구네가.

**은혜**   엄마 모르는 애야..

**시우**   니 반에 있어?

**은혜**   응.

**시우**   그런 거 아냐. 걱정마 엄마아빤 절대 이혼같은 거 안해.

**준서**   (과일 와작 베어물며)누나 바보다.

**은혜**   뭐가.

**준서**  우리엄마아빠가 이혼을 하면 큰아버지큰엄마두 이혼하구 할아버지할머니두 이혼하시구 다아 하셔야한다. 엄마아빠 둘이 그으렇게 쪽쪽 좋아하시는데 무슨 이혼이야.

**영애**  (웃어버리고)

**시우**  그래. 그건 있을 수 없는 일이야.. 그런데 할머니 댁 아주머니가 왜 우리 집에 와 계신가 궁금하지.

**은혜**  응.

**준서**  무지무지요..

**시우**  그게..어떻게 된 일인가하면......엄마가 그동안 선생님 노릇하랴늬들 키우랴 우리 보살피느라구 몸이 많이 약해지셨어...

**두 아이**  (보는)

**시우**  그래서 좀 아프.....시거든?

**은혜**  엄마 아파? 어디가?

**영애**  그냥 ...조금...

**시우**  힘든 일 하지 말구 편하게 쉬셔야한대 의사 선생님이..

**준서**  병원갔다 오셨어요?

**영애**  응..

**은혜**  어디가 아픈 건데?

**영애**  그냥 전체적으로 약해졌대..크게 걱정할 일은 아니야..

**은혜**  그래서 엄마 우리랑 공 찰 때두 그렇게 힘들어했구나..

**영애**  맞어..

**준서**  ???(엄마 보는)

**영애**  걱정하지 마 준서야..많이 아픈 거 아냐..쉬면 괜찮아질 거야..

**시우**  (오버랩의 기분)그래서 엄마 도와주기 위해 아주머니가 오신 거

224

구 늬들두··엄마를 도와야겠지?··엄마 귀찮게 하지 말구 한번 한 얘
기 두 번 하게 하지 말구··숙제같은 거 하라 소리하기 전에 미리미
리 알아서들 하구···되도록 이면 엄마 기운 빼지 말구···싸움두 하
지 말구 사이좋게····어떻게 하면 엄마를 편안하게 /기쁘게 할 수 있
나····그리구 엄마 쉬실 때는 방해하지 말구 조용히····그래 줘··· 아빠
부탁이야··

**영애**   너무 심각하다··

**시우**   그리구 또 준서/

**준서**   (아빠 보는)

**시우**   이제부터 엄마 너 학교루 마중 못 나가서··추워졌잖아··

**영애**   나가구 싶을 땐 나갈 거야.

**준서**   아니에요 오지 마세요··괜찮아요 엄마··감기드시면 안되니까 오
지 마세요··

**시우**   그래 고맙다··그럼 이제 들어가 할 일 들 해··아빠는 엄마랑 차 마
실 거야··

　　　[두 아이 대답하며 일어나는데]

**영애**   과일 방에 갖다줄게··

**시우**   엄마 좀 한번씩 안아 드리구··

**은혜**   (엄마 안으며)엄마 빨리 나아?

**영애**   그래··고마워 이렇게 많이 안아 줘··은혜야··

**준서**   (엄마 안으며)엄마 알라뷰우··

**영애**   엄마두···하늘 땅땅만큼 알라뷰·····

　　　[두 아이 아웃되는데···]

**시우**   (창 쪽으로 고개 돌리며)·······

영애   (떨어지는 눈물)········

조    (차 쟁반 들고 나온다)·····

영애   (수습하며)갖구 가셔서 방으루 주세요···

조    (끄덕이며 과일 들고 주방으로 가는데)

은혜   (나오며)그런데 엄마 어디서 주무셔?

영애   어..

조    (영애와 같이)왜 걱정돼? 방 또 있든데?

은혜   그 방 너무 짝아요.. 엄마 내 방에서 주무시면 안돼?

영애   어머 그래줄래? 너무 고맙지이이..

은혜   내방에서 주무세요..

조    괜찮아 나느은..(하는데)

영애   우리 은혜 한번 더 안아보자..이리 와..

은혜   (오고)

영애   (안으면서)너무 이쁜 엄마 새끼…너무 착한 엄마 새끼..

은혜   에에이 엄마느은..(몸 빼서 들어가는데)

준서   (제 방에서 나오며)그런데요 엄마…뭐라구 해야해요? 아빠는
      아주머니라구 하시는데. 암만 생각해두 아주머니는 아니거든요?

조    할머니라구 해애.. 곧 할머니 돼애..

준서   네.. 하하하(제 방으로 들어가고)

영애   (울음이 작게 터진다)

시우   ·····(아내 보며)······

영애   ······

조    (주방으로)

시우   (일어나 아내 옆으로 /당기는데)

**영애**   (안기며)아우우 미치겠다 여보오오…

**시우**   ……(꽈악 안으며)……

**S#** 박회장의 거실··

**장**   (안방에서 나오는데)

**허**   (현관 들어선다)····

**장**   …(힐끗 보고)해가 서쪽에서 뜨겠네··

**허**   (목례하고)

**장**   바쁜 줄은 알지만 얼굴 보기가 이렇게 어려워서야 원 사위라구
   하겠나··

**허**   ····

**장**   와 앉어…

**허**   장인어른께서는…

**장**   나오실 거야·· 와아··

**허**   (소파 쪽으로 오면서)건강이 안 좋으시다는 말은 들었습니다··

**장**   참 일찍두 챙기네··웬만하면 출장에서 돌아와서라두 인살 왔
   어야지.

**허**   전화는 드렸었습니다··걱정이 많으시겠어요··

**장**   (그냥 끄덕이고)어이 앉어. 나오실려면 좀 걸리실 거야··화장실
   볼일 보셔…

**허**   ··(목례하고 앉으려는데)

   E 전화벨

**장**   (받는다)네에…

**연우**   F 엄마 혹시 허서방한테 거기 안 갔어요?

**장**   지금 여기 와 있어··

**S#  연우의 집 안방**

**연우** ???미쳤군 미쳤어. 완전히 미쳤어.. 그 사람이 무슨 말을 해두 엄마 절대 곧이듣지 마세요. 전부다 순 거짓말이니까……이혼한다 구 간 거란 말예요오오….내가 바람폈대. 내가 아주 눈 뒤집구 넘어 가게 생겼다구우우….엄마는..허서방 의처증이란 말야아아. 바람은 무슨 바람야 내가..

**장** 이게 무슨 망신스런 소리야 대체….여러 소리말구 지금 당장 와 …와서 얘기해..(전화 픽 끊는데)

**박** (나오면서)뭐야..왜 언성이 높아..

**장** 와 앉으세요..

**박** (일어선 허서방 보면서 움직이는)너 때문이야?

**허** 죄송합니다.

**박** 처신 좀 제대루 하구 다녀/ 니 소문이 얼마나 흉흉한지 부전자 전 소리가 뜨르르르해.

**허** ….

**박** 사내자식이 더러 헛 짓을 해두 마무리가 깨끗해야지 왜 그렇 게 지저분한 소릴 들어.(앉는다)

**장** 헷짓하구 다니면서 깨끗한 소리 듣기 바래요?

**박** 허회장 체면두 있는데 너머어 분탕질 치구 다니지 마. 안 그래 두 한번 부를 참이었어.

**장** 그런 말씀할 때가 아니에요. 앉어. 앉어서 어디 얘길 해봐.

**박** ??(아내 보고)왜 그래..

**장** 말씀드려..왜 왔나..

**허** 즈이들 이혼하겠습니다.

228

정원 (차 쟁반 들고 나오다 멈추며)?‥(잠깐 있다가 도로 빠르게 들어간다)

박 ??(허서방으로)이게 무슨 말 뼈다구 같은 소리야‥(소리 높일 필요 없음)뭐를 해?

허 죄송합니다.

박 목 아퍼 앉어 이눔아‥앉어서 얘기해.

허 (앉으면서)드릴 말씀이 없습니다 어르신.

박 그러니까 내말이 그말이야. 더러 놀아두 안에서 이혼하잔 소린 안나오게 하면서 놀아야지 이혼소리 나오게

장 봉창 두드리지 말구 좀 계세요‥연우가 하자는 게 아닌 모양이에요‥

박 ??(아내 봤다가 사위에게)…니가?

허 예‥‥‥

박 ‥‥‥‥이유가 뭐야…

허 피차…애정이 없습니다.

장 그렇겠지 그러니까 그렇게 서울이 뜨르르르하게 그러구 다니겠지.

허 저만 그런 게 아니라

장 말 같잖은 소린 듣구 싶지 않네.

허 장모님.

장 남편이 그러구 다니는데 애가 무슨 집안 살림에 취미가 있어. 남편이라는 인물이 혼인하구 일년두 안돼서부터 게에속 딴 여자 보구 다니는데 그럼 울화증 나 어떻게 집에 틀어박혀 있겠나.

허 그 뿐이 아니라

장 (오버랩의 기분)그렇게라두 안하면 정신병 돼 병원 신세져야

해. 애가 밖으루 좀 돌아다니는 건 나두 알어. 그러나 딴 생각은 말어. 그건 아니야..

박   무슨 소리야..

장   말짱한 애 잡지 말어.

박   무슨 소리냐니까.

장   애가 맞바람 핀다구 때려잡는 모양이에요..

박   ???뭐야? (나직이)

허   때려잡는 게 아닙니다. 정히 그러신다면...결정적인 증거를 ....
     뵈드릴 수도 있습니다. 죄송합니다..

장   ???

박   ??? 무슨 증거..

허   ....

박   현장을 잡았냐?

허   거의...그렇습니다..

장   ......(황당하고)

박   거의 그렇다는 게 무슨 말이야..

허   어쨌든 더 이상 결혼생활을 계속한다는 게 무의미합니다.. 이
     혼하겠습니다..

박   ......(사위 보며)

장   ......(사위 보며)

박   니 집 어른들은 뭐라서..

허   허락하셨습니다...

박   ??

장   ???

박    ……(사위 보면서)허 참… 허락을 해?

장    뭐라구 말씀드렸는데……

S# 안방

[우두커니 앉아 있는 박회장…]

장    (불경 소리내어 외고 있다)………

박    ……(한동안 더 있다가 문득 아내 돌아본다/ 못마땅해서)……(일
      어나며 중얼거린다)집안 꼴이 어떻게 될려구 이 모양이야…(나간다)

S# 거실

박    (나와서)….얘 애….큰애 어딨냐아‥

정원   (주방에서 달려 나오며)네 아버님‥

박    이년 찾으라는데 왜 소식이 없어‥

정원   전화연결이 안됩니다 아버님‥ 집에서는 나갔다 그러구 핸드폰
      은 꺼놨구요….

박    계속 찾아봐‥

정원   네에…

박    (서재로 들어가고)

정원   …..(시부 쪽 보며)……

S# 영애의 거실…

S# 준서의 방

조    (준서 옷 입히고 있다)……(정장)아이구우우 이렇게 입구 있으니
      까 아주 어른 신사같네에에….

준서   네 그런데 저는 딴 옷보다는 불편해요‥

조    (아이 엉덩이 두드리며)코트 입어야지?

준서   네‥

**S# 침실··**

**영애**  (시우 갈아입을 옷 침대에 다 꺼내 놓았고 자신은 입었고/솔도 꺼내져 있다)

**시우**  (컴퓨터 테이블 들어와 있고 작업을 위한 다운로드 받는 중이다)······

**영애**  (시계 보고)······(남편 보며 잠시 더 있다가)아직 멀었어?

**시우**  다 돼 가···

**영애**  ······그러구 있는 동안 옷 입으면 되겠다··

**시우**  그래 그러자··(일어나 옷 쪽으로)····(옷 갈아입기 시작하는데)

**영애**  (솔 집어 보이며)이거야···

**시우**  ····(잠깐 보고)····(옷 입는 건 계속)

**영애**  (둘러 보이며)안 좋아?

**시우**  좋아 보여·· 당신 태어나 제일 좋은 옷이겠다··

**영애**  응···지나씨한테 답례 인사 좀 해주지··

**시우**  (옷 입기 계속하며)그럴게··

**영애**  걸어주까?(전화로 움직이려 하며)

**시우**  놔둬 내가 할게··

**영애**  떼먹을려구.

**시우**  안 떼먹어····하께····

**영애**  꼭이야··

**시우**  알았어··

**S# 아파트 현관 밖··(저녁 때)**

　　[일가족 나오면서]

**시우**  어 아직 비밀이야··

**영애**  이제 그만 얘기해 주지이··

시우  비밀이래놓구 너무 빨리 털어놓는 건 싱거워.. 더 궁금해 해..

말 안해..

은혜  엄마 뭐야아?

영애  아빠 저러시니까 엄마두 말 못해..

애들  이이이이 에에에에

[차 있는 곳으로/]

시우  (승용차 리모컨으로 문 열며)엄마 위해서 이 차 타자..

준서  아빠 차가 더 존데..

은혜  엄마 위해서어어..

시우  (앞 좌석문 열고)타..

영애  애들 봐줘어..

시우  아냐.. 이제부터 아빠는 엄마한테만 신경쓴다.. 느이끼리 타구

내려 알았지?

[애들 벌써 타고 있으면서 대답하고]

시우  (운전대로 돌아가고)

S#  차 안

시우  (타며)벨트 했어?

영애  하께..

은혜  근데 아빠 엄마 아픈데 이렇게 막 나가두 돼?

시우  응..엄마가 좋아하는 일 하러 가는 거니까 괜찮아..

영애  엄마 괜찮아..

은혜  엄마가 오늘은 더 이쁘네에?

영애  그래애?

은혜  쇼올이 멋있어..엄마 모델같아.

영애　고마워‥

준서　나두 나중에 내 부인한테 똑같은 거 사줘야지.

은혜　에에그으으(쥐어박으며)

준서　(낄낄거리고)

시우　간다아아‥

애들　네에에‥

　　　[움직이기 시작하는 자동차‥]

**S#　세종문화회관 근처 레스토랑**

　　　[들어오는 가족…자리 안내 받아 움직이는데…]

정호　E 누나아‥

준서　어 외삼초온‥

　　　[만나는 소모 가족과 시우 가족‥]

소모　어머 반가와라‥

영애　안녕하세요‥

시우　안녕하세요‥(유정 소정도 인사하고)

소모　어떻게 여기까지 나오셨어요‥근처에 오실 일 있었나봐요오?

영애　네 저… 발레 보러‥

소모　어머나 그러세요오오? 발레두 보러 다니세요? 아이 애(유정에
　　　게)그런 줄 알았으면 우리가 초대해드릴 걸 그랬다아‥

유정　글쎄 엄마.

준서　??(어른들과 상관없이)발레야발레‥(춤추는 시늉하려 하며)

은혜　가만 있어어.(잡고)

영애　아아.(애들과 상관없이 오버랩의 기분)‥깜박했네요‥그래서 나오
　　　셨군요‥

234

소모    그럼요 좋은 공연은 안 놓쳐요··

시우    여보 저기 앉아야겠는데··(다른 손님 방해 돼.)

영애    응·· 그럼···

정호    누나 우리가 애들 데리구 먹을테니까 누나랑 매형이 여기서

소모    오오 그러는 게 좋겠네요 네?

영애    아니에요·· 그냥 편히 계세요··나중에 뵈요··

시우    가자··(조금 떨어진 자리)

준서    잠깐요 누나한테 물어볼 거 있어요···

시우    준서야··

준서    먼저 가세요 아빠·· (하고 유정 옆으로)누나 누나두 오늘 춤춰요?

유정    아아니? 구경할 거야··

준서    왜요? 누나 디따 잘 추던데요?

소정    니가 보기에 그렇지이이··디이따 못 추는 거야 야.

유정    도움되네··누나는? 어림도 없어··오늘 춤추는 사람들은 세계
        에서두 정말 실력있는 사람들이야··

준서    누나두 환상이던데··

소모    (환상 소리에 소리내어 웃고)

소정    너 환상이 무슨 소린지 알어?

준서    굉장히 멋있다 그거죠 헤헤헤헤/

정호    그래 맞었다 하하.

준서    누나누나(유정에게)나 누나 춤추는 거 구경 또 가두 돼요?

유정    그러엄··근데 보통 날은 누나 꼬맹이들 가르쳐야 하기 때문에
        그날처럼 환상적으루는 못 보여주는데··

준서    그럼 일요일은요.

유정    일요일 좋지이..

준서    좋아요 약속(손가락 내밀고)

유정    (걸며 할 거 다하고)근데 언제 올 건데?

준서    으으으응…엄마한테 물어보구 나중에 연락할께요..

유정    흐흐흣 그래..

정호    이제 보니 준서가 발레에 관심이 많구나아..

준서    저두요..(춤추는 시늉하며)발레리나 되구 싶은데 누나가 안된
       대요 키가 작아서.

       [적당히들 웃는데.]

소정    얘 근데 너 하나 틀렸어 환상이란 말두 알면서 그건 몰라?

준서    ? 뭔데요?

소정    남자한테는 발레리노라구 하는 거야. 발레리나는 여자한테 쓰
       는 말이구. 너 여자야?

준서    남자죠오오..하하..(하고 아빠 쪽으로 뛰어간다)

**S# 극장 안··로비··**

시우    (준서 손잡고 들어와 따로 데리고 가서)엄마 무지 보구 싶어하시
       던 거니까 끝까지 열심히 보는 거야..너 보다가 자면 안돼..

준서    아빠 나두 춤 추는 거 무지 좋아해요..안 졸아요..

시우    아 그래?(하고 보면)

       [조금 떨어진 곳에서 은혜와 영애.]

영애    (기침 조금 하고)

은혜    (엄마 보고 있다)

시우    .....

       [발레 공연 무대…

236

[구경 중인 가족/ 준서 눈 반짝반짝‥]

[무대]

[소모의 가족]

## S# 박회장 정원(밤)

## S# 박회장 안방

**연우**  아우/ 아우아우 진짜 아버지 의처증이라니까요오오‥

**박**  증거가 있다는데‥무슨 증거야.

**연우**  증‥증거는 무슨‥

**장**  바른대루 말해. 실수한 거 있음 있다 그러구

**연우**  그런 거 없어요(오버랩의 기분)

**박**  그런데 증거가 뭐냐구.

**연우**  아 현장 잡았대요? 미치겠어 진자 그 인간‥괜히 때려잡는 거라
니까요?

**박**  정신병자 아닌데 괜히 왜 때려잡어.

**연우**  그럼 말씀드릴께요‥‥‥스물 아홉 살 짜리 기집애한테 혼이 빠
져서 그러는 거에요‥

**장**  ??

**박**  ??

**연우**  그년하구 살구 싶어서요‥

**박**  뭐하는 물건인데‥

**연우**  비행기 안에서 만났대요‥뭐하는 년인지는 몰라요.

**박**  술집 애가 아니구?

**연우**  아니래요‥미국서 박사하구 있대요‥이민 간 변호사 딸이구요‥‥‥

**장**  ‥‥(가만히 보며)

**연우**  (비웃듯)이제야 꿈꾸던 여잘 만났다나 뭐라나 흐흥… 날마다 들
들볶아요 도장찍으라구.. 말 안들으니까. 헛소리하는 거에요..기막
혀 정말..

**장**  그래서…

**연우**  미쳤어요? 이혼을 하게..누구 좋으라구 해요. 이혼 좋아하네..

**장**  왜 그렇게 됐어.(걸핏하면 이혼 소리 하더니)

**연우**  나두 몰라요.. 술집 애들하구 놀아나는 건 약과네요…마음 바
꿨어요..죽는 날까지 이혼 안해 줄래요..그렇게 복수할 거에요.. 더
러운 자식.. (일어난다)저 가요 아버지..

**둘**  …..

**S#**  거실

**연우**  (나온다)…..

**정원**  (기척 듣고 주방에서 나온다)

**연우**  잠깐 나 좀 봐요…

**정원**  ….(연우 쪽으로)

**S#**  현관 밖

**연우**  (나와서 뒤따라 나오는 정원 팔 잡고)믿지 말아요 언니. 나 결정적
으로 걸릴 짓 한 거 없으니까..그리구 엄마 아버지한테 입 다물어
요..내가 부탁하구 그랬던 거요..

**정원**  알았어요 아가씨..

**연우**  가요..(빠르게 내려가면서)거지 발싸개같은 자식.. 꿈깨라 도둑놈…

**정원**  ….(보며)

**재우**  (들어오다 보고)또 왔니? 그만 좀 와라. 미주가 불쌍하다 엉?

**연우**  (그냥 나가고)

**재우**  (돌아보며)어이그으 쯔쯔즈

**S#**  무대··절정 부분···

　　　[보고 있는 가족······]

**시우**  (문득 돌아보면)

**영애**  (열심히 시선 고정시키고 있는 영애 눈에 꽉 찬 눈물)

**시우**  (고개 딴 쪽으로 돌리며 눈 깍 감는다)······

# 제18회

**S#** 박회장의 집 정원에서 잡은 집 전경(오전)

**S#** 주방

**정원** (작은 상에 일인분 식사 챙기는 중이다).....(돌아보며)국 따라야죠 아주머니..

**김** (국그릇 갖다가 놓아주며)조심하세요..

**정원** (대꾸 없이 들고 움직인다)

**S#** 거실

[정원 주방에서 조용히 나와 거실에 아무도 없는 것 확인하고 부지런 히 계단으로 가는데]

E 안방 문 열리는 소리

**정원** (멈칫 섰다가 돌아보면)

**장** (안방에서 나오다 보며)그게 뭐야?

**정원** 네..저 어머님.......

**장** ???.....뭐냐구....

**정원** .....

| 장 | 미주에미 왔어? |
|---|---|
| 정원 | ..... |
| 장 | 언제 온 거야.. |
| 정원 | 어제 늦게... |
| 장 | (부지런히 이 층 계단으로) |
| 정원 | (난감하고) |

**S# 연우의 방**

| 연우 | (화장대 앞에 앉아서 얼굴 이리저리 돌려가며 보다가 오른쪽 머리에 붙어 있는 사오 센티 사각 붕대 눌러보며 찡그리는데) |
|---|---|
| 장 | (들어온다) |
| 연우 | ???(일어나고) |
| 장 | 뭐야…이혼 못해준다면서 그럴거면 죽이 되든 밥이 되든 안방 차지하구 앉어 버텨야지 뭐하러 또 와아!! |
| 연우 | 맞아죽게 생겼는데 그냥 있어요? |
| 장 | ???뭐야?.. |
| 연우 | 정말 돌았어..안하던 손찌검까지 하잖아..미쳐 날뛰는 데 감당할 수가 있어야죠.. |
| 장 | .....(한심해 넘어가겠고) |
| 연우 | (머리 들이대며)이거 보라구요 엄마. 다섯바늘 꿰맸어어(울음 터질 듯 하면서)머리 하얀웅큼 뽑히구 여기저기 안 결리는 데가 없어어..완전히 돌았다니까아? |
| 장 | 어이구..어이구우우..(하며 침대 가장자리에 푹 앉아지면서)나무 관세음보살 나무 관세음보살… |
| 연우 | (거울 보며)그냥 못 다니겠어. 모자 써야지.. |

**장**  (버럭)어째 그렇게 지혜롭지를 못해 이것아. 어떻게 손질을 하게 만들어 미련맞게에에..

**연우**  아 미친 놈 미친 소리로 몰아붙이는데 고운 소리 나가요? 드응신..말이 딸리다 약 오르니까 날뛰더라구 머. 힘없으니 당했지 별수 있어요?

**장**  ……(그저 보며 유구무언이고)……

**연우**  아 별거 아니니까 신경쓰지 말아요..며칠 있다 실밥 뽑으면 그만야..별로 아프지두 않구..

**장**  그래서 어쩔 참야..이제 손찌검까지 시작했는데 어쩔 참이냐구. 손찌검 시작이 어렵지 시작했다하면 버릇이야 이것아. 왜 맞구 살어어. 왜 손질을 하게 해 이 어리석은 것아아아..

**연우**  나두 놀랬어요..그 버릇은 없었거든? (남의 일처럼)

**장**  (버럭)그때마다 여기루 뛰어와 도둑고양이 숨어들 듯 그러구 살 거야?

**연우**  아 그럼 어떡해요. 호텔 방 잡아 들어가요?

**장**  (보며 할 말이 없다)……

**S#  쇼핑몰 출입구 앞··**

**재우**  (기다리고 섰는데)

[자동차 하나 와서 멎고 허서방 내린다··]

**재우**  (쏘아보고)……

**허**  (내려서 재우 앞으로 가 꿈벅하고)왜 나와계세요 형님.(하는데)

**재우**  (다짜고짜 멱살 잡으며)이 자식 너 기운 자랑할 데 없어 여편네한테 폭력을 써?

**허**  형님형님.

**재우**　(상관없다/질질 끌듯이 주차장 쪽으로 가려 하면서)아아무리 감
　　　정이 격해져두 임마 말이 있잖아 말이..말두구 왜 주먹질야. 주먹
　　　너만 있어 이 싸가지 없는 놈아? 너 오늘 내 손에 죽어봐. 와 와아!

**허**　진정하세요 형님..(끌려가며)형님형님.

**재우**　(늦추지 말고)형님 집어쳐 이눔아!! 와 와아!!(끌고가며)

### S#  주차장 구석

**재우**　(끌고 온 허서방 팽개치듯 하고 넥타이 거칠게 풀면서)너 이 자식 내
　　　동생 데리구 가 속 썩이는 줄 뻐언히 알면서두 내가 어금니 악물구
　　　참은 사람야 이새꺄..(넥타이 푼 것 바닥에 팽개치고 두 주먹 불끈 들고)
　　　곱게 맞을 래 한 판 붙을래..결정해..

**허**　좋습좋습니다 형님 잠깐만 참으세요..잠깐요. (하면서 상의 벗어
　　　바닥에 아무렇게나 던지고 와이셔추 단추 풀기 시작한다)

**재우**　….(잠깐 보다가)야 그거까지 벗을 건 없어 임마 날두 춘데!!

**허**　(버럭)잠깐 기다리세요!!

**재우**　??이 자식이 어디서 허연 눈깔을 뜨구 이래애!!(하며 달려드는데)

**허**　(펄쩍 물러나면서 한꺼번에 러닝셔츠까지 훌렁 벗어버리고)자 보
　　　세요 형님..

**재우**　(보면)……..

**허**　(가슴 전체가 온통 손톱에 긁힌 자국/물린 자국 난리도 아니다)

**재우**　……(가슴 보다가)???(허서방 본다)

**허**　보셨죠..

**재우**　…그래 봤다..

**허**　그럼 입겠습니다..

**재우**　…..

**허**　(러닝과 와이셔츠 집어 입기 시작하는데)

**재우**　……(보다가 슬그머니 약간 거리가 있는 곳에 떨어진 허서방 상의 집어 든다)

## S#　쇼핑몰 커피숍‥

**허**　물론 저두 잘했다는 건 아니에요‥ 물론 저두 잘못하구 살기는 하지만요…그러나 남자는 여자할 탓 아니에요? 이건 어떻게 된 여자가 아이두 별관심 집안 일두 별 관심 아침만 먹으로 나가서는 하루 왼종일 뭘하구 돌아다니는지 도대체 집에 붙어있는 꼴을 못 보구요

**재우**　(오버랩의 기분)여자는 남자할 탓 아니냐? 결국 닭이 먼저냐 달걀이 먼저난데 너 연우가 첨부터 그랬어? 니가 쓸데없는 짓 하구 다니면서부터 아냐‥너 대체 무슨 할 말이 있다는 거야 뻔뻔스럽게‥

**허**　미주에미가 그냥 보통 인줄 아세요? 집에 일찍 들어가구 싶게 해야 일찍 들어가죠‥형님 가정을 가정답게 꾸리는 건 여자에요‥ 입만 열면 틱틱거리구 비꼬구 사람 자존심을 긁는데

**재우**　(오버랩의 기분)개 말버릇 모르구 결혼했어? 죽자사자한 건 너잖아 이 자식아.

**허**　결혼 전 매력이라는 게 결혼 뒤에 독이 될 수 있다는 걸 제가 몰랐어요‥

**재우**　……(물끄러미 보며)‥‥

**허**　완전히 미친 괭이모양 할퀴구 드는데 당하다당하다 밀쳐버렸는데‥아마 가구 모서리에 부댔나봐요…어르신들 오해없으시게… 부탁드려요‥

**재우**　겁은 나냐?

**허**　여자 때리는 사내 자식……꼴 사나워요‥

**재우**　……(보다가 고개 돌리고 후우우우 한숨)…..(쉬는데)

　　**E** 핸드폰 울린다.

**재우**　(무심히 꺼내보다가 벌떡 일어나며)예 아버님‥

## S# 회장실

**박**　(서서)자리 비우구 어디가 있는 게야….시우눔 뭐야‥ 왜 안 나
　　와…이게 무슨 개코같은 소리야‥ 주말여행이 어디 해당해 이 빌어먹
　　을 자식아……말어 먹어라 말어 먹어. 회사구 나발이구 다 말아 먹구
　　말어!!(꽝 끊어버리고)

## S# 어느 숲속의 펜션

　　[대어져 있는 승조와 시우의 자동차‥(저녁 무렵)]

　　[바비큐 그릴에 시우 숯 넣고 불피우고 있는 중이고/]

　　[준서는 도나개나 부채질하는데 바람이 시우에게 가게 서서]

**시우**　야야 임마. (아이 잡아 자기 쪽으로 하며)이편에서 해. 바람 아빠한
　　테 다 와‥춥다 춰‥

**준서**　하하하하하‥

## S# 펜션 안 거실

**승조**　(된장 안쳐 놓고 죽 끓이고 있다‥주걱으로 저으면서)

**지나**　(작은 통들에 담아온 밑반찬들 접시에 꺼내서 은혜 주면 은혜는 식
　　탁으로 옮기고 있고/식탁에 수저들은 놓여 있다.)

**영애**　(소파에 무릎 덮개 덮고 앉아 보고 있다가)…..은혜야 단단히 들어.
　　놓칠라.

**은혜**　응. 안 놓쳐어‥

**승조**　(죽 냄비 불 줄이면서)죽도 끓기 시작했고오오(혼잣소리처럼)얘
　　는 불 다 폈나아아. 왜 소식이 없어.(하며 나가는데)

**영애**  잘 못할 거에요 승조씨.

**승조**  봐 보게요.(하고 나가고)

**지나**  나이가 몇인데 불도 못 펴요 언니.

**영애**  생전 해본 적 없을 걸?

**지나**  (하고 다른 반찬 뚜껑 열며)그럴 거에요.(하다가 도로 닫으며)이
건 났다..

**은혜**  (다른 통 주며)아줌마 이거요.

**지나**  어 그래..(열고)명란이다아....(덜어내고)이건 참기름 한 방울 떨
어트려야지?(하고 싱크대로 가 내놓아져 있는 기름 뚜껑 열고 기름 한 방
울 붓는데 많아졌다)와와와와 너무 많이 들어갔다. 이걸 어쩌지?

**은혜**  우리 아빠는 기름 들어간 거 싫어하는데.

**지나**  ??그래?

**은혜**  그치 엄마.

**영애**  괜찮아.

**지나**  싫어해요?

**영애**  명란 자체 맛이 죽는다 그래.

**지나**  (오버랩의 기분)그런데 더구나 기름 투성이가 됐으니 어떡하죠?
은혜야 휴지 좀 닦아내면 되겠죠? (은혜 휴지 주는데)아니아니다..이
건 버리구 새거 꺼내자.

**영애**  ??그걸 왜 버려 아깝게에. 그냥 놔.

**지나**  싫어하는 사람이 있다잖아요오..(버리려)

**영애**  (일어나며)아유 하지마. 아까워. 나중에 찌개라두 끓여먹게 도
로 넣어두구 새거 꺼내면 될걸.

**지나**  ??(했다)알았어요. 그렇게 할께요..(명란 바꾸는데)

**은혜**    아줌마는 아무 것두 몰라요?

**지나**    ??(했다가)그래 아무 것 두 모른다 어쩔래. 흐흐··(하는데)

**승조**    (문 열고)지나야 고기 줘··

**지나**    어엉. (하던 일 놓고 고기 재운 통 집어 문밖의 승조에게)불 폈어?

**승조**    응 시작해두 되겠어··

**지나**    폈네 뭐··

**승조**    죽 좀 저어 줘. 내버려 두지 말구··(라웃)

**지나**    어엉··(죽 저으러)

**영애**    (앉았다 도로 일어나며)내가 할게.

**지나**    아니 그냥 있어요오. 뭐 할게 있다구요. 그렇지 은혜야?

**은혜**    할 거 없어 엄마 다 했는데 뭐.엄마(하는데)

**승조**    (문 다시 열고)야 접시랑 뒤집는 얼음집게두 같이 줘야지이··

**지나**    한꺼번에 달래지 너는 왜 까먹었니.

**승조**    나 까먹었다구 같이 까먹어?

**지나**    (찾아다 주며)된장 아직 안 끓는데··

**승조**    고기 먹다 보면 끓어.

**지나**    (문밖으로 상체 빼고)준서야 안춰? 춘데 그만 들어와아··

**준서**    E  네에 쪼꼼 있다가요오오··

**지나**    (돌아서 싱크대로 움직이다 보면)

**영애**    (죽 냄비 젓고 있고 은혜는 냉장고에 반찬 통들 넣고 있다)

**지나**    이리 주구 앉아 있어요 언니이··

**영애**    괜찮아 나 여왕 그만할래·· 명란 버린다는데 충격받았어··

**지나**    호홋 그래요?

**영애**    우리 엄마 앓느니 죽지 소리 잘 하셔··내가 딱 그렇다. 승조씨는 손 놀리는 게 하나두 안 선데 지나씬 아냐.

**지나** 승조는 주방장하다 나온 애 같잖아요 머.

**영애** 그래..(웃으며)

**은혜** 엄마 아줌마 주구 이리와 앉어어어..아픈 사람이잖어어..

**지나** (주걱 뺏으며)가세요 빨리..은혜가 나 눈치줘요..

**영애** (웃으며)여왕 노릇두 쉬운 게 아니다..(소파 쪽으로 움직이면서)

지나씨 뭐 건드릴 때마다 조마조마 해..

**지나** 어어 진짜 너무하다아아...

**영애** 한번만 뒤집어 굽는 게 맛있는데..(바깥 쪽 돌아보며)

**지나** 승조가 도사에요..신경두 쓰지 말아요 언니.

**은혜** 내가 나가서 얘기하까 엄마??(하는데 승조 들어오며)

**승조** 한번만 뒤집어어? 자꾸 뒤집으면 맛없어 시우야.

**시우** E (버럭)하아 참 그 여편네 말 많네에에...

**지나** 까르르르르르

**승조** (동시)하하하하하

**영애** (웃는다)..

[은혜도 엄마 옆에 붙어 앉아 웃는다.]

**S# 같은 거실 식탁..**

[다 같이 이른 저녁 먹는 중이다.. 영애는 죽.]

**준서** (고기 옆 이로 뜯으며)맛있다

**은혜** 응. 맛있어.

**지나** 고기 연하지.

**두 아이** (동시 대답)

**지나** 아줌마가 만들었어.. 잘 했지?

**승조**   책보고.

**지나**   어쨌든 그럴듯하잖아아..언니가 안 먹어서 좀 그렇다.

**영애**   아냐 먹구 있어.

**지나**   뭘요..먹는 척만 하면서..

**영애**   (고기 집으며)먹어. 먹구 있어.

**시우**   (슬그머니 일어선다)

**영애**   ??왜애…..(사이 두었다)

**지나**   (싱크대 서랍 여는 시우)뭐 찾아 너..

**시우**   부엌 가위 안 갖구 왔어?

**승조**   (일어나며)어 내가 넣었어..(하는데 시우 찾아들고 식탁으로)

**시우**   (와 앉아서 고기 하나 집어 잘게/썰기 시작한다)……

　　　[지나 승조 보고 있고]

**영애**   (보다가)뭐해.

**시우**   …..(그냥 썰고)

**영애**   (좀 웃으며)여보 나 이 고장난 거 아냐아아..

**시우**   ….(그냥 썰고)

**영애**   놔둬 여보 너무 우스워어..

**시우**   …..(그냥 썬 것 영애 앞에 놓아주고)…..땡기지 않으면 먹지 말구..

**영애**   …(잠깐 보다가 한 점 집으며)아냐 땡겨..(먹는데)

**준서**   흐흐흐 엄마가 애기가 됐다 누나..우리 어렸을 때 엄마가 저렇
　　　게 해 줬잖아..

**은혜**   맞어..

**영애**   (애들 보며 씹으며)엄마가 속 탈이 났잖아..아빠가 그래서 그래..

**은혜 준서**   알아. 네에..

**시우** 근데 이거 점심야 저녁야..

**지나** 점심들 안 먹은 사람들 때매 이렇게 된 거 아냐..이따 아홉시쯤 가볍게 라면이나 케익이나 먹지 뭐.

**시우** 저녁에 고기는 난 좀 부담스럽더라.

**승조** 참 너 요즘은 토 안하니?

**시우** 아니..

**지나** 여름에 잘하잖아..요샌 에이에스때매 아주머니들한테 터질 일 두 없구..성질이 나빠 그렇지 뭐. 밥 먹은지 얼마 안됐는데 분한 꼴 당하면 토해버리는 거.

**영애** 지나씨가 딱 맞췄네..(하며 남편 보면)

**시우** (그냥 먹고 있고)

**영애** (얼른 승조 보며)배탈났단 소문 듣구 죽꺼리까지 준비해준 승 조씨한테 경의를 표해요..

**승조** 하하하하 무슨 경의까지요. 시우가 말 안했으면 몰랐죠...넉넉 히 만들어놨으니까 이따 배고프면 더 드시구요 그건 흰죽이지만 내일 아침에는 깨죽이에요. 검은 깨 죽..

**영애** 진짜루 여왕된 거 같다 여보.. 황송해 죽겠어.

**시우** 황송하면 좀 먹어 줘.(뚝뚝하게)

**영애** 먹구 있어..(눈치 보며)

**시우** .....(그냥 먹고)

**지나** (시우 눈치 보다가 말고 분위기 바꾸려)아줌마 샌드위치 잘 만드 는데. 참치 샌드위치. 이따 만들어줄까?

**준서** 네.

**은혜** 배고프면요.(동시에)

승조  케익은 어떡하구.

지나  건 너 다 먹어.

승조  여섯 피스를?

지나  입맛 없으면 언니 케익 먹을래요? 안 달면서 맛있는 건데..

영애  나중에 먹을게. 고마워..

     [그리고 또 잠시 사이 두었다가]

승조  밥 먹구 우리 뭐할까..

**S# 펜션 앞 공터**

     [승조 아이들 데리고 공차기든 뭐든 놀고 있고/ 왁자지껄하게]

**S# 펜션 안 거실 주방**

     [지나가 씻어주는 그릇 영애는 마른행주질하면서……]

지나  우리 같이 온 거 불편해요?

영애  ??아니 왜..

지나  그럼 시우가 싫댔어요?

영애  아냐아…왜…뚜우해서?

지나  네..

영애  가끔 한번 씩 저래….노력은 하는데 늘 잘 되지는 않나봐. 신경
     쓰지 말구 이해해 줘..

지나  (웃으며)오기 싫은 거 억지루 끌려온 사람같이 굴어서요.

영애  그런 거 아냐..그냥 자기 기분이야..내버려 둬. 그럼 혼자 떠올
     라..(웃으며)

     [시우 침실에서 나온다.]

둘    (돌아보고)

시우  뭐해..

**영애**  암거두 안해..전화했어?

**시우**  응..

**영애**  별일 없대?

**시우**  응..(하고 소파에 앉으려)

**영애**  나가보지? 애들 노는데..

**시우**  귀찮아..

**영애**  무슨 아빠가 그래애...나가봐. 애들 재미없어. 금방 나갈 거라 그
랬는데...

**시우**  .....

**영애**  으응?

**시우**  (무겁게 일어나 문으로)

**영애**  ...(보다가)왜 그렇게 무겁게 굴어어 분위기 망치게..

**시우**  (그냥 나간다)....

**S#  펜션 빈터..**
  [낄낄거리며 놀고 있는 승조와 아이들..]

**시우**  (나와서 다가 오는)

**준서**  아빠 빨리 오세요오오..

**시우**  어 그래애애..

**승조**  (자기 앞으로 온 공 집어 들고 시우 쪽 돌아보며).........

**S#  숲길을 앞에서 마구 뛰어가는 아이들과 처진 승조와 시우....**
  [한동안 말없이 천천히 걸으며.............]

**승조**  .....(시우 잠깐 돌아보고)

**시우**  .....(그대로 걷는).......

**승조**  오랜만이라 그런지...병원 앞에서 잠깐 봤을 때보다.....많이 약해

252

진 거 같아..

**시우** ……

**승조** 내 마음이 이런데……참…할 말이 없어…그렇게 펄펄 날듯이…. 그러든 영애씨….불과 얼마 됐다구..

**시우** 그냥…조용하자 승조야…

**승조** ……(잠깐 돌아보고)..그래…미안해..

**시우** ……(한동안 있다가)하루하루가 달라…어떤 날은 아침저녁이 틀린 거 같구…..속수무책이라는 말이 뭔지 이제야 제대로 알겠어……기름 다 돼 가는 등잔 불….그저 등신처럼 바라보고만 있는 거야…너 그거 알아?….이 세상을 다 준대도 절대로 안 바꿀 사람이 하루하루 사그라들고 있는데….그저 보고만 있을 뿐 아무 것도 할 일이 없어……

**승조** ……..

**시우** 어떤 끔찍한 고문도 이 보다 더할 순 없어….

**승조** ……

**시우** 차라리 아픈 사람이 나였으면….갖고 올 수 있다면 갖구 와 내가 아프다 쓰러지구 싶어..

**승조** ……

**시우** 곧 사라질 연기같구……금방 흩어져버릴 조각 구름 같아 그 사람……손에 쥐고 있는 공기 같기도 하구……

**승조** ……

**시우** 안 돌구 버티는 내가 ….독한 눔이야…

**승조** ……

**시우** 약한 꼴 보기 싫다니까…못난 꼴 싫다니까……

**승조** ……..

[아주 저만큼 먼 앞에서]

**준서** 아빠아아아 빨리 오세요오오오오..

**승조** 어어 그래애애애!!!!

**S# 펜션 거실**

**지나** (영애는 앉아 있고/ 컵에 뜨거운 물 따르고 있는 중이다)........(따라 놓고 제 컵으로 주전자 옮기다가 문득)언니는 녹차 변비 안돼요?

**영애** ??나는 별루 몰라..

**지나** 난 어쩐지 그런 경향이 있는 거 같아서요..

**영애** 그래?

**지나** (제 컵에/깔때기에 필터 넣은/커피/ 따르면서)싱겁기두 하구요..

**영애** 커피 너무 많이 마시는 거 아냐?

**지나** ?? 좀 그런 편이죠..

**영애** 건강 생각해서 좀 줄여 봐..다른 차 좋은 거 많잖아..

**지나** 아아 (앉으며)매실차를 갖구 올 걸..속 나쁠 땐 그게 효과있던데...

**영애** 괜찮아..가라앉는 중이야..

**지나** 춥지는 않아요?

**영애** 괜찮은데?

**지나** (깔때기 다른 접시로 내려놓으며)추면 얘기해요 두를 거 갖다 줄 께요..

**영애** 정말 괜찮아..

**지나** (괜히 좀 웃어 보이고 첨가물 넣고 맛본다)....

**영애** 근데 이 사람들이 안 출까 걱정이네..나간 사람들..

**지나** 괜찮을 거에요...다들 잘 입구 나갔는데요 머..

**영애** 산 속은 춥잖아..

**지나**  추면 들어오겠죠.. 공기는 확실히 틀려요 그쵸?

**영애**  그러엄..이런 데 살면 산소호흡기 필요없지..

**지나**  ……(보며)

**영애**  나같은 사람하구 무슨 얘기를 해야하는 건지 …거북하지..

**지나**  무슨 생각들을 하는지 궁금해요..

**영애**  (웃는다)그래 그럴 거야…으음…처음에는 별로 실감은 안나는 채 그저 분하구 억울하기만 하더라…기만 막히구 화만 머리꼭대기까지 치받구…..(담담하게)그 다음은 우리 애들 어떡하나 그이는 어떡하구 엄마는 어쩌면 좋은가……요즘은..생자필멸….애별리고.. 두 단어가 자꾸 뇌까려져….생자필멸….

**영애**  E  산자는 반드시 죽는다….앞으로 몇십년….칠팔십년 지나면 내가 지금 남겨두고 가는 우리 애들까지 나 있는 곳으로 오지

**영애**  …..넉넉잡아 칠팔십년만 기다리면 되는데…..영겁의 관점에서 보면 칠팔십년이래봤자 찰나에도 못 들어갈 걸..그러니까 좀 먼저 떠난들 무슨 대수냐 괜찮다..그런 생각….그건 참 큰 위로가 돼..(웃으며)

**지나**  (보며)……

**영애**  그런데 애별리고…..나 떠난 뒤 힘들어야할 엄마 우리 애들 그 사람……그걸 생각하면 그건…..감당 안되게 마음이 아파……..

**지나**  ……(보며)

**영애**  그래서 내가 나를 위로하지..(테이블 내려다보며)걱정마라 니가 안타까와 하는 건 그저 니 과잉 걱정일 뿐…산 사람은 또 살더라.. 자식 잃은 어미도 살고 아내 잃은 남편도 살고….아내 잃고 불과 얼마 안 돼 딴 여자 들이는 남편들 숱해 많지 않든..

**지나**  시우는 안 그럴 거에요 언니..

**영애**  ……(보며)나는 시우가 안 그러기 바라지 않아..

**지나**  …..(보며)

**영애**  정이 많은 사람이야.. 누군가 보살펴 줄 사람이 필요한 사람이 기도 해..

**지나**  그건 그렇지만

**영애**  (오버랩의 기분)믿거나 말거나 나는 시우가 남은 세월 허전하게 혼자 살기 안 바래..

**지나**  걔한테 누가 언니를 대신하겠어요. 그럴 사람 없어요.

**영애**  대신할 사람 찾으면 안되지 대신이 아니라 완전히 새로 시작할 수 있는 사람이래야지..

**지나**  글쎄 그게 가능할 거라구 믿느냐구요..

**영애**  박시우는 나한테서 여자는 끝이다 믿구 죽었다가 그게 아니면 죽어서도 황당할 거 아냐..(웃으며)아냐 이건 농담이구 진심으로 시 우가 침울하구 쓸쓸한 남자로 중년 남자가 되구 노인이 되는 거 원 치 않아..누구보다두 가정적인 사람이야. 소질 살려야지 썩히는 거 아까워…

**지나**  난 언니같을 수 없을 거에요.

**영애**  ??나 같으면 안되지이이..건강하게 오래오래 끝까지 살아야지 나같아지면 어떡해..그리구 같아질 수두 없을 거야 십 만명에 하나 루 뽑히기가 그리 쉬운 일이겠어?

**지나**  (보면서)…..(할 말이 없다)

**영애**  물 한번 더 뷔줘..

**지나**  아니 새로 해요.(일어나며)두번 우리는 건 맛 없어요.

**영애**　그냥 물 먹고 싶어 그래‥

**지나**　(잠깐 보고 부어 주는데)

　　E 지나 핸드폰이 울린다‥

**지나**　잠깐요‥(보고)나에요 닥터 신‥‥‥(듣다가)모처럼 시간 냈을텐데 미안해서 어쩌죠? 나 지금 친구 가족하구 주말여행 중이에요‥‥‥내일 오후에요‥‥알았어요. 서울 들어가면서 전화할게요‥‥네‥‥네‥기대할게요‥‥‥네에? (하고 끊으면서)근사한 저녁 사구 째즈 까페 데려 간다구요‥먼저 만났을 때 째즈 까페 가보구 싶댔거든요‥

**영애**　계속‥‥ 만나구 있어?

**지나**　네‥‥한달에 두 번 꼴? 이달엔 세 번 봤어요‥

**영애**　괜찮아?

**지나**　나무랄 데 없다니까요오?‥‥

**영애**　‥‥‥‥(차 봉지 꺼내서 지나 필터 놓인 접시에 놓으면서)나 떠난 뒤에 지나씨 승조씨랑 협력해서 시우 병원에 넣어 초정밀 검사 좀 받게 만들어줘‥

**지나**　??

**영애**　지금은 말 안들을 거구 적당한 기회 노렸다가 응?

**지나**　토하는 거 때매요?

**영애**　아냐 그건 어렸을 때부터 성질 나면 그랬대‥ 작은 위염 증세조차 없다는데 뭐. 오죽하면 우리끼리 스트레스 앨러지라구 병명 만들어 부쳤겠어‥

**지나**　그런데 왜요‥

**영애**　애들 아빠잖아‥ 그 사람은 아픈데 없어야지‥ 슬픔이 지나치면 폐를 다친다 그러든데‥‥‥마누라 폐 망가져 보내구 그 사람두 폐 고

장날까 무서워서‥물론 내 환상이 반이겠지만(웃으며)

**지나** ‥‥‥(그냥 보며)‥‥

　　[아이들 우루루루 뛰어들면서 춥다고 난리친다‥]

　　[두 여자 같이 일어나고]

**영애** 춰? 그렇게 추워? 이리와 이리이리.(소파로 애들 데리고 가서 모
　　포로 두 아이 폭 싸 안고 껴안으며)추면 빨리 들어오지이이‥(얼굴 차
　　례로 부비며)아이구우 얼굴이 얼음 같네에에?

**은혜** 이럴 때 뜨거운 코코아 마시면 좋은데‥

**준서** 그래 맞어 코코아 코코아.(하며 지나 보는)

**지나** 어떡해. 코코아 준비는 못했는데에에‥오렌지 쥬스를 뜨겁게 끓
　　여줄까?

**은혜** 에에에이

**준서** (동시에)아하하하하 아줌마 웃긴다 엄마 오렌지 쥬스를 끓이
　　신대‥

**영애** 농담하신 거야.

**지나** 그럼 설탕물 주까 뜨겁게? 아 인삼차는 있다. 언니 애들 인삼차
　　괜찮죠?

**영애** 괜찮지이‥

**준서** 아 써서 싫어요오‥

**은혜** 써어어 엄마(준서와 함께)

**지나** 좋았어. 그럼 독한 술을 한잔씩 마실래?

**애들** 에에에?

**지나** 까르르르르(웃으며 주전자에 물 받으며)일단 물부터 끓이자. 맹물
　　먹지 뭐?

[시우와 승조 들어온다..]

**영애**　애들 춥다구 난린데 빨리 데리구 들어오지 왜애..

**시우**　즈들이 너무 먼데까지 갔었어.. 우리 잘 못 아냐..

**지나**　인삼차 주까?

**승조**　어 줘. 좀 춥다..

**지나**　기다려 끓어야 해.

**승조**　뭐야 준비두 안해 놓구 준댔어?

**지나**　내가 점쟁이냐? 언제 들어올지 미리 알아서 준비해 두게?

**승조**　너 금방 줄 거처럼 말했어..

**시우**　(아이들 싸안고 있는 것 보고)뭐야.. 거지 엄마와 새끼들 같다..

**애들**　(낄낄거리고)

**시우**　(옆에 앉으며 팔 벌려 한꺼번에 안으며)이러면 거지 일가가 되겠다..

**영애**　하필이면 왜 거지(하다가 기침 터지고)·······야아..

**시우**　(영애 기침하는 동안 휴대용 산소통 집어 주고)

**영애**　(입 막고 숨 쉰다)······

[애들과 시우 보면서······]

**지나 승조**　(그쪽 보는)······

**영애**　(숨쉬는)·····

**S#**　**펜션 마당이나 발코니(밤)**

[불꽃놀이하고 있는 일행. 영애도 참가하고 있고 준서는 펄펄 뛰며 마구 까불고 서로 불꽃 비교하고 샘내고 하면서··········]

**영애**　········(불꽃 들고 서서 바라보다가)누구 아이디어야?

**지나**　승조지 누구겠어요. 늙은 너구리..

**승조**　하하하하 심하다아아..

**영애** 감사해야겠어요..티비 같은 데서 보고 꼭 한번 해보고 싶었는데..

**승조** 아니 여태 못 해보셨어요?

**영애** 첨이에요.

**승조** 아니 어떻게 이 재밌는 걸 여태 못해봤어요. 혹시 결혼 잘못했
단 생각 안 드세요 이 순간에?

**영애** (웃어버리고)

**승조** 정말 이쁘죠.

**영애** 너무너무.

**승조** 그런데요 이게 순간이라 더 아름다운 거에요..금방 사라지는
게 아니면 덜 이쁠 거에요..타는 동안 이쁜 거하구 사라질 때 안타
까움이 합쳐져서 갑절로 아아아 아름답다 그러는 거 아닐까요?

**지나** 깔깔 잘하면 시 한편 쓰겠다..

**승조** 그럴 수 있으면 얼마나 좋겠니.

**시우** (불꽃 흔들면서 팔 휘저으며 빙글빙글 도는 준서 잡으려 하며)야 하
지 마아..잘못해 불내면 어쩔려구 그래애애. 여기서만 해 여기서만..

**승조** 괜찮아..이 정도로 산불 안나..공중에서 다 타버리는데 뭘..

**시우** 놓치면

**승조** 금방 꺼져..

**시우** 아냐 자나깨나 불조심 준서 알지? 담뱃불이 산불 내잖아. 정신차
려 괜히 크은일 나. 알았어?

**준서** 네엣

**은혜** 암튼 잠시도 가만 못 있어. 진짜 피곤한 동생이야.

**지나** 뭐? 까르르르르르

**은혜** 어? 엄마 다 했어?

260

**영애**　응 엄만 구경하는 게 더 재밌어‥

**승조**　자아 다시다시 불 새로 붙여야 하는 사람 모여모여

　　　[불꽃놀이 구경하고 섰는 영애‥‥‥]

**S#　침대 방‥**

**시우**　(등 뒤에 쿠션 베개 같은 거 고여주는 중)‥‥기대 봐‥‥

**영애**　알아서 할테니까 나가봐‥

**시우**　기대 빨리‥ 쉬어‥

**영애**　쉴테니까 빨리 나가 보라구.

**시우**　안 급해‥

**영애**　기다리잖아‥

**시우**　술 생각 없어‥

**영애**　으으응? (안 나갈 거야?)

**시우**　알았어알았어‥나갈테니까 기대 빨리‥

**영애**　(기대어 앉는데)

**시우**　괜히 온 거 같아?

**영애**　누가 그래‥ 얼마나 좋은데‥

**시우**　속은‥

**영애**　아무치두 않어‥

**시우**　그럼 잠깐 인사만 차리구 들어올게‥

**영애**　그러지 말구 놀다 들어와‥나 먼저 잘게‥

**시우**　‥‥‥(보다가 이마에 키스 해주고 나간다)

**영애**　‥‥‥(남편 나가는 것 보고 있다가 기대면서 눈 감는다)

**S#　거실**

　　　[간단한 술자리‥]

**지나**    (시우 나오는 것 보고)얼른 와..

**시우**    잠깐..(하고 아이들 방으로)

## S#  아이들 방/온돌

**시우**    (들어와서 준서 이불 제대로 덮어주고 은혜 이불 덮어주려는데)

**은혜**    (돌아누우며 아빠 본다)

**시우**    아직 잠 안들었어? 자는 줄 알았는데..

**은혜**    (대꾸 없이 일어나 앉는다)

**시우**    화장실?

**은혜**    (고개 흔든다)

**시우**    그럼..

**은혜**    엄마 아픈 거 왜 안나아?

**시우**    …..(보다가)이제 좋아지시겠지..

**은혜**    낫기는커녕 점점 더 심해지는 거 같은데?

**시우**    …..(보며)

**은혜**    낫기 어려운 거야?

**시우**    …..좀 그래…

**은혜**    …..(보며)못 고쳐?….

**시우**    아니 꼭 그런 건 아닌데….쉽게 고치기가 어려운 건 사실이야 은
혜야..

**은혜**    무슨 병인데?…..암이야?

**시우**    그건 아냐..

**은혜**    그럼?

**시우**    암은 아닌데…은혜야 그만 자..누워 응?

**은혜**    엄마 언제 쯤 나아?

**시우**  글쎄…

**은혜**  답답해 아빠. 의사 선생님이 말씀해 주셨을 거 아냐..

**시우**  좀 걸려..걸린댔어..그러니까 너무 급하게 생각하지 말구 기다리자. 좋아지실 거야..

**은혜**  좋아지는 거 같지가 않으니까 그렇지…

**시우**  (보며)

**은혜**  (누우며)엄마 너무 기운 없어 한단 말야..(돌아누우며) 우리 엄마 안 같애…

**시우**  ……(보며)…….(한참 그대로 있다가 가만히 아이 만지며)많이….사랑해드려….

**은혜**  ……

**시우**  잘 자…

**은혜**  ….

**시우**  (일어난다)

**S# 거실**

**시우**  (나온다)…

**지나**  자지?

**시우**  음…

**승조**  와 한잔만 해..많이 할 건 없어..우리두 잠잘 만큼만 마실 거야..

**시우**  (와서 앉고)…

**승조**  (시우 술잔에 따른다)….

**시우**  (술잔 보면서)……

**지나**  …..(보다가)시우야..

**시우**  (술잔 집으며)은혜가 뭔가 이상한 기미를 ..느끼나봐…

**둘**   ·····(보며)

**시우**   어떡해야 하는 게 잘하는 건지···혼란스러워···사실대로 말해줘서··즈 엄마랑 지내는 시간 보다 알뜰하게 쓰게 만들어야 하는 건지·····아니면

**지나**   (오버랩의 기분)언니는 뭐래··

**시우**   마지막에 얘기하자 주의야···미리 알아 보탬될 게 뭐냐구··

**지나**   언니 의견 따라·····

**시우**   (잔 집어 홀쩍 비우고 내려놓는다)

**승조**   (안주 집어 내밀며)내 생각두 그렇다··· 받어··

**시우**   필요없어··

**승조**   (안주 도로 놓으며)애들····얼마나 끔찍하겠어··내버려 둬··

**시우**   어차피 겪을 일이라면 하루라도 빨리 아는 게 즈 엄마랑 더 애틋한 시간 보낼 수 있지 않을까

**지나**   (오버랩의 기분)하나만 알구 둘은 모른다··아는 순간 애들 생활 다 깨지는 건 생각 안해? 곧 헤어질 엄마 집에 두구 애들 학교생활은 어떨까··

**승조**   마지막까지 보호해줘. 미리 알게 할 건 없을 거 같다··영애씨두 가슴만 더 찢어질 거야··

**지나**   그래 맞어···

**시우**   (술병 집어 따르면서)이거만 마시구 들어갈게··

**지나**   그래···

**시우**   (홀쩍 비우고 일어난다)잘들 자라··

**승조**   어엉···(시우 들어가고)

**지나**   ·····(보다가 제 잔 들어 홀쩍 비우고)

264

**승조**    (제 잔 비우고)

**지나**    (동시에 일어나며)자자··

**승조**    (치우려 하며)그래··

**지나**    (같이 자리 치우는)

**S# 침실**

**시우**    (들어와 서서 아내 본다)······

**영애**    (기대어 앉은 채 고개 조금 돌리고 잠든 듯 눈 감고)·····(옅은 숨소리)

**시우**    ········(보다가 침대 아래 바닥에 등 대고 앉는다)···············

**S# 펜션 전경(밤)**

**S# 침실···**

**영애**    (어둠 속에서 눈 뜨는)·······(귀 기울이듯)····(아무 소리도 들리지 않고)
          ·······(몸 일으켜 찾듯이 하며)여보·········(대답 없자 스탠드 켜고 침대 내려
          서려 하다 보면)

          [침대 옆 바닥에 덮을 것고 없이 쪼그라들어 잠들어 있는 시우····베개
          도 없이····]

**영애**    ··········(가슴이 메면서·····가만히 침대 내려서 남편 옆으로 가 쭈그리
          고 앉아 보며)·········(보다가 가만히 머리에 손대는)····

**시우**    (눈 번쩍 뜨고 보고 몸 일으키며)엉 왜····

**영애**    왜 이러구 자아··올라오지이이···

**시우**    (얼굴 좀 쓸어내리면서)몇시야···

**영애**    몰라···올라가 빨리··

**시우**    두잔 한꺼번에 들이 부었거든··언제 잠들었는지도 모르게 넘
          어갔네··좀 잤어?

**영애**    아무래두 뭐가 허전했나봐··깨서 보니까 없잖아··내 남편 혹시

호랑이가 물어갔나 잠깐 그랬었어..

**시우**   (일어나며)호랑이가 있기나 하니?

**영애**   누가 알아? 동물원 탈출한 게 있을지..

**시우**   올라가..(영애 올라가는 것 도와주고 자기도 옆에 기대어 앉고)

**영애**   제대로 누워 자아..

**시우**   아냐..나두 오늘부터는 당신처럼 하구 잘래..

**영애**   뭐 존 거라구 따라 해..제대로 누워..

**시우**   (팔 뻗어 영애 머리 아래로 넣으며)내일 해나면 나가서 심호흡 좀 많이 합시다..

**영애**   (끄덕이며 남편 본다)

**시우**   (머리 붙이면서)그래두 집에 있는 거보단 나면 좋겠어..

**영애**   그럼 얼마나 기분전환이 되는데.......

**시우**   ........

**영애**   ......(보다가)당신한테 사과할 거 있어..

**시우**   ....(보며 기다린다)

**영애**   못박는 말 많이 했어..잊어버려..사실은....많이 행복했어...매운 고춧가루처럼 불행이 잠깐잠깐 끼긴 했지만 우리 같이 지낸 대부분....행복했어..그러니까 내가 골나서 당신한테 퍼붰던 말들....잊어버려줘..

**시우**   못 잊을 거 같아...얼마나 둔짜였었는지....얼마나 헬렐레였었는지 기가 막혀..

**영애**   (몸 떼어 일으키며)아냐 진짜 별거 아냐.. 그저 히스테리 발작이었다니까??

**시우**   ....(보다가)아무 일 없었으면 마지막까지 입 밖에 안 냈을 말아냐..

**영애**　.......아마도...

**시우**　(그냥 끄덕인다. 그랬겠지)...

**영애**　정말야.. 나 덕분에 아주 많이 행복했어..응?

**시우**　.....(보며)

**영애**　그리구...생각해보면 단지 명이 짧다는 거 빼구는...나만큼 남
　　　편 사랑 넘치게 받은 여자 아마 없거나 아주 드물 거야.....그리구
　　　우리 준서 은혜처럼 이쁜 자식두 ....아주 드물 거구.....(기대면서)어
　　　떤 의미로두 나는 실패한 인생은 아냐...무의미하지두 않았구.....그
　　　것으로 됐어....목숨은 욕심이나 소망으로 얻어지는 게 아니니까
　　　아쉬워해봤자 소용없는 거구.........그래두 한 남자를 좋아해 결혼
　　　도 해 봤고 자식도 낳아봤고.....이만하면 괜찮았다 생각할래...

**시우**　....(눈 감는다).....

**영애**　.......우리가 너무 의가 좋았던 게 신에 질투를 받았는지도 몰라
　　　....적당히 좋았으면 피했을지두.....(하고 돌아보고)......졸려?

**시우**　아니....

**영애**　고백할께.....나중에 할려 그랬는데 미리 해 두는 거도 나쁘지 않
　　　을 거 같아..

**시우**　.....

**영애**　(팔 짚고 좀 일으키며)눈 좀 떠봐...

**시우**　(눈 뜨고 보며)난 당신이 이런 얘기하는 거 싫어..

**영애**　.......(보며)

**시우**　불안하고 ...겁이 나...

**영애**　(가만히 손 뻗어 시우 얼굴에 손 대고).....나두....겁이 나서 그래...어
　　　느 날 아침 깼는데....갑자기 아무 말도 못하게 될까봐...그래서 하고

싶은 말 다 못하고 끝나게 될까봐…

**시우**  (보며)……

**영애**  그럼 종이에 쓰면 되지 그랬는데….말못할 지경이면 쓰지도 못할 거 아냐..

**시우**  그래…. 그럼 말해..

**영애**  나를 좋아해 줘….이루 말할 수 없이 고마워…당신을 만난 거…. 당신이 나를 좋아해 준 거….너무너무 감사해…너무 굉장한 축복 이야..

**시우**  (아내에게 손 대며)기대…편하게 하구 말해..불편하게 그러지 말구..

**영애**  (조금 더 일어나 앉으며)아냐..(얼굴 보면서)……시우야….사실은 나 니 선생으로 처음 니 집에 갔을 때부터 니가 괜찮았다?

**시우**  ……(보다가 좀 쓴웃음)괜찮아. 위로 안해줘두..기운없는 사람 거짓말까지 할 건 없어..용기 북돋아 써 먹을 데두 없는데 뭐..

**영애**  정말야…너….체격두 좋구….사내 냄새 물씬 나면서…괜찮았어..

**시우**  마구 깔아뭉개구 욕하구 그랬으면서 뭐얼..

**영애**  아주…섹시했었어…

**시우**  …..정말?..

**영애**  음…(크게 끄덕이며)

**시우**  (픽 웃으며)놀려?..놀리구 싶어?

**영애**  왜 나…. 안 안아주니..

**시우**  …..(웃음기 거두어지며 보는)……

**영애**  나한테서 무슨 나쁜 냄새라두 나?

**시우**  그게 무슨 소리야..

**영애**    ·····(보며)·····

**시우**    아픈 사람을 어떻게 건드려··

**영애**    박시우 여태 건드린 거야? 사랑한 게 아니라?

**시우**    ······(보며)

**영애**    외로워 시우야···건드리는 거래두 좋으니까 좀 안아줘어···

**시우**    (몸 일으키고 잠시 보다가 꽉 안아버린다)··········

**영애**    (마주 안으며)·······(눈 꽉 감고)

　　　　[잠시 사이 두었다가]

**시우**    (아내 얼굴에 마구 입술 찍으면서)·····

**영애**    (맡기듯 하고)······

**S#  펜션 바깥··(오후··)**

　　　　[아이들과 지나 승조···자동차에 갖고 온 짐들 싣는다. 자유롭게 떠들

　　　　면서····]

**영애**    (나온다)····

**시우**    (따라 나오고.)·····(따라 나오며 영애 발걸음 살피듯 하는)······

**영애**    (돌아보며)차 타기 전에 숨 한 번 더 쉬자 여보···

**시우**    어 그래·· 자자·· 차 타기 전에 심호흡 백버언···

**지나**    백번 씩이나?

**시우**    잠깐 기다려··준서야 잠깐 엄마랑 같이 시작해야지이···(준서

　　　　아빠 말이 떨어지기 무섭게 심호흡하는 참)

**준서**    엄마 빨리 어세요오··

**영애**    으응 쪼꼼마안···

　　　　[두 사람 일행 있는 곳으로··]

**승조**    그럼 우리 다같이 손잡고 할까?

**준서**   하하 네에..

**승조**   잡아 잡아잡아.. 은혜야 아줌마 손 잡아.

**은혜**   네.

**지나**   잡자..

**승조**   시우야 넌 지나 손 잡고..

**시우**   알았어 그래.(하고 얼른 아내와 자리 바꿔 지나와 영애 손이 잡히게 만들고)

**승조**   다같이 심호흡하면서 비는 거야..은혜 준서 엄마 편찮으신 거 빨리 낫게 해주세요오오.알았어?

**준서**   네에..

**은혜**   네..

**승조**   시이작?

   [다 같이 눈 감고 심호흡 시작하는데..]

**시우**   (아내 지켜보고).....

   [숨 서너 차례 하자 시우도 숨쉬기 시작하려는데]

**영애**   (터지는 기침)......

   [모두 멈추고]

**시우**   (아내 어깨 안고)

**모두**   (두 사람 보는)......

**S#**  숲을 빠져나오고 있는 두 대의 자동차‥‥‥‥

**S#**  승조의 차 안…

   [승조 지나 말없이.....]

**S#**  시우의 차 안…

**영애**   (멍하니..)

270

**시우**  (운전하며)·····

　　[뒷좌석의 두 아이 말싸움하고 있다··]

**준서**  아 귀찮아. 어쨌든 엄마 받아쓰기랑 누나가 받아쓰기가 틀리단 말야··그러니까 엄마가 불러주시는 건 항상 백점인데 누나가 불러주면 하나씩 꼭 틀리잖어어어,

**은혜**  니가 나를 깔봐서 아무렇게나 하니까 그렇지.

**준서**  또 내 탓이다.

**은혜**  그럼 내 탓이니?

**준서**  그럼 왜 엄마가 하시면 백점이구 누나가 하면 백점을 못맞니. 이유를 말해봐.

**은혜**  머리가 돌이야 진짜. 곰방 말했잖아 니가 나를 무시해서라구.

**준서**  내 머리가 돌이라구? (제 머리 제가 콩콩 때리면서)이게 돌이야? 돌이니?

**은혜**  (웃으며)어디 보자.(하고 콕 쥐어박는다)

**준서**  아얏.

**은혜**  낄낄낄

**준서**  돌이 아얏 그러니? (누나 머리 때리려 하며/ 은혜는 피하려 하며)말하는 돌 봤어? 봤어?

**은혜**  야 하지 마. 하지 마아아··

**시우**  박은혜 박준서··

　　[둘 그만두고]

**시우**  조용히 좀 있으면 안돼?

**준서**  심심해요.아빠··

**시우**  조용히 입 다물고 생각이라는 걸 좀 하든지··

**준서**　무슨 생각을 해요? 생각할 거 없는데요? (아빠 운전대 시트로 붙

　　으면서)

**영애**　늬들 안전 벨트 안한 거야?

**은혜**　엉.

**영애**　뭐야 빨리 해‥은혜야 준서 도와줘‥

**은혜**　이리 와 까불지 말고. (잡아 앉히고 안전띠 매주려 하는데)

**준서**　(잡아 앉혀지면서) 앗 생각할 거 생각 났다‥

**은혜**　뭔데‥

**준서**　나는 몇살에 결혼할까‥ㅇㅎㅎㅎㅎㅎ

**은혜**　어이ㄱㅇㅇㅇㅇㅇ‥

**시우**　(슬그머니 영애 돌아본다)‥‥‥‥

**영애**　‥‥‥‥ (그냥 앞 보며 씁쓸히 웃는)

**S#**　아파트 광장으로 들어오는 시우의 자동차‥

　　[주차하는 자동차 안‥]

**시우**　(차 세우고 사이트 채우고 시동은 그대로 둔 채 돌아보며) 늬들 먼저

　　올라가‥아빠 엄마랑 잠깐 얘기할 게 있어‥

**영애**　?? (남편 돌아보고)

**애들**　(대답하고 내리는데)

**은혜**　(내리다가) 아빠 짐은?

**시우**　어 엄마랑 아빠가 들구 들어가께. /

　　[애들 아파트 현관으로 뛰고‥]

**영애**　(애들 보다가 남편 돌아본다)‥‥

**시우**　‥‥‥‥ (앞 보며)

**영애**　‥‥‥‥‥왜애‥‥‥뭐어‥‥‥

272

**시우**  ······

**영애**  ····여보···

**시우**  (여전히 앞 보며)장모님····언제까지 이대로····갈 거야···

**영애**  ······(고개 앞으로)····

**시우**  어차피····감당하셔야 할 일이라면······준비하실 시간이 ····필요한 거 아닌가 싶어서·····

**영애**  ······

**시우**  이런 말하게 될 줄은·····정말 몰랐어····내 입으로 이런 말을 하게 될 줄은····

**영애**  괜찮아······(돌아보며 조금 미소)오히려 반갑네···제자 학습능력 향상된 거 느낄 때 선생 좋은 거 같아···

**시우**  ······(그냥 앞 보면서)

**영애**  (앞으로)이제·····엄마두 아셔야겠지·····생각하구 있어····용기가 안 나서 우물거리구 있는 거야····

**시우**  ·····

**영애**  ·····

**시우**  ········(있다가 돌아보며)·····내가 해?

**영애**  (돌아보며)내가 할께····엄마한테 ····해둘 말두 있구····내가 하는 게 나아···

**시우**  (보며)나 얼마나 비겁한 놈인지 아니?·····당신이 한다니까····훨씬 마음이 놓여····나 정말 자신 없거든···

**영애**  (쓸쓸한 미소)이해애····

**시우**  해?

**영애**  그럼····내가 할게 걱정마···

시우   고마워…

영애   고마워…

　　　[마주 보는 두 사람….]

S#  자동차 바깥

　　　[내리는 두 사람…]

시우   (자동차 문 잠그고 기다리고 섰는 영애 안고 현관으로 움직여 들어

　　　간다‥느려진 걸음으로 현관 안으로)

S#  승강기 안‥

시우   (영애 앞세우고 타며 버튼 누르고)

　　　[닫히는 승강기 문…]

영애   (숫자판 올려다보는데)

시우   (포옥 싸안듯 영애 안는다)

영애   ‥‥(마주 안아주며)

S#  아파트 전경(저녁에서 밤으로)‥‥‥

S#  거실

　　　[아이들 숙제하고 있고….]

조여인   (과일 접시 작은 것 두 개 들고 나와 놓아주면서)먹어. 먹으면서 해…

은혜   네에‥

준서   (동시에)고맙습니다아아‥

조    에유우 ㅎㅎㅎㅎ(준서 쓰다듬으며)

S#  침실‥

시우   (컴퓨터 켜고 체크하는 중이다)‥‥‥(그러다가 아무 소리도 들리지 않

　　　는 것 의식돼 욕실 쪽으로 고개 돌리는데)

　　　　E 물소리 잠시 난다…

274

**시우** (다시 컴퓨터 화면으로)……

**S# 욕실**

**영애** (욕조에 들어앉아서 물 어깨 위로 한 바가지 더 끼얹었고 기대어 자리 잡
는다)……(머엉해지며)……

**S# 소정모의 거실…**

**소모** (안방에서 나오면서)아니 웬일이세요 사부인..어서오세요..

**엄마** (기다리고 있다가)너무 늦은 시간이라서..죄송해요..장사하다 보
니까 시간이 어느 새 이렇게 됐어요..

**소모** 아니 아니에요..시간이 무슨 상관이에요..과히 늦지두 않았구
요..오세요…앉으세요 어서..

**엄마** 예 그럼 잠깐만..(하며 보퉁이 들고 지척지척)

**소모** 차 줘요.

**엄마** 아니아니 아니에요 차는 무슨..그만두세요..

**소모** 아이 그래두 맨 입으루야 어떻게 가세요..물 한 잔이라두 드셔
야죠..

**엄마** 괜치 않아요 목이 마르지두 않은데요. 아주머니 괜찮습니다..

**아줌마** 네에..

**엄마** 저기 이거…약소하지만 받아 주세요..

**소모** ??

**엄마** 그냥 느을 신세만 지구 염치가 없어서

**소모** 무슨 말씀이세요..그런데 이게 뭐에요?

**엄마** 좋아하시는지 어쩐지 모르지만 제가 육포를 좀 만들어 봤어요
..햇빛두 좋구 파리두 없는 철이라

**소모** 아니 손수요?

**엄마** 예에 사는 거 보담은 뭐가 나두 낫지 싶어서요..

**소모** (풀면서)세상에 이게 공이 얼마나 들어가야하는 건데요오..

**엄마** 전에 예전에 더러 부탁 받구 만들어 봤었어요.. 그다지 숭하지
는 않을 거에요...이거 구렁이 지 몸 추는 거 같어 민망스럽지만 으
흐흐흐

**소모** (육포 보며)아이구우우 얌전하기두 해라...(전체 살펴보며)고기
를 얼마나 많이 쓰셨어요 이렇게 나올려면 이게

**엄마** 아이구 별거 아니에요..그저 맛있게만 드셔 주면 행복이지요..

**소모** 네에 맛있게 먹을께요..이거 뭐라구 인살 챙겨야할지 모르겠
네요..

**엄마** 아유 아니에요..그런데 얘들은

**소모** (오버랩의 기분)영화보러들 갔어요..올 시간 됐는데 뭐 커피라두
마시는지 아니면 맥주 한잔들 하는지

**엄마** 아니 약국 안 보구

**소모** (오버랩의 기분)밤 시간은 한약사하구 번갈아 보니까 영화두 보
러 다니구 그럴 시간 돼요..

**엄마** 예에... 그럼 저는 그만...(하는데)

**유정** (앞서 들어오며 뒤따르는 부부에게)아 글쎄 나는 그저 그랬어. 별
거 아냐.

**소정** (따라 들어오며)너는 차암 이상하더라? 남 다 좋다는 영화 꼭 초
치더라구.그러면 뭐 누가 수준 높달까봐? 그치 오빠.

**정호** 뭐 개인 취향이니까 싫을 수두 있어.

**유정** 어머나 안녕하세요..형부..

**정호** 웬일이세요?

276

**소정** (정호와 동시에)오셨어요?

**엄마** 응 저어..

**소모** (오버랩의 기분)글쎄 육포를 잔뜩 만들어 오셨네 유서방.. 못 보구 가시나 싶었는데 보구는 가시네요..앉으세요..

**엄마** 아니 앉기는요..

**유정** (엄마 잡으며)아이 앉으세요오오.. 엄마는 어떻게 차대접두 안했어요?

**소모** 글쎄 차 대접을(하는데)

**유정** (주방으로 움직이며)엄마 우리 맥주 먹기루 했어..엄마두 한잔 하지?

**소모** 그래 그러자.. 앉으세요..

**엄마** 아니 저

**소정** (오버랩의 기분)아이 어머니이이이이이..(엄마 팔 끼고 앉히면서)오빠 유정이 좀 도와 줘..

**정호** 그래..

**소모** 뭐얼 아줌마 있는데에에..

**소정** 근데 어머니 옷이 이거 밖에 없으세요?

**소모** ?

**소정** 왜 맨날 똑같은 옷만 입으세요오..싫증나게..오빠 우리가 어머니 코트 하나 골라 보까?

**엄마** (소모는 아슬아슬하고)아우 얘 나 코트 있어..하지마 하지 마..

**소정** 홈쇼핑에서 요새 코트 많이 나오던데.

**소모** 그만 좀 홈쇼핑 좋아해..사드릴려면 백화점 가 사 드려..

**소정** 홈쇼핑이 싸니까 엄마.

정호 (유정이 들고 나오는 맥주 쟁반 받으며)홈쇼핑 좀 그만 봐 제발..

유정 언니 취미생활인데 어떻게 말려요오오

엄마 그게 뭔데에에??

**S# 엄마의 집 골목··**

엄마 (부지런히 오다가 문득 걸음 멈춘다)

이모 E 아이구 참 누가 보면 어쩔려구 여기까지 와요오··

   [저만큼 떨어진 위치 어둠 속에서]

이모 정신 나갔나봐·· 빨리가요 빨리이··(발 구르며)

   [약간 술기운이 있는 중년 남자··시장 사람인 듯]

남자 아 대답을 해 줘야지 왜 대답을 안하냐구우··답답해 미치겠단
   말이야아아

이모 ? 어따 대구 어물쩡 반말이야? 노씨 그렇게 안 봤는데 사람 못쓰
   겠네?

남자 경자씨이··

이모 아 글쎄 빨리 가요오··

남자 경자씨이이이··

이모 밝은 날 얘기해요 밝은 날··어두컴컴한 골목에서 심난시럽게 이
   러지 말구 대명천지 밝은 날 얘기하자구요··(하고 휙 돌아서 오는데 손
   에 뭔가 작은 봉투가 들려 있다)···(몇 걸음 오다가 돌아보고)아 얼른 가
   요오오···(그대로 서 있는 남자/되돌아 걸으면서 쭝얼쭝얼)간 쫄아 못살
   겠네 그냥 여기가 어디라구 와 오기를(하다가 엄마 보고 기겁을 하게
   놀라 멈추어 선다)

엄마 ·····(아무 말 없이 대문 밀고 들어가고)

이모 ··(야단 났네·····어쩌야 할지를 모르겠다가 그래도 안 들어갈 수는 없

278

어서 대문으로 더듬더듬)‥‥‥

**S#** 안방

**엄마**  (들어오면서 거죽 두터운 스웨터 벗어 얌전하게 개켜 놓고‥걸레 바
구니에서 걸레 하나 꺼내 방바닥 여기저기 훔치는데)

**이모**  (눈치 보며 들어온다)‥‥‥

**엄마**  ‥‥‥

**이모**  (엄마 보며)‥‥‥

**엄마**  ‥‥‥(방만 훔치고)

**이모**  ‥‥(어정쩡)봤수?

**엄마**  ‥‥‥

**이모**  어엉?

**엄마**  내가 청맹과니냐?

**이모**  (에라 모르겠다 퍽 앉으며)아 괘앤히 찔벅대구 저래애애애‥

**엄마**  괜히가 어딨어 괜히가‥(중얼거리는) 너 내가 몰라?

**이모**  언니느은‥‥

**엄마**  건 뭐야‥

**이모**  (뒤로 감추듯 하며)몰라…뭐 ‥화장품이라나…지지이하게 누가 코
끝이나 찡긋해?

**엄마**  (나직이)뭐래…

**이모**  ‥‥‥(보는)

**엄마**  말을 해‥‥뭐라는데 대답을 안 해주구 있는 거야‥

**이모**  ‥뭐‥‥‥살어보자구‥‥

**엄마**  ??‥‥보자구?

**이모**  살자구우‥‥

**엄마**   ….(물끄러미 보며)

**이모**   애덜 시집 장가 가구 혼자 아냐…..적적한 모양이야…..사실은 작
년 이맘 때부터 자꾸 찔벅거리는데….

**엄마**   …그런데…….그런데 니 맘은 어떤 건데…

**이모**   내 맘 나두 몰라……어떻게 생각하면 한번 고쳐보까아아…. 어떻
게 생각하면 하이구 귀찮다아아 …..그래..

**엄마**   귀찮을 거야 뭐 있어…자식 시집 장가 다 보냈겠다…자리루 치면
괜찮지 뭐.. 밥은 먹여줄 거구 ..

**이모**   지금은 굶나아?

**엄마**   사람은 그럭저럭 뭐…..괜찮지 싶은데..

**이모**   사람이야 괜찮지이이이…그만하기두 쉽지는 않아.

**엄마**   니 걸려할 거 없이 하구 싶은대루 해….말리지는 못하겠어..내
가 수절을 한 사람이래야 말리구 자시구 하지 그럴 주제두 못되구

**이모**   한 넝쿨에 호박이라면서…호강이나 시켜준다면 모를까 뭐…..울
산 병철이 눔 얼굴 어떻게 봐..며늘애두 그렇구…병숙이는 좋달 거
야? 자식들 보기 얼굴 뜨듯해서 그짓을 어떻게 해..

**엄마**   그러니 어떡해..아직두 철 안 들어 사내하구 히히덕거리는 게
좋으니..

**이모**   내가 어디..

**엄마**   모르겠다아…세상이 하 변해 노인네들 눈 맞어 살림 차리는 거
두 흉 아닌 판에…(한숨 섞어)너는 아직 나이두 한참 멀었구…쓸데없
는 짓 하지 말라구는 못하겠어..이제라두 뜻맞는 사람하구 한 솥밥
먹으며 의좋게 살어보는 거두 괜찮지 뭐…아무래두 내가 먼저 죽을
거니 ..나 죽구 난 뒤에 니 걱정두 덜면 그두 나쁜 일 아니구…

280

**이모**  ……(엄마 보며)

**엄마**  자리나 펴…누워야겠어…

**이모**  (일어나며)누가 먼저 죽을지 어떻게 알어…

**엄마**  ……

**이모**  (이불 꺼내 방바닥에 펴면서)언니가 다리만 씽씽해두 내가 어떻게 해 보겠네..

**엄마**  나 걸려 못하는 거야?

**이모**  그럼 안 걸릴 줄 알어?

**엄마**  괭이 쥐 생각하네..

**이모**  (뿌우한 채 자리 까는)……

**S#  욕실··**

**영애**  (욕조 물속에 들어앉아서 눈물 닦아내면서)……

**시우**  (들어온다)왜 그렇게 오래 있어..

**영애**  (눈물 감추려 얼른 물 손에 담아 얼굴 닦으며)때 불쿠느라구…

**시우**  (파자마 가랑이 걷는다)

**영애**  ?? 왜애..

**시우**  씻어 주께..

**영애**  ……(보다가)괜찮아..

**시우**  한번 해 볼게..

**영애**  놔둬 챙피해..

**시우**  챙피하긴…(목욕 스펀지 집어 바디 샤워 묻혀들고)돌아 앉아봐.. 등부터 닦읍시다..

**영애**  (웃으며)그래 그럼…(하고 등 돌려 대는데)……

**시우**  (그 작은 등 보며)……

**영애**    ······뭐해? (돌아볼 듯)

**시우**    아냐···(비누질한다)······

**영애**    머리 감는게 걱정이야···구부리구 감는 게 힘들어졌어···

**시우**    ·····(잠깐 멈추었다가 다시 문지르고)····

**영애**    그렇다구 미용실 샴프하는 의잘 갖다 놀 수두 없구···아 여보 기막힌 아이디어 있다··있지 왜··수영장에 놓은 길다란 의자··그거 하나 사갖구 들어와 당신··거기 누워서 아주머니한테 감겨 달라면 되겠어 응?

**시우**    그래 알았어··당장 내일 찾아볼게··

**영애**    아아 해결봤다·····굉장한 고민이었는데····

**시우**    (그냥 영애 팔 하나 잡아 문지르려다 멈추고)······(너무 가늘어서)

**영애**    (느끼지 못한 채)아냐 아니다 여보··그거 안되겠어·· 등받이가 너무 길어····그냥 보통 의자로 해 보자····그게 낫겠어···

**시우**    ·····(그냥 문지르는)··

**S# 같은 욕실**

**영애**    (욕조 가장자리 긴 쪽에 기대서 머리 뒤로 젖히고 있고)

**시우**    (샤워 꼭지로 샴푸 잔뜩 묻은 영애 머리 헹궈주는)······(조심스럽게 섬세하게)·········

**S# 화장대 앞···**

   [드라이어로 영애 머리 말려주는 시우····거의 다 말라가는 중인데···]

**시우**    (드라이 들고···표정은 별로 없는 채 눈물이 툭툭툭 떨어지고 있다)······

**영애**    (남편 허리 안고 붙어서 고개만 조금 젖힌 채 아이처럼 눈 감고 순하게)········(그 얼굴이 투둑 떨어지는 눈물)??(눈 뜨고 본다)

**시우**   (고개 돌리고 드라이어 놓으며)거의 다 됐어…마무리 해…(하고 컴퓨터로 가 앉는다/화면 켜진 채)

**영애**   ……(보며)……

**S#**   엄마네 근처 길을 오고 있는 시우의 자동차‥지프

**S#**   떡볶이 가게 앞에 와서 멎는 자동차‥

**시우**   (내려서 아내 내리는 것 도와주고)

**영애**   (내려서 보며)……가…‥전화할게…

**시우**   (잠깐 아내 어깨에 손 올렸다 내리고 차로 오른다)……

**영애**   (뜨는 차…보고 서 있다가 돌아서 엄마의 대문으로 움직인다)……

# 제19회

**S#**  편집해서 몇 커트 넣어주시고요.

**S#**  엄마 안방··

**엄마**  (옷 입다가 멈추고 문 쪽으로 고개 돌리고 있고)

**이모**  (앉은 채 방문 열고 내다보며) 웬일이냐 이렇게 이른 시간에?

**영애**  (들어오며) 일찍 움직였어요····(머플러 풀면서) 박서방 출근길에
　　　묻어 오느라구요··

**엄마**  ······(좀 이상하지만 그냥 올려다보면서)·····

**영애**  (코트 벗으며) 꽤 춥네에?

**엄마**  (깔아 놓은 작은 요 들치며) 발 넣어··

**영애**  (조금 웃어 보이며 발 넣는다)

**엄마**  ······너 약 먹어 안 먹어··

**영애**  ?? 먹어요··

**엄마**  먹는데 왜 그 모양이야·· 안 먹지··

**영애**  먹어요. 어떻게 안 먹어요 엄만··

**엄마**  ······(애매하게 보다가) 그런데 왜 점점 더 꼴이 그래···

284

**영애**　…..(보며)

**이모**　(유심히 영애 보며)글쎄다아아…보약먹구 좀 나아지려니 했더니 왜 그냥 그턱이야..

**엄마**　그턱은 무슨 그턱만두 더 못해졌구먼..

**영애**　….(조금 웃는 듯 엄마 보며/고개 조금 옆으로 기웃이 돼서)

**엄마**　박서방더러 고만 좀 끌구 다니라 그래··춘데 주말여행은 무슨 그러구 끌구 댕겨봤자 니 기운만 빼는 거지 그건 눈두 없어?

**영애**　엄마.

**엄마**　(상관없다)기가 빠졌어 이것아. 내가 알어··과외 그거 십년/, 십년이 뭐야 대학때부터 치면 십년 훨씬 넘지. 그러구 골병든 거 한꺼번에 계산치루느라 기 빠졌다 그래. 그렇거든 좀 편아안하게 먹구 자구 쉬게 해야지 이건 무슨 지 여편네가 쇠루 만들어진줄 아나아 잠시두 쉴틈 안주구 그냥 저 존대루 이리 끌구 다니구 저리 끌구 다니구 어이구우우우 철딱서니하구는··(하다 보면 영애 고개 푹 꺾고 있다)……. 내 말이 틀렸어? 고까워?

**영애**　(고개 틀고)

**이모**　(양말 신으며)고깝기는 하하하하…같이 살면서는 오히려 잘 안 보이는 법이유 언니··

**엄마**　(쥐어박는)눈 감었어? 왜 안 보여··나날이 틀린데 안 보여? 너 안 보여?

**이모**　(오버랩의 기분)그러지 말구 너 병원에 한번 가봐라··아무래두 어디가 고장난 거 아니니? 왜 안 깨나아. 깨날 때 됐는데.

**엄마**　병원 갔다왔잖어. 동서 덕에 싹 다 진찰받었은데 뭘··

**이모**　어어 참··

**엄마** 이건 쥐정신이야…(딸 보다가)…내말이 맞어 너 너머 고단해‥ 살림두 좀 대충대충 살구 편안하게 농땡이두 부리구 몸부터 추슬러 안되겠어‥

**영애** (아래 보면서)엄마 저….할 얘기가 있어 왔어요…

**엄마** ……뭔데에…

**영애** …..

**이모** ??? 시집으루 들어가니?

**영애** …..

**이모** 기어이 들어오라셔?

**영애** 그게 아니라….엄마….이모….너무 놀라지 마세요…

**엄마이모** ????

**영애** (고개 들어 두 노인 보며)저 괜찮으니까 ….너무 놀래지 마시구…. 끔찍해 하지두 마세요…

**엄마** …..(그저 보고 있고)

**이모** …(좀 떵한 채)얘가….무슨 얘길 할려구 이래애‥ 놀래지 말라는데 벌써 뚝딱뚝딱한다 얘. 왜 그래 뭐야 엉?

**영애** …….

**이모** 영애야…

**영애** (오버랩의 기분)엄마 나요……숨 쉬는 폐가 고장이 나서 …. 오래 못 살구 곧… 죽어야 한대요…

**엄마** …..(표정 변화 과히 필요 없음)

**이모** ?? …………애…..얘가 지금 무슨 소릴…너 그게 무슨 소리야…(오히려 소리가 기어 들어가고)

**영애** ….(아무도 안 보며)

286

이모   (엄마 봤다 영애 봤다)…..영애야……(좀 다가들며) 얘 영애야..

영애   (오버랩의 기분)저 아파요….(침 한번 넘기듯 하며)많이 아파요..
세계 어디서두 못 고치는 병이래요…..제가 그런 병에… 걸렸어요..

엄마   (그저 후들거릴 뿐)

이모   ……(영애 보며)

영애   ….알아두셔야 할 땐 거 같아서…..박서방두….준비하실 시간이 필
요하다 그러구……

두 노인   ………

영애   (목이 아파 침 한번 넘기고)그래서요…

두 노인   …….

영애   누구나…..가는 길이에요 엄마….엄마 앞에서 먼저 가야하는 거
….너무너무…죄송한 일이지만

이모   (오버랩의 기분)아이구/아이구아이구 ………아이구 영애야 이게
무슨 마른하늘 날벼락이야아아..니가 왜…니가 뭣때매에..(달려드는
느낌)니가 뭘 잘못했는데응? 영애야…니가 왜 그런 병이 들어어어어
(영애 무릎 움켜잡으며)니가 왜 니가 왜 니가 왜애애애애..니가 왜 니
가 왜애애애애

영애   너무너무 죄송해요 엄마아아….죄송해요 …죄송해요오…(작게
말하며 팔 뻗어 엄마 잡는데)

엄마   (피시시 쓰러져 버린다)

영애   ??? 엄마아…

이모   ???언니 언니언니이…(흔들면서)….

영애   이모 빨리 물요오..

이모   (후닥탁 튀어나가고)

**영애**  엄마 엄마엄마….(얼굴 붙이고)엄마아아아아아….엄마아아아
아아아아아…..엄마 엄마아?…(흔들면서)엄마…(엄마 얼굴 만져주면
서)이럼 안돼애… 엄마 정신 차려야 해요오오오옹? 엄마..엄마 엄
마??(하는데)

**이모**  (물 대접 들고 허둥지둥 들어온다)너 떨어져 영애야…떨어져 떨
어져..

**영애**  (조금 비키고)

**이모**  (입에다 물 가득 머금고 뿜으려고 엄마 보는데)

**엄마**  (눈이 떠진다)

**영애**  엄마..(반가워서)

**이모**  (머금었던 물 도로 대접에 쏟으며 좀 야단치듯)정신 차려 언니이..
(징징거리는)정신차려 정신 차려어어어 줄초상 나게 하지 말구 정
신차려 언니이이이…(엄마 두 손으로 방바닥 짚으며 몸 일으키는/이모
엄마 잡고)이 노릇을 어떡해 언니이이..아이구 이 일을 어떡해 언니
이이이…어떡해 어떡해애애애애애..

**영애**  이모..(진정하라 소리하려고)

**이모**  (한 팔로 쓸어안아 붙이며)세에상에 이 불쌍한 걸 어떡해 언니이
이..우리 영애 불쌍해서 어떡해 언니이이이이이이 우우우우우우
우(거의 통곡이고)

**이모**  E  (어깨 툭 떨어져 넋 나간 엄마 위에)ㅇㅇㅇㅇㅇㅇㅇㅇㅇㅇ…응응응
응응응응응응..(울다 말고 버럭)무슨 소용이 있어 다아!! 그으렇게 발
바닥 닳게 불쌍한 노인네들 거두느라 평생 뼈빠져서 겨우 얻는 게
그래 (방바닥 때리며)자식 앞세워 보내는 거유? 노인네들 제대루 옷
입혀 초상 치러준 것만두 도대체가 몇 번야..무슨 이런 개같은 경우

가 있어 옘병할‥존 일해 복 받을 거라 소리 어떤 개아들놈야 내 썹 어먹게에에!!

**엄마**  (오버랩의 기분)조용히 해애…(맥 다 빠져서)조용히 해‥조용히 해 …머리 흔들려 조용히 좀 해애애애‥

**이모**  ….(잠시 죽었다가 다시 터지는데 아까보다는 적게)우-우-우-우-우…아 이구 어떡해 언니이이‥이게 무슨 청천벽력이니 영애야아아아‥

**영애**  (이모 만지며)이모‥

**이모**  웅웅웅웅웅

**엄마**  시끄러워. 너 나가…

**이모**  우-우-우-우-우

**엄마**  정신 좀 차리자…

**영애**  진정하세요…‥진정해요 이모 네?…

**이모**  웅웅웅 웅웅웅웅(하며 돌아앉아 수습하려는/우는 소리 줄이고)

**영애**  ……(엄마 보며)

**엄마**  ………

**영애**  엄마…

**엄마**  ……

**영애**  ……엄마아?

**엄마**  (나직하게 오버랩의 기분)에미가 무슨……이런 한심한 에미가 있 을까…

**영애**  ……(보며)

**엄마**  ……모모몰렀어어어….까아맣게 몰렀어어어어…

**영애**  ……

**엄마**  (딸 돌아보며)뭐가………어떻다구?

**영애**　엄마아…

**엄마**　아니야‥(거의 안 들리게)그런 법이 어딨어……그럼…못써어‥
　　　…그런 법은…‥없는 거야.

**영애**　(소리 없이 방바닥에 엎어져 버리고 만다)

**엄마**　(엎어진 딸 보며)……

**영애**　……

**엄마**　(부들부들 떨리는 손 뻗어서 딸의 등에)……어떻게…… 큰 내 새낀데…
　　　어떻게 산…… 내 새낀데……내 죄가 아무리 커두………어떻게 내 새
　　　끼를………내 새끼를………내 새끼를………

　　　[모녀…‥그대로/ 엄마는 영애 등 쓰다듬으면서……]

**S#**　박회장실

**박**　　대강 출근부 체크하구 월급만 따먹는 쭉징이 월급쟁이야? 책
　　　임을 맡았으면 최소한 자리 값은 해얄 거 아냐‥오전 근무만 삐익 하
　　　구 들어가는 거두 열통터져 죽겠는데 주말여행은 무슨 개코같은/
　　　그럴 때야?

**시우**　업무 처리 차질없이 해 놓구 갔었어요.

**박**　　차질이 있는지 없는지 어떻게 알어. 그저 그럴듯하게 굴러가
　　　기만 하면 다야? 제 자리에 사람 있구 없구가 똑같애? 그런 거 같
　　　으면 회사 간판은 왜 걸구 있구 모두들 출퇴근들은 왜 하는 거야‥

**시우**　……

**박**　　병원에 집어 넣구 제대루 자리지켜.

**시우**　……약속이 틀립니다 아버지.

**박**　　병원에 두는 게 환자한테두 난 거잖아.(달래듯)

**시우**　…‥에미한테 시간이 얼마 없어요. 에미가 애들하구 보내구 싶

290

어해요.. 병원에 들어가 있어서 크게 도움 받을 일도 없고 병원에

서도 굳이 안 권하구요..

**박**   그래서 계속 그런 식으루 근무한다는 게야?

**시우**   ······용인할 수 없으시다면 그만두겠어요.

**박**   못나빠진 놈. 어치피 죽을 사람은 죽어. 하루에두 수없이 많은

사람들이 죽어 가. 누구나 죽어. 나두 죽구 너두 죽어.

**시우**   ····(보며)

**박**   (아들 안 보는 채)집에 죽을 병 걸린 사람 생기면 다 너처럼 해?

산사람은 사는 거야..살 수 밖에 없는 거야. 죽을 사람 지켜보구 앉

었다구 단 하루 이틀이라두 연장된대? 명은 하늘이 주관하는 거야.

냉정하게 들릴 말이지만 같이 못 죽을 바에야 너는 너대루 살아..

**시우**   ······

**박**   병원에 집어 너어.

**시우**   (눈물 좌악 차면서)그렇게 못해요 아버지···

**박**   (아들 보며)못하면

**시우**   회사를 그만둡니다. 다른 사람 채우세요··(하고 돌아선다)

**박**   ??이눔아 누가 지금 그만두라 소리 하는 거야?

**시우**   (그냥 나가고)

**박**   저눔으 자식···야아..

**S#** 시우의 방

**시우**   (사물들 챙기고 있다)·········(충분한 시간 두었다가)

**재우**   (들어온다)······(보다가)시우야··

**시우**   암말 마세요··

**재우**   ·······야 그렇지만

**시우** (딱딱하게/열은 내지 말고 냉정하게)고것두 못 봐주는 분이에요
··고것두 못 참아주구 병원에 집어 넣구 제대로 출퇴근 하래요. 그 사
람이 닭이에요 강아지에요. 집어 너래요. 집어 넣구 할 일 하래요··

**재우** 아버지는

**시우** 어차피 죽을 사람 죽게 팽개쳐 두라구요.

**재우** 시우야.

**시우** (멈추고 보며 좀 오른다)어떻게 저러실 수가 있어요 형·· 그 사람
이 왜 그런 병이 들었는데요.

**재우** 원인불명이라잖아 아버지한테 책임 돌리는 건

**시우** (오버랩의 기분)병은 마음에서 시작해요. 십년을 짓밟히면서 곪
구 썩은 마음이 출발이에요. 누가 뭐래두 난 그렇게 생각해요.(짐 챙
기며) 내가 멍청한 눔이에요··그래두 자식인 건 부정할 수 없어서/아
버지두 후회하시는 거 같아서/집사람이 자기 위해 하라하라 등 떠
밀어 나왔는데 변하긴 뭐가 변해요··후회는 무슨 후회/끝났어요. 아
버지하군 영원히 끝났어요.

**재우** 그런 막말은 하는 게 아냐 임마. 아버지를 좀 이해해 드려. 아버
지한텐 회사가 전부시잖아.

**시우** 나한텐 그 사람이 전부에요. 이 까짓 회사가 무슨 상관이에요··
(상의 떼면서)필요없어요··나한텐 일원어치 가치두 없어요··(상의
입는)·····

**재우** (그저 딱해서 보는)·······

**S#** 엄마 가게에 내걸린 오늘은 쉽니다

**S#** 가게 안··

　　　[빈 가게에 혼자 앉아서 울고 있는 이모··]

S#  엄마의 안방

   [앉아 있는 모녀‥]

**영애**   ‥‥(엄마 가만히 보며)

**엄마**   ‥‥‥(안 보며 앉아 있는데 상체가 상당히 구부러져서 완전 파파 노인 같은 자세)‥‥‥

**영애**   알아볼 거 다 알아보구 ‥‥조사두 다 했는데요 엄마‥‥방법이 없 대요‥‥방법있다면 우리 박서방이‥‥‥나를 그냥 놔두겠수? 어디래 두‥‥‥다른 별에라두 끌구가 고쳐주지‥‥‥‥그러니까 엄마‥‥그저 이 만 큼이 명이었구나‥‥‥생각하구‥‥‥크게 생각하시구‥‥‥‥누구나 다 죽 잖아‥‥

**엄마**   ‥‥‥‥

**영애**   애들두‥‥박서방두 괜찮은데 ‥‥‥엄마가 제일 걱정이에요‥‥누구 보다두 엄마한테 제일 나쁜 짓 하는 거‥‥‥정말‥‥‥ 죄송해요‥‥‥(고개 떨구며)

**엄마**   ‥‥

**영애**   (손수건으로 눈 찍어내며)‥‥‥‥다른 사람들보다‥‥‥사람 세상 떠 나는 거 많이 봤잖아요‥‥일년에두 몇차례 씩‥‥‥‥‥애통해 하는 사 람 하나없이‥‥‥ 골방에서 혼자 가는 노인들‥‥‥너머 가엽다구 하면 서‥‥‥그래두 죽으면 아픈 데는 없어질테니 축하해줘야지‥‥엄마 그 랬어요‥‥‥나두‥‥아픈 데 없어질 거에요‥‥‥‥애통해할 사람두 많구‥‥‥ 훨씬 낫지 뭐‥‥

**엄마**   ‥‥‥‥

**영애**   엄마는‥‥‥다른 엄마랑은 다르니까‥‥아무리 힘들어두‥‥‥힘든다 는 생각 안하구 씩씩한 엄마니까‥‥‥‥그래주세요‥‥그래줬으면 좋겠어..

**엄마**  ....

**영애**  난....나는 엄마 애 먹일려구 태어난 자식인가봐요...너무너무

기막히구 미안해요..(두 손으로 얼굴 가리고)......

**엄마**  ........

**영애**  (가린 채)......

**엄마**  .........

**이모**  E 영애야...

**영애**  ....네에....

**이모**  E 박서방 왔다....

**영애**  ??..(일어나려 하는데)

**이모**  (방문 열고 뒤돌아보고)....

**시우**  (들어선다).......(장모 보며).....

**영애**  웬일야..

**시우**  ....(그냥 장모 보는데)

**엄마**  ....

**이모**  언니..

**엄마**  뭐하러 와 누가 보구 싶단다구 와 웬수 덩어리이.

**영애**  ??

**엄마**  그렇게 알아듣게 뜯어말려두 안듣구 기어이 내 새끼 끌구가더

니 멀쩡한 내 새끼 이리 채이구 저리 채여 피멍들여 종당에는 씨러

트리구 니 눔 손터냐?

**시우**  (무릎 꿇고)

**이모**  (엄마 잡으며)언니..

294

**엄마**   니눔 집구석에서 뭐라든 나한테는 금쪽보다 귀한 새끼야. 니 눔 집구석 인간들 백을 줘두 안 바꿀 살 떨리는 내 새끼야.

**영애**   엄마.

**엄마**   너 애 데려다 한 거 뭐야 이눔아.. 니 집에서는 인간취급두 못 받 게 하면서 살 붙을 새 없이 뼈빠지게 부려먹은 거 밖에 너 한 일이 뭐 야..한 일이 뭐야..

**이모**   아 언니 왜 박서방한테 그래애애..

**엄마**   기어이 애 잡어 먹어 시원하겠다 니 부모. 내 새끼 쓰러트리구 그 집안 잔치 안한다든?

**영애**   엄마 하지 마요오오..

**엄마**   내 새끼 물러내 이눔아..내새끼 물러내. 니눔이 끌구가기 전 내 새끼루 물러내 여기다 아아....

**이모**   언니언니.

**엄마**   (이모에게 잡힌 채로 몸부림)이년에 팔짜가 아아무리 박복하기 루 이럴 수는 없다 이럴 수는 없어. 이럴 수는 이럴 수는(하며 넘어 가고)

**이모**   아이구 야단났네 아이구 야단났어 야단났어어어..(물 뜨러 뛰쳐 나가고)

**영애**   엄마..엄마아아아아.....(이미 달려붙어 이모와 상관없이)

**시우**   .......(고개 푸욱 꺾고)......

**S# 가게 앞...**
   [시우와 영애 나온다..영애는 거의 쓰러질 지경이고....]

**시우**   (문 열고 영애 태우고).....

**S# 차 안..**

**영애** (오르면서 거의 쓰러지는 형국이면서 호흡 가빠하며 핸드백에서 휴대용 산소 꺼내 입에 대고 기댄다)

**시우** (타다가 보며)............(벨트 매어주고)

**영애** (눈 감고 호흡기 떼며 기대고. 호흡은 여전) 가아..(하고 다시 산소 입에 붙인다).....

**시우** (아내 잠시 보다가 입 꾹 누르며 시동 걸고 출발한다)....

　　　[시장통을 빠져나가는 시우의 자동차....]

## S# 차 안

**시우** (아내 돌아보면)

**영애** (산소통 무릎에 놓은 채 고개 틀고 눈 감고).......

**시우** .......(고개 앞으로)

## S# 아파트 광장으로 들어오는 시우의 자동차.........

　　　[좀 시간을 주세요. 앞씬이 부담스러웠으니까 숨쉴 시간이 필요합니다.]

## S# 주차하는 시우의 자동차··

**시우** (거의 아이 내리는 것 도와주듯이 영애 내리는 것 돕는)

## S# 승강기 안··

**시우** (기댄 듯한 영애 안고)........

## S# 거실

　　　[들어오는 영애와 시우..]

**조** (마루 닦다가 일어나는데)

**영애** (곧장 산소통 있는 곳으로 가서 앉으며 손 뻗는다)

**시우** 내가 해주께...(코에 넣어주고 작동시키고).....

**영애** (기대면서)좀 있으면 괜찮아...당신 빨리 나가..

**시우** ......(보며)

296

**영애**  얼른 웅?

**시우**  (옆에 앉으며)안 나가두 돼..

**영애**  몇시에요?

**조**  열두시 다 됐어..점심 준비 중이야..

**영애**  찬 물 좀 주세요 아주머니.

**시우**  더운 물 주세요..

**조**  (그냥 주방으로 들어가고)

**영애**  (시우 손잡으면서)...우리 엄마....삐졌어?

**시우**  ... 삐졌어..

**영애**  (쓴 미소)봐드려라.....처음이시잖아..

**시우**  .....(아내 보며)

**영애**  그 만큼두 안하는 엄마가 어딨겠어...그래두 울엄마....많이 덜 하
시더라..할 말 많으실텐데.....

**시우**  잘 수 있으면 좀 자는 게 어때..

**영애**  애들 올텐데....기운 차려야지..

**조**  (들고 나온 물 준다)

**시우**  (물 받고 영애 일으키고 물 먹이는데)

[터지는 기침 때문에 물이 다 시우 얼굴에 튀고]

**영애**  ??(보고 웃음이 터진다)...미안해..미안해 여보..

**시우**  (이럴 때 웃는 여자/ 쓴웃음/영애가 뽑아주는 휴지로 닦으며)...

**영애**  (휴지 한 장 더 뽑아)내가 해 줄께...(하고 시우 얼굴 닦아주는)

**시우**  ....(시선 내리고)

**영애**  (닦은 휴지 내리며)좀 웃어라..

**시우**  (본다)

**영애**  점점 웃음을 잃어간다는 사실을 못 느끼시나요그대?

**시우**  좀 살만한가부다.. (일어나며)옷 바꿔 입을게…

**영애**  으응…

**시우**  (들어가고)

**영애**  (도로 기대면서 고개가 창 쪽으로)……

**S#  엄마의 방**

>  [엄마는 아예 자리 펴고 누워 한 팔 이마에 올리고/]

>  [정호 소정 불려와 앉아 있는데]

**정호**  (고개 꺾고 있는데 눈물이 소리 없이 흐르고)……

**소정**  (시모 보고 있다가 남편 돌아본다)……

**이모**  (우두커니 앉아 언니 보다가)그래서 개가 그렇게 소정이 걱정을 한 거야…

**소정**  ?? 무슨 걱정이요?

**이모**  니 시어머니 잘 모셔야할텐데걱정..

**소정**  ….(네에)

**이모**  지가 가야하니까….저 가구 없으면 지 엄마 어떡하나아 그래서 …어이구 참 말두 못하구 저 혼자서 그 속이 어땠을까……

>  [모두 아무 말도 없는 사이……]

**이모**  후우우우우(토해내는 한숨)….알아둬 정호야….니 누이가 너를 얼 마나 애달프게 생각하구 살았는지 너 알어?…

**정호**  …….

**이모**  너를 얼마나 챙겼는데……

**소정**  알아요…가끔 얘기해요.

**이모**  사람이면 알어야지 그럼……

[다시 사이……]

이모    너 나가서 우동 좀 말어와라‥

소정    ?

이모    (연결)국물 내논 거 있어. 한번 우루루루 끓이구 물 따로 끓여 우

동 뜨겁게 데워서.

정호    제가 할께요 이모‥

이모    그래‥앓느니 죽지 니가 낫겠다‥ 어이 일어나‥뭐래두 자셔야

지 니 어머니‥이러다 줄초상 날라‥

정호    (일어서고)

소정    (따라 일어나는데)

이모    너는 좀 있어‥

소정    (애매하게 도로 앉고)

이모    …뭐냐…니 시누 걱정이 그저 니가 니 시어머니한테 잘했으며

언하는 거 밖에 없으니까….아이구 그거 세상뜨기 전에 조금이라두

안심을 좀 하게/….노인네한테 신경 쓰는 걸 보여줘‥

소정    …‥

이모    개 가구 없으면 정호 하나 남어‥늬들 책임이 커‥

엄마    (탈진)귀신 씻나락 까먹는 소리 말어….귀찮어…

이모    일러둘 건 일러둬야지이.

엄마    애 벌써 떴냐?…뭐가 그렇게 급해…어이구후후후 ….(하며 돌아

눕는)….

이모    알었어어…

S#  가게‥

정호    (맹물과 우동 국물 불구멍 두 개에 각각 올려놓아 불 켰고/ 망 그릇에

서 우동 사리 붙은 것 털어 떼면서 혼자 억제한 눈물 쏟고 있다)······

**소정**  (들어오며)나만 죽게 생겼어 오빠··

**정호**  ······

**소정**  형님은 무슨 그런 병이 걸려··

**정호**  (돌아보며 째리고)

**소정**  왜애····나두 속상해 하는 말인데···

**정호**  ····(그만둬야지)

**소정**  그거 혹시 유전병 같은 거 아냐?

**정호**  ??

**소정**  도대체 병명이 뭐야··덮어놓구 못 고치는 병이란다 답답해 죽
       겠어·· 어떻게 형님은 병명두 안 가르쳐주구 가아? 아무리 노인들이
       지만··

**정호**  ····(그냥 우동 냄비 꺼내 놓고/ 두 개)

**소정**  오빠두 같은 병 걸리면 어떡해·······좀 알아봐··

**정호**  (냉장고로 움직이며)·····

**소정**  무슨 병인지··

**정호**  알아서 뭐할 건데.(김치통 꺼내며)

**소정**  못고치는 병이 어딨어··요샌 암환자들두 수술하구 항암치료
       받구 살아나는 사람 많다던데···

**정호**  (김치통 들고 도마 있는 곳으로)···

**소정**  으응?

**정호**  못고치는 거니까 못 고친다 그러겠지···누나 멍청이야?···매형
       은 또 어떤 사람인데····

**소정**  병명이 뭔지 알아봐아··

정호    야 너는 이 상황에 나더러 누나 병명이 뭐에요 하란 말야?

소정    (발 구르며)오빠두 같은 병 걸리면 어떡하냐 말야아..

정호    ....(김치통 탁 놓으며)어이구우 내가 말을 말아야지..그딴 걱정
말구 누나 걱정이나 좀 해. 아무리 본지 얼마 안돼두 형님이잖아. 애
둘 놓구 죽는대..불쌍하지두 안타깝지두 않어?

소정    불쌍해..

정호    거짓말 마..이런 땐 정말 있는 정 없는 정 다 떨어져..(김치 뚜껑
열며)

소정    (부우 남편 보며)……

**S# 박회장 거실**

장    (거실에서 나와 현관으로)…(들어오는 박에게)어서 오세요..

박    (오만상을 찌푸리고 안방으로)

장    상 봐라..

정원    네 어머님..

장    (안방으로)

**S# 안방**

장    (들어오는데)

박    (벗은 상의 패대기친다).. 어으으으

장    옷이 뭐래요….(집어 들며)왜 그래요또..

박    도대체가 자식눔을 으째 그렇게 시원찮게 나놨어.그 모양이루
나 놓구두 큰소리야?

장    나 혼자 낳았어?…(장문 열며)왜 그러는 건데..

박    이 자식 지 여편네 병원 집어넣구 일 제대루 하랬더니 회사 집어
친다 그러구 삑하니 들어가 버렸어.

장  ???

박  어어이 모자란 눔..여편네 밑닦개나 하구 살눔..

장  아니 그러기루 하구 출근하는 앨 왜 건드려요.

박  지키구 앉았다구 달라지는 거 있어?

장  어쨌거나 한 입으루 두말 왜 해..그렇잖두 울구 싶어 죽겠는 앤 왜 찔벅거리냐구 찔벅거리기는.

박  여러 말두 안했어 뒤마디 했어.

장  뒤마디건 여러 마디건 걔가 지금 온전한 녀석이야? 반은 환장해 다닐 녀석/ 응? 마지 못해 들락거리구 있을 눔이구먼 변덕 영감탱이 어느새 욕심 발동해 애 건드려?

박  이거 봐.. 회사라는 게 무슨 눈 뭉치 굴리는 건 줄 알어?

장  좌우간에 약속을 했으면 지켜야지 그눔으 건 새 기집 찾는데만 쓰냐? 뭐하러 달구 있어 달구 있기를..

박  (말문이 막히고)

장  바지 벗어..

박  ....(무슨 대거린가 하려다 말고 바지 벗는데)

장  자알 됐구먼...똥싼 사람이 치워야지 어째...새벽에 나갔다 오밤중에 들어오는 거 좀 안하니 얼굴두 낫구 훨씬 났드구먼 나무 관세음 보살 관세음보사아알..

박  (바지 벗은 거 내밀며)이건 한 마디 하면 열 마디 스무 마디니 원..

장  (받아들고 실내복 건네주고)

박  (입으면서).........(있다가 불현듯)아 그런데 정말 큰애는 그냥 저렇게 모르쇠루 끝내겠다는 거야?

장  ??

302

박    어떻게 노력하는 기미두 안 보이냐 말야 내 말은. 당신두 재애두.

장    회장님.

박    왜 불러.

장    점심 진지 드시구 나 조용히 면회 좀 하십시다..

박    뭐 할려구..(하는데)

정원   E 어머님..

장    오냐 나가신다..

## S# 신상품 품평회

    [점주들 30명 정도/]

지나    (인삿말 중이다)전 오늘 맞을 각오, 죽을 각오, 욕먹을 각오, 모든 각오를 하고 왔습니다. 지난 품평회 때에도 여러분들이 평을 해 주시기 전에는 미진한 부분 정말 많았습니다만,여러분들의 품평과 건의 덕분에 더 업그레이드한 좋은 제품이 나올 수 있었습니다. 전 불평하는 사람을 좋아합니다. 그렇지만 어떻게 개선하고 고쳐야 할지를 제시하면서 충고하시는 분의 불평이 반갑습니다. 그저 '장사가 안된다' '마음에 안든다'는 그냥 불평으로 끝나는 불평은 (웃으며)그다지 반갑지 않구요.. 대안있는 불평을 해주세요..

승조    (지켜보고 있는데/한 구석에서 눈에 안 띄게)

지나    E 오늘, 품평회에서는 지난번에 보셨던 늘씬한 모델들이 나오지 않습니다.늘씬하고 예쁜 모델들이 이 옷들을 입으면 다 이뻐 보입니다. 모두 다 좋다좋다 이쁘다이쁘다 하시죠. 그래서 정확한 판단을 하기가 힘들다는 판단 하에…오늘은 여러분들이 본사에 오시면 보셨던

지나    우리 여직원 중에서 5명을 뽑아서 대신 모델로 세우기로 했습

니다. 그러니 얼굴 감상 마시고, 몸매 감상 마시고, 옷만 감상하시고 여러분들의 매장에 맞는 옷들을 선택해 주시고 개선해야 할 점을 써 주시면 됩니다. 이상입니다.

    [박수 짝짝짝짝.]

**지나**    (시회에게)시작하시죠··

**사회**    그럼 지금부터 프레데릭 카스 품평회를 시작하겠습니다.(점주들 일제히 카탈로그 펼치고)보통 여성복의 경우 130

**사회**    E (승조에게 움직이는 지나 위에)150모델 정도인데 반해 저희는 220 모델로 구성했습니다. 잘 보시고 결정하시기 바랍니다. 모델이 걸어가는 중에, 옷을 만져보고 싶으신 분은 불러서 만져보시고, 궁금하신 곳을 보여달라고 요청하시면 됩니다.

    [지나 승조 반가와하고.]

    [모델들 셋 차례로 나오는]

**사회**    이 제품은 2페이지의 1번, 2번, 3번 제품입니다. 1번 제품(쟈켓)은 기본 테일러드 쟈켓으로, 아웃 포켓에 벨트를 착용해서 캐주얼 라인을 강조했습니다. 쟈켓 안의 제품은 (에서)

**S# 근처 샌드위치집**

**지나**    (샌드위치 집으며)진짜모델 안 쓴 아이디어 어때?

**승조**    엉··딴 거 안 보구 옷만 보면 옷은 확실히 사는데 눈요기가 좀 그렇다··

**지나**    (흘기면서)글쎄 바로 그 눈요기 때문에 바꾼 거란 말야··점주들이 보다 정확하게 보고 판단하라고오··

**승조**    알았어알았어. ㅎㅎㅎ

**지나**    ······시우 통화했어?

**승조**  개한테 전화하기 좀 그래. 전처럼 괜히 뭐하니 밥먹었니 할 수도 없고 뭐 용건같은 게 있어야지..

**지나**  ……… 쇼핑 몰에 나왔을 때랑 비교해서 너무 빨리 나빠지는 거 같애..

**승조**  (그냥 좀 끄덕이듯 커피 잔 들고)

**지나**  (들고 있던 먹던 샌드위치 놓으며)정말 너무 힘든 가을이다..(창 쪽으로 고개)

**승조**  겨울이야….

**지나**  (고개 창 쪽으로 한 채)그 눈빛이….떠나질 않아. 계속 따라다녀..

**승조**  ….(보는)

**지나**  웃고 있어도 슬프구 쓸쓸한 눈……불꽃놀이할 때 나…잠깐잠깐 훔쳐보면서 너무 그랬어…(고개 앞으로)자식 남편이랑 헤어질 날 받아놓고도 불꽃장난하면서 웃을 수 있는 여자..웃을 수 있어서가 아니라 웃어야하기 때문이었겠지 승조야..

**승조**  …..체하게 만들 거야?

**지나**  가슴은 우는데 얼굴은 웃어야 하는 거….어떨까…강한 사람인 건 확실해..나였으면 아마 …..돌아서 병원에 실려갔거나 술독에 빠졌거나 그럴 거야 난 비겁하니까.

**승조**  너 비겁해?

**지나**  비겁하지 그럼..(커피 잔 들며)잘 사는 집 남의 남편이나 흘끔거리며 침 흘리구 잘난 여자 샘이나 내구…

**승조**  반성문은 이제 그만 쓰는 게 좋겠다..그만큼 썼으면 충분해..

**지나**  시우가 침울하구 쓸쓸한 남자루 중년이 되구 노인이 되는 거 안 원한다더라….진심인 거 같았어..

**승조** 진심이겠지..얼마나 사랑하는데....사랑이란 지나야...(들고 있던 샌드위치 놓고 물 잔 집으며)언제나 상대가 행복하기를 바라는 마음이야...비록 나를 잊어가더라도...그게 서글픈 일이긴 하지만 나를 잊어서 행복에 가까워질 수 있다면 나 잊는 것 이해할 수 있는 마음..

**지나** 시우 그게...가능할 거라구 생각하니?

**승조** 글쎄....지금까지 우리가 아는 바로는 어렵지 않을까? 그래서 영애씨도 아마 걱정이 더 될 거야..

**지나** 난 그냥 시우가 침울하구 쓸쓸한 노인으루 늙어 죽었음 좋겠어..

**승조** (보며)....

**지나** (샌드위치 집으며)그게 유종의 미야.. 아니면 영애 언니 인생 진짜 허무한 거야.. 다 헛 거잖아.. 순 거짓말이구 순 사기구.

**승조** 너 생긴 거랑 다르게 순정파니까..

**지나** .....(먹다가)만약 중간에 야릇해지면 나 구정물 퍼불 거 같아..그리구 짤라낼 거야...(먹는다)

**승조** .......(보다가)진심이야?

**지나** ??(보고)그래..진심이다..

**승조** (웃으며)나는 안 짤라..시우를 너무너무 사랑하니까..

**지나** 그말 들으면 걔 나무토막 된다.. 너 추석날 울구불구 걔 껴안았을 때 시우 못 봤지..갑자기 뻐덩해지는 거..

**승조** 그거 영 맹추야.. 허그두 못하는 녀석..

**지나** (그냥 먹으며).....

**승조** ....(샌드위치 집어 들며 지나 보는).....

**S#** 박회장의 안방

**박**　……(장 보며/놀람 표현 필요 없음)

**장**　그러니까 물색없이 며늘애 건드리지 말어요. 지 친정에두 말 안하구 지가 다 뒤집어 쓰구 사는 애에요‥

**박**　그 얘길 왜 이제야 해.

**장**　용하디 용한 늠 모자란 자식으루 치부하구 입만 열면 통박줘 가며 고약하게 구는데/ 가지나 더 구박뗑이 될까 무서워 며늘애가 나더러 같이 짜자 그럽디다‥

**박**　……(얼굴 조금 돌린다)

**장**　그런 애에요‥

**박**　……

**장**　이제부턴 손주 못 안겨준 죄루 쩔쩔매는 사둔들한테  뻐엇뻣 하니 잘난 척 하지 말구 그런 거 아아무 상관없다 그래요‥당신 그럴 때마다 내가 아주 쥐구멍 파구들구 싶었어요‥

**박**　……

**장**　알아들었어요?

**박**　(아내에게 고개 돌리며)그눔으 자식은 어떻게 그거까지 변변칠 못 해애애‥

**장**　???너 닮어 아무 데나 씨뿌리구 다닐까 무서운 나머지  부처님 이 실수하신 거다.

**박**　?? 내가 언제 씨를 뿌리구 다녀.

**장**　내가 언제?…… 너 정녕 그럴래?

**박**　아 하나 밖에 /하나두 그거 긴가민가

**장**　(앞에 있던 방석 집어 냅다 갈기면서)하난지 열인지 알게 뭐야 이 늙은이야. 알게 뭐야 알게 뭐야‥알게 뭐야‥

**박**  (맞다가)아 그만해 다 지난 일 갖구서는 그나저나 연우 년은 어떡하구 있는 거야.

**장**  구렁이 담 넘어가냐?

**S# 연우의 침실**

**허**  (서서)………(보다가)죽어두 아냐?

**연우**  (침대에 팔짱 끼고 앉아 고집스럽게)죽어두 아냐.

**허**  ……(보며)

**연우**  목을 빼두 아니야.

**허**  꼭 현장을 덮쳐야 손들 거야 당신?

**연우**  적반하장 웃기지 말구 살기 싫음 말두 깨끗하게 싫증나 더 이상 살기 싫다 그래. 왜 그렇게 치사해‥암만 그래봤자 나 잘못한 거 없구 까짓 남자랑 차 마시구 밥 먹는 사진 몇장으루 당신 나 못 옭아매애……(남편 보며)그래애 밥 먹구 차마시구 드라이브는 했어. 나 이 말을 앞으루 몇 번이나 더 해야해. 앙?

**허**  유부녀가 외간 남자하구 밥먹구 차마시구

**연우**  (오버랩의 기분)이 인간이 정말 (벌떡 일어날 태세면서)입을 확 찢어버릴까부다.

**허**  (펄쩍 물러서고)

**연우**  뭐 묻은 개가 뭐 어쩐다드니 저는 오만 짓 다하구 다니면서 나 차 먹구 밥먹는 거두 안돼? 안된다구 누가 그래.

**허**  (이거 왜 이래)정신적인 바람두 바람야.

**연우**  그래 나 정신적 바람 났어 어쩔 거야‥ 당신은 정신적 육체적 양 수겹장 다하면서 난 하나두 안돼?

**허**  미주 엄마‥(달래려)

308

**연우**    정 이렇게 나오면 나 잡지랑 인터뷰 해…(침대 내려서며)있는 거
        없는 거 보따리 다 풀어놀테니까 어디 망신 한번 당해봐. 매장 한번
        당해 보라구.(하며 장문 열어젖히는데)

**허**     (연우 잡아 떼고 장문 닫는다)

**연우**    왜애. 건 겁나?

**허**     한번만 봐줘어..제발 이혼 좀 해 줘어.. 당신 저엉 그렇게 이혼이
        싫으면 그럼 이렇게 합시다..딱 일년만 살구 당신한테 도루 가께..그
        때 다시 만나서 살면 (하는데)

**연우**    (냅다 남편 얼굴 주먹으로 갈겨버린다)……

**허**     (볼 싸쥐고)….

**연우**    (낮게)장난쳐? 미련있어 이러는 줄 알어? ..누구 위해 갈라서 줘.
        이혼해서 나한테 생기는 게 뭐야…

**허**     (볼 싸쥔 채 인상 쓰며 보는)….

**연우**    놀아.. 실컨 놀아..안 말려..놔주께.. 하구 싶은대로 다아 해.. 이
        혼만 못해…꿈 깨애..

**허**     (아내 보며/하아 이 여편네 말 안듣네에에)

**S#**  영애의 거실··

**영애**    (소파에 기대어 앉아 눈 감고 있는데)

**준서**    (엄마 다리께 두드려주며 노래하는데 너무 크고 낭랑하다)파도가
        밀려오는 자장 노래에 스르르 눈을 감고 잠이 드읍니다..

**은혜**    (준서 자장노래에. 높이 올라갈 때 숙제하다 준서 보는)….(노래 끝
        나자)어이구 참 잠이 오다가 깨겠다.

**준서**    ??(누나 보고)

**영애**    (눈 감은 채 웃는다)

**은혜**   엄마가 너 재울 때 그 노래를 그렇게 부르시대? 자자장 노오래
에‥그러구 소리 질러가면서?

**준서**   엄마 깨셨어요?

**영애**   아니 자구 있는데?‥

**은혜**   자는 사람이 어떻게 대답을 해?

**영애**   행복하니까 안 자구 자는 거 같아‥아마 행복에 취했나봐‥술에
취하는 것처럼‥

**준서**   엄마는 괜찮대잖아아아‥

**은혜**   엄마 주무시게 할래면 그냥 조용히 숙제나 해애‥떠들지 말구
조용히‥

**준서**   알었어어어…엄마.

**영애**   으응‥(하며 눈 뜨고 보고)

**준서**   앗 눈뜨지 마세요‥그냥 주무세요‥저 이제부터 가만히 숙제한
다구요‥

**영애**   그래….고마워어…

　　　[한동안 사이 두었다가….]

**영애**   (눈 뜨고 가만히)……….(부시시 일어나며)엄마 방에 들어가 누울
께…미안해‥

**준서**   네‥그러세요 엄마‥

**은혜**   (그냥 엄마 들어가는 거 보고 있고)……

**S# 침실**

**영애**   (들어와서 침대 옆구리에 앉으며 전화 집어 들고 찍는다)……

　　　E 신호 가는 소리……

**이모**   F 네에…

310

**영애**  저에요 이모…

**이모**  오냐‥

**영애**  엄마… 어떠세요‥

## S# 안방

**이모**  누워 있어‥(언니 돌아보며)……먹긴 뭘 먹어…물만 마시구 누워 … 저러구 계시다…말을 듣니?…목구멍에 넘어가냐? 나두 못 먹 겠는데……하는 수 없지 어째‥너보다 앞설라구 그러는 건지 뭔지 …아이구 나두 모르겠다‥이게 무슨 일인지‥

　[엄마는 누워 있고]

## S# 영애의 안방

**영애**  그럼 안돼요 이모…어떻게 해서든 뭐 좀 드시게 만들어요 이모 가……전 먹었죠오‥안 먹으면 어떡해요‥와서 밥 많이 먹었어요‥지 금두 배 불러 죽겠어요‥엄마 그러시면 저 더 힘들어요 아시죠?……

## S# 엄마의 안방

　[상보 덮인 작은 상‥]

**이모**  그럼 알지…알어알어…그래 너무 걱정마…(울먹해지면서)오냐 …오냐오냐….그래애‥(한숨처럼 토하며 전화 끊고 언니 돌아본다)……

**엄마**  ……

**이모**  그나마 남어있는 명….언니가 재촉까지 할래요?

**엄마**  ……

**이모**  영애 걱정이 말두 못해 언니‥ 애 생각해서 이럼 안되는 거 아 뉴?………받아논 밥상인 걸 어떡해애….언니 그랬잖어…차례온 밥상 은 먹어치워야지 별수 없는 거라구…그게 골가지 낀 김칫독이든 ….까시 난 된장독이든 받았으면 먹어 치워야지  별 수 없는 거라구…. 안 먹을 수는 없는 거라구……

**엄마** ……..

**이모** 우리가 사는 게 그저 다아……전생 잘못 살어 만들어 논/ 숙제
하는 거라면서….고생고생하다 혼자 죽는 할머니 할아버지들 보
면…. 그런 생각이 안 들래야 안 들수 없댔잖어……영애두 언니두
그런 건가부지….뭔진 모르지만 ….전생에 무슨 잘못을 했나부지
으응?

**엄마** ……..

**이모** (일어나며)국 데워 올테니까 한 술 뜹시다··기운 차려야지 언니
이럼 안돼·· 밥 안 넘어가면 국이라두 마시자구··(하며 나가고)

**엄마** ……(이모 나가자 감고 있던 눈 뜨면서)……..

**S# 침실**

**영애** (아까 자세 그대로 앉아서 방바닥 보며 있는)……..(한참 있다가 일
어서 장문 연다)

**S# 아파트 광장··**

**영애** (둘둘 싸듯이 입고 나와서 광장 벗어난다)…..(걸음이 훨씬 느려졌
다)….

**S# 사진관··**

[크은 대봉투에서 사진 꺼내는]

**영애** …….(가족 사진이 앞에)……..(보다가 아래 사진 앞으로 하면)

[영애의 독사진…..]

**영애** ……(담담하게 보면서)

**남자** 아주 잘 나왔어요 사모님··

**영애** 그러네요··실물보다 훨씬 낫네요··

312

남자   만족하시죠?

영애   네…고맙습니다…(사진 보며)‥‥

**S#  근처 길‥**

영애   (사진 봉투 들고 웅크리듯 하고 서 있는/ 숨차하며)‥‥‥‥(한동안 그
     러고 있다가 걸음 떼어놓기 시작한다)‥‥

       [구르는 낙엽‥‥‥]

영애   (숨차하며 눈은 좀 부릅뜬 것처럼 차근차근 걷는데)‥‥‥‥‥

       [맞은편에서 부리나케 걸어오는 시우‥영애 발견하고 앞으로‥막아
     서듯]

영애   ??(하면서도 반갑다)

시우   그걸 왜 당신이 찾으러 와아‥(봉투 빼내다가)장갑두 안끼구

영애   잊어버렸어‥

시우   어련히 찾아다 줄까봐‥

영애   (시우 팔 끼며)천천히 걸어 줘‥

시우   ‥‥‥

       [걷기 시작하는 두 사람…]

영애   그래두 나오면 시원해…

시우   (잠깐 보고 말고)‥‥‥

영애   (붙어 서서 걸으며)당신은 어디갔다 오는 거야?…그냥 핑 나갔
     었잖아‥

시우   머리 편하게 감는 의자 보러 나갔었는데…못 샀어…젤 존 거는
     미장원 이발소에 놓는

영애   아이구 여보 수퉁 맞어서 그걸 어떻게에‥ 놀 자리두 없구우‥

시우   글쎄 그렇더라구‥

**영애**   집 망가지는 거 싫어‥신경쓰지 마 그냥 욕조에 앉아서 샤워루 감으면 돼⋯생각해봤는데 앞으루 숙이는 거나 뒤로 젖히는 거나 마찬가지(하다가 기침 터지며 멈춘다)

**시우**   (같이 멈춰서 보는)⋯⋯

**영애**   (기침 수습하고 다시 걸으려 하며)마찬가질

**시우**   말하지 마. 입 다물어. 찬공기 들어가니까 기침하는 거야‥

**영애**   알았어‥그래두 끝은 내야지. 마찬가질 거 같으니까 꾀부릴 생각 말구 그냥 욕조 안에 서 해결하자 여보⋯.그러는 게 좋겠어‥다 했어‥(입 꼭 다물고 웃어 보인다)

**시우**   (그냥 아내 어깨 감싸 안고 걷기 시작)⋯⋯

**영애**   ⋯⋯(걸으며)

**S# 영애 거실**

　　[들어오는 부부‥]

　　[준서 은혜 소파에 앉아서 만화 보다가]

**준서**   아 아빠랑 엄마 만나셨네요?

**영애**   그러엄‥

**은혜**   사진 찾았어?

**영애**   찾았지‥

**은혜**   어디 있어?

**영애**   아빠‥

**준서**   (아빠 손에 봉투 빼내면서)내가 먼저 봐야지‥나 이 때문에 이상하게 나왔으면 다시 찍어야지‥

**은혜**   (준서 옆으로 붙으며)너 하나 때문에 다시 찍어?

**준서**   안되나?

314

**은혜** 안되지..비쌀 건데.. 빨리 꺼내 봐아..

**준서** (사진 한꺼번에 꺼내면서)짜자아아안.

　　[맨 위 사진이 영애 독사진..]

**두 아이** ??(영애 보고)

**은혜** 엄마 이게 뭐야?

**영애** (보고)어엉. 엄마 사진이네?

**은혜** 이걸 언제 찍었어?

**영애** 나중에 엄마 혼자 가서.(하는데)

**은혜** 에이 엄마 그런 법이 어딨어.

　　[아들에게 사진 넘겨주고 곧장 안방으로 들어갔던]

**시우** (나오면서/ 실내복)사진 어때..잘 나왔어?(하는데)

**준서** (사진 내밀면서)이거 좀 보세요.아빠..

**시우** (사진 보며 굳고)

**준서** 나중에 엄마 혼자 가서서 찍었대요.

**시우** (영애 돌아보고)

**은혜** 말두 안돼..엄마만 혼자 찍구. 나두 혼자 찍구 싶은데..

**영애** (준서에게서 사진 빼내 얼른 뒷장 앞으로 하며)다른 거 봐..우리 가
　　족 사진. 잘 나왔어. 준서두 멋있구 은혜는 예쁘구..

**시우** (말없이 사진 빼내 가족 사진 한 장 애들 주고 나머지 들고 방으로)

**영애** (그러는 남편 보고)‥‥

　　[애들은 사진 보며 마음대로 지껄인다..]

**은혜** 에이 이게 뭐야..

**준서** 왜애?

**은혜** 안 이뻐.

**준서** 괜찮아아아아··봐봐 누나 나 입 잘 다물었지··

**은혜** 너는 괜찮아··

　[애들 떠드는데 안방으로]

**S# 안방··**

**영애** (들어오며 보면)

**시우** (침대에 걸터앉아 독사진 내려다보며)······

**영애** (다가와서 같이 내려다보며)······많이 웃지 말라는데 내가 거부했어 ····너무 많이 웃었나?······마음에 안들어?·····

**시우** ·········(그대로)

**영애** (사진 빼서 보며)허둥지둥 아무 사진이나 쓸까봐·······바보같이 보이면 어떡해···비교적 마음에 든다····(화장대 맨 아래 서랍에 넣으며)여기 넣어둘게··

**시우** (가만히)당신 ···정말 싫다···

**영애** (돌아본다)······

**시우** 하루하루가····이렇게 힘이든데···당신이라는 사람은 참···독하기도 하다····차곡차곡 준비하면서 나한테 ··그런 얘길 그렇게 지나가는 말처럼 할 수 있다니·····

**영애** ····(그냥 다가와 말없이 시우 머리 가슴에 안아준다)·····

**시우** 가끔 당신이····김새는 느낌이 들 때가 있어····당신한테는 나머지 세 식구 놓고 가는 것도 그런대로 견딜만한 일 아닌가····그런 생각이 들어··

**영애** 십 년을 한이불 덮구 살았는데 그런 말 하면 어떡해······그러지 마···

**시우** ·····

**영애** (옆으로 앉으며 시우 손잡고) 나 좀 봐 여보······여보···

316

**시우**   (돌아본다).....

**영애**   당신은 그럼 내가 있는대로 무너져 마구 몸부림치면서....그랬
으면 좋겠어?...그럼 나 더 이뻐해줄래?

**시우**   ......(보며)

**영애**   그렇게 망가진 모습으로 당신 괴롭히구 싶지 않어.. 그런 걸 마
지막 나로 당신한테 남겨주구 싶지두 않구...

**시우**   ......(보며)

**영애**   당신을 무진장 사랑하거든...당신한테 영원히 꽤 괜찮았던 여자
로 기억되고 싶거든..

**시우**   과거형 쓰지마.. 당신은 나한테 과거가 될 수 없어..

**영애**   ......(보며)

**시우**   당신이 사라진대두 나한테 당신은 과거가 아니야.. 내가 죽으
면...그날부터 당신하구 함께 나두..... 과거가 될게.

**영애**   ......(보다가 눈 감는다)......

**시우**   어지러워?

**영애**   (끄덕인다)

**시우**   누웁시다..일어나 눕자구..(영애 잡아 일으키고 이불 젖혀 영애 눕
게 자리 만들어주고 저도 침대로 올라 아내 보며)

**영애**   ......(눈 감고)......(있다가 눈 뜨고 옆자리 두드린다).....할말 있어...

**시우**   ......(옆자리에 영애처럼 베개 고이고 기대앉는다).......

**영애**   (더듬어 시우 손잡고)......박시우.... 몇 살이지?

**시우**   .....

**영애**   아직 삼십대 중반이야...지금부터 쭈욱 혼자 애들 키우며 살려
구? 지금 결심이 그래?

**시우** 이런 얘기 하고 싶지 않아…(하고 손 빼고 돌아누우려)

**영애** (손 안 놓아주며)그냥 있어.. 안하구 싶은 얘길수록 피하지 말구 해야돼..우리 상황이 그래….이러지 말구 우리 마주 보자..돌아 누 워 봐..(돌아누우며)

**시우** ……

**영애** (손 뻗어 시우 얼굴 돌린다)……말 들어..뭐든 내가 하라는대루 한 다 그랬지….얼른..

**시우** (돌아누워 주고 보지는 않으며)

**영애** 지나씨가 당신 잘 챙겨줄꺼야..

**시우** (보는)

**영애** 두 사람 알아서 할 일이지만 다른 여자보단 걔가 그래두 날 거 같아.

**시우** (몸 일으키며)여보.

**영애** 서로 너무 익숙한 사이잖아..당신 말대로 형제 같은 우의두 있 구 또 지나가 당신을 많이 좋아하구

**시우** 나 잡놈이야?

**영애** …..(보며)

**시우** 나 개아들이야?

**영애** 왜 그렇게 숭한 소릴 해. 준서 배우겠다.

**시우** 모욕하지 마..당신 왜 그래.

**영애** …..(보며)

**시우** 마누라 없어지구 난 뒤에 마누라 신경쓰게 옆에 붙여뒀던 여자 하구 뭘 어쩌라구?

**영애** 그냥 가볍게 들으면 안될까?

318

**시우** 이게 가볍게 들을 얘기야?

**영애** 나는 무겁게 하는 거 아닌데?

**시우** (픽 누우며)그만해..(눈 감는다)

**영애** 얼마나 사랑이 많은 사람인데 여자없이 혼자 늙는 거 찬성 안해..

**시우** 내 일이구 내 마음이야. 무슨 상관야. 참견 마.

**영애** 그래두 이런 얘기 해두는 게 나중에 당신 부담 덜어주는 걸 거야..

**시우** (돌아본다)....(무슨 얘기)

**영애** 알수 없잖아. 시시각각 변하는 게 사람에 마음인데....딴 사람 좋아져두 나 때문에 갈등하지 말라구..

**시우** 참...대단합니다 하선생..

**영애** (웃고/ 시우 얼굴 만지며)그런데...나 우리 애들은 지나 주기 싫다..

**시우** (다시 불끈 일어난다)

**영애** 당신은 아낌없이 주는데 애들은 안돼..

**시우** 왜.. 주는 김에 다 주지. 인심쓰는 김에 팍팍 써어.(하며 이불 홱 액 젖히고 침대 내려서는데)

**영애** 지나 애 나면 우리 애들

**시우** (버럭)도대체 말이 되는 소리를 해라 엉? 아프다는 핑계루 아무 말이나 막 다 지껄이냐? 당신 뭐 영화 대본 만들어? 시나리오 작가 야? 마구 써갈겨?

**영애** 여보..(하는데)

**은혜** (방문 연다)....

**시우** 암 거두 아냐 은혜야. 엄마가 헛소리해서 아빠 화났어. 문 닫아..

**은혜** 아픈 엄마한테 왜 화를 내? 아빠가 잘못이야.

**시우** 아 그래 아빠는 밤낮 잘못만 해. 니 아빠 완전 꽝이야.(아무렇

게나)

**영애**  여보‥

**은혜**  엄마 빨리 안 나서 속상해 죽겠는데 왜 그래 아빠‥(야단치는 건데 울먹)엄마한테 소리치지 마‥나 화 나!!(하고 문 닫는다)‥‥

**시우**  ‥‥‥

**영애**  쌤통이다‥ 내 빽이 얼마나 든든한데 까부냐 당신‥

**시우**  (그냥 휙 화장실로 들어가고)

**영애**  ‥‥‥‥(울음 날 듯)

**S#  아파트 전경(밤)**

   [바람 좀 불고‥‥]

**S#  영애의 거실‥**

**영애**  (산소 호흡기 꽂고 앉아 엎드려 만화영화 보는 준서 등 가만가만 쓸어주고 있다)‥‥

   [은혜 시우 보고 있고‥‥‥]

**조**    (과일 들고 나와 놓아준다)

**영애**  그만 쉬세요 아주머니‥

**조**    알아서 해 준서 엄마‥‥‥준서 아빠‥‥뭐 차 주까? 대추 차 만들어났는데‥

**시우**  네 저는 괜찮은데요‥ 쉬세요.

**조**    (끄덕이고 움직이고)

**시우**  (준서 안 돌아보는 채)준서 졸리면 방에 들어가 자지.

**준서**  영화 끝날려면 멀었는데 혼자 들어가 자는 거 싫어요‥

**시우**  (은혜가 찍어서 주는 과일 받으며)마지막까지 볼 거야?

**은혜**  응‥(하고 과일 찍어서 엄마 준다)

320

**영애**    고마워‥엄마 딸‥

**은혜**    엄마는 요새 엄마 딸 엄마 아들 소리 많이 하더라?

**영애**    ?/그래?

**은혜**    혹시 우리가 엄마 딸 엄마 아들 아니라는 사람있어?

**영애**    (웃으며)아아니? 그런 얘기할 사람이 어딨어‥

**은혜**    근데 왜 그래?

**영애**    그냥…엄마는 그러는 게 좋아‥흐뭇하거든.

**은혜**    (끄덕이며)나두 싫지는 않어‥나두 흐뭇해.

**준서**    나두 하나 주라‥(팔 뻗으며)혼자만 먹냐?

**영애**    자 엄마꺼 먹어‥

**은혜**    (찍으며)잔다 그랬으니까 안 췄지이… (찍은 것 엄마에게)엄마‥

**영애**    (받으며 혼잣소리처럼)바람이 부네‥‥‥

**시우**    (아내 돌아본다)

**S# 엄마의 방‥**

[와 있는 소정 엄마‥정호…이모…엄마‥‥‥‥말없이‥]

[바람 소리가 이곳은 더 들리고… 뭔가 양재기가 구르는 소리…]

**이모**    (일어나며 혼잣소리)뭐가 저러는 거야아…(나가고)

[잠시 또 사이 두었다가]

**소모**    오기는 왔는데‥‥‥‥참 뭐라구 위로의 말씀을 드려야할지‥‥‥난 감하네요…

**엄마**    예에‥‥‥‥이런 걸음 하시게 해서‥‥‥미안스럽네요‥

**소모**    무슨 그런 말씀을 하세요‥‥‥‥얼마나 기가 막히세요…하늘이 무너져두 이보다야 더하시겠어요‥ 자식 일인데…

**엄마**    (한숨 토해내며) 예에에…

**소모**  자식 키우면서 이속 저속…속 안 썩이는 자식 있나요‥애 안 먹
  이는 자식 있구요…그래두….무슨 애를 먹여두 내 앞에 먼저 가는
  건 하지 말어야 하는데…. 아까와서 어떡해요….

**엄마**  ……

**소모**  우리 모두 다….이런 일들은 그저 남의 일로만 생각하구 사는
  데….공해 때문인지…. 암도 부쩍 많아져 주변에 흔한 게 암 환자구
  …원인 모를 병두 많이 생기나봐요…

**엄마**  ……

**이모**  (들어오고)……

**소모**  힘드시는 거야 이루 말을 할 수가 없으시겠지만….그래두 기운
  차리세요‥ 세상 떠나는 거에는 ….누구두 어쩔 수가 없는 거구…..
  사는 거두 죽는 거두 우리가 어떻게 할 수 없는 일이니까 …..그
  저….마음 강하게 잡수시고….사부인까지 탈나지 않도록 하세요‥

**엄마**  예 고마워요‥

**소모**  ……(보며)

**엄마**  고마워요…고맙습니다….

**소모**  ……(가만히 딱해서 보다가)‥더 있어봤자 지치시기만 할 거구 저
  그만 일어날께요‥

**엄마**  (끄덕이고)……

**소모**  (일어나고)

  [이모와 정호 일어난다…]

**소모**  그럼…

**엄마**  (일어나려)

**소모**  일어나지 마세요‥그냥 계세요…(그래도 엉거주춤 일어나고)…

322

[세 사람 나가고]

**엄마**  (주저앉는다)………(멍청하니 있다가 손 뻗어 물그릇 집어 물을 마시는데 아예 물그릇을 비워버린다)……(물그릇 놓고)………(또 머엉하니 넋 나가서)……

[충분한 사이 두었다가]

**이모**  (작은 냄비와 밥공기 들고 들어온다.)……

[차려놓았던 상 당겨서 놓고]

**이모**  어떡할래 언니..미역국에 밥 말아 한술 뜰래요 아니면 미음을 들이 마실라우………(반응 없자)언니이..

**엄마**  놔 둬…먹그 싶어지면 먹어..(누우려 하며)

**이모**  (그러는 엄마 못 눕게 잡으며)아 곡기를 끊으면 어떡해애애..

**엄마**  (손 밀어내며)좀 내버려 둬어어어.

**이모**  안돼 먹어야 해..언니 잘못되면 나 끈 떨어진 연이라 안돼.. 밥을 먹든 미음을 먹든 뭐든 먹어..(숟가락 억지로 쥐어주며)곡기 끊구 죽구 싶어두 암튼 영애 보내놓구 해.. 그래 그럽시다. 영애 보내놓구 (울음 터지면서)언니랑 나랑 죽어버립시다 그만. 이눔으 세상 더 살면 뭐해..나두 살기 싫어 나두우우…응응응

**엄마**  ……(보다가 숟가락 도로 상에 놓으려는데)

**이모**  아 좀 먹으라니까아아.(그 손 막으며)

**엄마**  (순간 입이 앙 다물어지며 숟가락 날린다)개돼지냐? 새끼 죽을 날 받어 놨다는 소리 듣구 밥이 목구멍에 넘어가? 나 살자구 꾸역꾸역 밥 집어 너?(숟가락은 날렸지만 소리는 크지 않게)

**이모**  언니이.

**엄마**  제에발 나 좀 모르는 척 해애…(피시시 누우며)알어서 해… 먹구

싶으면 달라구 해…걱정 말구우우….(눕는데)

**정호**  (들어온다)

**이모**  ??안 갔어?

**정호**  ..네….(하고 앉는다)…..

**S# 약국**

**소모**  (문 열고)나와..

[한약사는 약 팔고 있고/유정은 컴퓨터 만지고 있고 소정은 잡지 보고
있는 중.]

[두 딸 나간다..한약사에게 인사하고]

**S# 약국 앞..**

**소모**  (기다리다 딸들이 나오자)너 집에 들어가거든 간단하게 속옷만
챙겨들구 곧장 유서방네루 가..

**소정**  ??(멈추며)왜애..

**소모**  뭐가 왜야..시어머니 저러구 누우셨는데 며느리가 나 몰라라 해?

**소정**  이모 계시잖아아아.

**소모**  여러소리 말구 하라는 대루 해. 골 아파..(걸음 떼며)며느리/ 타
이틀만 붙이구 있어두 되는 건 줄 알어? 가 며느리 노릇 시늉이라
두 해..

**소정**  어우우 차아암?

**유정**  당연해. 불평 마..

**소정**  오빠는

**소모**  거기 있어.

**소정**  오빠가 그러래?

**소모**  그 자존심에 그런 말 해?

324

소정 그럼 자진해서 이러는 거라구?

소모 도리야.. 싫든 좋은 최소한의 도리는 하구 살어야 하는 거 아냐..

소모 엄마 왜 짜증은 내애..

소모 아우 심난스러.. 쳐 빨리 걸어……(한동안 사이 두었다가)어떻게
사는 게 잘 사는 거라구 해야될지 …….자기 그렇게 살면서 남 위해
그만큼 봉사하구 다니는데….

소정 내가 그랬잖어. 말짱 다 소용없는 일 하구 다니시는 거라구..

유정 (뿌우우)갑자기 인생이 참 혼란스러워..

소정 놀구 있네….

S# 영애 빈 거실.. 코너 등 하나 켜져 있고
[사이 두었다가 영애 나온다/ 숨 가빠하면서……어둠 속 더듬듯 산소호
흡기 있는 곳으로 가 코에 끼고 작동시키고 앉아서 숨 고른다……(숨은
가쁜데 눈은 휑하니)………]
[휘이이익 지나가는 바람 소리에 고개와 시선이 창 쪽으로]

영애 ………

S# 엄마의 안방..
[어둠 속에서 자고 있는 이모…]
[잠든 것처럼 보이던 엄마….부시럭거리고 일어나 앉는다….]

S# 정호의 방…
[정호 내외…]

소정 (어둠 속에서 일어나며 정호 깨운다)오빠……오빠아..

정호 어. 왜애..(자면서)

소정 일어나 봐아..화장실 가구 싶어어어..

정호 …..

소정  으응?·····싸겠어어어··

정호  (일어난다)

소정  이게 뭐야 이래서 여기 싫단 말야···

정호  (일어나 불 켜고 일어나는 소정에게 두꺼운 옷 씌워주고)···(방문 연다)

**S# 마루··(분합문도 없는)**

소정  (나오며)어우 춰··얼어죽겠다. 여기 문이라두 좀 해 달지이이. ··

정호  조용해··주무셔······

**S# 엄마의 방··**

엄마  (울음을 그냥 내쉬는 호흡과 섞어서 반반으로/ 찢어지는 가슴의 통
증과 슬픔을 극도로 자제한 그런 울음.)············

이모  (자다가 불현듯 깨서···잠깐 있다가 벌떡 일어나는)·······(언니의 울음
이 얼핏 듣기에는 우는 건지 뭔지 잘 모르겠는)언니 왜 그래··응? 왜 그
래··(하며 불 켜고 보면)

엄마  ·····(우는)······

이모  ··········(보다가 펄석 앉으며 언니 껴안는다)그래 울어 언니. 맘 놓구
울어··실컨 울어. 참지 마··참지 마 언니 응?(그 소리에 고무되듯 엄마
울음소리 조금 더 커지고)

  [꺽꺽 막혀가면서]

엄마  아이구 내 새끼···아이구 내 새끼이이이···불쌍해서 어떡해애
애애 내 새끼 내 아까운 새끼이이이이···

이모  (울음소리가 나올 수밖에 없고)

엄마  쓸모없는 내가 가지 왜 니가 가아아아··· 그눔으 시집때매 가
슴을 그렇게나 다치더니이이이····얼마나 다쳤으면 숨못쉬는 병이
생겨어어어어··불쌍한 내 새끼이이이····하늘두 무심하구 땅두 무

심하지이이이...아이구 내새끼 아이구아이구..영애야...영애야아 아아아..영애야..

**정호**  (문 열고 튀어 들어와 엄마 안아주고)

**엄마**  (아들 머리 쓸어안으며)니 누일 어떡해 어떡해 정호야아아..어 떡하냐 어떡해...이 노릇을 어떡해애애애애...

**소정**  (들어서 문 닫고).....(불쌍하고)....(엄마 울음은 계속되는데)

**소정**  (엄마 옆에 와 무릎 세워 앉으며)울지 마세요 어머니..

**엄마**  아이구 소정아 나는 죽겠다 내가 죽겠다아아아

**소정**  (저도 울면서)울지 마세요 어머니..초상난 줄 알겠어요..울지 마 세요오..

　　　　[계속되는 울음...잠시 있다가]

**S# 거실**

　　　　[산소호흡기 꽂은 채. 기대서 모포 쓰고 잠든 영애.........잠든 바람에 고 개가 약간 기우뚱 처진 자세로...]

# 제20회

S# **엄마의 가게 앞 골목**··(이른 아침 아직 다 밝기 전)

  [스산한 바람이 불고…]

S# **엄마의 방**··

  [어둠 속에서]

**이모**  ······(자고 있다········)

  E 밖에서 작은 상 놓았다가 들고 하는 소리····잠시 후··

**엄마**  (상 들고 들어와 자기가 누웠던 자리─이부자리는 걷어 치워져 있는─에 놓고 앉는다··)····(어둠 속에서 한동안 가만 있다가 수저 집는데)

  E 수저가 그릇에 부딪는 소리··

**이모**  (잠결에 듣고)?······(상반신 일으키며 본다)엉 언니 왜···

**엄마**  (대답 없이 밥 먹기 시작한다)······

**이모**  (급히 일어나며)아이구 언니 깨우지이이이(하고 불 켜고 보면)

**엄마**  (말없이 밥 욱여넣고 있고)

**이모**  ·····(잠시 보다가 쭈그리고 앉으면서)그래 언니 잘 생각했어. 먹어먹어·· 먹구 기운 차려. 영애 생각을 해서라두 그래야지 그러엄··

(하는데)

**엄마**    (밥 수저로 입 틀어막듯하면서 웅웅 울음이 비어져 나온다)‥‥

**이모**    (보며)‥‥‥

**엄마**    (밥수저로 입 막은 채)우우우우우우우우우‥‥‥ㅇㅇㅇㅇㅇㅇㅇ ㅇㅇ…ㅇㅇㅇㅇㅇㅇㅇㅇ

**이모**    (보며)‥‥‥

**엄마**    (울음 삼키면서 입 악물듯 하고 국 떠서 입에 넣고 먹는다)‥‥‥(먹으면서도 죽을힘을 다해 억제하는 울음)‥‥‥

**이모**    ‥‥‥(보며 저두 눈물이 나고)‥‥‥

**엄마**    (힘들게 마치 목구멍에 혹이 난 것처럼 음식 넘기고 나서 나지막히) 가게 문 닫구‥‥‥할머니 할아버지들‥한 바퀴 목욕이나 시켜드려,

**이모**    ‥‥(보며)‥

**엄마**    아무 말두 말구…그저 다른 일이 있다 그래‥인사받기 싫여‥

**이모**    ‥‥‥(보며)

**엄마**    (밥 푹 떠서 국에 만다)‥‥‥

**이모**    (보며)

**S#**  박회장 정원‥

**재우**    (스트레칭하고 있다)‥‥‥(심란하지만)

**이기사**    (스치면서)잘 잤어?

**재우**    아 예‥

**S#**  정원의 주방‥

**정원**    (김여인과 함께 조용히 아침 준비하고 있는데)‥‥‥‥‥

**박**    (주방 문에 나타난다)‥‥‥(나타나 그냥 여인들 쪽 보며)‥‥‥‥

**김**    (뭔가 때문에 돌아서다 보고)아이구머니나‥(들고 있던 것 놓치고)

**정원**  ??....아버님.

**박**  (오버랩의 기분)놀래기는 귀신 봤나..

**정원**  네 아버님..(조금 다가들며/뭐 필요하세요)...

**박**  (나직이)잠깐 보자...(하고 문에서 사라진다)

**정원**  ??(나가고)

**S# 거실**

**정원**  (나오며 보면)

**박**  (서재로 움직이고 있다./서재 문 다 닫지 않은 채 들어가고)....

**정원**  (움직이고)

**S# 서재··**

**박**  (들어와 의자 있는 곳으로 가 서서 며느리 들어오기 기다린다)

**정원**  (들어와 문 닫고 조용히 박회장 쪽으로 가 서며 시선은 내리고)....

**박**  ...(잠시 보다가)좀 더 가까이 와··

**정원**  (잠깐 보고 조금 더 다가선다)......

**박**  재우한테 얘기 들었냐?(다소 부드러워진)

**정원**  ?? 무슨...

**박**  시우 놈 회사 팽개친 거··

**정원**  ··네 아버님··

**박**  은혜 에미 좀 보구 와··

**정원**  (보며)....

**박**  처음··· 등 떠밀어 내 보낸 거두 그애라 그러니까 한번 더 떠밀어 내라구 해··

**정원**  ·····(안 보며)

**박**  (느리게 앉으면서 변명하듯이)병원에 들어가서두 애들은 볼 수 있

330

잖아. 환자한테두 그게 낫구…….병원에 넣으랬더니 팔불출자식 칫··

**정원**　……

**박**　알어들었어?

**정원**　네…그런데요 아버님…이번에는 서방님두 동서 말 안들을 거 같
　　습니다··

**박**　?? 왜 그렇게 생각해··

**정원**　동서 병세가····많이 진행된 거 같아요…

**박**　주말여행은 어떻게 가.

**정원**　····

**박**　한 번 가봐··

**정원**　····

**박**　딱하지 않은 게 아니야··그러나 사내자식이 공사는 구분해야지
　　····딸린 식구가 몇이야 도대체··책임 무서운 줄을 왜 몰라··

**정원**　……

**박**　답답한 놈 같으니라구… 에에에이·····(딴 데 보며)

**정원**　……

**박**　가 봐··(한번 가 봐)··알었어?

**정원**　네 아버님…

**S#　거실**

**정원**　(나오는데)

**김**　(찻상 들고 나오는 중이다)

**정원**　이리 주세요··(받아들고 서재 앞으로)…아버님…차아…서재에서
　　드시겠어요?

**박**　E 필요없다··

정원    ….(안방으로)

　　　　[노크하고]

장　　 E 오냐…

**S# 안방**

장　　 (방바닥 닦고 있고)

정원    (찻상 들고 들어온다)…..

장　　 (걸레 놓고 따로 준비해둔 물수건에 손 닦는다)

정원    (찻상 놓고 시모 앞으로 찻잔 가게 상 조금 틀어놓는다)…

장　　 회장님은..

정원    안 드시겠대요 어머님..

장　　 …(대꾸 없이 찻잔 들고 마시는)

정원    (잠시 보다가 일어서려는데)

장　　 (꿍얼거리듯)고여언히 벌집은 건드려놓구는 끄으응응…

정원    (도로 앉으며)…동서한테 가보라세요 아버님께서..

장　　 ??

정원    서방님 좀 달래서 내보내라구….

장　　 그녀석이 한번 들었지 두 번 또 들을까봐?

정원    ….(제 생각도 마찬가집니다)

장　　 가서 그냥 눈치나 봐봐…울뚝뺄 나면 부처님 말두 안들을 녀석
　　　 인데…회장님 잘못하셨어..

정원    ….(시선 내리는)

장　　 딴 말씀은 없으시구?

정원    네에…

장　　 그래 나가 봐…(찻잔 들며)….

**정원**　(조용히 일어선다)

**S#  영애의 현관··**

**영애**　(아이들 옷 만져주는 중. 꽤 추운 날씨. 준서 목에 목도리 둘러주는데)

**준서**　아구 엄마아아··너무해요오오··

**영애**　가만 있어어어 춥대애애. 입 벌리구 다니지 말어. 춥대애애·· 자···은혜야··(봐주려고)우움 엄마 딸은 완벽하네. 응?

**준서**　엄마 오늘 기분이 좋으시네요?

**영애**　엉 좋아··

**은혜**　아침에는 그렇잖아·· 저녁에는 아니지만··

**준서**　맞어. 그전에는 아침 점심 저녁 다아 좋으셨는데··

**영애**　그래 미안해.자 뽀뽀··(두 아이와 뽀뽀)아빠 왜 안 나오셔··아빠 불러.

**애들**　(합창)아빠아아··

**시우**　(나오는데 출근 차림이 아니다)

**영애**　그 옷으루 출근해?

**시우**　엉···

**영애**　여보. 건 너무 해애애··

**시우**　나가자 나가··가자아아아··(애들 몰고 나가고)

**영애**　옷이 그게 뭐야··여보오오··(그냥 닫히는 문)

**조**　괜찮은데 뭘 그래··

**영애**　단정하질 않아요··

**조**　신경쓰지 말구 어이 들어와 아침이나 마저 먹어··

**영애**　네에··

**S#  주방**

**영애**   (들어와 앉으며)앉기는 앉는데요 아주머니..(하며 조여인 돌아
       본다)

**조**    (잠깐 돌아보고 국 뜨며)그럼 못써..밥이 보약이란 말두 몰라?
       약 아무리 먹어두 밥 잘 안 먹으면 소용없어.. 어지러워하면서 먹
       는 게 부실해서 그런 거야..

**영애**   (좀 웃으며)그건요 아주머니..산소공급이 좋지 않아서 영양을
       제대로 못 날라 빈혈이 돼 그런 거래요..병에 진행상태에요..

**조**    (국 갖다놓으며)그럴수록 많이 잘 먹어줘야지 준서 엄마..

**영애**   네에..먹을께요...(수저 들고)아주머니두 앉으세요..

**조**    그래.. 나두 먹어야지...(자기 밥 들고 와 앉고)
       [두 사람 먹기 시작…]

**영애**   딴 때 같으면 얼마나 맛있을까요.. 아주머니 솜씨....정말 훌륭하
       신데..

**조**    에이구 무슨....

**영애**   .....(식욕 없는 수저질).......

**조**    (잠깐 보다가 자기도 먹기 시작하는데)......
       E 현관 벨...

**조**    (얼른 일어나 나가고)
       [거리 맞추어서….]

**조**    E 네에.. (하고 현관에서)어서 오세요 아주머니..

**영애**   ??(일어나는데)

**조**    E 준서 엄마 외할머니 오셨어어..

**영애**   (나간다)

**S#** 거실

**영애**   (나오며)엄마..

**엄마**   (아무와도 시선 안 맞춘 채/ 손에 가방 하나)아주머니 나랑 얘기
　　　　좀 하십시다..(하며 가방 적당한 데 놓고 목도리 푸는)

**조**    ??(영애 보고)

**영애**   …엄마 그건..

**엄마**   (역시 아무도 안 보는 채)그동안… 내 딸 아이 돌봐주느라 수고가
　　　　많으셨어요..이제..내가 할테니까 아주머니 미안하지만

**영애**   (오버랩의 기분)엄마 나 좀 봐요.(엄마 잡으며)

**엄마**   (오버랩의 기분/딸 팔 잡으며)내가 하께.. 내가 있어..

**영애**   (엄마 손잡아 안방으로 끌며)엄마 잠깐요.(오버랩의 기분)

**조**    (보며)……

**S#** 안방

**영애**   (엄마 끌고 들어와 놓으면서)이러지 마세요 엄마.

**엄마**   (오버랩의 기분/안 보며)에미가 하께..남 쓸 거 없어..내가 해.

**영애**   엄마 저 싫어요..

**엄마**   (보는)….

**영애**   엄마 보구 싶지 않아. 엄마한테 내 꼴 보여주구 싶지 않아요.

**엄마**   에미야.

**영애**   하루하루 나빠질 일만 남았는데 엄마랑 나랑 마주 보면서 뭐하
　　　　자구우.. 차라리 안 보는 게 낫지 싫어 엄마 정말 싫어요.

**엄마**   나 괜찮어 영애야. 괜찮어.

**영애**   난 괜찮지 않어 엄마..엄마 보구 싶지 않어. 엄마한테 나 보여주
　　　　기 싫어. 아직 우리 애들 제대루 알지두 못해요. 우리 아직 박서방
　　　　두 나두 아무 일 없는 거처럼 지내..엄마 오신 거 애들한테 뭐라구

이해시켜. 은혜 눈치 빤해요. 엄마 있으면 더 힘들어. 엄마 왔다갔

다하는 거 보면서 나 병으루 죽기 전에 괴로워 죽으라구?

**엄마** 에미가 봐 줘야지 누가 나만큼 봐 줘. 에미 따러올 사람이 누구

야. 나 말구 누가 있어. 내 새끼한테에..

**영애** 박서방이 해요 ‥박서방이 너무 잘 해애.

**엄마** 영애야..

**영애** (오버랩의 기분)박서방이 불편해 엄마. 그리구 시어머님두 오실

지 모르구 시누도 오구 그러는데 엄마 여기서 도우미처럼 일하는

거 보여주기 싫어요‥

**엄마** ‥‥‥(보며)

**영애** (다가들며)엄마‥‥‥엄마아아?‥‥‥

**엄마** 그래‥‥알었어‥‥(하며 문으로 돌아서고)‥‥‥

**영애** ‥‥‥‥(나가는 것 보다가 서둘러 장문 연다)‥‥‥‥

**S#** 승강기 앞‥

[승강기 문 열리고 모녀 내린다.]

**엄마** (딸 잡아 세우며 안 보는 채)나오지 마‥올라가‥

**영애** 엄마..

**엄마** (오버랩의 기분)올라가.

**영애** (잡으며)기운내요 엄마‥

**엄마** (팔 떼어놓고 나가는)‥‥‥

**영애** ‥‥‥‥(보며 있다가 나간다)‥‥‥‥

**S#** 아파트 현관 앞‥

**영애** ‥‥‥(나오면서 시선은 엄마에게)‥‥‥‥

[가방 들고 웅크리고 천천히 가고 있는 엄마의 뒷모습‥‥‥‥]

**영애**　........

　　　[가는 엄마]

**영애**　(눈 감으며 돌아선다)......

**S#**　아파트 입구···

　　　[오는 엄마·····]

　　　[시우의 차가 들어오다 멈추고 시우 내린다··]

**엄마**　(모르고 가고)····

**시우**　(두어 발자국 따라 움직여)장모님··

**엄마**　(돌아본다)·····

**시우**　가세요?

**엄마**　(끄덕이고 나서)··싫대애···

**시우**　·····(보며)

**엄마**　(걸음 움직이는)

**시우**　(잠시 보다가 다시 움직여 잡으며)모셔다 드릴께요···

**엄마**　(보는)·····

**시우**　타세요 모셔다 드릴

**엄마**　싫여···

**시우**　····(보며)

**엄마**　싫여··(하며 돌아서 걷는다)

**시우**　·····(보며)

**S#**　입구를 느린 걸음으로 벗어나는 엄마·····

**S#**　버스 정류장···

　　　[보따리 들고 저만큼 땅 보며 망연히 서 있는 엄마········]

**S#**　거실

**영애**   ....(소파에 앉아서)......

**조**   (컵에 약 들고 나와 놓는다).....(눈치 보는)

**영애**   고마워요 아주머니...(컵 들어 마시는데)

**시우**   (들어온다)

**영애**   (마시다가 보고)왜 들어와? 옷이 아무래두 그래?

**시우**   (상의 벗으며)장모님 가시더라..

**영애**   응.(하고 마저 마신다)

**시우**   (소파로 오며)모셔다 드릴려구 했는데 싫으시대..

**영애**   (휴지 뽑아 입 닦는다)

**시우**   (앉으며)계실려구 오신 거 같던데 왜 싫다 그랬어.

**영애**   엄마두 나두 못할 짓이야...빨리 들어가 갈아입구 나가지 왜 앉
       어어..

**시우**   ....(보는)

**영애**   으응?

**시우**   (신문 집으며)그만뒀어..

**영애**   ???..

**시우**   (신문 편다)

**영애**   왜...

**시우**   별로..아버질 만족시켜드리질 못하는 거 같아서..

**영애**   꾸지람 들었어?.... 뭐 실수했어?

**시우**   내 자리가 아냐..능력부족이야..

**영애**   .....그만두라셔?

**시우**   내가 그만뒀어..

**영애**   ......정직하게 얘기해 ..

338

**시우**  (돌아본다)‥‥

**영애**  솔직하게 있는 그대로‥

**시우**  회사 관심없어. 나가 있어도 생각은 집에 당신 옆에 있어.

**영애**  여보.

**시우**  (연결)아무리 생각해도 지금 회사 나갈 때 아니야.

**영애**  여보.

**시우**  (상관없이 연결)뭐라 그러지 마. 무슨 소릴해두 안 들어. 당신이
      랑 있을 거야.(하며 신문 들고 일어서고)

**영애**  은혜아빠.

**시우**  회사나가 엉뚱한 짓 하는 시간에 당신이나 바라보구 있을 테야‥
      (벗어놓았던 상의 집어 들고 안방으로)

**영애**  ‥‥‥(있다가 일어나려는데)

      E  전화벨‥

**영애**  (도로 앉으며 받는다)네에에‥

**연우**  F  얘 나야‥좀 어떠니‥

**영애**  그럭저럭‥

**S#  연우의 침실‥**

**연우**  (외출 준비하며)그 기막히다는 기치료 선생하구 겨우 선이 닿았
      거든? 두시 약속인데 두시 반이면 되겠지 내가 같이 갈게. 아 그리
      구 먼저 얘기했던 약두 좀 전에 왔대. 챙겨갖구 갈게‥‥‥‥(듣다가)너
      왜그래‥ 좋다는 건 뭐든지 다 해봐야지 환자 마음자세가 그럼 어떡
      해. 너 살구 싶지 않어?‥그런데 왜 그래‥‥애는 지금 누구 들락거리
      는 게 싫을 때니이? 낫기만 한다면 술 취한 고릴라가 드나들면 어
      때‥살구 봐야지‥암환자에 파킨슨 병 환자에 치료된 사람들 많대

애. 실적이 아주 좋더라구…그러지 말구 믿어믿어. 너는 진짜 성격
이상해‥그 지경돼서두 뭘 그렇게 따지니 따지길……아 얘 그만둬.신
경질 나 일껀 일 만들어 노니까 성일 무시해두 분수가 있지. 암튼 이
따 갈테니까 그렇게 알아‥끊으께‥(끊고)

**S#  영애의 거실**

**영애**  (끊어진 전화 놓으며 정말 반갑지 않다)‥‥(일어나서 침실로)

**S#  침실**

**영애**  (들어와 보면)

**시우**  (책 들고 침대로 오르려다)누울래?

**영애**  아냐‥

**시우**  (침대로 올라 베개 고이며)꽤 추워‥‥저녁이 걱정이야‥

**영애**  ‥‥‥(보며)

**시우**  (보며)취소할까?

**영애**  아냐 놔둬‥(하며 침대에 걸터앉으며 한 손 시우 배에)그래서 이렇
게 빈둥거리면서 지내겠다구?

**시우**  웅‥(책장 넘긴다/ 보던 곳 찾는)

**영애**  무슨 일 있었지…

**시우**  아니 없어‥

**영애**  오전 근무만 안된다 그러셔?

**시우**  아버지 성격 알잖아‥

**영애**  ‥‥‥(보다가)그래서 화내면서 그만둡니다 그랬어?

**시우**  ‥‥‥봤어?

**영애**  여보.

**시우**  (손가락 하나 입에 대고)하지 마‥ 아무 얘기두 안 듣구 싶어‥나두

내 마음대로 하는 것 좀 있자 여보‥

**영애**  ‥‥‥(보며)

**시우**  나‥‥ 문득문득 당신이 부러운 사람이야. ‥‥당신이 나보다 나아 ‥‥무슨 말 안되는 소리냐겠지만 ‥‥내 마음이 그래‥당신이 나보다 나아‥ 당신이 부러워‥‥

**영애**  (가만히 손 뻗어 남편 얼굴 싸고)‥‥‥‥알아 들어‥‥‥그래두‥‥너무 그러지 마아‥‥‥밝구 화안하구 평화롭고 따듯하구 ‥‥사랑과 우의 가 넘치는 세상이래‥‥‥지옥같은 거 없대‥‥‥이 세상은‥‥영혼의 진화 를 위한 학교 같은 곳이구‥‥거기는 이 세상에서 지치고 상처받은 영 혼이‥‥‥휴식하는 곳이래‥‥‥잘‥‥ 쉴 거야‥쉬기는 좀 해얄 거 같아‥‥ 그러니까‥‥너무 마음 아파하지 말구‥‥‥잘 가서 잘 쉬라구 그렇게 배 웅해.

**시우**  나기는 났다‥‥어떤 빌어먹을 인간이 그래‥‥그 인간 거기 가 봤 대? 환한지 깜깜한지 어떻게 안대‥

**영애**  전생 환생 그런 거 연구하는 사람들 있잖어‥

**시우**  글쎄 직접 가봤냐구. 갔다 왔냐구.

**영애**  (무슨 말인가 하려는데)

　　　E 노크

**영애**  네에‥

**조**  (문 열고)준서 엄마 약‥‥

**영애**  (일어나는데)

**시우**  (불끈 내려서 약 받아들고 영애에게)‥‥(입에 대어준다)

**영애**  (마시고)‥‥‥

**시우**  (휴지 뽑아준다)

**영애**  (입 닦고 내리는데)

**시우**  (휴지 빼내 휴지통에 넣으며)갔다 왔냐구..(중얼거리듯)

**영애**  ....(남편 보며)

**시우**  (영애 양 어깨 양쪽에서 잡아 밀듯 하며)올라가 쉬어..

**영애**  (순하게 침대로 오르고).....(시우 시중 받아 기대어 앉는).....당신두 기대...

**시우**  (기대고)

**영애**  (남편에게 고개 돌리고)심술피지 말구....믿으면 좋겠다...훨씬 편해지는데...

**시우**  ......(입 다물고).....

**영애**  ......(보다가)당신 누나가..기치료 선생님 모시구 온대....나 그거 싫어 여보..

**시우**  (안 보며).....

**영애**  번거롭기만 하구

**시우**  (눈 감는다)

**영애**  ....(보며)귀찮아?

**시우**  (대답처럼 돌아눕는다).....

**영애**  ......(몸 일으키고 보다가 건드리며)나 바라보구 있는다더니 뭐 등 보여줄려구?

**시우**  (자기 건드리는 영애 손 잡아당겨 자기에게 엎드리게 만들며).......

**영애**  .......(가만히).......(있다가)답답해...

**시우**  (몸 일으키며 본다)....

**S#**  엄마의 안방..

**엄마**  (들어온다)....

342

소정    (엎드려서 여성지 보다가 일어난다)???왜 오세요?

엄마    정호는

소정    출근했죠오··

엄마    (가방 털썩 놓으며)아침 밥은··

소정    먹구요····

엄마    (겉옷 벗는다)····

소정    (그냥 앉은 채)왜 오셨어요?

엄마    싫대애···

소정    어머니를 싫대요?

엄마    싫단다···

소정    ·····(보다가)왜 싫다지?···어머니가 제일 편할텐데···

엄마    ····

소정    그래서 그냥 쫓겨오신 거에요?

엄마    물 좀 다우··

소정    네에··(일어난다)

엄마    이모는 몇시에 나갔어··

소정    한···한 시간 되나아아?

엄마    ·····

소정    (보다가 나가고)

엄마    ·······(우두커니이이이)·········(있다가 도로 일어난다/ 겉옷 집어 든다)

S#    산동네 길을 애쓰면서 올라오고 있는 엄마···

S#    올라오는 엄마. 어느 초라한 쪽문 앞에서

엄마    아주머니·····아주머니이이이····

노파    E  누구여어··

**엄마**　떡볶이에요오오....지 동생 다녀 갔어요?

**노파**　E 안 왔는데에에?…

**엄마**　문 여세요.아주머니이이..목욕하실 날이에요오오.........(하고 문 열기 기다리며 심란하게 하늘 올려다본다/)

**S#**　둔치… 어느 곳··

　　[들어오고 있는 시우의 승용차·······적당한 곳에 자동차 세워지고·····]

**S#**　차 안

**시우**　(사이드 채우고 시동은 그냥 둔 채 몸 돌려 영애 긴 머플러 만져 귀 싸주며)나간다 소리는 말구····

**영애**　(앞의 거울 열고 제 모습 비추어 보며)군고구마 장수 같네…아냐 이걸루 해볼래··(두르고 있던 지나 밍크 숄로 머리 싸 두르고 거울 보며) 멋지다··카츄샤 같네··후후후 옛날에 우리 은혜 얇은 여름이불 두르구 두르구 우리 이모/ 당신이 카츄샤보다 더 근사하다 그러시던 생각 나네··(남편 보며)

**시우**　나간다 소리 마··

**영애**　나가구 싶은데?

**시우**　안돼··(하고 자기 쪽 유리 조금 열면서)이러구 바깥 공기 쐬어··

**영애**　(자기 쪽 열려)

**시우**　하지 마…감기 들어··

**영애**　…(잠깐 보다가 말며)알았어·····(앞 보다가)하나두 안 시원하다 며··시원하구 싶어 나왔는데…

**시우**　참아··

**영애**　싫어해두 나갈래·· 이렇게 둘둘 쌌는데 뭐·· 물 보구 싶어.(문에 손 대며)

344

**시우** (잡으며)여기서두 보여 물..

**영애** ......(남편 돌아보다가)......(그만둔다)그만두께..(하며 시우에게 기대면서)호홋 내가 당신 딸이 된 기분이다..

**시우** (팔 돌려 안고)......

　　[저만큼 반짝이며 흐르는 물 위에·····]

**영애** E 어렸을 때 어느 해 여름인가 아부지랑 친구분들 물놀이에 가족으루 엄마랑 같이 갔었는데... 어딘지 모르겠어.. 강을 보면서 보면서 저 물은 흘러흘러 어디로 가는 걸까...그랬었어..

**시우** E 바다로 가지 어디로 가..

**S#** 차 안

**영애** 엄마가 그러시더라..흐르는 물은 모두 바다로 가서 바다가 되는 거라구...바다가 뭔지 본 적이 있어야지...그러구 금방 아버지 돌아가셨는데....아버지 돌아가시구 얼마 안돼..

**영애** E 울산서 올라온 이모가 엄마 기분전환 시켜준다구 인천 구경 시켜 주셨어..그때 처음 바다 봤어..물이 얼마나 많은지....충격이었지..

**영애** (몸 떼고 물 보며 웃는)인천 앞 바다가.... 바다에 전분 줄 알았었어....

**시우** (돌아보는)....

**영애** 저렇게 반짝이면서 부지런히 가는데....바다를 목적지로 바다로 가는지 알고 가는 걸까 모르는 채 그냥 흐르는 걸까..

**시우** 대답해야 해?

**영애** 알어?

**시우** 몰라...물한테 물어본 적 없어..

**영애** (그냥 웃고)

**시우**  뭐…만물에 다 의식이 있다는 말이 맞는 거 같으면 물도 알면 서 흐르겠지..

**영애**  (기댄다)….(숨 쉬는)

**시우**  (얼른 뒤에 놓은 영애 가방 집어 산소통 꺼낸다)

**영애**  괜찮아아…

**시우**  (보며)…..(산소통 영애 무릎에 놓아주고)…..

**영애**  부탁할 거 있어….

**시우**  ….(보며)

**영애**  (기댄 채 고개만 틀어 보며)….우리 엄마….모르는 척 하지 말어줘…

**시우**  …..(보며)

**영애**  장사두…오래 못하셔..길어야 이삼년일 거야..무릎이 많이 아 프셔…

**시우**  (시선 내리며)알아..나 그렇게 나쁜 눔 아니야…….

**영애**  ….나쁜 놈 아냐…고마워라….(조금 웃어 보이고)딴 여자 만나두 ….우리 엄마 모른 척 하지 말구….어쩌다 한번 씩은 안부 전화라두 챙기구…

**시우**  …..(보며)

**영애**  (몸 조금 떼며 보는)시설에 들어가시는 게 낫다 싶을 때는…나 대 신 그거두 좀 해 줘…

**시우**  이런 얘기 싫댔지..

**영애**  ….(보며)

**시우**  (고개 딴 쪽으로 돌리며)이런 얘기 상대하는 게 얼마나 힘든지 알아?

**영애**  미안해..

**시우**  (고개 앞으로 좀 숙이며)내가 모실게..걱정마..

**영애**  ...(보며)

**시우**  헛소리 아냐.. 내가 모셔..

**영애**  ......(보다가)그렇게까진 안해두 돼..엄마두 안하실 거지만 그렇게까지 바라진 않아..

**시우**  (고개 들며)아냐 내가 모셔.. 그럴 거야...

**영애**  ........(가만히 보다가 고개 앞으로)당신 큰일났다......너무 감상적이야..

**시우**  ??(돌아보며)감상적?

**영애**  (돌아보며)나 끌어안구 살지 마. 놔 버려 보내 버려..그래야 해..

**시우**  감상적?

**영애**  비위 긁었으면 취소할게.. 현실적으루 이성적으루 생각하란 뜻이야.

**시우**  (흥분하지는 말고/ 비교적 차분하게)그래 난 유치하구 덜 떨어진 눔이야.. 당신이 줄곧 기다리던 여행 떠날 사람처럼 구니까 전염이 됐는지 세뇌가 됐는지 당신 걱정 크게 안해. 눈감구 죽어버리면 산 사람 알게 뭐야. 아무 거두 모르구 깊은 잠 자는 거나 마찬가질텐데.. 당신이 왜 부러운데..아무 거두 모를테니까.. 애들두 나두 아무 상관없이 잠만 자면 되니까.

**영애**  (무슨 말인가 하려는데)..

**시우**  우리 어떨 거 같아..당신 없는 애들 어떨까...나는/ 나는 어떨 거 같아... 생각해본 적 있어?

**영애**  그러엄..

**시우**  그래 어때..어떨 거 같아..

**영애**   (손 뻗으며)여보..

**시우**   (손 털어내고 나간다)....

**영애**   .....(보며)

**시우**   (여섯 걸음쯤 앞으로 걸어나가는 뒷모습/멈추어 선다)

**영애**   ......(보며)

**시우**   .....(뒷모습)

**영애**   .....(보며)

## S#  영애의 거실

**정원**   (막 들어선 참이다)어디 갔어요?

**조**   바람 쐬구 온다구...준서 아빠 출근 안했어..

**정원**   네 알아요...(하고 주방으로)수고가 많으시죠..

**조**   (따르며)수고는...준서 엄마가 걱정이지..

## S#  주방

**정원**   (들어오며)좀 어때요..

**조**   좋아질 거 같지가 않네 어째애...아침 나절에 잠깐 반짝했다가
오후되면 별로야...애들한테만 죽을 힘 다해 표 안내려 애쓰구...애
는 쓰는데 전에 비하면 에이구...속 상해 못 보겠어..

**정원**   (갖고 온 약상자 담뱃갑 세 개 정도 크기/백에서 꺼내며)..

**조**   무슨 그런 병이 있어..추석 때만 해두 말짱하던 사람이 그렇게
그음방....사모님은 좀 안 와 보시겠대?

**정원**   절에만 다니세요...

**조**   하긴 와 보시면 뭐하겠어..속만 아프시지..

**정원**   어머님 비우시는데 아버님은 일찍 들어오시죠..제가 집 비우기
가 어려워요 아주머니..

조    아우 그럼 그렇지이..

정원    이거 …어머님께서 스님한테서 구하신 귀한 약인가봐요..하루 한 알씩 자기 전에 먹으라구요…잠을 그렇게 잘 잔대요..

조    잠 잘 자면 좋지이.

정원    그런데 좀 많이 어지러울테니까 겁내지 말라구요.

조    ??지금두 어지러워 쩔쩔매는데??

정원    어지러워해요?

조    어지러워 해애애.. 먹는 거두 훨씬 못 먹구..서너 숟갈이나 먹나아..

정원    그럼 영양가 있는 죽을 좀 끓여 주세요..묽게요..

조    죽두 끓이지이..그런데 죽을 별로 안 좋아해애..

정원    어쩌죠? 많이 어지러울 거라구 그러시든데…처음에는 기운두 없을 거구요..

조    더구나 별루 반가라 안하겠네..지금 약들두 마지못해 먹는데…

정원    살겠다는 생각이……없어 보여요?

조    잠깐잠깐 그랬다가 추욱 처지구…그러는 거 같어..

정원    ……(보며)

조    숨 쉬는 게 우리 반 두 안돼애..

정원    ……(보며)

조    산소호흡기 꽂구 있는 시간 자꾸 늘어나구…

정원    (고개 조금 돌리며)………

조    일은 당하는 일이지이 그러네에….

정원    …….

**S#**  둔치 카페··

[놓여지는 커피…]

**영애**  (커피 잔 내려다보며)오랜만에 커피 만나니까 좋다아..(스푼 집
어 첨가물 넣으며 남편 보면)

**시우**  (창밖 쪽으로 고개 돌리고 있다)

**영애**  ……(보다가 그만두고 자기 할 일하고 커피 젓는)……(잔 들며)안
마셔?

**시우**  (자기 생각에 빠져 있다가 문득 돌아오며 커피 잔 들려)

**영애**  아무것두 안 넣었잖아..

**시우**  (도로 놓고 첨가물 넣는다)

**영애**  애들 마중 가자..

**시우**  혼자 할게……(찻잔 들어 말없이 마시며)……

**영애**  ……(가만히 보다가)시우야…

**시우**  (본다)

**영애**  참 안 변해…나만 나이 먹어 가는 거 같았어..

**시우**  철이 없으니까.(시선 피하며)철없는 사람들이 거죽이 안 늙는
거라면서..

**영애**  (웃고)내가 만든 말인데 뭐….그런데 맞는 말인 거 같기는 해..

**시우**  선생님두 별로 안 변했어요..나한테는 처음 만났던 날이나 지금
이나 거의 같아..

**영애**  설마아..아이를 둘이나 낳았는데..

**시우**  둘 낳는데 나두 기여했어..

**영애**  풋….(웃는 것이 기침으로 연결)…

**시우**  (얼른 영애 가방 집어 산소통 꺼내 준다)

**영애**  (손 저으며 기침)……(계속)

시우    ……(보며)

**S#  쇼핑몰 박회장실…**

박      (테이블에서 일어나 소파 있는 곳으로 움직이면)

        [들어와 서 있는 재우와 연우 내외.]

박      (앉으며) 앉어..

        [세 사람 앉고….]

박      너 왜 거짓말해..

연우    ?? 저요?

박      허서방 너 말야..

허      ??

박      허회장 이혼 허락한 일 없다던데 왜 거짓말야..

허      ….

연우    (남편 돌아보며)??

재우    (작게) 거짓말했어?

허      아닙니다..

박      그럼 허회장 말이 거짓말이란 말야?

허      아니 아닙니다.

박      이거두 아니구 저거두 아니구 그럼 누가 거짓말야..

허      제…제가..했습니다..

박      (나직하게) 니 집안두 우리 집안두 아직 이혼 역사 없어..집안사
        에 옷점 찍지 말구 코같은 소리 집어 쳐.. 허회장하구 나하구 약속했
        어..늬들 만약 이혼을 하면 누구 잘잘못 안 따지구 알발루 집안에서
        추방하기루..

허      ???(박 보는)

**연우**  (안 보며 득의)….

**박**  안 믿기면 허 회장한테 확인해..이 자리서..

**허**  아 아닙니다..

**재우**  <u>흐흐흐흐</u> (저도 모르게) <u>흐흐흐흐흐</u>(고개 돌리고)

**박**  너 뭐 봤어?

**재우**  <u>흐흐흐흐</u>

**연우**  오빠아..

**재우**  ??

**박**  뭐 봤냐구.. 왜 웃어..

**재우**  예..아니 저…예..

**박**  옷 한 벌만 입구 쫓겨날 각오면 마음대로 하구..아니면 죽이 되든 밥이 되든 끝까지 살아내.. 살면서 이혼 생각 한 두번 안하는 사람들 흔치 않어.

**허**  하지만 회장님 사랑없는 결혼생활

**박**  (오버랩의 기분)코같이 무슨 사랑 타령이야..자식 낳아준 여편네 두구 하는 사내 짓거리는 말장 다 헷짓이야. 내가 알구 니 아버지가 알어. 사랑 타령으루 한 세상 살자면 이눔아 이삼년에 한번씩 이혼해야 해….남녀에 그 소위 니가 말하는 사랑이라는 건/길어야3년이면 시들어 말라빠지는 거야. 너 연우 차지할라구 쫓아다닐 때 그건 사랑 아니구 장난이었냐?

**허**  ……

**박**  이정 저정/ 정으루 살아..미운 정두 정이야…니년두 정신 차리구..

**연우**  ……

**박**  데리구 나가..

**재우**　예 아버님..(엉거주춤 일어나는)

　　[부부 일어나고..]

**S#** **영애의 거실**

**영애**　(혼자 들어오면서 숨이 몹시 차다..헉헉거리며 움직이는데)

**지나**　(주방에서 나오다 보고 달려 붙으며)언니이..

**영애**　어...언제 왔어..

**승조**　(주방에서 나오며)저두 같이(하다가 말 멈추고 보고)

**영애**　승조 씨..잠깐....(하고 호흡기 있는 곳으로)

**지나**　(부축하듯 하고 따르고)

**영애**　(코에 끼는 줄 집으려)

**지나**　(얼른 집어주고)

**영애**　(끼고 작동시킨다)....(숨 쉬면서 호흡 챙기며 지나 보고 그래도 웃어

　　준다)

**지나**　.....(보면서).....

**영애**　승조 씨....이리 와요....

**승조**　(다가오고)

**영애**　앉아...앉아요...저기 ..그이 자리...

**승조**　저 괜찮아요..아주머니하구 점심 준비 중이에요..

**영애**　(나와 보는 아주머니 돌아보며)이 사람들...미리 전화는 했어요?

**조**　했어어..

**지나**　(아주머니와 함께)했어요..(승조와 조여인 주방으로)간만에 좀 여

　　유가 생겨서 점심 얻어먹자구(남아 있는데)

**영애**　(오버랩의 기분)잘했어 아주 잘했어..

**지나**　시우 출근 안했다구 아주머니..

**영애**  (오버랩의 기분)애들 데리러 갔어··아버님께서 뭐라셨는지 골난 거 같어··

**지나**  네에···

**승조**  E 지나야···이리 오는 게 어때애?

**지나**  알았어어어··말시키지 말라는 건가봐요··

**영애**  괜찮아···승조씨 상관없어요오··

**승조**  E 네에··

**지나**  우리 회좀 뜨구요··매운탕꺼리 만들어왔어요·· 추우니까 매운 탕 생각나서요··

**영애**  잘 했어··

**지나**  바람쐬러 어디루

**승조**  E 지나야아··

**지나**  어 알았어 알었어·· 나만 얘기 할테니까 언니 그냥 듣기만 해요··

**영애**  (웃고)너무하다···그럴 정도는 아냐··

**지나**  쟤가 귀찮게 하니까요····나요···닥터 신하구 어제 밤에 진지하게 얘기했어요··나는 이제부터 닥터 신하구 결혼을 전제로 만나겠다··닥터 신은 어떠냐··

**영애**  ·····(보며)

**지나**  그쪽은 진작부터 그러구 있었대요·· 일단 내년 3월까지 시한 정했어요 그때까지 별다른 일 없고 서로 괜찮으면 오월에 결혼하자 얘기 됐어요··잘 될 거 같아요··

**영애**  ·····(그냥 보며)

**지나**  승조가 한번 봐주기로 했어요··

**승조**  E 보나마나 합격이에요··

**지나**  언니 내 결혼식 와 줄 거죠…

**영애**  그럼…물론이지….얼마나 이쁠까…

**지나**  늙은 신부요··

**영애**  잠깐 (자기도 기댄 몸 일으키며) 가까이 ··와 봐…

**지나**  ?….(좀 다가드는)….

**영애**  (작은 소리로) 꼭 안 그래두 돼애…

**지나**  ??(몸 떼며)

**영애**  알아듣지?

**지나**  언니 내가 지금 쇼하는 줄 알어요?

**영애**  그런 거 아니구··그냥 나는 지나가….(손잡으며) 옳은 선택을 해 줬
으면 해애…

**지나**  …..(보며)

**영애**  은혜 아빠.

**지나**  (오버랩의 기분) 언니··

**영애**  갑자기 너무…버려진 느낌 들 거 같아…결혼하면 아무래도 전처
럼은 못할 거 아냐··그 사람이 봐 주겠어?

**지나**  …..(보며)

**영애**  어쩜 그렇게 한 순간에 돌아설 수가 있어….이상하다…몇십 년
계속된 감정이…어떻게 그래…안 믿겨…

**지나**  (조금 쓰게 웃고) 내가 아는 선배 하나는요…..유부남이 취민데
이상하게 그 남자가 이혼만 하면 딱 그만둬요·· 남자가 이혼만 하면
흥미가 없어진대요··

**영애**  매정하다 그럴까…성격파탄이라 그럴까··(웃으며)

**지나**  흠흠흠흠 이상하죠··

**영애**   많은 위로가 필요할텐데……정말 필요할 때 모르는 척 할래?

**지나**   ……(보며)

**영애**   진심으로 원하는 게 뭔지….차분하구 정직하게 생각해봐…다른 건
생각할 거 없어…

**지나**   (보며)…..

**S#  쇼핑몰 레스토랑**

　　　[식사 중인 재우와 연우 내외‥]

　　　[사이 두었다가……]

**연우**   안됐네 미주 아빠‥

**허**   ??

**연우**   알발루 쫓겨날 용기있음 해 보시구‥

**재우**   야! 쯧…너두 잘한 거 없어 임마‥

**연우**   얼굴 좀 펴어어…잘 생긴 얼굴 아까워어어

**허**   ??(아내 보는/흘기지만 오래 산 부부의 그것이 있음)

**연우**   (시침 떼고 남편 넥타이 잠깐 만져주면서)좀 부드럽게 매지 /그게
그렇게 안돼?

**허**   타이 매줘 본 게 언제냐‥

**연우**   이쁜 짓을 해야 매주지.

**허**   피장파장야.

**연우**   누가 먼전데‥

**허**   보세요 형님 한 마디두 안져요 한 마디두.

**재우**   얌마 좀 져어어‥

**연우**   내가 왜 져‥

**재우**   이기구 싶어하면 져 임마. 그거두 못해? 너 왜 그렇게 모자라아‥

356

집에서 너를 못 이기니까 이겨지는 여자 찾으러 헤매는 거란 말야··

**연우**  개들이 왜 지는 척하는데 돈 보구 그러는 거잖아아··(남편 돌아
보며)어이구우우 그거두 모르는 팔삭둥이.

**허**  뭐야?

**재우**  어허어어 애들이이?

**S#**  영애의 주방··

　　[애들 의자 두 개 더 나와서 6인용 식탁이 되고…]

**승조**  (주방 입구에서)은혜야 승조야아 빨리 나와아아··

**S#**  주방··

**지나**  (조여인에게서 받은 밥그릇 나르며)놔둬어 손 씻을 시간은 줘야
지이이…

**영애**  (돌아보며 그냥 웃고)…

**승조**  E 손들은 씻구 나와아아아…

**영애**  (오버랩의 기분)아주머니··

**조**  응? 왜··(상으로 나르며)

**영애**  다용도실에 소주 두병인가 세병인가 있어요·· 한병

**승조**  제가 할께요 제가 합니다.(다용도실로 나가고)

**지나**  소주잔요 아주머니··

**조**  엉··거기 맨 오른 쪽 찬장 아래칸··

**지나**  (소주잔 꺼내 씻기 시작하고)

**승조**  (소주 두 병 들고 나와 지나가 씻는 물에 들이대 병 껍질 닦고)

**조**  (전복 넣고 끓인 죽 떠다 영애 앞에)

**영애**  (죽 내려다보며)아주머니

**조**  어 아까 잠깐 가서 전복 뒤 개 샀어··

영애  얼마요..돈 드릴께요.

조    아이구 됐어 그만둬..

  [애들 뛰어 들어오고..]

승조  (소주병 식탁에 놓으며)어 준서 우리 그거 해야지.(주먹 내보이며)

준서  아하하하 네에.(주먹 두 개 부딪히고)

영애  누나 기다리는 동안 뭐했어?

준서  만화 봤죠오오..

지나  (소주잔 놓으며)아빠두?

준서  에에 아줌마 모르세요? 아빠가 나보다 만화 더 좋아하세요오..

지나  준서랑 비슷하게 좋아하는 줄은 알구 있었는데 너보다 더 좋
  아해?

준서  네에..

은혜  (조여인이 갖다놓는 생선전 접시 내려다보며)뭐에요?

조    느이들 먹으라구 생선전..

은혜  맛있겠다..

준서  (젓가락이 나가는데)

영애  준서야. 아빠 오셔야지..

준서  하하 깜박했어요..깜박? 깜박?

시우  (들어온다)회사들 문 닫았어?

승조  지나두 나두 오후 늦게 미팅 밖에 없어서..

시우  (앉으며)추운데 생선회는..

지나  내 그랬잖아..

승조  겨울엔 생선횟집 다 문닫냐?

영애  매운탕두 있어..(조여인 매운탕 그릇 갖다놓고)

**시우**  아주머니 힘들게 정식 초대두 안했는데 뭐니 늬들..

**조**  아이구 그런 소리 마 준서 아빠. 손님 없는 집은 못 써..

**영애**  좋으면서 괜히...

**시우**  시작하자..(수저 들며)

**승조**  흠흠 주인 툴툴거리거나 말거나

**지나**  알게 뭐냐..(수저 매운탕 그릇으로)맛있게 먹어야지..

**영애**  좋은 생각...

　　　[다 각각 먹기 시작... 승조 소주병 따고]

**지나**  우우우우 죽인다 매운탕..호텔 매운 탕 저리가라네에?

**은혜**  전두 맛있어요 할머니.

**조**  <u>흐흐</u> 고마워.

**승조**  한잔씩 하자...

　　　[시우 지나 잔에 소주 따라지고 승조도 따르고]

**승조**  너 읊어봐..

**지나**  ??(했다가)좋아..테러를 뿌리 뽑자..

**승조**  에에?

**지나**  뭐어...

**승조**  그래그래 (하며 마시는데)

**시우**  (시우는 벌써 잔 비웠고)

**조**  어 참 저기 아까 준서 큰어머니 왔었어..

**영애**  ???(돌아보는)

**조**  사모님이 구하셨다는 약 갖구 그런데 그게에..(하다가)나중에
　　얘기하께..

**영애**  네 아주머니..

**시우**  좀 먹어 봐..(생선회 갖다 음식 접시에 놓아주며)

**영애**  난 더 존 거 먹어..

**시우**  (기웃이 보고)좋아봤자 죽아냐..

**영애**  전복님이 들어갔는데?

**지나**  흐훗 언니 전복한테 님짜 붙여요?

**영애**  내 돈 내구 사 먹어 본 적 없거든..어지러울 정도로 비싼 님이시잖아..

**지나**  <u>흐흐흐흐</u>

**승조**  아주머니두 함께 드시면 좋을텐데..(조여인 돌아보며)

**조**  아유 아니에요 신경쓰지 말어요..(마른행주에 손 닦으면서 혼잣소리처럼)빨래 다 돌았겠네 참..(하고 나가고)

**승조**  한잔 더 할래?

**시우**  (잔 내밀고)..

**승조**  (따르고) 너는.

**지나**  노땡큐..(부지런히 먹으며)

**준서**  저 한잔 주세요..

**승조**  ??뭐?(모두 준서 보고)

**준서**  아하하하하하하하

**은혜**  어이그으으..주책..

**준서**  하하하하하 하하하하하

**영애**  (웃어대는 준서 보며 미소)......

**S#**  아파트를 나오는 지나와 승조..

   [승조 차 문 열고 지나 타는 것 도와주고 운전대로…]

**S#**  차 안..

**지나**   ....(착잡하다 앞 보며)

**승조**   (운전대로 타며 잠깐 지나 보고).....(시동 걸며)벨트..

**지나**   (벨트 매며)시간 아직 괜찮은데 드라이브 좀 시켜주라..

**승조**   그래..어디로 갈까..

**지나**   길 형편 존데루...

**승조**   그래..(차 움직이려 하는데).....

**지나**   ......(있다가)안 믿어준다..

**승조**   ??

**지나**   닥터 신 얘기.. 괜히 그러는 줄 알어...

**승조**   .....(운전하며)

**지나**   내 결혼식까지는 살어줄까?

**승조**   .....

**지나**   진심이 뭔지 정직하래.....정직하랜다...

**승조**   .....

**지나**   안 믿어줘...(머리 기대면서)그래서 난 아직 나쁜 기집애야..

**승조**   너무 애쓰지 마....

**지나**   안 믿는 채 갈 거 아냐..

**승조**   천상에서 보고 믿게 되겠지..

**지나**   짜증나. 넌 그런 게 진짜 있다구 믿니? 진짜 영혼을 믿어?

**승조**   너 씨앗을 보고 나무를 상상할 수 있어? 과연 육체만으로 달까?
   ....우리한테도 나무의 씨앗이랄 수 있는 영혼이.... 있는 거 아닐까?
   그렇게 믿어져..

**지나**   믿구 싶은 거겠지..

**승조**   믿어서 손해볼 게 뭔데..

**지나**　……

**승조**　(자동차 출발시킨다)……

**S#　거실··**

**시우**　(영애 무릎 덮어주면서)으응…엄마가 좀 힘들어지셔서….아무래
　　　두 아빠가 엄마 간호사로 있어줘야 할 거 같아서…그래서 할아버지
　　　께 말씀드리구 엄마 다 나을 때까지 회사 쉬기루 했어··

**은혜**　(그냥 말가니 엄마 아빠 보고 있고)

**준서**　(엄마 옆에 붙어 앉아서)앗 그럼 아빠 맨날맨날 우리랑 놀 수 있겠
　　　네요?

**시우**　그럴 수도 있지··

**은혜**　이리 와 앉아 숙제나 해··

**준서**　신난다··

**은혜**　바보.

**준서**　뭐가아.

**은혜**　엄마 아픈 게 뭐가 신나 이 바보야.

**준서**　누가 엄마 아프신게 신난댔니? 아빠랑 노는 게 신난댔지.

**은혜**　그럼 넌 엄마가 안 낫구 쭈욱 아프면 좋겠어?

**준서**　누가 그렇대? 바보는 누나다. 말뜻두 모르는 바보.

**은혜**　바보 얼른 와 숙제나 해애애··

**준서**　바보 옆에서 숙제 안한다 머·· 내 방에 가서 할 거야./(제 숙제 짐 챙
　　　겨들고 제 방으로)

**은혜**　어이구우··(하고 보다가)엄마 나두 방에 가 할래··

**영애**　그래··그렇게 해…

**은혜**　(제 짐 챙겨들고 제 방으로)

**시우** (은혜 들어가는 것 보고 있다가 일어난다)

**영애** 당신두 들어가?

**시우** 아냐.. 당신 볼 책 갖고 나올려구··

**영애** 이리 와.. 책 보다 당신이 더 좋아…

**시우** (보며)

**영애** 와 빨리··

**시우** (옆으로 앉는다)……

**영애** (손 깍지 끼어 기대면서)……이러구 있자……(고개 창 쪽으로)오후에 좀 풀린댔는데….풀리구 있나 모르겠네……

**시우** ……(영애 보며)

**S#** 오케스트라 무대··

　　[객석의 영애 시우 준서 은혜··]

**준서** (벌써 고개 비뚤게 하고 잠들어 있다)….

**시우** (……보다가 문득 느끼고 아들 머리 바로 해주는데)

**영애** (가빠지기 시작하는 상태./부지런히 산소통 꺼내는)

**시우** (도와주려 하는데)

**영애** (안되겠다··객석 빠져 나가고)

**시우** (보고 있는 은혜에게)은혜야 잠깐··(하고 아내 따른다)…

**은혜** ……

　　[통로를 숨차하며 간신히 움직이고 있는/]

**시우** (몇 걸음 밟고 따르다가 냉큼 아내 업고 빠르게 움직인다)

**S#** 휴게실

**시우** (나와서 아내 의자에 내려놓고 산소통 대어주고)

**영애** (제대로 들이마시지도 못하고 괴로워하고)

시우    (꽉 안으며)병원가자 병원 가자 여보..

영애    (고개 흔들며)기다려… 나아 져… 기다려…(여전히 가쁜 호흡)

시우    (대책 없는)…..

        [객석 출구로 준서 손잡고 나와 서서 보는]

은혜    …….

준서    (떨빵하고)…..

        [호흡 찾으려 애쓰는 영애와 시우/ 그리고 아이들……..]

## S# 영애의 거실

영애    (코에 줄 끼고 두 아이 양쪽에 하나씩 안고/호흡은 좀 진정된 상태기
        는 하지만 그래도 숨이 짧고)….

        [모두 옷도 안 갈아입은 상태…]

시우    (서서 보고 있고)……

조      ……(약 컵 갖다놓아주며 환자 안쓰럽게 보고….주방 쪽으로 물러나
        보면서)………

영애    엄마가….물어볼 거 ..있어..

준서    뭔데요?…

영애    늬들 생각에….엄마 아빠 만큼 늬들 사랑하구…. 이뻐해 주시는 분
        ….누군 거 같아?

둘      …(잠시 생각하다가)외할머니..(준서-맞어 외할머니요..)

영애    아니…..(흑 짧게 내쉬며)외할머니는 …어쩌면 엄마보다 더…늬
        들 사랑하실지두 몰라..

은혜    그렇진 않어 엄마..(조금 떨어지며)

영애    으응?

은혜    날마다 우리한테 엄마 말 잘 듣구 엄마 속썩이지 말라구 그러

364

시는데 뭐..엄마를 더 사랑하시는 거 아냐?

**영애**　(쓴웃음)그런가?…외 할머니 말구…엄마 아빠만큼 ..우리 준서

랑 은혜 사랑하시는 분

**준서**　(냉큼)큰 엄마랑 큰 아버지요..

**은혜**　(끄덕이며)맞어..

**영애**　딩 동 대앵?… 맞았습니다아아? 당신 와 앉지?

**시우**　…..(대꾸 없이 자기 자리로 가 앉고)

**영애**　…..(남편 잠시 보다가)..엄마 때문에 놀랬지…

**준서**　(끄덕이고)…

**은혜**　더 많이 아파지는 거야?

**영애**　(딸 보고)….그래 맞었어..

**은혜**　그럼 병원에 가지 왜 병원에 안가?

**영애**　왜냐면…..엄마 병은..병원에 가두 크게… 도움받을 일이 없

거든…

**준서**　그런 게 어딧어요? 병원은 병을 고치는데잖아요..

**영애**　근데 엄마 병은…..안된대..

**준서**　왜요..

**영애**　여보 도와줘..

**시우**　…..그건….엄마 앓구 계시는 병은…아직 원인이 밝혀지질 않아

서…치료법이 없대…(아무도 안 보며)….

**은혜**　그럼 엄마는 어떻게 돼?…..평생 아프면서 살아 아빠??

**영애**　엄마가 얘기하께..

**두 아이**　(엄마 보고)

**영애**　엄마는 …너희들하구 같이…..얼마….못 있어…

준서   어디 가시는데요? 미국요?

영애   아니 ··저어기···하늘 나라··

준서   ???

은혜   (보며)·····

시우   그렇게 얘기하면 어떡해··

준서   엄마 죽어요?

영애   우리는 누구나 죽어.준서야··나이 먹어 늙어 죽구 병들어 죽구
      ···전쟁하다 죽구···교통사고로 죽구···그 중에 제일 좋은 건···나이 자
      알 먹어 노인이 돼서····죽는 건데····엄마는 병때문에·····우리 준서 앞
      니 나와 채워지는 거두 어쩌면 못볼 거 같아아··

은혜   (벌써 고개 꺾고 울기 시작하고 있고)·····

준서   엄마 죽어요? 엄마 죽어요 아빠?

시우   준서 이리 와.

준서   (아빠한테 와 무릎에 올라가 고개는 엄마에게 틀고)엄마 죽어요 아
      빠? 죽어요?

시우   (아들 고개 돌려 안아 붙이며)준서야.

준서   (고개 엄마에게 틀면서)엄마 병 고치면 될 거 아니에요··아빠가
      고쳐주면 될 거 아니에요··

시우   아빠가 못 고쳐 준서야.(고개 완전히 꺾고)

준서   그럼 할아버지가 고치면 될 거 아니에요 아빠··

영애   아빠 괴롭히지 마 ·· 할아버지두 못 고치셔 준서야아··

준서   (이미 아앙앙앙앙 앙앙앙앙 울음 터뜨리고 있고)

시우   (준서 안아들고 준서의 방으로)

조     ·······

**영애**  (눈물만 툭툭툭 떨구고 있는 은혜 보다가)……(쓸어안는다)……

**은혜**  (울고)……(소리가 새도 상관없다)

**영애**  ……미안해…은혜야…

**은혜**  웅웅웅웅웅(엄마 대사가 방해 받지 않을 정도로만)

**영애**  잘….들어…은혜는….엄마한테는 아직 애기지만….똑똑하구 의
첫한 편이니까….빨리..이해할 거야….우리 네식구 중에….엄마가…빠
지게 되면….니가….아빠한테..준서한테….할일이 많아…준서 챙겨주
구 아빠…위로해드리구……어떡하지?..엄마 우리 은혜한테 너무 벅
찬 부탁을 해서…

**은혜**  (더 달라붙고)…

　　　[준서 울음은 계속되고 있고…]

**영애**  아마…엄마 ..가구 나면……할아버지 댁으루 들어가게 될 거야..
….큰아버지 큰엄마….너무너무..훌륭하신 분들이니까….큰 엄마를
…엄마처럼 생각하구…사랑해 드리구….큰아버지 큰 엄마 아들 딸
노릇두…해드려…

**은혜**  (더 못 참고 울음 크게 터뜨리고)……

**영애**  (안고 쓸어주며 있다가 갑자기 호흡이 힘들어진다)……

**은혜**  (보고)….아빠…아빠아아아..

**시우**  (문 박차듯 뛰쳐나오고)

**조**  (영애 쪽으로)

**영애**  (가슴에 손 대고 헉헉거리는)

**시우**  진정해 여보..진정해 진정해…여보오…

**영애**  (가빠하면서 휑한 눈)……

**S#**  아파트 광장··(한밤중)…

**S#** 거실··

　　[어둠···]

　　[호흡기 끼고 눈 감고 기대어 있는······]

**시우**　(고개 뒤로하고 잠든 듯이)·······

**영애**　·······(눈이 떠지며)·······(멍한 시선)·········(그대로 한참)········(몸 일으

　　켜 남편 돌아본다)···여보······시우야·······

**시우**　???····(깨서) 응 여보 왜···

**영애**　죽기 싫어··나 좀 살려줘····(헐떡이며)죽구 싶지 않아 나 좀 살려

　　내. 나 좀 살려주라··시우야···응?···살려줘···살려줘···나 좀····(헐떡헐

　　떡헐떡헐떡)····

**시우**　(가만히 안으며 눈 감아버리는)·······

**영애**　(안겨서 눈은 휑한 채 헐떡이는)·······

# 제21회

S# 편집해서 몇 커트 넣어주시고요.

S# 병원 전경(낮)

S# 입원실

[기대어 앉은 채 잠들어 있는 영애⋯⋯숨은 반토막인 채⋯]

시우  (앉아서 하염없이 바라보고 있다)⋯⋯⋯⋯(하염없이 하염없이)

E 조심스러운 노크⋯

시우  ⋯⋯(못 듣고)

[가만히 문 열리면서]

재우  (들여다 본다)⋯⋯

시우  ⋯⋯(모르고 있다가 문득 돌아보고 무겁게 일어나 문으로)⋯⋯

S# 병실 앞 복도⋯

시우  (나온다)⋯⋯

재우  (말없이 시우 팔 하나 잡고 못 보면서)⋯

시우  자요⋯(안 보는 채)

재우  (끄덕이며)베로니카 지금 쯤 도착했을 거야⋯

시우	(끄덕이고)‥‥

재우	(주머니에서 봉투 하나 꺼내서 시우 주머니에 넣어준다)‥‥

시우	‥‥‥‥나중에 갚을께요‥

재우	쓸데없는 소리…좀 나아졌어?

시우	병원이니까…덜 불안해요‥

재우	(끄덕이는)‥‥아침은 먹었어?

시우	‥‥‥‥(안 먹었지만)예‥

재우	잠깐 움직여 뭐 좀 먹자‥나두 점심 전인데…

시우	아니에요‥‥‥‥저 사람하구 같이 먹을래요‥‥‥‥깼을 때…있어야죠…

재우	‥‥‥(보다가 끄덕여준다)그래 그렇게 해 그럼…간다‥

시우	예…

재우	힘내‥‥‥‥(빠지고)

시우	(병실 문 연다)

**S# 거실**

조	(준서 방에서 당분간 입을 준서 옷들 챙겨 넣은 가방 들고 나와 현관
	쪽으로 가며 은혜 방 쪽 좀 보고/ 가방 놓고 은혜 방 쪽으로 움직여 방문
	앞에서)좀 봐 줘?

**S# 은혜의 방**

정원	(은혜 옷가지들 집어넣으며 소리 없이 뚝뚝 눈물 흘리다가 얼른 닦
	으면서)네‥아주머니‥

조	(들어오며)즈 엄마한테 배워서 그런지 옷 맞춰 입는게 아주 까
	다…(하다 정원 기색 보고 옆에 앉으며)내가 좀 봤으니까‥낫지 싶어서‥

정원	네 도와 주세요‥

조	(정원이 꺼내 놓은 옷들 보며)양말은‥

**정원**   아직

**조**    내가 챙기께‥(서랍장으로 움직이는데)

    E 현관 벨 소리‥

    [둘 같이 듣고‥]

**조**    (혼잣소리)누구야‥(하면서 나가고)

**정원**   ‥(손 움직이고)

**S# 거실**

**조**    (나와서 현관으로 비디오폰 보고 영애 엄마 얼굴에 좀 찔끔하는 느낌이면서 그냥 현관문을 연다)아이구 어서오세요‥

**엄마**  (들어서며)예 안녕하세요‥ (안 보는 채)너머 미안스럽구 고마워요…

**조**    (엄마 올라서는 것 보며)아유 아니에요 아주머니‥

**엄마**  (주방으로 움직이며)에미는요‥

**조**    (따르면서)네에 저 잠깐…

**S# 주방**

**엄마**  (들어오며)밥은 잘 먹어요?

**조**    네‥그럭저럭…

**엄마**  (작은 보자기 풀면서)누가 그러는데‥파래가 좋다구 해서…‥동충하초나 뭐라나 그거두 좀 구해 봤구…

**조**    좋다는 건 있는대로 다 모여드는데…사모님두 보내시구 애들 고모두 그렇구‥

**엄마**  (물건들 꺼내며 호흡만으로 내 자식 죽여놓고 무슨)

**조**    애들 고모는 기치료 선생까지 모시구 왔는데 준서엄마가 싫대서 그냥 갔어요‥

**엄마**  ····(파래와 약 싱크대로 옮기려)

**조**  제가 하게요 아주머니··(빼내 가고)

**엄마**  (보다가 거실로 돌아서며)어디 갔는데요··날두 찬데 나가 다녀 두 된대요?

**조**  예 저어···걱정하실까봐 말씀 안 드린 모양인데···

**엄마**  (돌아본다)

**조**  아침에 병원에 들어갔어요··

**엄마**  ???

**조**  숨이 너머어··힘들어 보이니까 준서 아빠가···

**엄마**  ·····(멍하니 보며)·····

**조**  (자기가 죄인 같고)·····

**엄마**  (천천히 몸 틀어서 소파 쪽으로 움직이다 보면)

**정원**  (은혜 방문 앞에 나와 있다)···(보며)

**엄마**  (그저 정원 보는)·········(어깨 푹 내려앉아서)

**정원**  ···(잠시 보다가 보통 걸음으로 엄마 쪽으로 와 잡는다)

**엄마**  (다른 변화는 없이 한 손으로 자기 잡은 정원의 팔목께를 꽉 잡는다)····

**정원**  ·····좀 앉으세요···(소파 쪽으로)

**엄마**  (끄덕이며 정원과 함께 소파로··)

　　　[나란히 앉는 두 여인···]

**엄마**  ····(입 꾸욱 다물고)·····

**정원**  ·····

**엄마**  애들은 어쩌나요···

**정원**  병원 있는 동안···제가 데리구 있으려구요··

**엄마**  (끄덕이며)····고마워요·····그래··애들 데리러 오셨군요··

372

**정원**   …네에.(조여인 주방으로)

**엄마**   지지리 운두 없는 팔자가….그래두 동서 복 하나는 있네요…(돌아보며)

**정원**   ….(눈물 쏟아져 고개 꺾고)

**엄마**   보시기에 어때요…우리 애….틀렸어요?

**정원**   …….

**엄마**   (숨 토해내며)내 생각두 그러네요…그러면 안되는데…자꾸만 그런 생각이 들어요..살 아이 같으면…허구많은 병중에 하필이면 왜….그런 숭악한….어떻게 손 써볼 도리두 없는 그런 병이 들겠어요…..

**정원**   (손으로 입 막고)….

**엄마**   갈려구 그러는 거지….

**정원**   …..

**엄마**   (돌아보며)…….미안해요…우리 애한테 그렇게 잘해줬다는데.. 그 고마운 거…. 갚을 새가 없겠네요…

**정원**   죄송합니다…얼마나 ..얼마나 마음이 …(더 잇지 못하고)

**엄마**   (가만히 정원 어깨에 손 얹으면서)울지 말아요…나는 …..괜찮답니다…..

**정원**   ……..

**조**   (차 쟁반 들고 나와 엄마 앞에 놓아주고)….

**엄마**   (아줌마 보며)미안하지만 나 찬 물 좀 한 대접 주시려우?

**조**   예 예 아주머니..(부지런히 주방으로)

**S# 입원실‥**

**시우**   (밥상 받아서 영애 앞으로…)

**영애**   ….(밥상 내려다보며)

**시우**    (침대에 걸터앉아 수저 집어주며)왜 보구만 있어 먹어야지…

**영애**    (수저 받으며)응..먹어야지…..(식욕 없이 시작하는데)

**시우**    …..(보다가)형 왔다갔어…

**영애**    (잠깐 보며)몰랐어..

**시우**    안 들어왔어..당신 자서…

**영애**    깨우지…나 아주버님 좋아하는데…

**시우**    돈 걱정하지 마…형이 좀 주구 갔어..안 넉넉하게…

**영애**    (끄덕이며)다른 걱정은 다 해두 돈 걱정은 안해…당신 집안에서
         설마 박시우 신용불량자야 만드실까…그 걱정 안해두 되는 것만두
         얼마나 다행이야… 돈 다 까먹구 빚쟁이 만들어 놓구 가면…당신하
         구 애들 어떻게 사나…그거두 보통 고민 아닐텐데…

**시우**    …..(보며)

**영애**    형님은 우리 애들 데리러 가셨나? 왜 전화가 없지?

**시우**    벌써 도착하셨을 거래..형이 그랬어..

**영애**    (끄덕이며)…이거 먹구 나랑 식당 가 당신 먹자…..배고프지..

**시우**    혼자 가서 먹구 올게..

**영애**    같이 가..

**시우**    주사 꽂아놨잖아..산소두 그렇구..

**영애**    주사는 갖구 감 되구…산소는 잠깐인데 뭘…

**시우**    혼자 갔다 올게..

**영애**    제대루 안 먹을 거 같아서 그래…밥그릇들구 쫓아다니면서 떠
         먹여 주지는 못하지만…가서 감시는 할테야..

**시우**    ….(보며)

**영애**    말리지 마…걸을 수 있을 때 걸을 거야…

374

**시우**  ……(보며)….

**영애**  근데…나한테서 냄새 나는 것 같아…

**시우**  아냐 아무 냄새두 안나…….간호사한테 물어보구…해두 된다면 이따….닦아줄게…

**영애**  음…고마워…

**시우**  ….(보다가 손 뻗어 영애 앞머리 한 가닥 내려온 거 올려 주며)….당신은….이마 나오는 게 제일 이뻐…

**영애**  나두 알어..(웃으며)그런데…지저분해두 할 수 없다…나는 아픈 사람이니까…. 묶어 두는 게 좀 힘이 들어…잡아당기는 거 같구…

**시우**  괜찮아…산발하구 있어도 당신은 이뻐..

**영애**  금방 말 바꾼다…정치하니?

**시우**  안 바꿨어..이마 다 내놓구 묶어주는 게 제일 이쁜데 산발을 해도 이쁘다…어디 바꿨어..

**영애**  호호..그런가?….국 밖에 안 넘어가네…

**시우**  (보며)………

**S#  영애의 거실‥**

　　　[두 아이 들어오면서]

**준서**  학교 다녀왔습니다아..

**은혜**  (거의 동시에/둘 다 풀이 좀 죽은 채)다녀왔습니다아..

**정원**  (주방에서 나오며)으응? 어떻게 둘이 같이 와?(엄마는 소파에 앉아 두 아이 쪽 한심스레 보고)

**은혜**  준서가 혼자 오기 싫다구 기다렸어요..

**정원**  그랬어? 외할머니 오셨는데 인사 드려 어서..

**애들**  (엄마 쪽 보고)

**엄마**  이리 와..(팔 들며)

**두 아이**  (할머니에게 가서 붙으며)

**은혜**  할머니이..

**엄마**  (한꺼번에 쓸어안고)그래 할미 왔어..잘 있었어?

**준서**  엄마는요.. 엄마아아..(할머니 빠져나가려)

**정원**  (옆에 와 있다가)으응..준서야 엄마 지금 안계셔..

**준서**  어디 가셨어요?

**정원**  (준서 잡아당겨 키 맞춰 앉으면서)아빠하구 병원가셨어..

**준서**  ???(올려다보고)

**은혜**  (돌아보고)많이 아파서요?

**정원**  응..조금 많이 힘들어 하셔서 아빠가 입원시키셨어..

**은혜 준서**  ....

**정원**  속상하지?..큰엄마두 속상해 준서야..그렇지만 우리 다같이...
용감하게 참자..(준서 눈물 닦아주면서)그래서...엄마 입원하신 동
안에 준서랑 은혜...큰엄마랑 지내자..큰엄마가 열심히 할께..학교
두 데려다 줬다 데려오구 숙제두 봐 주구 엄마한테 물어서 뭐든지
열심히 다 해볼게 응?

**준서**  엄마 언제 퇴원하세요?

**정원**  글쎄..그건 큰엄마두 잘 몰라.. 담당 선생님께서 판단하실 거구
..... 엄마 좋아지시면 퇴원하시겠지..

**준서**  (뿌우한 채)

**정원**  점심 준비했으니까..외할머니 모시구 점심 먹구...그리구 옷같
은 건 다 쌌거든? 나머지 준비물 같은 거..책 노트 그런 건 늬들이
챙겨..큰 엄마 그건 모르니까...응?

준서  (끄덕인다)

정원  (일어서며)아주머니..

조    E 데리구 들어와...다 됐어..

정원  밥 먹자...은혜야..

은혜  (할머니한테서 떨어져 나오며)준서야 손 씻어야지..

준서  알어어..(두 아이 각각 제 방으로)

엄마  (가슴 답답한 한숨)........

정원  오세요..애들하구 같이..

엄마  (일어나며)나는 그냥 갈랍니다.......(현관 쪽으로)

정원  ...아니 저..

엄마  보구 싶지가 않어요...(현관으로)

조    (나오고)...

엄마  (신 신고 나간다)

정원  저기 사둔어른..(따라 나서는데)

엄마  (막으면서)나오지 마세요..하지 마세요..(하고 나가고)

정원  .....

S#  계단을 불편한 다리로 내려오는 엄마/ 얼굴은 거의 무표정하게......

S#  다른 계단...

엄마  .....(내려오다가 문득 난간 잡고 멈춰 서서 눈 질끈 감고 가슴의 통증
과 싸우는).......

S#  버스에 흔들리는 엄마..

[표정 없는 얼굴에서 눈물만 지이이이이이이......]

S#  박회장의 동네길..

[들어오고 있는 정원의 자동차......]

**S#** 박회장 집 앞

[정원의 자동차 와서 서고…]

[대문은 정원사가 열고 이기사 뛰어나오고··정원 내리고 이기사가 열
어주는 문으로 두 아이 내린다··등에는 가방··손에는 옷 보따리··]

**정원** 은혜야 준서야··가방 아저씨 드려··부탁해요··과장님··

**이** 아 예·· 이리내 줘··(애들에게서 가방 받아 챙기고)

**정원** (두 아이 양쪽에 하나씩)들어가자··

**S#** 정원··

[이기사가 앞서 빠르게 움직이고…]

[정원에게 손잡혀 들어오고 있는 두 아이……]

**정원** (걷다가 문득 분위기 바꾸려고)방은 어떡할까…전처럼 한방에 있
을래애 아니면 …큰아버지 딴방으루 가시라 그러구 우리 셋이 같이
있을까?

**은혜** 그전대루 해요··

**정원** 그러는 게 좋겠어?

**은혜** 네··

**정원** 준서는?

**준서** ··네에···

**정원** 그래 그럼 마음대루 해·· ····이과장님 계신 거 보니까 할아버지
들어오신 거 같은데 할아버지 할머니한테 공손하게 인사드리구 응?

**준서** 네에··

**은혜** (그냥 뿌우)

**정원** (걸으면서 은혜 잠깐 보는)……

**S#** 거실··

[애들 데리고 들어오는 정원…]

[찻잔 놓고 앉아 있다가 돌아보는 부부..]

장      어서 오너라..

정원    (두 아이 데리고 부부 앞으로)인사드려..

준서    할아버지 안녕하세요

박      오냐..

준서    할머니 안녕하세요..(그러는 준서 옆에서 은혜는 그냥 목례만)

장      이리 와..은혜두…(두 아이 장에게/두 아이 양옆에 데리고/혼잣소
        리처럼)에미때매…정말 큰일이구나……나무 관세음보살…학교가 멀
        어서 그전보다 좀 더 일찍 일어나야하는게 걱정이다만 그래두 어떡
        해..느들끼리만 있는 거보다는…여기가 나니까..힘들어두 참어..

두 아이   .....

장      에미두 그렇게 생각하니까 이리루 보낸 거구 응?

은혜    네에..

장      밥은 멕여갖구 왔어?

정원    네 그럼요 어머님..

장      애들 공부 책상이 없어서 어떡해.

박      (신문 펴 들고 있다가)당장 들여보내라면 되지 뭘 어떡해..

정원    (박 보는 위에)

박      E  재우한테 전화해..

박      이놈들 필요한 거 다 들여보내라구..

정원    저기 그건요 아버님..

박      (본다)…

정원    당분간은 그냥…공부 책상…놀러오면 쓰던 교자상 쓰면 돼요

아버님..

박     ……(보다가 무슨 뜻인지 알겠다)알았다..

준서   (작은 소리로)컴퓨터요..

은혜   ?

박     컴퓨터 필요해?

은혜   집에 있는데 그건 뭐하러어..

준서   여기는 없잖아.(기죽어서)

은혜   참어. 집에 아빠 거랑 두 대나 있는데 쪼꿈만 참으면 될걸 어이그

준서   알었어어….

장     데리구 올라가 짐 풀어 줘..

정원   네 어머님. 올라가자..

은혜   (먼저 꿈벅하고)

준서   (그거 보고 저도 꿈벅)

장     오냐..어이 올라가라..가서 짐풀구..숙제할 거 있으면 하구..

두 아이  네에…

정원   (아이들 데리고 애들 짐 들고 이 층으로)…..

장     에이그으 나무 관세음보살…이거 봐아..

김     (주방에서 나오며)네에..

장     과일 배달 제대루 시킨 거야?

김     그럼요 사모님.

장     그런데 왜 이렇게 안 와.. 전화번호 좀 갖구 와봐요..

김     네에..(주방으로 돌아서는)

**S#**  **트윈 베드가 있는 객실**

       [들어오는 세 사람..]

준서  내가 이쪽 할래..(침대로 펄석 앉으며/)

은혜  원래 니가 거기서 잤잖아아..

준서  그래애..그러니까 이번에두 내가 이거 한다구..

은혜  (큰엄마가 침대에 놓아주는 가방 중에서 제 것 옮겨 지퍼 열며)옷이
     나 꺼내애..

정원  큰엄마가 해줄게..

은혜  우리가 하께 큰 엄마 옷 갈아 입으세요..우리가 할 수 있어요..

정원  그럴래?

은혜  네..

준서  (제 가방 지퍼 열며)할 수 있어요..

은혜  아무렇게나 쑤셔 넣지 말구...

준서  엄마가 다시 해 주시잖아 머.

은혜  (째려본다)

준서  (기죽어서)알었어어..

정원  (준서 머리 만지며)나중에 큰엄마가 봐줄게.. 걱정마 서랍에 넣기
     만 해 응?

준서  네에..

S#  정원의 방..

정원  (맥없이 들어와 침대 옆구리에 앉아서)……(있다가 핸드백에서 휴대
     폰 꺼내 단축 누른다)……네 저에요 여보..애들 데리구 집에 왔어요..

S#  약국 앞..

엄마  …(기다리고 있고)…

정호  (나온다)..왜요 엄마..

엄마  니 누이..병원에 들어갔단다…

정호    (보며).....

엄마    어느 병원인지 알아서...이따 밤에라두 좀 가봐...

정호    ..네...

엄마    어이구우우우....

정호    (보는데)

소모    (문 열고)추운데 들어오시지 왜 밖에서 그러세요..

엄마    아니에요..가봐야죠..안녕히 계세요..

소모    (나오면서)따님 댁에 가셨다면서요..

엄마    못보구 와요..입원했대요..

소모    에이그 저런...쯔쯔..

엄마    간다..(정호 대답하고)갑니다..

소모    예에 그럼....

엄마    (아웃되고)

소모    (먼저 들어간다)

**S#  약국 안**

소모    (들어오면서)한 선생 뭐 없는 약 있어?

한      E 아니에요 선생님..

소모    그런데 왜 이렇게 늦어..(기다리는 손님들 대여섯 명)

한      (약봉지와 처방전 수북하게 들고 나와 이름 불러 나눠 주기 시작하고)

소모    (뜨거운 물 따라 마시는데)

정호    (들어온다)

소모    (돌아보며)병원 가봐야지..소정이 데리구 다녀 와..

정호    네..이따가요..(하고 조제실로)

유정    (뛰어들며)어우우우우 취...취 미치겠다..엄마 우우우우우 (엄마

에게 달려붙어 맨손 엄마 빰에 댄다)

**소모**  (깜짝 놀라 물러서며)아 왜 장갑은 안 껴어어.

**유정**  (엄마 물 뺏으며)한짝 잃어버렸어..

**소모**  ?? 또오?

**유정**  형부는?

**소모**  (조제실 턱으로/작은 소리로)병원 들어갔대..

**유정**  ??악화됐나부지?(역시 작은 소리로)

**소모**  그랬으니까 들어갔겠지..

## S#  조제실

**정호**  (바닥 내려다보며 우두커니).....

## S#  정원의 방/

[두 아이 데리고 전화 버튼 찍는다]

E  신호 가는 소리.

**시우**  F 네 형수님..

**정원**  은혜랑 준서 데리구 왔어요 서방님..

**시우**  F 네..

**정원**  애들이 통화하구 싶대서요..

**영애**  F 저에요 형님..

**정원**  바꿔주께..은혜..

**은혜**  엄마..

**영애**  F 응 엄마야..미안해..말두 안하구 이렇게 해서..니들 학교 가 공
부 안될까봐 그랬어.....왜 가만 있어?

**은혜**  우리 쭉 여기 있는 거야?

**영애**  F 아냐..엄마 퇴원하면 늬들두 집에 와야지.....왜애?

**은혜**  아니이‥주욱 있는 건가 그래서‥

**영애**  F 퇴원 빨리 하게‥준서 잘 챙겨주구 있어‥

**은혜**  알았어‥엄마 힘내‥

**영애**  F 그래. 힘내께‥

**은혜**  우리 병원에 가면 안돼?

**영애**  F 왜 안돼‥ 학교 안가는 날 와‥엄마 기다릴게‥

**은혜**  준서 바꾸께‥

**영애**  F 고마워‥

**준서**  (전화 들고)엄마‥

## S# 병원 식당

[영애는 주사 끌고 와 앉아 있고 시우는 먹는 중이다.]

**영애**  (울컥해지며)응 엄마 아들‥‥‥엄마 괜찮아. 병원와서 주사맞구
그러니까 훨씬 기분두 좋아지구 그래 준서야‥‥‥준서야‥‥준서야?

**준서**  F 네‥

**영애**  큰엄마 큰아빠랑 재밌게 지내‥‥엄마가 아파서 그 동안 못 놀아
줬어‥큰엄마하구 숨바꼭질두 하구 큰아빠하구 블록 쌓기두 해‥

**준서**  F 됐어요‥

**영애**  ‥‥되다니‥

**준서**  F ‥‥

**영애**  준서야‥엄마 아픈 거 잊어버려‥잊어버리구 학교 가면 친구들
하구 장난두 치구 공두 차구 즐겁게 보내‥엄마는 준서가 씩씩한 남
자였으면 좋겠어. 풀 죽어 다니지 마. 엄마 속상해‥

**시우**  애한테 무리한 거 요구하지 마‥

**영애**  (본다)

384

**시우**  나두 안되는데 애가 돼?

**영애**  엄마 말 무슨 뜻인지 알어?

**준서**  F 네..

**영애**  아빠 바꿔줄까? 같이 계신데..

**준서**  F 안바꾸셔두 돼요..

**영애**  준서야.

**정원**  F 나야 동서..

**영애**  네..

**정원**  F 걱정하지 마..즈들끼리 옷정리하구 책정리하구 잘하구 있어.. 나두 최선을 다할게..

**영애**  네.. 형님..안계셨으면 어쩔뻔했어요..

**정원**  F 그런 소리 말구..동서 끊자..준서 달래야겠어..

**영애**  네..끊어요 형님..(전화 끊으며 고개 숙이고)……

**시우**  ....(보며)

**영애**  (고개 숙인 채)준서…우나 봐…

**시우**  (고개 옆으로 돌리는)……

**S#**  엄마의 가게..

**소정**  (떡볶이 접시 두 개 쟁반에 올리면서 여학생 손님들 팩 돌아보며)아 재촉 좀 그만해..

**이모**  (끓는 라면에 파 집어넣다)??(돌아보고)

**소정**  (여학생들에게 움직이며)바쁜 거 보면 모르니? 나올 때 되면 나오잖아 이렇게/(탁탁 놓아주며)

**여학생**  아우 언니 무서워요오오…

**소정**  무서우면 오지 마.

**이모**   얘 소정아.(질색을 하겠는)

**소정**   니네 학교 낼 돈 까먹는 거 아냐?

**여학생들**   (웃거나 어머 언니느은/아니에요오오/등등 반응)

**소정**   (쌩끗 웃으며)우동은 안 먹을래? 오늘 우동 습이 아주 기가 막힌데..

**여학생들**   먹어 보구요..배불러요..우동 먹을 걸 그랬나?

**남학생**   누나아..

**소정**   왜애애..

**남학생**   우동 두 개 만 주세요..

**소정**   좋았어 탁월한 선택이다..이모오 우동 두 개요./

**이모**   알었어어어..

**소정**   (이모 쪽으로 오며)아우우 다리 아퍼어어..어머니 왜 안오세요오?

**이모**   (라며 냄비 하나 쟁반으로 옮기며)어머닌 왜 기다리니.. 너 잘 하는데..

**소정**   ??

**이모**   하하하하 끔찍하냐?

**소정**   죽구싶어요 머!!

**이모**   하하하하하(하는데)

**엄마**   (들어선다)

**이모**   (들킨 기분으로 얼른 입 다물고)

**소정**   어머니..춥죠.. 디게 춥죠..(어머니 쪽으로)

**엄마**   춥구나.. 너 왜 나와 있어..

**소정**   어어우 이모님 때매 안 나올수가 있어야죠오오...오초 간격으루 불러대시는데 어떻게 안 나와요..

이모    하하하하(라면 쟁반 들고 움직이며)

엄마    어이 들어가..들어가..

소정    네에…일당 주셔야해요..

이모    (라면 놓아주며)그래애 준댔으니까 줘어어..(소정 아웃되고/엄
      마 쪽으로)……(눈치 보고)..어떤데…

엄마    우동 한 젓가락 말어…먹어야지…먹어야 용을 쓰지..

이모    …..(보다가)밥두 못 얻어 먹구 왔수?…….밥두 안 멕여줘?

엄마    ……

이모    (우동 사리 집어 뜨거운 물에 집어넣어 담갔다 뺐다 하면서)아니면
      붙잡구 울구불구 하다 그냥 왔나아….노인네 그러다 길바닥에 드
      러눌라구..어이구우 (울먹해지며)이게 무슨 일이야 도대체가…아
      무리 생각을 해두 말이 돼야지 어디..

엄마    …….

S#  병원 입원실··

황     (차트 보면서…….차트 간호사에게 넘기고)좀 어떠세요…

영애    훨씬 ··살만해요 선생님··

황     머리 다 비우시구 그저 편안하게 안정 취하세요…·휴양왔다 생
      각하세요··

영애    네에··

황     세미나가 있어서 내일 모레 이틀은 병원에 없어요.(시우에게)
      닥터 최가 잘 할 겁니다··

시우    네 감사합니다 선생님··

황     그럼··

영애    네에··

**황**　(나가고)

**시우**　(문까지 나갔다 돌아오는데)

　　　E 노크‥

**시우**　(돌아보며)네에‥

**승조**　(케이크 상자 작은 것 하나 들고 들어오며 뒤돌아보고)

**지나**　(들어오며)우리 왔어요‥

**영애**　으응‥ 어서 와‥ 잘 왔어.

**지나**　승조가 집에 전화했었대요‥

**영애**　아침에 들어왔어‥

**지나**　엄마(승조가 내미는 케이크 상자 받아 냉장고로)전혀 안 단 거에
　　요‥마땅한 게 떠오르질 않아서요.언니.

**영애**　그냥 오면 뭐 어때‥괜한 신경은 뭐하러 써‥

**승조**　훨씬 좋아보이시는데요?

**영애**　기분두 그래요‥승조씨 잘 왔어요‥ 이 사람 좀 데리구 나가서 차
　　한 잔 해요‥계속 갇혀있어서 답답할 거에요‥

**승조**　네‥(하며 시우 돌아보는데)

**시우**　괜찮아 안 답답해‥

**영애**　내가 답답해‥그리구. 한 얼굴만 보구 있기 싫증나‥

**승조**　(웃으며)나가자‥ 찬 바람을 좀 쐬든지 하자‥

**시우**　(입구로 움직이는데)

**지나**　시우 저대로 나가면 춰 애‥(하며 시우 옷 찾아 승조 주고)

**승조**　(나간다)…

**영애**　앉어‥ 뭐 마시던지‥아까 그이가 몇 개 사다 넣는 거 같던데‥

**지나**　괜찮아요…(하며 앉으려는데)

**영애**  그럼 나 하나 꺼내 줄래?

**지나**  아…알았어요..(재게 움직여 냉장고 열면 망고 주스 오렌지 주스 등) 망고 랑 오렌지 있네요.

**영애**  망고 먹어볼까?

**지나**  (꺼내는데)

**영애**  하나만 꺼내지 말구..

**지나**  네에..(두 개 꺼내서 휴지로 맨 위 닦아서 열어서 영애에게)….(제 것 도 마찬가지로 해서 따 들고 앉는다)

**영애**  (한 모금 마시고)회사 일은…어때?

**지나**  불경긴 셈 치구는 괜찮은 편이에요..

**영애**  유능해서 좋겠어..

**지나**  무슨요..

**영애**  정말야..부러워..결혼은 늦어졌지만 그래두 확실한 자기 일 붙 잡구 일하니까..노상 손해만 본 건 아냐..

**지나**  (끄덕이며)그렇게 생각할 때두 있어요…

**영애**  잘 왔어…부탁이 있어…

**지나**  …뭔데요?…

**영애**  아프기 전에 나….애들 아빠한테 그랬었어..금년 크리스마스 에는 나두 지나씨처럼 등짝 확 파진 드레스 같은 거 차려입구….애 들 데리구 근사한데 가 밥 먹구 싶다구…

**지나**  ……(보며)

**영애**  설마 크리스마스까지야 못 버틸까… 보기에 어때..

**지나**  왜 그런 생각을 해요..언니 아주 좋아 보여요….그러지 마세요..

**영애**  ……

지나  네?

영애  드레스 한 벌 만들어 줄테야?

지나  …..(보며)

영애  (웃으며)등짝 확 도려낼 필요는 없어‥그냥 적당히….길이는 길어야겠지‥그래야 드레스 맛이 날 거야…아니 언젠간 그런 치장 한 번 해 보구 싶었어‥

지나  색은요‥

영애  까망…

지나  알았어요‥소재는 내가 골라 볼께요‥ 구두 사이즈는요‥

영애  …(사이즈 얘기해주고)

지나  (끄덕이며)됐어요‥ 내가 디자인해서 최고 재단사한테 자르래서 최고 솜씨에 맡길게요. 언니 실망 안 시킬 거예요.

영애  기대해야지….그리구 또 하나 부탁…

지나  ….네‥

영애  박시우는 검정 양복 있으니까 됐구……은혜랑 준서 꺼 좀 부탁해‥

지나  …..(서늘해져서 보며)….

영애  사이즈는…* 이랑 * 이야…..코트까지 맞춰 줘…

지나  …..(보며)

영애  은혜하구 준서….단정하구 멋있게 보였음 좋겠어‥

지나  (눈물이 핑글핑글핑글)….(보며)

영애  그러지 마…

지나  (일어나 핸드백 집어 손수건 꺼내는데)….

영애  준비할 건 준비해야지…애들 큰엄마가 알아서 해줄테지만…지나가 만들어줘두 괜찮을 거 같아서…

**지나**  ....(등 보이고 선 채 눈물 찍어내며)

**영애**  .....(보다가 조금 웃으며)물캥이..(부르는)....어이 물캥아....이리 와 봐....얼른...할말 있어...얼르은?

**지나**  (재촉 받고 도로 의자로 와 앉으며)네.. 말해요..

**영애**  딴 생각하지마.. 지금 현재 아무 유감 없어.....오히려...참 안됐 게 생각해...안됐다는 말 었쟎아?

**지나**  아뇨.. ...

**영애**  나쁜 짓한 사람은 오히려 내가 아니었나 그런 때두 있어..

**지나**  언니는 무슨 그런 말두 안되는/

**영애**  (오버랩의 기분)좀 더 적극적으루 영리하게 시울 붙잡지이....그 랬으면 나 골병두 안 들구 시우두 중간에 홀애비 안되구 (기침 잠깐)

**지나**  (긴장하고)

**영애**  (얼른 주스 마시다 뿜고)

**지나**  (재빠르게 휴지와 수건 집어 닦아내고 닦아주며)거 봐요 말 안되 는 소리 하니까 그만하라구 기침 나오는 거에요..

**영애**  ........(기운 좀 빠져서 기대는)......

**지나**  .....(보는)

**영애**  그만 마실래...

**지나**  (깡통 빼서 치우고 본다).....

**영애**  ..(머엉한 얼굴)머리가 아픈 건 아니니까....이런 생각 저런 생각 을 ...많이 하게 돼....한번 살아버린 날들은...수정이 안되니까 어쩔 수 없는 거지만....그래두 이랬으면 어땠을까 저랬으면 어땠을까... 그런 생각두 하게 돼...

**지나**  언니 말 너무 하는 거 같아요..그냥 쉬어요..

**영애**  (고개 지나 쪽으로 틀며)지나는…어떤 생각들을 하며 지내니 요즘…

**지나**  ……(보며)

**영애**  응?

**지나**  그저….쓸쓰을 해요‥그리구….많이…무력하구….슬퍼요‥내 팔 짜는 뭐 그리 좋은가요‥ 어렸을 때 한날 한시에 아버지 엄마 잃은 아인데요…우리 고모 정말 친 자식 이상으로 키워주시구 서포트해 주셨지만….그렇다구 해서 어린 나이에 혼자가 된……그때 공포나 상처가 없어지는 건 아니에요…지금도 가끔 한번 씩 꿈을 꿔요‥ 한 밤중에 울다 깨면/엄마 아버지 돌아가셨던 바로 그날 소녀로 돌아 가요‥ 살 날이 아득하구 무섭구 불안하구…나 반년동안 정신과 치료 받았었어요‥

**영애**  ……(보며)

**지나**  살아야할 앞날에 또 뭐가 기다리고 있을지….모르죠.

**영애**  누구도 모르구 살아‥(조금 웃으며)나는….꼭 그래…. 긴 목도리 뒤로 멋있게 넘기고 신나게 스케이트 타다가 얼음구멍에 빠진 거 같은……갑작스럽게 떠나는 사람들 아마 대충 그런 기분일 거야‥ 지나는 나같은 일은 걱정하지 마…흔한 일은 아니니까 안 걸릴 거 야‥그저‥운전이나 조심해…운전이 좀 와일드하더라‥

**지나**  (쓴웃음 끄덕이며)좀 그래요‥

**영애**  (눈 감으며)드레스…기대된다….

**지나**  ……(보며)

**영애**  …..(숨만 색색색)

**지나**  ……(보며)

**S#**  병원 주차장‥

392

[승조 자동차 있는 곳으로 빠르게 걸어오는 두 사람.]

**승조**  (차 문 열고)

**지나**  (먼저 올라탄다)

## S# 차 안

**승조**  (타고)

**지나**  (벨트 매며)약속있니?

**승조**  응…경구..

**지나**  뻐개구 곧장 들어와..

**승조**  ??왜..

**지나**  술 먹자구.. 죽을만큼 먹자..병원에 실려갈 만큼 먹어 볼테야.

**승조**  (벨트 꺼내며)찬성 안해….(채우고 시동 건다) 왜 그래…뭐 나쁜 소리 오갔어?

**지나**  은혜 준서 상복 주문 받은 거 어떻게 생각하니..

**승조**  …..(보며)

**지나**  (기대면서) 못 당하겠다..미친 기집애. 어디가 침을 흘려..저렇게 저런 사람하구 무슨 경쟁이 될 거라구..

**승조**  끝난 얘기잖아.. (사이드 내리는)

**지나**  혼자 광년이 춤 춘 거 같아 챙피해 돌아가시겠다…

**승조**  …..(잠시 보다가)팬찮아 아는 사람 다섯 손가락 안인데 뭘..(출발한다)

## S# 입원실

[영애 손가락 사이와 손을 젖은 타월로 닦아 주고 있는]

**시우**  …..

**영애**  (그런 남편 가만히 보며)……

S# 박회장의 정원(밤)

S# 주방··

[박회장 부부 두 아이 재우 내외 저녁 먹는 중이다···]

[한동안 말없이···]

정원 (두 아이에게 번갈아 반찬 집어 놓아주고)·····

[그러는데···]

박 (아무도 안 보는 채 나직이)공부들은 잘하는 거야?

정원 ?(모두 회장 보고)

재우 (얼빵했다가)그러믄요 아버님 ··잘

박 (오버랩의 기분)니가 어떻게 알어.

재우 아 제수씨가 누군데요 제수씨가(하는데)

박 (은혜 보며)너 공부 잘해?

장 아 잘해봤자 못해봤자 초등학생이구면  무슨 대단한 일이라구

박 (오버랩의 기분)준서 어때··

준서 (먹다가)저는 그저 그래요. 누나는 잘하는 거 같아요.

박 너는 왜 그저 그래··

준서 제가 좀 바쁘거든요··

박 뭐가 바뻐.

준서 (먹으며)볼일이 많아요.

장 흠흠흠(웃음 나오며)무슨 볼일··

은혜 볼일은 무슨··까부느라 그렇지.

준서 엄마가 아직은 공부같은 거 신경 안써두 된다구 하셨어··그래서 신경 안 쓰는 거야··

재우 어어 그러니까 신경쓰면 잘할 자신 있단 말이지?

**준서**  열심히 할 거에요. 엄마는 잘하라 소리는 안하신댔어요··그 대신 열심히 하라 소리는 하시구요·· 지금도 그러세요·· 큰 엄마··(밥 뜬 숟가락 내밀고)

**정원**  응··(젓가락으로 생선 살 떼어내 놓아준다)

**준서**  (입으로 큰 밥숟가락 구겨 넣듯)

**박**  (보다가)밥 숟가락 보니 욕심 만만찮겠어···(슬며시 아내 돌아보며)

**장**  즈 할아버질 닮았으면 만만찮겠지요··

**박**  ···(이 여편네는 사사건건/ 그만두고 수저 놓고 숭늉 집어 마시고 내려놓으며 일어서고 장여사와 애들은 아니고 재우 내외 일어선다)

**박**  (나가며)매실 차 줘··

**정원**  네 아버님.

**장**  잠깐 쉬었다 나랑 같이 마셔요··

**박**  ·····(그냥 나가고)

**장**  어서 먹어··많이 먹어··

**S#  거실**

**박**  (기대앉으며 티브이 스위치 넣는다)

　　[7시 뉴스 정도/비자금 수사 속보/]

**박**  <u>끄으으으응</u>(하고 픽 꺼버리는데)···

**연우**  (들어오다 보고)아버지··

**박**  뭐야 또··

**연우**  저녁 드셨어요?

**박**  또 뭐냐구··

**연우**  미주 애비 고등학교 친구 망년회 가는 길이에요 아부지·· (주방으로 움직이며)금방 갈 거에요··

**박**　(뿌우 보다가 어떻게 수습이 되는 모양이구먼을 표정으로)….(일어나 안방으로 움직인다)

**S#　주방‥**

**두 아이**　(일어나서)안녕하세요‥

**연우**　그래애‥앉어어‥후우우 참 (비극이다 비극)

**장**　무슨 소릴할려구‥

**연우**　(돌아보고 옆 의자에 앉는데)

**장**　무슨 망년횔 여기까지 나와 해.

**연우**　몰라요‥이쪽에 무슨 한정식 잘하는 데가 있나봐요‥

**재우**　(밥 먹는 것 마무리하면서)부부동반이야?

**연우**　원래 동반 모임이야‥그동안 내가 삐따닥해서 한 삼년 안 나갔었지이‥

**재우**　그래 삐따다악해서 너 번 게 뭐야‥

**연우**　(못 들은 척)밑반찬 좀 챙겨줘요 언니‥반찬 얻으러 왔어요.

**장**　？？(딸 보고)

**정원**　네 얼마든지요 아가씨이‥(일어나 여인 있는 곳으로)

**연우**　？？(문득 엄마 보고)왜?

**장**　그 소리 들어본 게 언젠지 싶어 그래.

**연우**　아 무슨 맘 먹었는지 일곱시에두 들어오구 여덜시에두 들어와 밥 달래요‥ 밑반찬 기본으루 갖춰노면 편하잖아.

**재우**　(괜히)늬 시집은 밑 반찬 안해 드셔?

**연우**　아 왜 괜히 빙글거리구 그래 오빠안‥

**장**　동반 모임에 왜 혼자야‥

**연우**　차에 있어요.

장      ?

연우    (연결)얼굴 보여야 존 소리 못들을 거 뻔하니까 차에서 기다린대··

재우    얌마 그래두 왔으면 들어와야지.

연우    (밑반찬 덜어내고 있는 정원과 아줌마 쪽 싱크대로 가며)아 좀 봐
        줘·· 말 길게 하다간 쌈밖에 할 거 없어서 그러라구 했어·· (문득 오빠
        돌아보며)져주라면서어·· 오빠 충고 얌전하게 실천하는 거야 나아.

재우    후후후후후 그래그래 알었어 임마. (일어나며)다 먹었어? 그래
        다 먹었으면 큰아버지랑 올라가자··올라가 티비 보자··

은혜    준비물 챙기구 책가방 싸야해요 큰아버지.

재우    어 그래·· 그거두 하구··(두 애들 양쪽에 하나씩)어머니 올라가요.

장      오냐··(애들 데리고 싱글거리는 아들 안쓰럽고)

재우    베로니카/ 올라올 때 과일요··

정원    알아요··

        [재우와 아이들 나가고]

장      (도 일어나 나가며)차 준비하니?

정원    네 어머님··(반찬 옮기던 집게 연우 주고 매실 찻잔 꺼낸다)

연우    (대신 옮겨 담으며)병원에 가봤어요?

정원    ? 은혜 준서만 데려 왔어요

연우    언니가 애들 좋아하는 사람이라 다행이에요.

정원    ??

연우    인정머리 없는 사람두 많은데. 나같은 사람요.

정원    아가씨는/(찻잔에 뜨거운 물 따르는/ 전기 포트의)

연우    영애두 불행중 다행이구요··

정원    (돌아보는데)

**연우**  언니 이상 애들 잘 보살펴줄 사람 어딨겠어요..시우 한동안 정
  신 못차릴텐데 지 애비 그럴 동안 언니같은 사람이 꽉 붙잡아 줘야
  죠..그래야 잘 못 안돼요.

**정원**  (오버랩의 기분)그런 얘기……나중에 해요 우리….(쟁반 들고 나가는)

**연우**  …..(보다가 젓가락 놓고 김여인과 함께 뚜껑들 닫으려 하는데)

  E 휴대폰 벨..

**연우**  (주머니에서 꺼내 받는다)어 미주 아빠 다 됐어.. 지금 나가….(듣다
  가)오분만……응 오분……(듣다가)이거 보세요 미주 아빠..피차 노력
  하기로 했으면 노력합시다..나두 지금 이거 노력하는 거니까 짜증
  피지 마.. 길어야 십분 밖에 더 됐어?…(팩하니)

**S# 엄마의 가게 안(밤)**

**이모**  (부지런히 의자 정리하며 비질하다가 전화 받는다)예에…아이구 아
  주머니 어떡하나? 장사 끝났는데요?…아니 재료가 떨어졌어요. 재
  료 떨어지는 시간이 문 닫는 시간인 거 여태 모르세요? 예… 예…에
  에..아주머니.(하고 끊고 의자 정리 비질 계속하는데)

**노**  (슬그머니 들어선다)

**이모**  장사 끝났(하며 보고는)아이구머니 이이가 미쳤나. 예가 어디
  라구 들어오 들어오길요 노씨이..

**노**  (빗자루 뺏으려하며)내가 해 주께요 경자씨.

**이모**  (벌컥 떼밀다시피)아이구우우 증마알? (빨리 가아)

**S# 엄마의 방**

**엄마**  …..(털푸덕 앉아서 두 손 무릎 아래 집어넣고)…..(우두커니이이)
  …..(이놈은 도착했나아)

**S# 입원실..**

398

**정호**  (의자에 앉아서 고개 꺾고 쿨쩍쿨쩍 울고 있다)……

**영애**  ……(그냥 보며)

**소정**  (정호 등 뒤에 서서)…(우는 남편 보며)……

**정호**  (울고 있는)……

**영애**  아직….더 해야해?……그만하면 좋겠다 정호야……

**정호**  ……

**소정**  (손수건 남편에게 옆에서 내밀며)그만해 오빠··

**정호**  (받아서 눈물 닦는다)……(꾹꾹 닦다가 갑자기 이잉 소리가 새어나 온다)잉잉잉……

**영애**  우는 소리 보니까 아직 애구나 우리 동생…

**정호**  (그 소리에 아에 침대에 상체 엎어지면서 운다)……

**영애**  ……(동생 보며)….

**시우**  (간병인 자리에 앉아 있다가 불끈 일어나 나간다)…

**영애**  (남편 나가는 것 보다가 동생에게)그래애… 너두 한번은 울어야겠지…오늘만 울구 …다시는 울지 마….힘들다…

**정호**  …..

**소정**  (건드리며)그만해··힘든대애··힘드신대애애…

**정호**  (억제하며 수습하려고 몸 일으키고 손수건으로 얼굴 닦으며)……

**영애**  ….(가만히 보며)심했었던 거 있었으면 …용서해…

**정호**  (고개 젓는다)

**영애**  공부… 지독하게 다그쳤지 그치?

**정호**  …..

**영애**  더 잘 할 수도 있었는데…너는… 중간중간 불필요한 자학을 했었어·· 참 안타까웠어··

**정호**  (고개 꺾은 채 끄덕인다/ 알아요)

**영애**  니가 그걸 완전히 극복하는 걸 보구 싶었는데‥‥그건 못 볼 거 같다. 정호야‥

**정호**  ‥‥

**영애**  아빠 되는 거두 못 볼 거구‥‥‥‥유감이야‥

**정호**  (벌떡 일어나며)얼굴 좀 씻구 올게요‥

**영애**  그래‥(정호 나가고/따라 나가려는 소정에게)놔두구 소정이는 나 좀 봐…

**소정**  (돌아보고 영애 쪽으로)

**영애**  여기…(침대 옆 두드리며)여기 앉아봐‥‥눈

**소정**  (시키는 대로)

**영애**  우리‥ 맞추고 얘기하자

**소정**  왜 그러는지 알아요‥어머니한테 잘하라 그러시는 거죠?

**영애**  그래‥ 그거야‥

**소정**  (끄덕이며)어머니 저번에 우는데…너무 불쌍해서 나도 같이 울었어요‥‥별로 자신은 없지만 …그래두 어머니한테 조금씩‥‥‥어머니가 참 좋은 분인 거 같아요‥

**영애**  그래‥그렇게 알기 시작하면 걱정 안해두 되겠다 올케… 우리 엄마 부탁해‥(손 내밀며)

**소정**  (‥그 손 잡고 끄덕끄덕끄덕)‥‥

**영애**  ‥‥‥(애가 정말 해줄까아)

**S# 포장마차‥(아주 작은 규모)**
   [소주 한잔씩 하고 있는 중이다/ 화면 시작과 동시에]

**이모**  (소주 단숨에 비우고 잔 내리면서)차암 노씨 맹꽁이 집안 자손이

구려…사람이 무슨 말귀를 그렇게 못 알아들어요.. 물 건너갔구 꿩
새 꾸악꾸악 울었어요.  딸 보내구 울언니 어떡하나  나 신경 쓰이
는 거 지금 그거 밖에 없어요..

**노**    나 기다려요 경자씨..

**이모**  아 기다리지 말라니까아아…기다려두 소용없어요.. 팔짜 안
고쳐.. 안 고칠래. 그저 울언니랑 같이 부둥켜 안구 둥굴다 죽을래
요..안 따러요?(술)

**노**    (따라주면서)그럼 나는 어떡하라구…

**이모**  에헤헤헤..닭 쫓던 개지 뭐 하하하하 하하하하

**S# 엄마의 방**

**엄마**  (낡아서 해진 내의 무릎팍에 덧대는 바느질하고 있다)………

       E 전화벨….

**엄마**  (받는다)예에..

**영애**  F 엄마 저에요…

**엄마**  …..(입 꾸욱)

**영애**  F 정호내외 조금 전에 갔어요…..엄마한테 말 안한 거.. 이삼일
있다 나갈 건데..괜히 정신 시끄럽게 안하구 싶어서요……엄마…..
엄마?

**엄마**  알았어 그래….말 안 해두 돼애…..

**영애**  F 모레 쯤 퇴원할 거에요..

**S# 병실**

**시우**  (니 맘대루? 돌아보고)

**영애**  훨씬 괜찮아졌어요 영양제 덕분인지 기운두 펄펄 나구요…..
그게요.. 애들 준비물 챙기구 그러는 건 아무래두 아주머니 못미덥

구 또....즈들끼리 두는 게 안됐어서요... 놔둬요 박씨네 자손인데 박씨들이 책임져야지 엄만......이모 좀요.....어디요?

**S#** 안방

**엄마** 모른다아.. 볼일이 있나부지......괜찮어...그래 괜찮어... ....(한참 듣다가)기운빼지 말구 그만 끊어.. 에미가 끊는다...(하고 전화 내려놓는다)........

**S#** 입원실

**영애** (핸드폰 접으며).....(부우우)

**시우** 왜..(간병인 자리 앉아 보다가)

**영애** 먼저 끊으시네....

**시우** ....(뭐 몰라 그 맘?)...(덮을 것 펴며)그런데 누구 마음대루 모레 퇴원해..황박사님하구 얘기 됐어?

**영애** (웃으며)내 마음대로..

**시우** 잘난 척 하지 말구 더 있어.. 상태 좋아진 거 느끼면서 왜 그래..(잠시 눕고 싶은)

**영애** 좋아졌으니까아..

**시우** 여보.(누우려던 것 그만두고)

**영애** 컨디션은 주사 덕분이야...

**시우** 그러니까 병원에 있자구..

**영애** 기운 떨어지면 또 들어오면 되지? 딴 환자들두 그런다네. 들어왔다 나갔다 몇 번 하다 죽는대.

**시우** ...(미워죽겠다/ 일어난다)

**영애** 퇴원하면 진짜 꼼짝달싹 안하구 가만 앉아만 있을래.. 안 움직이면 돼..

402

**시우**    ….(주머니에 손 찌르고 보며)

**영애**    지나한테 크리스마스에 입을 드레스 주문했어 참.. 당신 드레
스 값 치러줘.. 어디 전망 존데 네식구 자리 예약두 해두구..어 벌써
늦었을까? 진작해야는 건데 당신 잊어버렸었지..

**시우**    그래…알아볼께..(포기하듯 말하며 문으로)

**영애**    어디 가..

**시우**    물 사러..(나가고)

**영애**    …..(남편 나간 문 쪽 보며)

**S#** 지나의 오피스텔

　　[지나와 승조 적당히 취해서 히히덕거리며 허슬을 추든지 아니면 승조
가 지나에게 탱고를 가르쳐 주든지./아니면 승조가 잘 추는 춤을 지나
앞에서 공연을 하든지..]

**S#** 병원 어느 코너..

**시우**    (핸드폰 들고)뭐하구 있는 중이었어?

**준서**    F 큰엄마 방에서 다같이 비디오 봐요.

**시우**    무슨 비디오?

**준서**    F 라이온 킹이요..

**시우**    재밌겠다.. 누나 좀 바꿔줘..

**준서**    F 네…

**은혜**    F 아빠..(하는데)

**시우**    (순간 울컥한다)….

**은혜**    F 여보세요?

**시우**    응 은혜야 아빠야..

**은혜**    F 아빤 줄 알어.(약간 침울한)

**S#** 정원 부부의 방··

　[비디오는 일시정지 시켜놓고/]

**은혜**　응 먹었어…할아버지 할머니 큰아빠 큰엄마……아니 할아버지 들어가시구 우리두 곰방 올라와서 책가방 싸구 숙제 남은 거 하구 그리구 비디오 보는 거야.…준서(돌아보며)큰엄마 무릎에 앉아있어…바꿔 줘?.…(준서 움직이려)아냐 괜찮으시대··(준서 도로 큰엄마 무릎으로)응.…큰아빠··(전화 재우에게)

**재우**　어 그래…어…알았어 임마 걱정 마. 우리두 알어 베로니카가 알어서 다 해. 너는 저녁 먹었어?.…잘 먹어둬 너··지치면 안돼 알았어?

**S#** 병원 코너

**시우**　알아요.…네…네… 끊어요. 괜찮아요…네…(끊는다).…

**S#** 병원 현관 앞··

**시우**　(나오면서 비닐 봉지의 물병들 속에서 한 병 꺼내 따서 벌컥벌컥 마시고 후우우우 숨 내쉬며 잠시 쉬었다 다시 벌컥벌컥 마시고 돌아서 병원으로 들어간다)

**S#** 병원 전경(밤)

**S#** 입원실··

**영애**　……우리 애들…자겠지?

**시우**　(앉아서/책 보고 있다가) 잘 거야. 물 사러 가서 전화했었어·· 준서 등 긁어주면 잔다구. 형네두 알구 있다더라··

**영애**　처음 가서 자는 게 아니니까………무슨 책이야?

**시우**　집에서 보던 거··

**영애**　잠이 …안 올 거 같아…낮에 너무 잤나봐··

**시우**　(책 놓고 일어나 침대 옆으로. 가서)엎드릴 수 없으니까 등은 안

404

되구 그럼 배를 긁어주까?

**영애** (웃어버리고)

**시우** (앉아서 머리 만져주면서)아니면 노래 해 줘?

**영애** (장난스럽게)그게 좋겠다..

**시우** 신청곡 해.. 해주께…

**영애** 여보 그 생각 난다…은혜 가져 나 만삭일 때…. 지독한 몸살 한 번 앓았었지..

**시우** ….

**영애** 또 생각 안나?

**시우** 생각 나..

**영애** 약두 못 먹구 생으루 앓은데 몸뚱이가 너무 아파서 내가 거의 징징징 울었었지..그러니까 당신….나 위문공연한다구….양재기 두 드리면서 각설이 타령 흉내냈잖아…이빨에 김조각 붙이구 바지 한 쪽 둘둘 걷구 삐딱하게 서서….생각나?

**시우** 그거 해 달라구?

**영애** 무리겠지?

**시우** 일단 양재기가 없구 김두 없어..

**영애** (조금 소리내어 웃으며)그럼 집에 가서 해 줘.. 한번 보구 싶다…

**시우** …..(보며)

**영애** 아냐.. 안 보구 싶어…(남편 만지면서) 너무 슬플 거 같어…너무 슬 퍼서…더 빨리 죽을 거 같아….

**시우** (자기 만지는 영애 손잡아 입 맞추는)……(한 번 두 번)

**영애** …..(보며)사랑해..(아주 작게)…..

**시우** ….(숙인 채)

**영애**  다음에… 다시 만나……마저 살자……

**시우**  ……(본다)

**영애**  꼭 그러구 싶어….

**시우**  그래‥

**영애**  그때는 시우가 나보다 세 살 많게 태어나서….

**시우**  ….(보며)

**영애**  또 너무…. 부잣집에는 태어나지 마라…똑 같은 일 또 겪긴 싫다…

**시우**  (끄덕이며)…명심할께……

**영애**  그래두 나는….어쨌든 실패한 거 같지는 않어….평생 고생하시지만 인품으루는 어디 내 놔두 안 빠지는 엄마 자식으루 태어나…..(웃으며)언제나 최선을 다 해서 공부두 똘똘하게 잘 했었구…..나만 아는 남자와 결혼해 십년….일년에 두 세 번 하루 이틀 김샜던 거 빼구는 대부분 행복하게 살았구…..정말 마음에 드는 내 딸‥내 아들두 가졌구………짧지만 참 좋았다…그렇게 생각할테야…

**시우**  ……(안 보며)

**영애**  불행해하면서 칠팔십까지 사는 거 보다 성공적인 거 아냐?

**시우**  ……(보는)

**영애**  별 사람 아닌 나를….한결같이 사랑해주는 당신….고마워‥내가 잘나서가 아니라…당신이 훌륭해서라는 거두 알어…

**시우**  무슨 그런…. 천만에 말씀을………선생님‥ 날…… 사람을 만들어 줬는데요…(하며 잡은 손에 이마 붙인다)

**영애**  ….시우야…….너를….어떡하면 좋으니….(시우 머리 안으며)너한테….내가…..이런 짓을 하구 갈 줄은……정말 몰랐어…..

　　[두 사람… 잠시 두었다가]

**S#** **병원 현관 앞(낮)**

[박회장의 차 와서 멎고 이기사 내려 문 열어주고]

**박**     (내려서 병원으로 움직인다)·········

**S#** **병실**

[시우··/영애 다리 부드럽게 주무르고 있고 영애는 잠들어 있는데··]

   **E** 노크

**시우**     (일어나 문으로 가 열면)

**박**     ······

**시우**     ·····

**박**     (들어선다)·······(들어와 잠들어 있는 영애 보면서)

**시우**     (아버지 뒤에서 그런 아버지 보며)·······

# 제22회

**S#** 아파트 광장(아침)

**S#** 거실

**영애** (기대어 앉아서 잠들어 있고/산소호흡기는 끼고 있는 상태/호흡은 아주 짧고).....

**시우** ......(잠들어 있는 아내/ 보고 있는)............

　　　[주방에서 뭔가 달그락거리는 소리 잠깐/극도로 조심하는데도 한번 쯤 나는 소리.]

**시우** (고개 주방으로 돌아가고).......(있다가 조용히 일어나 주방으로)

**S#** 주방

**시우** (들여다본다)

**조** (미안하다는 시늉하며 입으로만 미안해)

**시우** (끄덕이고 나간다)

**S#** 거실··

**시우** (조용히 와서 아내 와 좀 떨어진 자리에 앉아―앉는 느낌에 깰까봐 ―고개 좀 뒤로 젖히는데)

**영애**  (가만히/)아직 ….

**시우**  (돌아본다)

**영애**  (눈 가만히 뜨면서)살았네…

**시우**  (보며 다가앉으며 영애 손잡는다)

**영애**  (돌아보며)하루 벌었다..(미소)….

**시우**  ….(그저 보며)

**영애**  좀 …잤어?….

**시우**  (끄덕인다)

**영애**  나두….꽤 잤지?

**시우**  조금….

**영애**  날씨는…..어때…

**시우**  흐릴 거 같아…흐리다구 했어..

**영애**  ………(좀 쉬며 사이 두었다가 혼잣소리처럼)스키 가르쳐 준댔는데…..

**시우**  …….(그저 보며)

**영애**  은혜랑 준서….

**시우**  올 거야..

**영애**  ……..전학…수속 해…

**시우**  ……

**영애**  ….너무…. 힘든가봐….형님두 그렇구……전학 수속해 줘..

**시우**  아예 짐 다 갖구 오랬어..내가 챙기구…병원 들어가면 장모님 오
시래서 봐 달라 그럴 참이야…..

**영애**  …….(보며)

**시우**  그게 낫겠어.

**영애**  어차피….당신두 옮겨야는데…..전학시키구

조      (물 같은 죽 그릇 들고 나오며)준서 엄마. 이것 좀 마셔..

시우    (죽 그릇 받아 들고 영애에게)좀 마셔두자..

영애    (고개 돌리며)·····(거부하는)

시우    여보..

영애    ·····

조      이거 마시구 약 먹어 응?

영애    나중에······나중에 하께요··(하면서 기침이 터진다···제법 긴 기침)

        [두 사람 어쩔 도리가 없이 안타깝기만 하고····]

영애    (기침은 그치지만 호흡은 더 힘들어지고)······

시우    ····(아내 잡고)······

영애    ······

시우    병원에 들어갑시다··

영애    (고개 흔든다)

시우    여보.

영애    있을래·····애들 오잖아···

시우    병원에서 봐두 돼··

영애    싫어·····

시우    ······(보며)

영애    다시 한번 부탁해····기관지 절개···안해···구멍 내지 마···

시우    ······

영애    전화····· 좀 해·······떠났나···

시우    (전화기 집어 드는데)

        [준서 은혜 들어오면서]

준서    엄마아아··

410

영애  ??(금방 얼굴이 빛나는)으응…(몸 일으키며)왔네에에.. 이리…와

　　…(팔 벌리고 두 아이 엄마 양쪽으로)……오랜만..(하다 기침 터지고)…

　　　[두 아이(보고)]

영애  (기침하다가 수습하고…)오랜만이네…뽀뽀….

　　　[두 아이 뽀뽀해주고]

은혜  (뽀뽀한 끝에 엄마한테 붙으며 껴안듯 하고)

　　　[한편 시우는 재우 부부 맞아들이고…]

영애  (두 아이 껴안고)아주버님…

재우  ….(대꾸 못 하고)….

영애  앉으실 자리가….여보…내가 방으루(들어갈께)

시우  (형 데리고 주방으로)…..

영애  ……(정원 보고)오세요….

정원  ….(끄덕이듯)

영애  옷부터 편하게 바꿔 입구 응?…..가방들 챙겨…(아이들 각각 제 짐
　　들 챙겨 들고 제 방으로 흩어지고)

영애  (아이들 움직이는 것 보다가)앉으세요…

정원  (영애 옆에 앉으며)…..병원에 가 동서…

영애  나 ..있는 동안은…전학 ..안 시킬래나봐요….

정원  (끄덕이며)안 그러구 싶은가봐…

영애  (끄덕이며 색색색색)…

정원  ….(보며 뭐라 말이 안 나오고/안쓰러워)병원에 가 동서..

영애  애들 좀….부탁해요…..다른 여자한테….키우게….안 할래요…

S#  주방··

　　　[앉아 있는 형제…]

**영애**　E 저이한테두…못 박아 뒀어요‥ 아주버님하구….형님을 …믿
어요…

**S# 거실**

**영애**　나보다두….잘 ‥키워 주실 거……

**정원**　동서…

**영애**　우리 애들두….형님하구…아주버님이….즈들….많이 사랑하는
거….알구 있어요…별 문제….없을 거에요…..이쁜……이쁜 어른으루
….키워 주세요….

**정원**　(눈물을 감당 못하고)

**영애**　(정원 만지면서)정말….말할 수없이….감사…해요….받기만….. 하
구 갚을 기회가 없어서…유감이에요‥

**정원**　그런말 하지 마 은혜엄마…힘들 때 아무 도움두 못 돼주구…미
안한 거 너무 많아‥(영애 머리 만져주며)하느님은 아셔‥동서가 얼
마나 고운 사람인지‥ 그런 사람이 얼마나 많이 상처받구…. 아파했
었는지 다 아셔…

**영애**　(보며)……

**정원**　위로해 주실 거야‥수고했다구….고생했다구…안아 주실 거야…

**영애**　…..(그저 보며)……(네에‥알았어요 하는)

**정원**　(고개 숙이고 눈물 수습하려는)…

**영애**　끝나면….저이두 애들하구 같이….데려 가세요…말 안 들을려구
하겠지만….아주버님하구‥어떻게든…데리구 가요…아버님 어머님
은…가만 계시라구 해요….형님하구 아주버님이 하세요‥

**정원**　(끄덕이고)…

**영애**　나 없어두….가끔 한번씩은 우리 엄마한테….애들 좀 보여드렸

412

으면....해요...저이가..해 줄테지만...혹시 바빠서 힘들어하면 형님
이 대신

**정원**　걱정마 내가 할께...내가 다 할께...동서 대신 내가 어머니처럼
　　　...그럴게...

**영애**　....(보며)

**정원**　약속할 테니까 안심해..내가 약속해 응?

**영애**　(보며).....형님..(하고 무슨 말인가 하려는데 터지는 심한 기침)...

**정원**　(영애에게 달라붙고)...

**영애**　(기침)

　　　[시우와 재우 주방에서 뛰쳐나오듯 하고....]

　　　[멈추지 않는 기침...]

**시우**　......

**준서**　(어느 틈에 나와서 아빠 옆에 붙어 서고)

**은혜**　(제 방 앞에 나와 서서 보며).....

　　　[모두 지켜보는데 멈추지 않는 기침....]

**S#**　**같은 거실**··

**영애**　(기진한 것처럼 눈 감고 기대 누워 색색색색색)

　　　[커피 테이블에는 약 컵 그대로 놓여 있고.]

**S#**　**주방**

　　　[아무도 아무 말 없이 점심 먹고 있는 시우와 두 아이..........]

**은혜**　(먹다가 슬그머니 생선 한 조각 떼서 준서 음식 접시에 놓아주고)....

**준서**　(잠깐 누나 보고 다른 반찬 먹고)......

**시우**　......(그냥 먹는. 어거지로).....

**준서**　아빠...

**시우**   (본다)….

**준서**   (보며)

**시우**   …….(보다가)왜……뭐….

**준서**   할아버지가 구박하셔서…엄마 병나신 거에요?

**시우**   …..누가 그래…

**준서**   그냥…..그런 생각이 들었어요..

**은혜**   ….(그냥 먹고)

**시우**   어디서 들었어..

**준서**   할아버지네 아줌마가요…..

**시우**   …..(보다가)그건 아니야…아닐 거야…아냐…할아버지 책임 아냐
…그래서 생기는 병 아니야..

**두 아이**   (아빠 보고)…

**시우**   그리구….할아버지….얼마 전부터는 엄마….싫어 안하셨어…엄
마한테 …공부해서…호텔 사장하라 그러셨었어..호텔 하나 만들어
주신다구..

**은혜**   ??정말?

**시우**   그럼… 엄마한테 물어봐…

**준서**   엄마가 호텔 사장요?

**시우**   응.

**준서**   아프신데요?

**시우**   아프시기 전에….아프신 줄 모르셨을 때….(수저 놓으며)….(물컵
집어 마신다)

**준서**   (저도 수저 놓고 물컵 집는다)

**시우**   (일어나 나가는)

**S#  주방**

**시우**    (나와서 안방 문 열고)식사하세요··

**조       E**  알았어··(안방 치우다가)

　　[시우 나오자 영애 돌아보고 있는/]

**시우**    (약 컵 보고 집어 들며)왜 안 먹었어··

**영애**    (조금 웃으며)먹여 달라구··

**시우**    (옆에 앉으며 약 먹인다)

**영애**    (반쯤 먹다 밀어내며 기침 서너 번 하고)

**시우**    (기다렸다 다시 먹이고 휴지 뽑아 입가 닦아준다)·····

　　[두 아이 나온다··]

**영애**    (환해지며)이리 와··

**두 아이**    (한 날개에 하나씩 붙고)·····

**영애**    맛있었어?

**준서**    네··

**영애**    많이 먹었어?

**준서**    네··

**영애**    은혜는··

**은혜**    그냥····

**영애**    아빠랑 블록 쌓기 하지?

**은혜**    재미 없어··

**영애**    그럼 블루마블은?

**은혜**    그거두 그래··

**영애**    뿌우해서 그러지 마···사람이···젤 이쁜 얼굴이 뭔지···알어?····웃
　　는 얼굴이잖아···

은혜   웃구 싶어야 웃지..

영애   그럼…우리 웃기는 만화영화….볼까?

준서   엄마 제가 엄마 다리 주물러 줄까요?

영애   ??

준서   (내려앉으며 엄마 다리 주무르기 시작한다)누나두 해..

은혜   알았어..(저도 내려앉아 다리 주무른다..발목에서 종아리 무릎께까
       지)……

영애   으으음..시원하다…너무 시원해 여보…

시우   (그냥 보고)….

영애   효도 받네…흐뭇하다….

준서   엄마 안 아플 때는 숨바꼭질두 하구…재밌었는데.....

영애   ….(아들 보며).....

준서   파티하는 날두 디따 재밌었지 누나 그치..

은혜   으응…

영애   이리 와….올라앉아.....

준서   (올라앉고)

영애   은혜두…

은혜   (올라앉는다)

영애   (두 아이 껴안고)……아파서 미안해.....오래오래… 건강한 엄마였
       으면…. 좋았을 걸….정말정말 ..... 너무나 미안해.......느이들….힘든
       고삼 시절…같이 못있어줘서….미안해…어른 되는 거 …못봐줘서 미
       안해….우리 은혜..준서….결혼하는 거…못 봐줘 ..미안해…은혜…애기
       날 때…옆에 못 있어 줘서….미안해….준서….색시 생기면….같이 쇼
       핑두 하구…맛있는 거 사먹구…그럴려구 했는데….늬들하구 하구 싶

416

은 거⋯많은데⋯⋯미안해⋯⋯(숨 고르지 않고)⋯⋯

**은혜**  그만 말해 엄마⋯가만 있어어⋯

**영애**  조금만⋯조금만 더 하구⋯⋯⋯(숨 헉헉헉헉 하면서)⋯⋯⋯⋯엄마⋯헉
헉 늬들한테⋯감사해‥헉헉헉 늬들때매⋯헉헉 행복하게 ⋯지낸 거
⋯감사해⋯진짜루⋯정말 ‥엄마 마음에 드는 딸이구⋯아들이야⋯감
사해⋯⋯감사해⋯고마워⋯은혜야 고마워⋯준서야⋯고마워⋯

**두 아이**  (울음 터뜨리면서 달라붙고)⋯⋯

**시우**  ⋯⋯(잠시 두었다가 아이들 떼어내려 하면서.)엄마 좀 쉬자⋯⋯응/
준서야‥은혜야⋯

**영애**  둬⋯놔 둬⋯⋯그냥 둬⋯⋯

**시우**  ⋯⋯(잠시 보다가 일어나며)그럼 우리 만화 보자⋯준서야 만화 고
르자‥뭐 볼까‥

**준서**  (눈물 닦으며 엄마에게서 떨어지고)

  [부자 준서 방으로 움직이는 한편]

**조**  (안방에서 걸레 바구니 들고 나오는데)

  E  현관 벨 소리‥

**조**  (화면 보고 현관문 열면)

**지나**  (드레스 박스 편편하게 안아들고 /다른 손에는 구두 박스/ 들어오
며)안녕하세요‥(영애 상태가 그렇게까지 나빠진 줄 모르고 들어오는)

**조**  으응⋯어서 와요‥

**지나**  드레스 왔어요 언니‥

**영애**  어서 와‥은혜야

**은혜**  (엄마에게서 떨어지며)안녕하세요‥

**지나**  응 안녕?⋯(하고 다가들며 보는)⋯⋯

**영애**  …꺼내 봐…한번 보자….

**지나**  (상자 묶은 고급스러운 끈 풀면서… 영애 눈치 한번씩 살피며)….

**영애**  왜··형편없어져서?(내 모양이)

**지나**  (잠깐 눈 맞추고)아니에요 언니··(구두 박스 꺼내 뚜껑 열어 구두
꺼내 커피 테이블에 놓으며)우선 구두요··

**영애**  (보고)……멋있다……

**지나**  지나치게 심플한 거 아닌가 싶기도 한데 모르겠어요…(하며 뚜
껑 열고 우선 보석 상자 하나 꺼내 놓으며)내꺼 갖구 왔어요··많이 안팠
지만 그래두 목은 드러나거든요··

**영애**  으응··고마워…

**지나**  (상자 열면 꽤 굵은 진주 목걸이 짧은 것과 진주 이어링 보여주고)

**영애**  근사….하겠다……머리는 올려야지··그런데 미장원엘 어떻게
가지?

**지나**  출장 미용 부탁할 사람 있어요…걱정 마세요…

**영애**  드레스 보자구…

**지나**  (꺼내면서)한번··안 입어 봐요?

**영애**  나중에….지나가 한번 대 봐…

**지나**  (일어나서 자신의 몸에 대 보는)….

**영애**  가봉할 때 벌써……마음에 들었었어…

  [시우와 준서 테이프 들고 나온다….]

**지나**  (그냥 힐끗 시우 쪽 보고)…

**영애**  드레스 왔어 여보··가봉할 때 당신 못봤지…나중에 입구 보여
줄게··

**지나**  (드레스 박스 안에 옷걸이에 걸어서 시우 준다)걸어··

**시우**   (대꾸 없이 받아들고 안방으로)

**지나**   언니 그럼 나 그만 가볼께요..

**영애**   왜 차 마시구 가..

**지나**   아니에요.. 좀 바빠요...출장 미용 알아서 보낼테니까 걱정말구

　　요..은혜야 준서? 안녕..

**둘**   안녕히 가세요..

**지나**   (목걸이 상자 집어주며)어 이거 방에 갖다 놔..(은혜에게)

**은혜**   (받아들고)

**지나**   언니 그럼..

**영애**   잘가....고마워...

**지나**   (조금 웃어 보이고 현관으로)...

**시우**   (나와서 현관으로)

**지나**   간다..(신 신고)

**시우**   (끄덕이고)

**지나**   (나가고)

**시우**   (돌아서며)준서 테입 걸어..

**준서**   (비디오로 테이프 걸고)

**은혜**   (보석 상자 치우러 엄마 방으로 들어가고)

**시우**   (박스들 치우는)

**S#**  아파트 광장..

　　[아파트에서 나오는 지나 주차되어 있는 승조 자동차 유리로 보이고....]

**승조**   (시동 건다...)

**지나**   (와서 오르고/오르자마자 벨트 빼 채운다)

**승조**   .....(보며)....

**지나**    가자…

**승조**    …‥(보며)

**지나**    웬만하면 입어볼텐데‥입어 보지두 못해‥불과 며칠 사이에……
그렇다‥

**승조**    …(입 꾸욱 다물고 있다가 출발시킨다)

**S# 박회장 거실**

**재우**    눈에 보이게…하루가 달라요…아버님 어머님 병원에 가 보셨을
때는 왕이었어요‥

**박**    퇴원하구 며칠됐다구. 한 주일밖에 더 됐어?

**재우**    …예…

**장**    그런데 애들은 뭐하러 데려오래‥

**정원**    …엄마 옆에 두구 싶은가봐요‥이젠 병원에 가더라두 외할머니
오시게 한다구요 서방님이…‥

**장**    ……

**박**    봄까지두 못 버틸 거 같아?

**재우**    어림…‥없을 거 같습니다…

**박**    …‥(보며)

**장**    나무관세음보살…

**연우**    (딸아이 앞세우고 들어온다)미주 왔어요 엄마‥ 미주야 인사 드려‥

**미주**    (초등학교 5학년)할아버지 할머니 안녕하세요‥

**장**    오냐‥ 보기 힘든 공주마마 오셨구나‥ 이리 오렴‥(미주 장여사에
게)오랜만이지?

**미주**    네에‥

**연우**    걔가 보통 바쁜 게 아니에요 엄마아‥배우는 게 좀 많아야지…

바이얼린에 영어에 그림에 뭐에 불쌍할 지경이라니까

**재우** 누가 그렇게 시키는 건데‥

**연우** 딴 애들 다 그러는데 어떻게 안해애애‥

**허** (들어오면서)저 왔습니다아…

**장** 그래‥점심 땐 지났구 저녁 먹구 가‥

**연우** 어 아냐 엄마‥우리 스키가는 길에 잠깐 들린 거에요‥오늘가서 밤 스키 좀 타구 내일 놀구 그러구 올려구‥

**재우** (일어나며)즈이는 올라가겠습니다 아버님‥

**박** ‥‥‥

**재우** 너는 지금 스키타러 가구 싶냐?

**연우** ??

**재우** 어이…(하고 움직이고)

**정원** 앉으세요 어머님 저두 옷 갈아입구

**장** 오냐 그래‥

**정원** (빠지는데)

**연우** (허서방 앉고)오빠는 나만 보면 저래 기분나빠 죽겠어 정말‥

**장** (한숨 내쉬듯)시우네 갔다 온 길이야‥언짢아 그래‥

**연우** 아 뭐 나두 영애 보구 오면 기분이 좋지는 않은데 그래두 어떡해‥스키장 오픈하니까 애 어른이 같이 칭얼거리는 걸…엄마 허서방 스키광인 거 알잖아‥눈만 보면 미치는 사람‥

**장** 누가 뭐래…그런 거지 뭐… 누구 하나 그렇다구 온 집안이 문 닫어걸구…. 백사제폐야어떻게 해…그러니 죽는 사람만 불상타 그러지‥

**허** 처남댁은 정말 안됐어요 장모님‥‥‥어떻게 병이 나두 그런 병이

**연우** 말했지? 내 속 좀 작작 썩이라구‥속썩이면 나두 그 병 들어 죽

을테니까..

**장** 해내버리는 말이래두 어떻게 그런/(버럭) 그게 무슨 가당찮은
소리야..

**허** 이 사람 이게 기본이에요 장모님.. 얼마나 정 떨어지게 구는데요..

**김** (차 쟁반 들고 나오는데)

**박** (일어나며)입을 꿰매버려..쓸데없는 소리나 지껄이는 입은 함봉
시키는 게 상수야..(하고 서재로)

**허** (어정쩡 일어나고)

**S# 서재**

**박** (들어와서 의자에 앉아 의자 돌리고 우두커니이이)........

**S# 엄마의 가게…**

**이모** (점심 마지막 손님 배웅하는/ 잘 먹었습니다 아주머니하는 인사에)
예에.. 고마워요오 안녕히 가세요오오…

**엄마** (중얼거리듯)문 닫어 걸구 들어가자..

**이모** ??

**엄마** 왜 이렇게 아침부터 조마조마….이런지 모르겠어….멫푼 벌자구….

**이모** 그럼 언니 들어가요..나혼자 할께에..

**엄마** 필요없어 닫어걸구 말어..

**이모** ….(보며)

**엄마** 자식이 죽네사네 하는데 무슨 천년만년 살자구..에휴우우 다
쓸데 없다..부질없어어어..(하며 나가고)

**이모** …..(나가는 엄마 보다가 부지런히 치우기 시작하면서)에이구우 누
구는…누구느으은..

**유정** (들어오며)안녕하세요..

이모   ??엉…누구라구 언니 보러 왔어?

유정   아니에요··떡볶이 사러요··

이모   좀 기다려야하는데…

유정   네 엄마 시장 봐갖구 오실 거에요·· 기다릴 시간 있어요··

이모   그래 그럼··(떡볶이 새로 만들 준비하며)언니한테 전화해봐··잠
　　　 깐 나오래서 보구 가··

유정   낮잠자는 거 깨우면 신경질 펴요··우리 언니 아무 거두 안하구 낮
　　　 잠만 자나봐요··

이모   이제 몸이 불어나기 시작하는 참이잖어…흐흐··(하는데)

소모   (간단한 시장거리 들고 들어온다)

이모   아이구 어서 오세요··

소모   안녕하세요··

이모   예에.

유정   엄마 왜 벌써 와요?

소모   못 샀어··없다 얘··

이모   뭘 사실려구 하는데요?

소모   네 저…동생들이 온대서 안주꺼리 좀요··

이모   아니 그런데 뭐가 없어요?

소모   아 가운데 동생이 세발낙진지 뭔지 먹구 싶대서 찾았는데 아침
　　　 에 떨어지구 없대요··

이모   예에·· 좀 앉으세요 금방 돼요··

유정   그럼 딴 시장 가나?

소모   무슨 딴 시장까지.(앉으며) 애들 엄마는 좀 어때요··소정이한테
　　　 얘기는 들었지만서두··

이모　뭐….나는 병원에두 못들여다 보고…그냥 언니 기색만 보구 짐
　　작을 해요…..에휴우우우

소모　그래두….잘 버티는 편인 거 같아요..그 병은 진단 나오구 보름
　　만에두 뜨구..두달 만에 두 끝나구 그러다나봐요..가운데 동생이 심
　　장내과 의사거든요…만성인 거 같으면 사오년 버티기두 한다는데
　　급성이면 굉장히 빠른 모양이더라구요…

이모　에에..

소모　애기 엄마는 한 사오개월 되지 않나요?

이모　예 그런 거 같아요….

**S# 안방**

　　[낮잠 자고 있는 소정…]

엄마　(쭈그리고 앉아서 머엉하니)…………..(있다가 문득 고개 돌려 자는
　　소정 보고/ 베개 잘못 벤 것 바로 해주려는데)

소정　(눈 뜬다 찌그리고 보다가 무겁게 일어나면서)왜요 어머니..

엄마　아니야.. 고개 아플 거 같아서…괜히 깨웠네…

소정　(하품하고)날씨가 이러니까 그냥 잠만 퍼봐요…몇시나 됐어요?
　　(하고 시계 보고)두시간 잤네…

엄마　심심하지?

소정　할 수 없지요 머..

엄마　책을 좀 보던지..

소정　자는 게 더 좋아요..

엄마　그럼 어이 더 자…괜히 깨웠어. 깨울라구 건드린 거 아닌데…

소정　(피시시 도로 누우며)아우 졸려어어어…

엄마　……(보다가 일어나 장문 여는데)……

424

**S# 거실**

[비디오 보고 있는 가족들. 다 붙어 앉아서……]

[한동안 그대로 두었다가…]

준서　(문득 엄마 올려다보고 달려 붙어 뽀뽀해준다)

영애　(고개 창 쪽으로 가 있다가 아들한테 돌리면서)고마워..

준서　(엄마 껴안고)……

영애　영화 봐…

준서　(엄마에게 붙은 채)재미없어요…

영애　……

은혜　나두 재미 없어…(뿌우우)

시우　(그런 아이들 보며)….

영애　그럼 블록쌓기 해애…

시우　숙제 있을 거 아냐..숙제할 새 없었잖아..

아이들　네에..으응..

시우　들어가 해 그럼…

[두 아이 각각 흩어지고….]

시우　(영애 무릎 이불 간추려 덮어주는데)

영애　(느닷없이 시우 뺨을 갈겨버린다)

시우　???

영애　안된다구 했잖아..너랑 나랑은 안된다구!! 우리는 안된다구우 날 내버려 두라구/너하구 난 딴 세상 사람이라구.

시우　여보.

영애　나 느이 부모 무섭구 싫다구/열심히 돈 벌어 우리 엄마 편안하게 만들어 놓기 전에는 결혼같은 거 꿈에두 생각없었다구!!

**시우**    (안으려)

**영애**    (밀어내며)이게 뭐니…내가 잘 한 게 뭐야..아무 것도..아무 것도 없어..(조여인 주방에서 나와 보고)내 나이 이제 서른 여덟 이제부터 야..이제부터 자식노릇 제대루 할 참인데 웃겨..나 죽는대.. 죽어(산소호흡기 뽑으며)..

**시우**    여보.

**영애**    너 싫어..미워 죽겠어..(일어나며)니 부모 싫어..원수야..분해서 못 살겠어…(방으로 움직이며/시우는 부축하려 일어서고)안 죽어..억 울해서 못 죽어..안 죽을 거야…죽기 싫어..(시우 부축하려 하면 뿌리치며)만지지 마..징그러..소름끼쳐..(방으로)꼴두 보기 싫어..

**시우**    (잠깐 망연하다가 산소통 들고 방으로)…

**S# 안방..**

**영애**    (들어와 서며 헐떡이는)

**시우**    (산소통 들고 들어와 영애 쪽 침대 머리맡에 놓고 영애 잡아 침대로 끌려)

**영애**    (밀어내고 침대로 가 기대고/시우가 끼워주려는 호스 채틀듯 코에 넣으며 작게 울음 터진다)……

**시우**    ……(보며)……

**S# 거실**

**시우**    (창가에 서서)………

**S# 안방**

**영애**    (눈 감고 기대서)……(감은 눈꼬리 흐르는 눈물)……

**S# 거실**

**시우**    (소파에 바닥 보고 앉아서)……

**S#** 안방

**영애** (몸 일으켜 휴지 뽑아서 얼굴 닦아내는데)

    E 현관 벨 소리

**영애** ??

**S#** 거실

**조** (주방에서 나와 비디오폰 보고 시우에게)외할머니 오셨네··

**시우** (일어선다)

**조** (현관문 열고)

**엄마** (들어서는데 이모 뒤따라)

**조** 어서 오세요··

**엄마** 예에···

**이모** (조에게 목례하고)

**조** 올라오세요··(엄마는 이미 올라섰고)

**엄마** 방에 있어?

**시우** 네···

**엄마** (안방으로 들어가고)

**이모** 좀···· 어때···

**시우** 들어가 보세요··

**이모** 노인네가 아침부터···좌불안석을 못하구···기어이 장사 집어치
    우구 왔어··

**시우** 네에···

**이모** (시우 팔 잡으며)······아이구우우(아주 작은 소리로 한숨)·····

**엄마** (문 열고)따듯한 물수건 좀 몇장 만들어 주세요··

**조** 네···네에····(움직이고)

## S# 안방

**엄마** (문 닫고 영애 옆으로)아예 목욕을 하는 게 어때…씻겨주께…

**영애** (순하게)닦아만 줘요….엄마 거기 빗 좀…머리 좀 빗구 싶어…

**엄마** (빗 챙겨 들어) 해 주께….(머리 빗기기 시작)…..

**영애** 엄마 보구 싶어하는지 어떻게 아셨어요…

**엄마** 그래서…. 그렇게 새벽부터 궁둥이가 들썩거렸구먼…

**영애** 그랬수?

**엄마** 머리 감은지 얼마 안되는 거 같네··

**영애** 어제….박서방이…..

**이모** (들어온다)

**영애** ??이모두 오셨네?

**이모** 그래…너 보구 싶어서…

**영애** 이리 오세요 이모…

**이모** 에이구 그눔으 건 그렇게 줄창 끼구 있어야는 거야?

**영애** (그냥 웃어 보이고)…..가게는…

**이모** 닫어걸구 ··니 엄마 장사두 하기 싫단다…

**영애** 그럼 어떡해요··

**엄마** 유난히 하기 싫은 날 있어…안한다구 붙잡혀 가는 거두 아닌데
내 배짱대루지 뭐…(빗 치우는데)

**조** (물수건 그릇/작은 타월들/들고 문 연다)

**이모** 이리 주세요··(받아들고 도로 침대로)

**엄마** 닦자…..

**영애** (상의 벗으려)

**엄마** (도와주고)

**영애**  겨드랑이…

**엄마**  (겨드랑이서부터 팔 닦아주기 시작하고)

**이모**  ……(보다가 슬그머니 나가버린다)

**엄마**  (수건 바꾸면서)선듯거리지 않어?

**영애**  아아니‥(다른 팔 닦기 시작)……(그러는 엄마 가만히 보다가)……
엄마….

**엄마**  …‥(보는)

**영애**  (가만히 보며)…‥준비…됐지요?

**엄마**  ……(보며)

**영애**  이제……다…돼‥가는 것 같아……

**엄마**  …(시선 피하며 닦는)…‥(손가락 사이)…‥

**영애**  느낄 수 있어요…

**엄마**  ……

**영애**  엄마두…알지요?

**엄마**  …‥그래…알어…‥

**영애**  ……(보며)

**엄마**  조오은 데루…‥갈 거야…‥아주 조오은 데루…‥

**영애**  ……

**엄마**  생전 보지두 못한 꽃이…여기저기 만발하구 …‥생전 못들어 봤
던 새 소리가…‥들리는 데루…‥

**영애**  …‥(보며)

**엄마**  그런데…‥어린것들 못미더워…어떻게…눈을 감을래…(안 보는
채)…‥

**영애**  ……(가만히 보며)…‥

**엄마**  이제…어디 닦을까…

**영애**  (가만히 엄마 안는다)

**엄마**  ……(마주 안으면서)…….

**영애**  박서방이….챙겨 줄 거에요··

**엄마**  ……(딸 머리 쓰다듬으며)

**영애**  애들 큰엄마두….나 대신 딸 노릇 해준다 …그랬구……그러니까 너무….걱정 말어요 엄마…..나중에….아주 나중에….정 힘들어지면 …..정호한테 너무 짐이 된다….그렇거든….이모하구 같이….시설에 들어가요….박서방이….알아서 해준댔어요…

**엄마**  죽는 눔이….산사람 걱정은 왜 해….산사람은 또…산단다….살 어야할 사람은 죽구….죽어두 아까울 거 없는 사람은 꾸역꾸역 살 구……그래서 목숨이….웬수기두 한 거야…

**영애**  오래 살어요 엄마는…..나 다 못산거 대신….우리 은혜 준서…. 시집 장가가는 거두 보구….증손주 낳는 거두 보구….

**엄마**  (얼굴 떼고 만지면서)쓸데 없다…내 자식 보내 놓구··무슨 목숨 욕심이…..나 죽어 너 산다면 …이 자리서 혀 깨물구 죽겠는데…..

**영애**  …….미안해요…

**엄마**  (고개 흔들며)에미가….내가 그래…내가 그래애….

**영애**  (엄마 눈물 닦아주면서)…….

**S#**  아파트 광장(밤)

**S#**  빈 거실…

**S#**  안방··

  [불 꺼진 방에…화장실 문 조금 열려 있고….]

**시우**  (뒤척이며 손으로 찾다가 자리 비어 있자 잠이 깨 일어난다….고개가

화장실로)······(침대 벗어나 화장실로)

## S#  화장실

**시우**  (조금 열려 있는 문 더 열고 보는)·····

**영애**  (드레스 허리까지 끼워놓고 숨차하느라 더 못 입고 있다/헐떡헐떡
헐떡헐떡)

**시우**  ······(잠시 기다려주는)

**영애**  (헐떡거림 점점 심해지고)

**시우**  (들어와 아내 번쩍 들어 안아서 나간다/드레스는 하반신에 걸쳐진 채)

## S#  침실··

**시우**  (아내 안아들고 나와 침대에 앉히고 스탠드 켜고 호스 끼워주고 호
흡기 작동시키면서 그대로 방바닥에 미끄러져 무너지며/울음 터뜨린다)
아아아아악····

**영애**  ····(그냥 무감하게 헐떡거리는)·····

## S#  거실(어둠)

**조**  (은혜 방에서 허둥지둥 나와 안방으로)

**시우**  E  (울음소리)

**조**  (안방 문 열고 들여다보는)·····

## S#  안방

**영애**  (무감한 얼굴로 단지 호흡곤란만)·····

**조**  (문 닫는다)·····

## S#  아파트 광장(밤)

**시우**  E  아아아아아아아악

밤에서 아침으로····

## S#  아파트 거실

| | |
|---|---|
| **영애** | (앉아서 눈 뜨고 멍하고)…… |
| **조** | (죽 그릇 갖다놓고)…(멍한 영애 좀 보다가)준서 엄마… |
| **영애** | (시선으로 본다) |
| **조** | (죽 그릇 들고 앉으며)좀 먹자구….(수저로 뜨는데) |
| **영애** | 두세요…먹을께요…(소리 삼분의 일) |
| **조** | ….(잠깐 보고 죽그릇 놓고 주방으로) |
| **영애** | ……(머엉하니) |
| **은혜** | (자다가 나와서 엄마 옆에 누우며 엄마 무릎 껴안고)또 못 잤어? |
| **영애** | 잤어… |
| **은혜** | 아빠는…. |
| **영애** | 세수….왜 벌써 깼어.. |
| **은혜** | 몰라….깨졌어… |
| **영애** | 스키장 약속했었는데…… |
| **은혜** | 괜찮아… |
| **영애** | 나중에….아빠하구 가… |
| **은혜** | 괜찮아…. |
| **영애** | ….엄마……너무 …힘들다…… |
| **은혜** | (몸 일으키고 본다)…. |
| **영애** | 괴로워 죽겠어…… |
| **은혜** | (울 듯한)…… |
| **영애** | 스키타러 못 가는 대신 우리….바다 보러갈까? |
| **은혜** | 괜찮다니까….집에 있어…아프면서 뭘… |
| **영애** | 크리스마스가 몇밤 남었지? |
| **은혜** | 으음..(손가락 꼽아보고)다섯 밤.. |

**영애**   다 됐구나·····파티 해야지···촛불 켜 놓고···(하는데)

**시우**   (나온다)

**영애**   여보 우리 바다 보러 가자··

**시우**   어딜 가··그냥 있어··

**영애**   답답해····바다가 보구 싶어····멀리 가지 말구····가까운데루···인천이나 ···뭐 그런데····

**시우**   별로 좋은 생각 아니야··

**은혜**   나두 그렇게 생각해··

**영애**   내 편이···아무두 없네···정말 진짜루···바다 보구 싶은데···

**시우**   아침 많이 먹어···그럼 생각해 볼게··

**은혜**   응 엄마··

**영애**   치사하다···그래두 나는 갈 거야···택시 타구라두 갈 거야··걸어서라두 갈 거야··

**시우**   (보며)무리야··

**영애**   나한테 무리가 어딨어. 그런 거 없어···(하는데)

　　　E  현관 벨··

**시우**   (일어나 비디오폰으로)

　　　[나타난 이기사··]

**시우**   네 과장님··

**이**　　F  회장님 오셨어요 박실장··

**시우**   (영애 돌아보고)

**영애**   ··괜찮아··

**시우**   (현관문 연다)

**박**　　(들어선다)·····

**시우**　…‥(그냥 외면하듯 하고)…‥

**은혜**　(인사하라는 엄마 신호 받고 일어나 꿈벅 하고 제 방으로)…‥

**영애**　(일어선 영애)…‥

**박**　…‥…(보다가 움직여 시우 의자로 가며 혼잣소리하듯)파주 현장 좀 보러 가는 참이야…‥

**영애**　…‥(그저 시부 보며)

**박**　(앉으며)당분간 아파트는 고전하잖을까 싶다…잠시 멈추고 추이를 봐야지 덮어놓고 밀어부칠 때가 아니지 싶다…(아무도 안 보면서)

**시우**　…

**박**　신문 보구 있지?

**시우**　…네…

**박**　앉어라…

**시우**　(앉는다)…‥

**박**　…‥(영애 보면서)

**영애**　…‥…(안 보며)…‥

**박**　내가 원래…‥한번 내닫기 시작하면…내처 달리는 것밖에 …다른 걸 모르는 사람이야…‥부러지기는 할지언정…‥휘지는 못해…‥니가…‥그럭저럭 쓸만한 아이라는 생각이 들기 시작한 게…‥사오년 돼…그런데…여전히 왜 그랬냐…‥거꾸로 방향을 트는 게…‥틀 줄두 모르겠구 틀기두 싫였어…

**영애**　…‥…

**박**　몸 안 다치구 주욱 건강해서…‥계획대루 니가…‥장차 호텔 사업 맡어 잘 운영한대두 …아마 나한테서 별반 듣기좋은 소리는 못 들

434

구 살 게다…너 내가 누구한테 좋은 말 하는 거 들어본 적 있냐?

**영애**  아버님 그건……(하다가 모진 기침이 튀어나온다)

**시우**  (영애 옆에 달라붙고)……

**박**  ……(가만히 보며)……

**영애**  그건…(숨차하며) 자랑하실 일은…… 아닙니다..

**박**  알어….안다구…

**영애**  아시면…고치셔야죠…(안 보는 채)고치셔야 해요…

**박**  오냐…노력하마..

**영애**  (보는)

**박**  노력하구 있어….

**영애**  …(시선 내리고)

**박**  ….아까운 아이….못살게 굴었다는 생각에….두구두구 불편할 게야…

**시우**  (이제와서/ 조금 돌아서고)

**영애**  …..

**박**  네 어머니 걱정은…하지 말어..

**영애**  (보는)….

**박**  모르는 척 안해..

**영애**  …..사양해요…

**박**  (보는)….

**영애**  우리 엄마 이날까지…아버님 어머님하구… 인사조차 없습니다 ….저 떠난 뒤에 우리 엄마….아버님…..모르는 척 하실 거에요…

**박**  (보며)

**영애**  저의 엄마…..자존심 …건드리지 말어 주세요….

**박**    …(보며)

**영애**  없이 살어두….그자존심은….안 버리실 거에요…

**박**    …(그저 보는)

**시우**  그만 가세요 아버지…

**박**    (시선 영애에게서 비키고)

**시우**  일어나세요‥

**박**    (무겁게 일어난다)……

**영애**  (힘들어하며 일어나고)….

**박**    (무겁게 현관으로)…….

**시우**  (조금 따르듯 하고)…..

**영애**  ……(시부 나가는 것 보며)…..(서서)….

**박**    (나가고)

**영애**  (스르르 앉는다)……

**시우**  (아버지 따라 잠시 나갔다 들어와서 영애 보며)…….

**영애**  준서 깨워….바다 보러 가자….(창 쪽으로 고개 돌리고)…..

**시우**  ……(아내 보며)…….

**영애**  만약을 모르니까…..승조 씨…같이 가자 그래 봐…(고개 그대로인 채)

**시우**  …..(그저 보며)……

**S#**  어느 바다가 있는 곳…에 세워져 있는 두 대의 자동차…

**S#**  해변을 걷고 있는 승조와 두 아이들…

**S#**  시우의 차 안…

**영애**  …..(하염없이 보고 있는)…….

**시우**  (유리 밖으로 아이들과 승조 쫓고 있는)…….

     [두 사람………]

**영애**  창 좀 조금……열어 줘……

**시우**  (열어주고)

**영애**  (숨 들이마시다가 기침 터지고)……

**시우**  (산소통 집어 들고)……

**영애**  (기침하다가 멈추고)……(기대면서)시우야…

**시우**  ……(보며)

**영애**  나를….이해할 수 없다 ……그랬지…

**시우**  ……(보며)

**영애**  왜 그렇게….빨리….놔 버리냐구….왜….싸워보지두 않구….손드 냐구….

**시우**  ….그래…마치….가고 싶어 죽겠는 데루….가는 사람처럼….

**영애**  싸울….의욕이….없어‥나는…아는 걸…..아침‥다르구 …저녁 다 른 거…..자구 나면 다르구….눈 감았다 뜨면….그 동안에 또 다른 걸 ….꼭….늪에…. 빠져들어가는 거 같아……

**시우**  그렇지만 당신…투지가 있는 사람 아냐…힘든 환경 속에서두 기를 쓰구 공부 다하구…애 둘 키우면서 과외 뛰며 살림할 거 다 하구…

**영애**  그러느라….아마 너무 지쳤는지두……모르겠다….아아아 정말 싫다아 빌어먹을….하늘은  왜 이렇게….나한테….심술맞은가…… 내가 뭘 잘못하구 살았는데….내가….행복하게 사는 게….왜 뭐때 매 비위짱이  뒤집어져 더 봐줄 수가 없었을까……그래…마음대루 해라….못 봐주겠다는데….어쩌겠니………

**시우**  ……(보며)

**영애**  발버둥쳐두 결론은 마찬가지라면……(눈 감으며)주변 사람들 위해서라두 조용히…순하게 정리하자…

**시우**    ……

**영애**    (몸 일으켜 돌아보며)묻지 마……날려보내 줘……이 세상에….설
움덩어리 몸뚱이….산에 묻혀 썩어가게 하기 싫어….가루로 …흩날
려……먼지로 사라질래…

**시우**    ………(오히려 차분한)…..

**영애**    (손 뻗어 시우 얼굴에 대고)해 줄 거지?

**시우**    ……(끄덕이며)..원한다면……..

**영애**    오래..슬퍼하지 마……한달만..죽게 슬퍼해……그담엔….기운 차
려..은혜 준서 위해서..씩씩하게…의연하게 극복해……일년만 견디
면…아마 살만해질 거야…….딴 여자 생겨도….아주 잊지는 마……가
끔 한번 씩은 생각해 줘….나….하…영애….박시우 선생….아내…당
신 애들 …엄마….잠깐만…내려 볼래…

**시우**    (내려서 영애 자리로 가 문 열고 부축해주고)

**S#  자동차 밖··**

**영애**    (부축 당해서 내려 바다를 향해서 서서)……..봐…나오기를 잘 했지
… 시원해……바람이 좋아아…..

**시우**    (안고 서서 영애 어깨에 얼굴 묻듯 하고)…..

**영애**    (되돌아오고 있는 승조와 아이들에게 시선)……

**S#  뭔가 얘기하며 되돌아오고 있는 승조와 아이들…..**

**S#  고속도로를 달리는 두 대의 자동차…**

**S#  시우의 차 안··**

　　　[시우는 운전하고 있고…]

　　　[뒷좌석에 영애 두 아이 양팔에 끼고….]

**영애**　너무 조용한 거 이상해…노래 해‥

**은혜**　노래는 무슨‥

**준서**　엄마 괜찮으세요?

**영애**　응 괜찮아‥ 노래 해‥

**준서**　무슨 노래를 하지? (은혜에게)

**은혜**　(잠깐 엄마 보고/엄마가 하라니까) 니가 골라‥

**준서**　무슨 노래해요?

**영애**　글쎄…아무 거나…신나는 거‥

**준서**　……(생각하다가) *** 하까 누나?

**은혜**　맘대루‥

**준서**　그래 하자‥(하고 노래 시작하다가 은혜가 안 하고 있자) 왜 안해‥

**은혜**　그래 해‥(다시 시작)

　　[은혜와 준서 노래하는데 신명은 안 난다…]

**시우**　……(운전하며)

**준서**　(노래 그만두고) 재미 없어‥

**은혜**　왜 하자더니…

**준서**　누나가 하기 싫은 거 억지루 하니까 그렇지‥

**은혜**　또 내 탓이다‥

**준서**　엄마

**영애**　왜‥

**준서**　……(보는)

**영애**　왜…

**준서**　사랑한다구요‥하늘하늘 땅땅만큼/하늘하늘하늘하늘 땅당땅
　　땅땅 만큼요‥

영애　고마워..아빠는?

준서　아빠두요..(무안해서 영애 무릎에 얼굴 묻듯 누워버리고)....

영애　(혼잣소리처럼)하늘하늘하늘하늘....땅땅땅땅땅......그래.....엄마두....엄마두야 준서야.......(하다가 갑자기 힘들어지는 호흡)....

준서　??(놀라서 몸 일으키고)

은혜　아빠아!! 엄마....

시우　(놀라서 급히 갓길에 차 세우고 뒷좌석으로)

## S# 뒷좌석 안

시우　(영애 안고 휴대용 산소통 대주는데도 마찬가지)...

두 아이　(울 듯하고)

영애　(괴롭고)

시우　(다시 뛰쳐나가고)

　　[대어지는 승조 차..]

승조　시우야.

시우　(그냥 제 차 운전대로 들어가 급 발진/부딪힐 뻔하면서 아슬아슬)

승조　???

## S# 병원 앞

　　[밀차 나와서 대기하려는데]

　　[들이닥치는 시우의 자동차...]

　　[병원 사람들에 의해 영애 밀차에 실려져 들어가고]

　　[두 아이도 내리고]

시우　(밀차 따라 들어가려다 아이들 잡고)아저씨 금방 올 거야..집에 데려다 달래..(하는데 승조 차 와서 멎고)너 내차 치워주고 애들 좀 집에 알았어?

440

**승조**  그래 알았어 걱정마.

**시우**  (뛰어들어가다)은혜야 외할머니한테 전화해‥엄마 병원이라구 집에 오시라 그래. 알았어?(하고 응급실로 뛰어들어가고)

## S# 응급실

**시우**  (뛰어들고)

[인턴 레지던트들 기관지 절개하려고 덤벼드는데]

**영애**  (죽을 힘을 다해 뿌리치며)싫어요 안해‥안해애애애‥

**시우**  여보…여보‥

**영애**  (시우 먹살 잡듯 하고)안해‥말려 줘‥나 안해‥ 안해‥안해

**시우**  (아내 꽉 안으며 옆에 섰는 의사에게 등 돌려대는/ 마치 보호하려는 듯)‥‥‥

**영애**  (남편 부둥켜 잡고 눈은 휑한 채 가쁜 호흡)‥‥‥

# 제23회

S# 편집해서 몇 커트 넣어주시고요.

S# 아파트 전경(밤)

S# 아파트 거실

**엄마** (바닥에 앉아 준서 옆으로 껴안고)..........

**이모** (안방에서 은혜 앞세우고 두통약 찾아 들고 나오며)아주머니..

**조** (그 소리와 동시에 물컵 받쳐들고 나오고)

**이모** 언니..(약 엄마에게 주고 준서 일으키며)이리 와 할머니 머리 아프시대.....

    [물컵 엄마에게/엄마 약 넘기고 물컵 조여인에게....]

**이모** .....(보다가)올라 앉어어..

**엄마** 이게 편해...(하고 또 머엉하니)....

**은혜** ...(할머니 보다가 슬그머니 안방으로)

**이모** (준서 잡아 소파로 가 앉는데)

**준서** (이모에게 달라붙듯 하고)...

**이모** (준서 안으며)아주머니 쉬세요..

조      예 …(어정쩡 말하고 주방으로 빠지고)

은혜    (방석 하나 들고 나와 할머니 궁둥이에 놓는다)

엄마    ??(보고)오냐…내 새끼…(잠깐 만지며)할머니 괜찮어..(깔고 앉지
        는 말고)

이모    저게 딱 지 에미야….깔구 앉어요..어린 게 찾어 나왔구먼..은혜 이
        리 와라..(은혜 이모에게 가 안기듯 하고)

엄마    (그 소리에 한 귀퉁이 집어넣는 듯)…

이모    안들 자?..잘 시간인데….

은혜    안 졸려요…

준서    나는 졸려..

은혜    그럼 들어가 자..

준서    (뿌우)

은혜    응?…혼자 자기 싫어?

준서    (끄덕인다)

은혜    (일어나며)내가 재워주께..일어나….빨리..(손잡아 일으키고)

준서    (별로 내키지는 않지만 손 잡혀 따르는데)

        E 집 전화벨..

        [모두..번쩍..]

은혜    (총알같이 받는다)여보세요?

시우    F 할머니 오셨어?

은혜    응 근데 엄마는?

시우    F 좀 진정되셨어..할머니 전화 받으시라 그래..

은혜    할머니..

엄마    (받는다)….(좀 겁이 나면서)바꿨어..

**시우**   F 네……

**엄마**   …(기다리다가)어떤 거야..뭐라 그래..

**시우**   F 네….준비…하라 그래요…

**엄마**   (툭 떨어지는 느낌)…

**S# 병원 복도··**

**시우**   …애들 에미가….병원에는 오지 마시래요……예…정신은 있어요
…예….예…(끊는다)……(끊고 그대로 있다가 움직이려다 문득 보면)
　　[정원과 장여사 오고 있다··]

**시우**   ……(그냥 보고 있고)

**정원**   서방님.

**시우**   어떻게 아셨어요··

**장**   얘가(니 집에) 안부 전화했다가. / 아픈 애가 나들이는 왜 해애…(병
실로 향하려)

**시우**   들어가지 마세요……

**장**   ?

**시우**   그 사람 부탁이에요…형수님 말구는 …아무두 보구 싶지 않대요··

**장**   (보며)…….

**시우**   누구 이 과장이 모시구 왔어요?

**정원**   그이 차 타구 왔어요·· 주차하구 들어올 거에요.

**시우**   나가세요··형수님은 들어 가시구요··(몇 걸음 떼다가 돌아보며)
오세요··

**장**   (별수 없이 움직일 밖에)
　　[잠시 사이 두었다가…]

**장**   (아들 안 보는 채)황박사는 뭐래··

444

**시우**  (안 보는 채 남의 얘기 하듯)다 됐대요.

**장**  ??(잠깐 보고)기관지 절개…했어?

**시우**  본인이 싫대요‥(하며 승강기 버튼 내려가는 사인 누른다)

**장**  ‥‥‥해서 편해지는 거면 해야지 싫단다고 내버려 둬?

**시우**  잠시 연장시키는 거 뿐이래요‥‥

**장**  ‥‥(아들 보는데)

　　　[승강기 문 열리고 재우 내리다가]

**재우**  ?? 왜‥

**시우**  모시구 가세요‥

**재우**  ??(멍한데)

**시우**  (그대로 돌아서 뚜벅뚜벅)‥‥‥

**재우**  ‥‥‥(시우 보다가 엄마 본다)

**장**  (눈 내리고)‥‥‥

**S#  입원실‥**

**영애**  (눈은 뜨고 흐/흐/흐/흐/흐 호흡)

**정원**  (영애 한 손 잡아 감싸 쥐고 기도하고 있는)‥‥‥‥

**시우**  (들어오다가 보고 멈춰서고)‥‥‥‥(한동안 보다가 침대로 다가든다)‥

**영애**  (시선이 남편에게)

**시우**  …어머니‥‥‥ 그냥 가시게 했어‥

**영애**  (눈 잠깐 감았다 뜨며 간신히)고마워‥

**시우**  애들 재우라구 전화했구‥‥장모님두…오시지 말라구 말씀드
　　렸어‥

**영애**  (끄덕이듯)나‥‥더운 물…좀‥‥

**정원**  (그 소리에 얼른 일어나며)알았어‥금방 주께‥

**시우**  제가 나갔다 올께..계세요..(입원실에 혹시 주전자 같은 게 있나/ 그런 거 준비할 새는 없었걸랑요./나가고)

**정원**  (도로 앉으며)....(손잡고)바다 보러 갔었다면서..

**영애**  (끄덕이고)

**정원**  좋았어?

**영애**  시원...시원했..어..요..

**정원**  그래...연초에 따듯한 날 골라서 또 나가자...아버님...진해 가셔서 쉬시니까 이과장한테 운전 부탁해서.....어디 강원도 쪽으루 갈까?

**영애**  좋아요...강릉에서.... 저 아래.... 포항까지.. 쭈우욱....해요....문제 없어요..

**정원**  ......(그저 보며)

**영애**  울지..... 마세요....

**정원**  ....(영애 손잡은 제 손에 이마 붙이고).....

**영애**  우리 애들....입을 옷......지나한테...부탁해...놨어요...

**정원**  (고개 들고 본다)

**영애**  .....연락 받으면....갖구 올 거에요...

**정원**  알았어어...

**영애**  인생을.....풀잎 끝에...이슬이라죠......

**정원**  ......

**영애**  ...세상에....와서.....풀잎 끝에...이슬.....두 방울....떨어트려 놓구 .....가네요....

**정원**  ......(영애 만지면서).....

**시우**  (더운물 들고 들어온다)......

**정원**   (물 받아서 /컵에 따라야 하면 따르고/입에 대어 주고)‥‥

**영애**   (마시는데)‥‥

**연우**   (스키장에서 돌아오는 참/들이닥치듯 하면서)영애야‥

**시우**   (돌아보는데)

**영애**   (작게)쫓아내‥

**연우**   ??

**시우**   나가‥

**연우**   ??(시우 보며)

**시우**   (손잡고 움직이며)나가자구‥

    [둘 나가고]

**S#** 병실 밖

**연우**   (끌려나오며)왜 그래애‥

**시우**   우리 식구 안 보구 싶대‥

**연우**   ??‥‥‥얘 올케는

**시우**   형수는 예외야‥ 누나 형수처럼 했어?

**연우**   ‥‥‥(보며)

**시우**   어머니두 아버지두 안 보구 싶대‥‥

**연우**   ‥‥‥(고개 옆으로)

**S#** 병실 안

**영애**   ‥‥‥(잠시 있다가 휑하니 웃으며)못됐죠 형님‥

**정원**   ‥‥‥(보며)

**영애**   갑자기‥‥마지막은‥‥안 보여주구‥‥ 싫어졌어요‥‥‥패배자 꼴‥
   구경하러‥‥구경시키기‥싫어요‥

**정원**   알어‥‥그렇지만‥다 ‥‥용서하구 떠나‥‥‥‥

**영애**  다는….못하겠어요…..반만..해 줄 ..거에요….반도….(웃으며)인
　　심쓴 거에요 형님··

**정원**  (울컥하고)…..

**S#**  입원실 복도··

　　[둘 다 아무 말 없이 서 있는………서로 안 보며]

**연우**  …….그래…(나직이)….내가 너무 쉽게…넘어가려 했어…

**시우**  …….(본다)…

**연우**  (안 보는 채)할말 없네…싸지 뭐……허서방하구 미주 차에서 기다
　　려··잠깐 얼굴만 보구 갈려구 했지…

**시우**  ……(안 보며)

**연우**  간다…

**시우**  ….

**연우**  미안하다….잘못했어 시우야…

**시우**  (보며)

**연우**  ….(있다가 돌아서 나가고)

**시우**  (보며)……

**S#**  병원 전경(깊은 밤)…..

**S#**  입원실…

**영애**  (기대어 앉은 채 눈 뜨고 색색색색색)……

**시우**  (영애 손 잡은 채 지켜보고 있는)……

**영애**  (색색거리며 고개와 시선이 힘겹게 남편에게…)……

**시우**  왜 여보……뭐 필요해…

**영애**  색색색색색··

**시우**  여보……여보…

448

**영애**  (눈은 남편 보며)………(휑하니)

**S#**  아이들과 놀던 장면…

**S#**  남편과 함께…놀던 장면…놀이 공원/분수 맞던 씬 등등등··

**S#**  학교 앞에서 준서 기다리다 만나는 장면…등등등··위에

**시우**  E 여보··

**영애**  (시선 남편에게)····

**시우**  여보…

**영애**  은혜랑····준서····(혼신의 힘을 다해서)자알····(부탁해는 소리가 안
되고 입 모양만)

**시우**  걱정마··내가 해··내가 할게··· 내가 해···

**영애**  시우···야·····사사사···

**시우**  (잘 들으려고 얼굴 다가드는데)

**영애**  (랑해는 미처 소리로 되지를 못하고)·····

**시우**  사랑해···사랑해···여보···사랑해 사랑해··

**영애**  (미소 지어 보이다가 한동안 멍한 눈동자····· 눈이 스르르 감기며 고
개 약간 기우뚱/많이 하지 말고 긴가민가 정도로)·······

　　　[모든 작동이 멈추는 기계····]

**시우**  ······(망치로 마빡 맞은 것처럼·····멍하고 떵한···감정은 오히려 탈색
시키고)··········(손 뻗어서 뺨에 대며 침대 위로 올라앉았으며)··········(한동
안 내려다보다가 손댄 뺨 한쪽을 가만가만 쓸어주기 시작한다)········(가
만가만/가만가만/)······(하염없이/ 표정 변화 필요 없음)······

　　　[의료진/간호사 ? 뛰어 들어오고···]

**시우**  (의료진이 조처하는 것 멍하니 보면서)······

**S#**  아파트 광장(이른 아침)

E 울리는 전화벨··

**S#  거실··**

[아직 희끄무레한 어둠 속에서]

**엄마**  (소파에 웅크리고 자다가 순간 벌떡 일어난다)·······(부들부들 떨리

는)······

**이모**  (바닥에 적당히 깔고 덮고 자다가 일어나고)····

**S#  박회장 집 정원··(같은 시각)**

E 울리는 전화벨··

**S#  정원의 침실··**

[아직 자고 있는데 울리는 전화벨.]

**정원**  (자다가 깬 듯 놀라서 전화 받는다)··네에··네 서방님·······네·····(하고

전화 끊어 가슴에 붙이고)········(잠시 있다가 전화 놓고/스탠드 켜고 침착

하게)여보···여보····일어나야겠어요·····여보··

**재우**  (눈 뜨고··잠깐 보다가 벌떡 일어난다)？？？

**정원**  옷 입으세요··동서 떠났대요··

**재우**  ·······

**S#  거실**

[제대로 입은 부부 계단 내려오면서 거실 일부 등 켜고]

**재우**  나가 있어요··

**정원**  네···

**재우**  (부모 침실 앞에 서서)···아버님·······어머니····(다시 부르려 하는데)

**장**    E 왜····

**재우**  병원에서··연락이 왔어요····

**장**    ······

450

**재우**　제수씨……

**장**　E ……

**재우**　어머니…

**장**　E 알았다…

**재우**　즈이는 지금·· 움직여요……

**장**　(대꾸 없고)

**재우**　(현관으로)

**S#** 안방

[어둠 속에 이부자리 위에 앉아 있는 장여사……한없이 있을 것처럼……]

**장**　(무겁게 일어나 전등 켜고)

**박**　(잠결에 불빛 피하고)····

**장**　(앉으면서 영감 등 보는)······

**S#** 아파트 거실

[엄마는 멍하니 앉아 있고/]

[두 아이 조여사가 옷 입히고 있는데 쿨쩍쿨쩍 울고 있고.]

**이모**　(터지려는 울음 죽어라 참으면서 엄마에게 옷 입히다가 결국은 터지고 만다)아이구우우 영애야 영애야 영애야아아아…아이구아이구 아이구우우우우우!! 불쌍한 우리 영애··응응응응응응…아이구 언니 어떡해애애애··(털퍽 앉으며)어떻게 살래 언니이이이이··

[이모가 터지자 애들도 소리내어 울어버리고/··]

**이모**　우우우우우우 아아아아아아아아앙앙…<u>으흐흐흐흐흐흐흐</u>

**엄마**　그만해…딴 집들…아직 자아…

**이모**　아 언니는 그게 대수야아?

**엄마**　(조여사에게)애비 옷 좀 챙기고….사진두 있다단데….

**조**    예에….(일어나 들어가고)

**엄마**    영애가 싫어해··하지 마…그만 해… 이리와…이리와 들…

**두 아이**    (할머니에게)

**엄마**    (쓸어안으며) 지금…갈 수 있어?….졸리면 더 자구…나중에 오던
지이…

**은혜**    (고개 젓는다)….(준서는 울기만 하고)

**엄마**    그래애….그래야지….에미한테….가 봐야지….에미 새끼들인
데…늬들때매 에미…. 피눈물 뿌리구 갔을텐데….가야지….가야지
그럼….

**이모**    (억제하지만 울음이 쉬이 그치지 않는다)….

**엄마**    옷 입자…옷들 입자……어이 옷 입어…정신 차려….영애가 싫어
해…그만 울어··(자기 옷 입으며)

**이모**    (울면서 옷 입는데)….

**조**    (쇼핑백에 옷과 사진 액자 넣어서 들고 나와 엄마 옆에 놓아주는데/
바닥에 놓여지면서 액자 모서리가 비죽이…)

**엄마**    …..(보다가 사진 꺼내들고 본다)…..

**이모**    (사진 뺏어가며)영애야 영애야아아….

**S# 영안실··**

**시우**    (혼자 두 다리 꺾어 세우고 바닥에 앉아 있는)…..(고개 꺾고)

    [아직 영정은 없고 …..꽃도 안 들어왔고 썰렁한…..]

    [뛰어드는 지나와 승조··]

    [들어오다 멈춰 서서 시우 보며……..]

**시우**    (천천히 일어선다)……..

**승조**    (다가와 시우 잡으며 고개는 돌리고)….

**지나** (들고 들어온 아이들 상복 가방 한구석에 놓고 돌아서 눈물 찍어내고)….

**시우** ……

**승조** …..(시우 보는)….

**시우** …..편안하게….갔어…평화…롭게…

**승조** 그래……이제….고통스럽지 않을 거야…..

**시우** (끄덕이는데)

**재우** (뛰어든다)…..시우야…

**시우** (보고)

**재우** (아우 앞으로 와 주먹으로 가볍게 한쪽 가슴 쥐어박으면서)이 자식아…..너 이 자식…(어떡할래의 감정..아우 안아버린다)

**시우** ….

**정원** (남편과 같이 들어와서.)……(보다가 차마 돌아선다)……

**지나** (나간다)

**S#** 영안실 밖··

**지나** (나오면서 손수건 꺼내서 닦으며 우는데)………

**정호** (아이처럼 소리내어 울면서 들어가고··)

**소정** (따라오다가 멈춰서)어이 참··챙피하게에에··

**지나** (잠깐 돌아보고)

**S#** 영안실

**정호** (시우에게 가슴 묻고 소리내어 울고 있고)

**시우** (두드려 주면서)……

**S#** 같은 영안실

[제대로 차려진 모습에…시우가 아내 영정 자리 잡고 있다…]

[와 있는 장모 이모/정호 소정이‥승조 지나 정원 내외…조여인‥연우 내외‥기타 등등]

**시우**   (영정 제대로 놓고 물러나면서)은혜 준서 이리 와…

**두 아이**   (아빠에게)

**시우**   …(두 개 집어 하나씩 주며)인사드려….

**준서**   ??(아빠 보고)

**시우**   저기 뇌……(준서 놓고 은혜도 따라 놓고)

**시우**   절…. 해…

**준서 은혜**   (같이 절한다)……

　　　[보는 사람들…]

**시우**   한번 더…

**애들**   (한 번 더 하고)……

**시우**   엄마 안녕히 가세요….해…

**두 아이**   엄마 안녕히 가세요…

**이모**   (울음 터지고)

**엄마**   (넋 나가 있고)

　　　[다 같이 말이 아니다‥]

**S#  같은 영안실**

　　　[조문객으로 붐비는…]

　　　[준서…시우…손님 받고 있는/ 그 손님 영전으로 움직이고 이어서]

**정호**   (소정모와 유정 매형 쪽으로 안내하고)……

**소모**   (목례) 뭐라구…드릴 말씀이 없습니다‥

**시우**   (그냥 목례)….

**모녀**   (빠져서 꽃 바치고 묵념 잠깐)……(하는데)

454

김    (입구로 들어오며 재우에게)사모님 오셨어요‥

재우   ??‥(움직이고/한편 시우는 아들과 조문객 맞는/엄마 왔다는 말에
신경은 쓰이지만)

이모   (엄마 옆에 붙어 앉아 있다가 그 소리 듣고)??

엄마   ‥‥(못 들은 듯)

장    (재우 앞세우고 들어온다)‥‥‥

지나 승조   (인사 닦고.)‥(장여사는 그저 받는 듯 안 받는 듯)‥‥‥(재우에게)
외조모는…

재우   예 저기‥‥(어머니 데리고 엄마 쪽으로)‥‥‥저기‥‥준서 외할머님…
즈이 어머니‥‥

엄마   ‥‥(그저 가만히 안 보는 채)‥‥‥

장    ‥‥‥‥(보다가)준서 할밉니다‥(하고 목례하는데)

엄마   (스르르 일어나 입구로 움직이고)

장    ???

재우   ??

이모   ??(두리번거리다가 엄마 따라 빠르게 나간다)‥‥‥

장    ‥‥‥‥

재우   (다소 당황하고)

정원   (슬그머니 돌아서고)‥‥‥

S#  영안실 밖

엄마   (휘청거리며 절뚝거리며 나오고 있는데)‥‥‥‥

이모   ‥‥‥‥(쫓아나와 따라 붙으면서)언니.

엄마   (멈추고)내 새끼 잡아먹어 놓구 어딜 버적거리구 와. 무슨 염치루
와. 무슨 소리 듣구 싶어 와‥

**이모**　.....아 대놓구 하지이이..

**엄마**　......

**이모**　대놓구 해부치지 뭐때매 피해 면상에다 대구 해주지 그냐아 아앙..

**엄마**　영애가.........싫어할까봐아...

**이모**　(울상으로 보며)..........

**S# 영안실··**

**장**　(선 채로 묵념하고 있는데)

**시우**　(원망의 시선 어머니에게)........

　　[꽃 속에 묻힌 활짝 웃는 영애.......]

**S# 장례식 날···**

　　[영정 들고 앞서 나오는 준서···]

　　[운구되어 나오는 관··]

　　[아이들 상복 깔끔하고··]

　　[이 악물고 참는 엄마와 작은 소리로 웅웅 우는 이모··소리 없이 우는.
　　정호··소정···지나 승조··정원 내외···연우 내외····]

　　[꽃 자동차에 실려지는 영애···]

**S# 화장장 바깥···**

　　대어져 있는 자동차들···

**S# 화장장 안···**

　　[화구로 들여보낼 준비 중···]

　　[이윽고 화구로 들어가는 영애····]

　　[대성통곡을 하는 준서와 은혜··이모··준서는 아빠 옷자락 잡고 팔팔 뛰
　　며 울다가 아예 바닥에 누워 발버둥질 치며 울고····시우··발버둥치는

준서 일으켜 껴안아 붙이고……준서는 버둥거리며 엄마 부르고……]

**S#  겨울 산 풍경 천천히 훑어서……**

**S#  어느 장소…**

준서   (한 움큼 꺼내서 뿌리고)……

은혜   (한 움큼 꺼내서 뿌려주고)……

시우   됐어…이제 아빠가 할게…

승조   (두 아이 챙겨 옆에 끼고)

시우   (뿌리기 시작한다…담담하게 천천히)……

승조   (보면서)

두 아이   (승조에 달라붙어 아빠 보면서)……

시우   ……

**S#  고속도로…를 달리는 승조의 차‥**

**S#  차 안‥**

시우   (잠든 두 아이 양쪽으로 끼고 앉아서 창밖으로 고개 돌리고)……

승조   ……(운전하다가)잠깐….휴게실 들려 커피라두 마실래?

시우   아냐 괜찮아…

승조   화장실 안가실 싶어?

시우   아니‥

은혜   (부시시 눈 뜨며)아빠 화장실…

시우   그래 승조야‥

승조   알았어‥

**S#  금강 휴게실이나 어디나…**

준서   (혼자 앉아 눈 벅벅 비비며 졸리고 무료한데)

승조   (커피 두 잔과 아이들 음료‥들고 와 앉는다)졸려?

준서    네..

승조    그럴 거야..준서 너무 어른스럽게 잘 했어..아저씨 감동했어..

준서    (뿌우한 채 그냥 음료 집으며)누나 왜 안 와요..

승조    올 거야..아빠가 데리구 가셨는데 무슨 걱정이야..

준서    (그냥 마시고)....

승조    음..누나 온다..

준서    (돌아보고)

은혜    (아빠와 함께 와서 뿌우한 채 앉고)

준서    왜 이렇게 오래 걸렸어?

은혜    사람이 많았어..

준서    으응...(음료 은혜 앞으로 주며) 먹어..

은혜    (그냥 집고)

승조    (시우 앞에 커피 밀어주고)

시우    ....(커피 잔 집어 드는)....

**S#** 박회장의 정원(어둠어둠/등은 켜져 있고)

**S#** 박회장의 안방

장    (염불 외고 있고).....

박    (우두커니 방바닥만 보면서).......

**S#** 엄마의 안방...

　　[저녁상 한옆에 밀쳐져 있는데]

엄마    (앞 목을 두 손으로 틀어쥐고 구부렸다 폈다 하면서)......(극도로 억제

　　한 울음).......

소정    (엄마 잡고)그만하세요 어머니이이이...

이모    그만 진정해애애...몸 상해애..그만해애애..

458

**정호**    (눈물만 툭툭툭툭)‥‥‥‥

**소정**    아우 참 어머니이…그만 슬퍼하세요오오‥제가 잘하께요 네?
         ‥‥제가 잘 모시께요 어머니이이이‥‥

**S# 박회장의 주방‥**

**박**     (들어오고)

**장**     (따라 들어온다)…

**연우**    (식탁 의자에 앉아 있다 일어선다)

**장**     언제 왔어‥

**연우**    조금 전에요‥‥‥허서방 집에 있는대서‥‥‥(두 노인 자리에 앉고
         정원과 김여인은 저녁상 보충하고/앉으면서)마음이 이상해요‥‥‥뭐라
         구‥‥‥표현을 할 수가 없어‥‥

**박**     (수저 들고)‥‥‥

**장**     (수저 들고)‥‥‥‥

**연우**    그냥‥‥‥계에속 가슴만 두근두근거리구‥‥‥아버지 엄만 안 그러
         세요?

**박/장**   ‥‥‥‥

**연우**    벌 받을 거 같지 않냐구요오‥

**장**     받겠지‥

**박**     벌은 무슨…코딱지같은…

**연우**    엄마‥

**장**     밥이나 먹어‥‥‥ 이 소리 저 소리 내놓을 거 없어…각자 다‥한 만큼
         받겠지‥죄는 지은대루 가는 법이니까… 지은만큼‥‥‥심판을 받겠지‥

**박**     ‥‥‥애는 왜 안 내려와‥

**정원**    나중에 먹는대요 아버님…지금 자구 있어요…

**박**　청국장 맛이 뭐 이래‥

**강**　??(영감 보고)

**박**　왜 쓴맛이 나냔 말야‥

**장**　그럼 자시지 말아요‥

**박**　??

**장**　아 반찬 투정이 하구 싶어요? 손주새끼들 에미 장사치른 날‥‥‥
원 돌뎅이두 그보단 낫겠네‥끄으으으웅

**박**　그런데 이 사람이 애들 있는데서‥‥‥(하고는 웅얼거리듯)혀바닥
이 다 갈라져 입맛이 없단 말야‥

**장**　??‥‥‥

**S# 아파트 광장‥(밤)**

[들어오고 있는 승조의 자동차…]

[자동차 주차되고 내리는 가족들‥‥‥(먼저 셋이 움직이고 승조 뒤따라
내려 따른다)]

**승조**　(내리다 보고)지나 와 있다‥

**시우**　‥‥(못 들은 것처럼 아이들 데리고)

**승조**　(자동차 잠그고 따르고)‥‥

[걷다가‥]

**준서**　(혼잣말처럼)엄마 안계시니까 이상해…

**은혜**　그런 말 하지 마‥

**준서**　??(누나 잠깐 보고 그만두고)

**시우**　‥‥‥

**S# 아파트 주방…**

**지나**　(조여인은 다른 일 하고 있고/콩나물 다듬으면서)‥‥(있다가)술 좀

460

있어요?

조      소주...뒤병...있어요..

지나    내내 거의 못 잔 거 같아요..술이라두 먹여서 재워야 해요..

조      (다용도실로 가며)준비해 놔야겠네...

지나    .....(조여인 나가는데)

    [들어오는 소리...]

지나    ??(주방 나간다)

**S# 거실**

    [들어온 가족들과 승조..]

지나    ...(그냥 보고)

시우    샤워부터 해...샤워하구 나와..

두 아이    응..네...(애들 각각 들어가는데)

지나    저녁부터 먹이지..여덜시 다 됐는데...

시우    (그 소리에)샤워 나중에 하구 옷만 갈아입구 나와..

두 아이    (들어가고)

조      (나와 보다 얼른 들어가고/상 차리러)

시우    (코트와 상의 한꺼번에 벗으며 소파로 움직인다)

지나    (따르다가 옷 빼내 들고 아주머니 찾다)아주머니..

조      (주방에서 나오고 시우 옷 조여인에게 건너가고 조여인 안방에 옷
    두고 나와 주방으로)

시우    (두 여인 움직임과 상관없이 앉아)승조 수고했다....(하며 전화기 들
    고 찍는다)...네 저에요..이모님....네..다녀왔어요...네..잘하구 왔습니
    다.......장모님 어떠세요.....네....네....네...며칠 뒤에 찾아뵐께요...네..
    그럼..(끊고)...앉어들..

[지나 승조 적당히 앉고….]

**시우**  (뒷목 만지면서)……(뻐근해서)……

**지나 승조**  (보며)……

**시우**  ……

**승조**  저녁 먹구 일찍 자……애들두 고단할 거야…

**시우**  ….(눈 감고 기대듯)….

**지나**  ……휴가 갔다오고….넉달두 채 …안됐어…

**시우**  …….

**지나**  거짓말같아…(하며 승조 보고)

**승조**  (잠깐 눈 맞추고 다시 시우 보며)…………

**시우**  ……(그대로)

**지나**  ……(보다가)너 혼자 아니야….애들…갑자기 엄마 잃은 상실감……
너 상상두 못할 거야…나는 알아….정말 무서웠어….

**승조**  (지나 보는)….

**지나**  애들 모르게 혼자 슬퍼하구 혼자 그리워 해..애들 앞에서는 씩
씩해 시우야…엄마없이 아빠 혼자서두 문제없이 잘 지켜줄 수 있
다…그렇게 보여주구 믿게 해 줘……(보다가)시우야..(하고 무슨 말
인가 하려는데)

**승조**  (제지하고 고개 흔든다)

**지나**  (그만두고 일어나 주방으로 가는데)

**준서**  (제 방에서 옷 갈아입고 나온다)…

**지나**  준서 나온다..(시우 쪽으로 말하며 준서 손잡고)

**시우**  (그 소리에 몸 일으켜 일어서며)은혜야….저녁 먹자…

**은혜**  (제 방에서 나오고)

462

**시우**  (뿌우한 은혜 손잡아 주방으로)

**S# 주방··**

[차려진 밥상··]

**지나**  (은혜 앉히고 아줌마 도우러 움직이고)

[승조/ 시우 은혜 들어와 자리 잡고 앉는다/]

**조**  (달걀찜 행주로 싸서 갖다놓으며)어서 앉어요···내가 하께··

**지나**  (식탁에 음식 접시 개수대로 갖고 와 하나씩 놓아주며)은혜 준서 생선까스 좋아한다며/아줌마가 타르타르 소스 새루 만들었어··엄마가(했다가 잠깐 아차 싶고/그래도 할 수 없다)하시는 방법 아줌마한테 배워서····

**애들**  ····

**지나**  잘라줄까?

**준서**  네··

**지나**  그래 준서 꺼 먼저 해주께··(생선 튀긴 것 한 쪽 집어다 포크 나이프로 자르려 하면서)빨리 시작해··

**시우**  (수저 들며)먹자··먹자 승조야··

**승조**  응··(시작하고 아이들도 시작한다)····

[지나가 생선 자를 뿐 아무도 아무 말도 없이 한동안······]

**지나**  (자른 것 준서에게 놓아주고 타르타르 소스 한 스푼 준서 생선 위에 얹어주고)이제 은혜 차례(하며 생선 한 쪽 집으려는데)

**은혜**  아줌마··(보며)

**지나**  ??왜··

**은혜**  내가 하께요··(생선 집으며)

**지나**  그래?···그럼 그래··(하고 앉는다)······

[잠시 또 침묵…]

조　　(조금 떨어져 보다가)준서 아빠 누룽지 만드는데…밥이 그러면 조금만 기다려..

시우　아니에요…아주머니 좀 쉬세요..

은혜　누룽밥 저 주세요 할머니..

조　　응 그래?…조금난 기다려어?

은혜　네에..(하고 수저 놓는다)

시우　(딸 보고)

지나　딴 거 하나두 안 먹구 누룬밥만 먹을 거야?

은혜　입 맛이 없어요..

시우　(보며)….(잠깐 있다가)그래두 딴 거두 좀 먹어..달걀찜두 있구…. 영양실조 됨 어떡해..

은혜　….

시우　응?

은혜　누른밥이 먹구 싶어…

준서　할머니 누나 고추장도 주세요..

지나　고추장?

준서　엄마가 입맛없으실 때 그러셨어요..누른밥 한 숟갈 잡숫구 고 추장 한번 찍어먹구…누나 그럴려구 그러지?

은혜　……

준서　맞지?

은혜　(울음 터트리며 일어나 나간다)

시우　……..

모두　……..

464

**준서**  …(괜한 말했나 아빠 보며)

**시우**  (일어난다)

**S# 거실**

**시우**  (나오다 보면)

**은혜**  (가족 사진 올려다보며 울고 있다…)

**시우**  ……(보다가 다가가 딸 안는다)

**은혜**  (달라붙으면서 우는)……

**S# 빈 거실…**

[불은 아직 안 꺼졌고]

**S# 침실··**

**시우**  (욕실에서 씻고 나와서 머리 털어 빗질 아무렇게나 몇 번 하고 나간다)

**S# 거실**

**시우**  (준서 방 앞으로 가 노크한다)

**준서**  E 누구세요··

**시우**  아빠…

**준서**  E 들어오세요··

**S# 준서의 방··**

**시우**  (들어오며 보면)

**은혜**  (준서 책가방 싸는 거 챙기고 있다…과제물 종이 들고 하나씩 말하고
준서 집어주고 가방에 넣고)……

**시우**  ….(보다가)굿나잇 할려구 그러는데…바쁘구나··

**준서**  다 했어요··

**은혜**  굿나잇해 빨리.(손 움직이며)아빠 주무셔야 해··

**시우**  (시선 잠깐 딸에게 가는데)

**준서**  (팔 벌리고 아빠에게 뽀뽀)

**시우**  (뽀뽀해주고) 혼자 잘테야? 아빠하구 자두 괜찮은데.

**준서**  할머니랑 잘 거에요..

**시우**  그래?

**준서**  네…

**시우**  그래 그럼….은혜야..

**은혜**  (대답처럼 아빠 안고 뽀뽀해주고)….

**시우**  (뽀뽀하고) 잘자…낼 아침에 보자..

**은혜**  응…

**시우**  (천천히 일어난다)

**S# 침실…**

**시우**  (들어와서 쓰러지듯 침대에 엎어진다)…………(그대로 있는데)

**영애**  E 여보오..

**시우**  (저도 모르게) 응..왜….(대답해놓고 잠시 있다가 ?? 불현듯 일어나 방
문 쪽 보는)…….(다시 피시시 쓰러지면서 한 팔 올려 눈께 가리고)………
(있다가 벌떡 일어나 나간다)

**S# 거실 주방**

**시우**  (나와서 주방으로)

**S# 주방**

**시우**  (어두운 주방으로 들어와 어두운 채 냉장고 문 열고 소주 찾아서 들
고 마개 따면서 거실로)

**S# 거실**

**시우**  (나와서 불 켜고 가족 사진 앞에서 병나발로 술 마시는)……….(마시
고 사진 보고 있다가 또 마시고…….또 마시고)

**S#** 아파트 전경(아침)

**S#** 거실

**은혜** (제가 코트 입고 있고)

**시우** (준서 코트 입혀주고 있다)……금방 방학이네..

**준서** 네..

**시우** 방학하면 스키장 가자…

**준서** (아빠 보고/은혜도 아빠 보고)

**시우** 스키 가르쳐 줄게..

**준서** 네…

**조** (나와 있고)

**시우** 할머니께 인사..

**두 아이** 학교 다녀오겠습니다…(인사하고)

**S#** 학교 근처..

[시우의 승용차 와서 멎고]

**시우** (내려서 두 아이 내리는 것 봐주고)딴생각하지 말구 선생님 말씀
열심히 들으면서 잘 해..

**두 아이** 네..응..

**시우** 아빠 이따 데리러 오께..맛있는 거 먹자…뭐 먹을까 생각해 갖구
만나..

**두 아이** 네..응..

**시우** 들어가…

**두 아이** (학교로 가는데..은혜는 잠시 돌아보고/시우 손 들어주고/은혜는
그냥 돌아서고)….

**시우** ……(보면서)……

S# 시우와 영애 같이 애들 마중하던 장면/영애가 우리 준서가 제일 잘생겼다 어쩌고 하던/

S# 현재

**시우**  ……(자동차 운전대로 오른다)

S# 운전하고 있는 시우…자유로…

S# 떡볶이 가게가 있는 동네‥민영 주차장으로 들어오고 있는 시우의 자동차‥

S# 떡볶이 가게 골목‥

**시우**  (걸어오다가 멈추고 보면)

[오늘은 쉽니다‥]

**시우**  ……(보며)

S# 안방…

**엄마**  (링거 꽂고 누워 있고)

[정호 소정 이모 아침 먹고 있다…모두 아무 말 없이……]

**정호**  국 좀 더 줘‥

**소정**  ??‥국 귀신…이제부턴 냄비째 갖다 줄꺼야‥

**이모**  원 남편 국 한 대접 떠다주는 게 무슨 그렇게 크은 일이라구‥

(소정이 든 정호 대접 뺏듯이 채서 일어난다)

**소정**  내가 하께요오(일어나며)

**이모**  놔둬‥(나가고)

**소정**  (남편에게 눈 흘기면서)국 좀 조절해 가면서 먹어‥ 무슨 사람이 국마아안 그렇게 퍼먹는지 몰라. 봐 밥은 삼분에 일도 안 먹었잖아‥

**정호**  국두 내 맘대루 못 먹어?

**소정**  귀찮게 하니까 그렇지. 직접 떠다 먹던지‥

468

**엄마**　끄으응‥(못마땅해서)

**이모**　E 아이구 박서방……(정호 일어서고)어이 들어가‥ 들어가…

**정호**　(문 열고)오셨어요……

**시우**　(들어서며 일어나려 하는 엄마 보며)……

**이모**　(국그릇 급히 놓고 언니 부축한다)……(부축하면서)노인네가 진이
　　　빠져서…아무래두 그냥 둬서는 안될 거 같애서‥(혼잣소리처럼)

**시우**　네에‥…식사 중이신데…마저 드세요‥(이모에게)

**이모**　됐어‥나는 다 먹었어……앉어…늬들 마저 먹구…

**정호**　앉으세요‥

**시우**　(좀 끄덕이듯 하며 앉고)

　　　　[정호 내외 마저 먹으려 앉고….]

**시우**　……(장모 가만히 보며)

**엄마**　(맥없는 손길로 그래도 머리 간추리는)………

**시우**　죄인‥…왔어요 장모님‥…

**엄마**　뭐하러…왔어……쉬지……

**시우**　……(보며)

**엄마**　후우우우우우….

**시우**　용서해 주세요……잘못‥…했습니다‥…

**엄마**　그럴 거두…없어‥…다아…지 팔짜구‥…운명이지‥…누구 잘잘못 따
　　　질 거 없어‥…

**이모**　그러엄‥(중얼거리듯)독안에 들어두 팔짜 도망은 못한다잖어
　　　‥팔짜를 그렇게 타구 난 거지 뭐…어떡할 거야…그렇게 생각하구
　　　접어야지‥애통절통…한다구…애 살어 올 거두 아니구‥…(언니 만지
　　　면서)그저‥모쪼록 좋은 데 가 있다가…우리 죽어서 만나자아아‥…

그럴 수 밖에 없어 언니이…

**엄마** 애들은..어떡하구 있어…

**시우** 학교 데려다주구 왔어요…..

**엄마** 에미 안 찾어?

**이모** 찾기는…그 나이는 지났지이…

**시우** 은혜가….저녁두 안 먹구….지 에미 사진 앞에서….울었어요…

**엄마** 에이구우우우……불쌍한 내 새끼들…..

**이모** ….

**시우** 즈이 아파트…..에미 명의에요 장모님…장모님 앞으루 상속….처리해 드릴께요..

**엄마** ??

**시우** 그리구….이제 장사 그만하시구…이모님하구 즈이 집으루 오셔서….즈이 애들 좀 …봐 주세요…제가…잘…열심히

**엄마** 이거 보게 박 서방…..

**시우** ….(보며)

**엄마** 괜한 생각 하지 말어.. 나한테 아파트가 무슨 소용이야..

**시우** 에미가 산 거에요..

**엄마** 애들 줘..나 필요없어..(소정이는 눈이 빛나고)

**시우** 애들은

**엄마** 그리구…..내가 왜 자네 집엘 들어가..

**시우** 장모님..

**엄마** 내 자식이 있는데…

**시우** 에미하구 약속했어요..

**엄마** (고개 저으며)내 새끼 내가 알어..나 데리구 살라는 약속은 안 시

470

켰을 거야..

**시우**  장모님..

**엄마**  언제까지나 청승맞은 홀애비루 살래?

**시우**  (보는 위에)

**엄마**  E  생각이 짧다...전처 장모 데리구 살다 어쩔려구 그래..

**시우**  장모님 저 에미 말구 딴 사람 에미 자리에 없어요..

**엄마**  지금 생각...지금 마음...

**시우**  (보며)......

**엄마**  그저....그 마음...마음만 고맙게 받지이.....사지육신 멀쩡한데.....
        내 새끼 내다 버리구 내가 왜 자네 밥을 먹어....그런 거 안 해...그렇
        게 안 살었어...

**시우**  .....(시선 내리고)

**이모**  그래 박서방..그건 자네가 우리 언닐 몰라 하는 소리구...아 쟤
        들이 있는데 자네가 왜애..

        [밥 다 먹은 정호 내외. 정호 밥상 내려다보고 있는....]

**시우**  ......

**S#  약국**

**소정**  (바람같이 들어오면서/약간 풍성한 옷)어으 엄마 나 좋다가 말었어.

**소모**  (깨끗한 수건으로 먼지 훔쳐내다가)뭐가..

**소정**  오빠 매형이 시엄마랑 이모 모신다는데 우리 어머니 싫다 그러
        잖아아..

**소모**  ??사위가?

**소정**  어엉..쫌 전에 왔다갔어.. 가게 그만두구 자기한테 와 살구 아파
        트 상속은 어머니한테 해준다구..

소모　??

소정　다 싫대 다‥ 없는 사람이 자존심만 쎄 우리 시어머니는‥아니 왜
　　　싫어? 아파트 명의두 형님 꺼라는데?

소모　?/그랬대?

소정　그랬나봐‥모시구 간다길래 난 또 귀가 쫑긋 그랬지이‥근데 싫
　　　대‥오빠가 있는데 왜 그러느냐구‥

소모　말이야 옳은 말이지. 아들 며느리 있는데 왜 그래.

소정　엄마느은‥아 장사 그만하구 거가 살면 좋잖아아‥ 편하구우우

소모　속 보이는 소리/너 유서방한테 그 소리 해라 또‥배불러 갖구
　　　이혼당할려면 마음대루 해. 입 꼭 다물구 있어 괜히.

소정　아 솔직히 말해서

소모　솔직히 말하지 마 글쎄‥니 솔직 여러 사람 기함시켜. 입 다물어 엉?

S#　강변에 대어져 있는 시우 자동차‥

　　　[반짝이며 흐르는 강물….]

　　　[차 안의 시우……]

영애　E 저렇게 반짝이면서 부지런히 가는데….바다를 목적지로 바
　　　다로 가는지 알고 가는 걸까 모르는 채 그냥 흐르는 걸까‥

시우　‥‥‥‥

S#　그냥 한정없이 세워져 있을 것 같은 시우의 자동차………

S#　백화점 스파게티 가게…

　　　[두 아이와 함께 점심 먹는]

준서　(서툰 손짓으로 스푼에서 포크로 국수 말고 있는데 잘 안된다)

은혜　뭐하는 거야‥

준서　엄마가 이렇게 먹는 거랬어‥

은혜   그냥 먹어..

준서   싫어 해볼 거야..

시우   나중에 좀 더 크면 그렇게 먹구 그냥 먹지..

준서   (보며)

시우   그냥 먹어두 흉 안돼 준서야.. 아직 어리니까..

준서   네...엄마는 이럴 때 그냥 먹으라구 안하시는데....

시우   ...(보고)

은혜   엄마 얘기 하지 마..

준서   ??(누나 보고)왜..

은혜   나중에 해..이 담에...

준서   왜..

은혜   그러니까 너는 바보라는 거야..

준서   바보라는 소리 진짜 싫어..내가 왜 바보야. 엄마는 나한테 바보
       라 소리 한번두 안했어..누나가 뭔데 나더러 바보래 바보야..

시우   준서야.

준서   (상관없이)엄마 얘기 왜 하지 말래. 엄마 생각이 자꾸 나는데 왜
       하지 말래.누나가 뭐야..누나가 대통령이야?

은혜   아빠가 슬퍼지잖아 이 바보야.

준서   또 바보래..(포크 탁 놓으며)바보라 그러지 말랬잖아!!

시우   그만 먹구 나가자..나가서 어디 공터에 가 본격적으루 치구 받
       구 싸워봐 어디..엄마가 디게 좋아하실 거야. 엄마 늬들 싸우는 거
       엄청 좋아하셨으니까 응?

준서   .....잘못했어요...

은혜   ......안하께 아빠...

**시우**   (고개 딴 쪽으로 돌리며)‥‥(있고)

**두 아이**   (얌전하게 먹기 시작하는데)

　　E 시우의 핸드폰 벨‥

**시우**   (보고 받는다)네에‥‥잘 잤어요.

**S#** 쇼핑몰 어느 코너

**재우**   어딨는 거야‥애들 학교 데려다 준다 그러구 나가서 안 들어가

　　구 있다면서‥‥‥어 그래‥‥신경이 쓰여서‥언제 들어갈 거야‥‥

**S#** 스파게티 가게‥

**시우**   들어가야죠‥‥네‥괜찮아요‥‥네‥(끊고)‥‥(스파게티 건드리며 애

　　들 본다)

　　[얌전히 먹고 있는 아이들…]

**시우**   …(보다가 먹기 시작하는)‥‥

**S#** 백화점 스키용품점‥‥

　　[두 아이 스키 고르고 있다…점원 준서 부츠 신겨주면서 상품에 대해서

　　설명하는‥‥‥]

**은혜**   (아빠 쿡쿡 찌른다)

**시우**   (몸 굽히며)왜‥

**은혜**   아빠 돈 있어? 월급두 못 타는데‥

**시우**   별 걱정을 다해‥돈 있어‥ 많아‥큰 아빠가 용돈 왕창 주셨어…

**준서**   딱 맞아요‥

**시우**   어어 너무 딱 맞으면 안돼‥발 아퍼‥

**점원**   맞는 사이즈에요‥제대로 양말 신구 이 정도면(앞코 만지면서)맞

　　는 겁니다‥

**시우**   발이 편해야 해…편해?

474

**준서**  네 편해요..

**시우**  그럼 됐어..이제 이 아가씨 거 부탁해요..

**점원**  네 …(은혜 거 가지러 빠지는데)

**준서**  하하 누나더러 아가씨래..하하하하하.. 아빠 누나가 아가씨에요?

**은혜**  아가씨지 그럼 아줌마니?

**준서**  하하하하 아가씨 아가씨..하하하하..

**시우**  (아들 쓴 미소로 보며)

**은혜**  아빠 아빠는 안사?

**시우**  응. 아빠는 이번에는 빌려 타구 다음 번에 살까 그래서..

**은혜**  아빠는 거의 선수라면서..

**시우**  누가 그래..

**은혜**  엄….(했다가)누가 그랬어..

**시우**  …(보며)

**S#**  아파트 광장으로 들어와 주차되는 자동차…

　　　[스키 장비와 스키복들 꾸러미 들고 내리는 세 식구…]

　　　[아파트로 들어가는 세 식구…..]

# 제24회

S# 아파트 전경(밤)

S# 아파트 거실

    [반짝이고 있는 크리스마스 트리‥트리 바닥에 놓여 있는 포장된 선물 상자들‥]

    [혼자 켜져 있는 티브이에서 크리스마스 캐롤 나오고 있고…]

S# 준서의 방‥

**조여인**    (은혜는 깔끔한 정장 이미 입고 서서 보고 있고 준서 옷 입히는 중이다/옷 단추 채워주면서)됐다 이제 양말만 신으면 돼‥

**준서**    (앉아서 양말 신기 시작)‥‥

S# 침실‥

**시우**    (옷 다 입고/침대 가장자리에 앉아서 방바닥 보며)‥‥‥

    [한동안 그대로 두었다가]

**은혜**    (문 열고)‥‥‥아빠‥

**시우**    ??엉…

**은혜**    우리 준비 다 됐어‥

**시우**  응..(일어나서 코트 집어 든다)

## S# 거실

[준서와 조여인 나와 있고]

**시우**  (나온다)..가자..

**은혜**  (아빠 손잡으며)아빠..

**시우**  왜..

**은혜**  나가기 싫으면 안 나가두 돼..

**시우**  아냐..왜애...왜애..나가..가자구..(애들 챙기면서)

[현관에서 애들 신발부터 신게 하고 내려서며]아주머니 죄송해요 우리끼리만 나가서..

**조**  아유 무슨 그런 소릴..

**시우**  즈이들 며칠 집 비울 때 아주머니두 쉬세요..

**조**  그래..걱정마..알어서 할게..

**시우**  인사해.

**두 아이**  다녀오겠습니다..

**조**  어어 그래..잘 지내구 와..

**시우**  (두 아이 데리고 나가고)

**조**  (에유를 소리내지는 않지만 그런 감정으로 돌아서 주방으로 향하다 가 가족 사진이 눈 안에 들어오고)....(잠시 보다가 주방으로 움직인다)

## S# 주차장

**시우**  (두 아이 데리고 주차되어 있는 곳으로 오다가 문득)오늘은 엄마 차 타구 움직일까?

**은혜**  ??(올려다보고)

**준서**  아빠 마음대루 하세요..

**시우**  그래 엄마 차 타자..

  [작은 차 문 열고 두 아이 태우면서]

**시우**  벨트들 해..

**두 아이**  응. 네..

**시우**  (운전대로)

**S#**  **차 안..(아파트 벗어난)**

**시우**  (운전하는)....

**두 아이**  (준서가 은혜에게 귓속말하고 은혜 끄덕이고)....(한 번 더 귓속말
  주고받는 것 백미러로 보이고)

**시우**  무슨 얘기 하는 거야..

**두 아이**  아냐. 아니에요..

**시우**  귓속말하는 거 별로 좋은 버릇 아니야.. 친구들하구 있을 때나
  그럴 때 하지 마..못듣는 사람 기분 언짢아..

**두 아이**  네 알았어...

**시우**  ......(잠시 있다가)무슨 말 했는데..

**준서**  (누나 잠깐 보면서)아빠 옆에 엄마가 안 계셔서... 이상하다구요..

**시우**  ...아빠두 그래.....이상해..

**두 아이**  .....(아빠 뒤통수 보며)

**시우**  ......

**시우**  E 야아아아 정말 말 끝내주게 안 듣는다..가장 체통 완전 똥통
  이다 똥통..

**영애**  E 까르르르르르 예쁘지

**S#**  **어느 서민 연립빌라 앞**
  [새로 뽑은 딸딸이 자동차]

478

**영애**　(시우 팔 끼고 붙으면서 연결)예쁘지 응.

**시우**　한 단계 올려서 뽑으라니까 말 안 듣구.

**영애**　사람이 분수를 알아야지..한 단계 올리면 올리는 만큼 기름값 더들어.. 뭐 나 과외 뛰는데나 쓸 건데 이만루두 너무너무 황송하구 감사해. (운전대 문 열며)얼마나 출세한 건데에에…(타며)타 빨리. 연수나가자..

**시우**　어이 참..

## S# 차 안

**영애**　(타는 시우. 자동차 키 꽂으며)그리구 여기저기 쿵쿵 받어두 큰차보다 수리비두 쌀 거구 (더 남았는데)

**시우**　여기저기 쿵쿵 받구 다닐테니까 안전을 위해서 좀 더 난 차 타란 거잖아..

**영애**　끝났어 박시우.. 난 이게 딱 좋아. 자아 스타트 한다아?(하고 스타트 시키는데 차가 안 움직인다)??? 왜 이러지?

**시우**　아주머니 이 차 시동 안 걸어줘두 막 나가는 차유?

**영애**　(입 모양만으로 아 한 번 벌리고 시동 걸며)흥분했어 여보..흐흐흐 흣..(하는데)

**시우**　(대신 사이드 풀어주며)사이브 브레이크 푸시구요 아줌마..

**영애**　엉..알구 있어..

**시우**　알기는 까먹었으면서.

**영애**　흥분했다니까아.흥분하면 그럴 수도 있지 머.(하고 출발하는데 출발이 거칠다/저도 놀라서 얼른 브레이크 잡고)

**시우**　(놀라고 출렁하고??)이 사람이 이 실력으루 차 몰구 나가겠단 거야?

**영애**   (말하는 입 막듯 재빠르게 시우 입에 쭉 입 맞추고)잘하께‥잘 하께

여보‥잘하께 응?

**S#**   현재/ 운전하는 시우‥‥

**S#**   호텔 레스토랑‥

**종업원**   지금 막들 오셨습니다‥

**시우**   네‥

[안내 받아 들어오는 시우와 아이들‥]

**재우**   E 어‥시우야‥

[막 자리 잡고 앉으려던 참이다가]

**지나/승조/정원**   ‥(다 같이 돌아보고)

**애들**   (끔벅하는데)

**정원**   은혜 준서 이리 와‥(두 아이 챙겨 제 옆자리에 나란히)준서 앉구

은혜 앉아‥큰 아버지가 은혜옆에 앉으시구‥(두 아이 앉고)

[맞은편 가장자리에 시우. 한 칸 떼어 지나 승조‥같이 자연스럽게 자리

잡고 앉는다‥]

**재우**   주문은 미리 알어서 했다‥

**시우**   네‥(지나 시우 쪽 보고 있고)

**재우**   방학해서 좋지?

**두 아이**   네‥

**지나**   시우야…니 옆…언니 자리야‥

**시우**   ‥‥‥

**지나**   아줌마랑 승조 아저씨 선물 아직 안 풀어봤지?

**두 아이**   네‥

**지나**   낼 아침에 푸는 거야‥

480

준서  알아요..(그깐 것도 모를까봐)

웨이터  (와서 촛대 초에 불 당기기 시작한다)

시우  ....(불붙여지는 것 보면서).....

　　[그 위에]

재우  E 준서야 오늘은 큰아버지가

재우  뭘 먹여줄건지 모르지.

준서  네..

재우  그래 기다려 봐 뭘 먹게 될 건지..(다른 웨이터 와인 들고 나와 재
　　우서부터 따르기 시작하는데..컵 들어주면서)그런데 맛은 뭐 별롤 수
　　도 있어. 별로다 그럼 딴 거 시켜주께..

준서  페이킹 덕이에요?

재우  하하 그래 인석 그거 별로 재미 못봤죠 여보.

정원  (웃으며)아냐 오늘은 칠면조야.

준서  칠면조가 뭐지 누나?

은혜  동물원 가서 봤는데...어떻게 생겼지 아빠?

시우  뭐 목이 좀 징그럽구 닭하구 닮았는데 ··닭보다 훨씬 커.

지나  미국 사람들이 추수감사절 크리스마스 때 먹는 거야 준서야.

준서  할머니가 만둣국 끓여 주신댔는데… 만둣국이 훨신 맛있겠다
　　누나…

승조  큰아버지 맥빠지시게 그러지 마 준서야...안 먹어본 거 먹어보
　　는 경험도 존 거야.. 그래야 너 학교 친구들하구 얘기할 때 너 칠면
　　조 먹어봤어? 난 먹어봤다 에에 거짓뿌렁/ 거짓뿌렁 아냐..진짜야..
　　맛은 이렇더라 저렇더라 얘기할 수 있지 그치?

준서  네에..

**재우**  자…마시자….(잔 들어 보이고 모두 잔 든다..아이들은 앞에 찬 주스
잔 놓이고/ 주스 잔 들고)먼저 거룩하신 예수님 탄생을 축하드리면
서…우리 준서와 은혜 그리고 내 아우 시우가…하느님의 은총아래
(하다가 잠깐 목이 메고)….베로니카 당신이 마무리해요..

**정원**  …(식탁 내려다보며)….(있다가)서방님..(하며 본다)

**시우**  …..(보는)

**정원**  동서 지켜보고 있을 거에요…나는 이 자리에도 동서가 함께 있
다고 생각해요..

**시우**  …(시선 내린다)

**정원**  애들 위해서도 ….빨리 벗어나셔서 …기운 차리세요..

**시우**  …네..

**정원**  우리와 함께 지나씨 승조씨…또..슬픔과 불행 속에 있는 세상
에 많은 사람들에게 하느님의 축복 있으시기를……다같이 빌어요..

**지나 승조**  네..(하고)

　　　[가볍게 부딪히고 한 모금씩 마신다..]

**재우**  (마시고 내리며 시우 보는)….

**시우**  (글라스 내려놓으며 시선 내린 채)….

**재우**  너 내일 …아버님 좀 찾아 뵈..

**시우**  …..(안 보며)

**재우**  하실 말씀이 있으신가 봐..만나면 얘기하라시더라..

**시우**  …..

**재우**  알아들었어?

**시우**  네..

**지나**  시우야..(너무 무겁게 굴지 마)

482

**시우**  (잠깐 보고 마는데)……

**지나**  ……(시우 보며 잠깐 가슴이 답답하다가 분위기 바꾸려는 듯)은혜랑
  준서는 방학하면 방학하자마자 날마다 방학숙제 죽어라 하니?

**은혜**  아니요··일기는 매일 쓰구··숙제는 한 일주일 쯤 놀다가 시작
  해요……

**준서**  왜요?

**지나**  응··아줌마 아저씨랑 우리 제주도 또 갈까? 연말연시 연휴에··
  승조 아저씨랑 아줌마두 놀거든··

**준서**  우리는 스키장 갈 건데요?

**지나**  스키장 갔다 와서…

**준서**  아빠··(그래두 돼요?)

**시우**  응···그때 봐서··

**지나**  은혜는 어때? 아빠 눈치보지 말구 말해애애··응?

**은혜**  ……

**지나**  은혜야··

**은혜**  엄마 없어서 별루에요··

**정원 부부**  (은혜 보며)……

**지나**  …(보다가 와인 잔 들며)마시자·· 차 놓구 들어가자 우리.(승조에게)

**승조**  (대꾸는 없이 글라스 들어 지나와 부딪히고 마신다.)

**시우**  (슬그머니 일어나 나간다)……

**모두**  (보고)……

**S#  레스토랑 밖··**

**시우**  (나와 적당한 곳에 서서 바닥으로 고개 꺾고)……

**지나**  (나와서 보고 멈춰 서 있다가 시우 옆으로)……(보며)

**시우**  (조금 돌아서며)들어가‥

**지나**  ‥‥‥(보며)

**시우**  조금 있다‥

**지나**  ‥‥‥(보며)

**시우**  알아. 노력해. 노력하구 있어‥

**지나**  ‥‥‥(보며)

**시우**  생전 처음…그런 말 했었어… 이번 크리스마스에는 너처럼 드 레스 입구…‥근사한 레스토랑에서 촛불 켜놓구‥파티하구 싶다구…‥

**지나**  ‥‥(보며)

**시우**  드레스…근사한 레스토랑…촛불…(그 사람이…‥없어…)

**지나**  함께 있다구 생각해‥정원 언니처럼 우리 눈엔 안 보이지만 니 옆에 앉아 있을 거야 시우야…‥‥‥그렇게 …느껴봐‥

**시우**  ‥‥‥‥

**지나**  ‥‥‥(보며)

**S# 레스토랑**

  [칠면조 먹는 중‥]

  [묵묵히 식욕 없이 먹는 시우 위에…]

**지나**  E 준서는 나중에 커서 뭐가 되구 싶어?

**준서**  E 기분 좋은 어른이요‥

**지나**  우움…기분 좋은 어른…‥그거 괜찮은데?

**준서**  엄마가 기분좋은 어른이 되라구 그러셨어요‥

**정원**  엄마가 정말 좋은 말씀을 하셨구나‥

**준서**  네. 저는 깐난애기였을 때부터 기분 좋은 애기였었대요‥

**정원**  맞어. 그래‥준선 항상 즐거운 애기였어‥잘 울지도 않구 떼두 안 쓰구 아무한테나 잘 따르구 응?

**준서**  네 제가 그랬대요 글쎄‥

**은혜**  엄마가 좋게 얘기한 거지 너 너무 까불어어…

**준서**  까불어? 내가 까불어?

**은혜**  그래 까불어.

**준서**  누나는 원래 제가 칭찬받으면 싫어해요‥질투나나봐요.

　　　[시우만 빼고 어른들 적당히 조금 웃는데]

**시우**  (그저 음식만 건드리고 있다)‥‥

## S# 아파트 거실

　　　[들어오는 세 식구‥]

**준서**  다녀왔습니다아‥

**조**  (준서 방에서 나오면서)벌써 와?‥

**애들**  네에‥

**조**  난 한참 놀다 들어올 줄 알았는데‥저녁만 먹구 금방 들어왔나봐.

**시우**  네…저기 있지 아빠 좀 피곤해‥샤워는 아까들 했구‥‥좀 이르
　　지만 굿나잇 하구 들어가‥아빠 일찍 잘래‥

**두 아이**  응 네‥(대답하면서)

　　　[두 아이 차례로 굿나잇 키스하고 적당히 밤 인사하고 방으로 각각‥준
　　서 할머니와 함께‥]

**시우**  (보고 있다가 거실 불 켜고 안방으로)

　　　[혼자 깜박이는 트리‥]

## S# 안방

**시우**  (벗어들고 들어온 코트 침대에 있고 침대에 걸터앉아서)……(한동
　　안 있다가 무겁게 일어나 영애 장문으로 움직이다 문득 화장대를 보면 화

장대의 화장품이 시우 것만 남기고 허전하다)......??? (방을 나간다)

**S# 거실**

**시우**  (나오며 불 켜면서)아주머니..아주머니...

**조**  (준서 방에서 나온다)응..왜...

**시우**  화장대가 왜 저래요 아주머니..

**조**  어 저...사모님께서 사진이구 옷이구 다 치우라구 하셨는데 한
꺼번에 다 그러기가 좀 그래서 우선 화장품하구 신발만.....저녁 먹
으러 나간 새 내가

**시우**  (오버랩의 기분)갖구 오세요 아주머니..

**조**  ....(보다가)그게..준서 아빠..

**시우**  당분간 아무 것도 손대지 마세요.. 제가 알아서 해요..갖다 주
세요..

**조**  알었어 준서 아빠...(하고 준서 방 쪽 복도로 몸 돌리고)

**시우**  신발도 도로 채워노세요..

**조**  그래 알았어..

**S# 안방**

**시우**  (들어오며 옷 벗기 시작한다...우선 벗은 상의 옷장에 걸고 코트 거는데)
   E 노크

**시우**  네에..

**조여인**  (화장품 바구니 들고 들어온다)

**시우**  (받아들고)

**조**  (눈치 보며 나가고)

**시우**  (화장품 내려다보다가 화장대로 가서 하나씩 들어내 놓으면서).....
   [그 위에]

**영애**　E 어어어 미치겠어 여보오‥

**S#** 아무것도 없는 아파트 거실‥/(입주 직전 청소하러 와 있는 참이다‥걸레 들고 막 들어서는 시우에게 내달으며)

**영애**　무슨 아파트가 이 모양이야. 세상에 아무리 엉터리래두 어떻게 꽉막힌 파이프에 변길 앉히냐 말야아아‥

**시우**　(곧장 막혔다는 화장실 쪽으로 가며)있어봐 내가 볼게‥

**영애**　(따르면서)당신이 본다구 뾰족한 수 있니? 악을악을 써서 에이에스 왔았는데 막혀두 보통 막힌 거 아니래. 변기 뜯어냈다 새로 앉혀야 한다 그랬단 말야아아

**S#** 화장실(입주 전)

**시우**　(들어오며)전혀 안 내려가?

**영애**　(따라 들어오며)거의 전혀‥물 내려 노면 우우우 여기까지 차올랐다가 다 빠지는데 두시간 걸려 두 시간.

**시우**　허풍은 어이구(하며 아내 뺨 가볍게 건드리고)

**영애**　어머? 허풍이래? 당신이 한번 해봐 내가 허풍인가 시간 재자 우리 지금 몇시야 엉?

**시우**　(그냥 웃으며 변기 물 내리면 전혀 안 빠지고 그대로 목까지 차오르는 물)

**영애**　내 뭐랬어 봐 응? 저게 허풍이야? 뻥이야?

**시우**　(변기 뚫는 고무 압착기 집어 들며)이건 어디서 낫어.

**영애**　(뺏으며)아 하지마 소용없어. 에이에스 팀에서 갖구 와 (구석에 치우며)수십 번 했는데 꿈쩍두 안해‥변기 뜯어야한대‥(손잡아 밖으로 끌어내며)별꼴이야 정말

**S#** 거실

**영애** (시우 끌어내며)다른 거두 아니구 어떻게 화장실이 저 모양이 야아.. 목구멍 막혀 숨 못쉬는 거 모양 답답하구 찝찝해 죽겠어..당 신네두 이런 식으루 아파트 지어 파니?

**시우** 새 아파트 입주시켜노면 크구 작은 에이에스 수천 껀씩이야. 이 해애.

**영애** 이해할 걸 이해하래..물 안내려가는 변기 앉힌 거두 이해해? (주 방으로 들어가며/주방에 냄비 하나 물 둬 병..파 한 뿌리 정도 냄비에 물 따 르며)준서나 은혜 이사 와 아무 거두 모르구 그냥 끙가 뿡 해 노면 어 쩔뻔 했어..미리 알았으니 망정이지 변기 뚜껑 덮어놓구 그야말루 뺑 돌아버리는 거지..

**시우** (웃으며)그럼 에이에스 팀 당신 손에 다 죽지.(뒤에서 껴안으며) 뺑 돌아버린 하선생 몽둥이들구 처들어갈텐데 그 사람들 위해 진 짜 불행중 다행이다.

**영애** (냄비 올리고 가스 불 켜며)근데 저거 왜 저런 거야?

**시우** 모르지이..변기 앉히기 전에 파이프 구멍 막구 타일공사 같은 거 하는데 막아놨던게 부실해서 파이프 속으루 들어갔던지 뭐 그 런 거나..(영애 목에 입술 찍으며)아니면 심통나 뭘 집어 처넣거나..

**영애** 아 뭐해애애.. 저리 가. 배고프다면서어어..

**시우** 그배 말구 딴 배두 고프다 여보.

**영애** (픽 밀어내며)어으 진짜 변탠가봐아아..남은 약올라 죽겠는데 에에….

**S# 거실**

    [아무것도 없는 텅 빈 거실 바닥에 큰대자로 누워 있는 시우…]

**영애** (종이컵에 커피 두 개 들고 나와 옆에 앉으며)커피..

**시우** (일어나며)엉..(커피 마시는데)

**영애** 우리 집에 처음 등 붙이구 누워본 감상이 어때?

**시우** 글쎄?

**영애** 어 뭐 이렇게 둔짜냐 사람이..

**시우** 그래 나 둔짜다..

**영애** 나두 아까 걸레질 끝내놓구 한번 드러눠 봤었거든? 다르드라 아.. 확실히 내집은 틀리더라. 있지 등이 있는대루 편안하게 차아악 붙는 느낌.. 진짜 셋집하구 내집하구는 (벌렁 드러누우며)바닥에 닿는 이 등에 느낌이 다르더라구..봐...얼마나 편안해..(사지 편안하게 펴고)근데 여보 박시우야.. 등두 셋집인지 내 집인지를 아나봐? 아니면 느낌이 이렇게 틀릴 수가 있어?

**시우** 그렇게 좋아?

**영애** 엉..(펄렁 엎드려 두 팔로 상체 고이고 남편 올려다보며)태어나 이렇게 행복했던 적 없었던 것 같아. (벌떡 일어나 앉으며)청소하다가두 아아 좋다아아 생각하면 온 몸이 나르은해지면서 살짝 술취한 거 같아.

**시우** (가볍게 입 맞춰주며)고생 했어..

**영애** (시우 한쪽 어깨에 한 팔 감으며)당신두...애보개하느라 술두 맘껏 못 먹구 혼자 밥 먹구 설거지 하구....

**시우** 당신 아니면 이런 집에서 언제 살게 될지 몰라. 진짜 고맙구 대견해..

**영애** (손가락으로 가볍게 시우 이마 팅기며)야 박시우 선생님한테 대견하다니 앙? (하고 좀 아파하는 시우에)까르르르 아팠어?

**시우** 이 씨이..

**영애** 까르르르르‥만져 주께‥(하며 시우 이마 문지르다가 느닷없이)아
　　　뭐야아아아 변기이이‥(한 손으로 제 목 탁 누르듯 하며)목 맥힌 거 같단
　　　(하다가)캑캑캑

**시우** (기막혀 웃으면서)완전히 원맨쇼야 원맨쇼‥ㅎㅎㅎㅎㅎ

**S# 침실⋯**

**시우** ⋯⋯(화장대 화장품들은 채워져 있고)⋯⋯⋯(옷걸이 뺀 영애의 드레
　　　스로 제 몸을 덮듯이 하고 누워 눈 감고 있다)⋯⋯⋯

**S# 박회장 집 대문 앞**

　　　[영애의 딸딸이 자동차가 와서 멎고]

**시우** (내려서 마중하는 이기사에게 목례하며 키 건네주고 대문으로 들어
　　　간다)

　　　[허서방 차 와 있고⋯]

**S# 정원**

**시우** (대문 초입에서부터 대여섯 발자국/본채로 향하는)⋯⋯

**S# 주방‥**

**연우** (녹차 잔 들고 마시면서)알게 뭐에요‥정신 차린 척 하면서 뒷구
　　　멍으루 무슨 짓을 하구 다니는지‥전보다는 일쩍 들어오는 셈인데
　　　그래두 나 안믿어요. 지 버릇 개 주겠어요?

**정원** 그러지 말구 믿어주세요 아가씨‥안 믿는 거보단 믿어주는 편이
　　　고모부 마음 잡는데 더 도움이 될 거에요‥

**연우** 거죽으루야 믿는 척 하죠오오‥

**정원** 마음으로도요. 진심으로요.

**연우** 그게 어떻게 그렇게 금방 돼요오‥ 그 동안 망가뜨린 세월이 얼
　　　만데‥ 그건 힘 들어요‥

**정원** 그래두 아가씨랑 같이 이렇게 오셔서 식사두 하시구 너무 보기 좋아요..

**연우** 싫다구는 안해요. 달라졌으면 그게 달라졌나.(하는데)

**허** (들여다보며)여보 처남 왔어..

**연우** 엉 알았어..(찻잔 들고 나간다)

**S# 거실**

**재우** (현관께서 시우 맞아들이며)어서 와라..

**시우** (들어오다 허서방 보고)오셨어요..

**허** 엉...

**정원** (나와서)어서오세요 서방님..

**시우** 네..

**연우** 애들은 안 데려왔니?

**시우** 아니..

**연우** 애들 데려 오면 미주두 오라 그럴려구 했는데..지금. 바이얼린 선생한테 가 있거든.

**재우** 앉어..아버님 점심 드시구 잠깐 쉬시는 중야..나오실 때 됐어.. 여보 우리 뭐 차 줘야죠..

**정원** 준비할께요..(주방으로)

**연우** 애 앉어..오빠 앉아요..

**재우** 어 그래..앉어 허서방...앉자..

　　[다 같이 적당히 앉고....]

**재우** (앉으며)점심은 어떡했어..

**시우** 먹구 나왔어요..

**재우** ....(보다가)잠은...좀 자?

**시우**  ??..네…

**허**  힘들지…

**시우**  …

**허**  힘들 거야…나는 뒤늦게 알았는데…그거 보통일 아니겠더라구..보통 역사가 아니구 또 그렇게 의가 좋았었는데 말야…

**시우**  ….

**재우**  (허서방 말 받아서)그거야 이루 말을 할 수가 없는 일이구 그렇지만 어떡해..당한 일은 당한 일이구…하루 빨리 추슬러야지..혼자가 아니구 애들이 있으니 너…길게 아파할 자유도 없어..애들 위해서 애들한테 강한 아빠가 돼 보여줘야 해..그래야 애들두 빨리 안정을 찾는다구 알어?

**시우**  ….네…

[하는데 안방 문 열리는 소리..]

[((허서방 앉은 위치상 제일 먼저 보고 일어나며)나오시네요..]

**재우**  (일어나고)

**시우**  (느리게 일어선다)

**재우**  (나오는 엄마 보며)시우 왔어요..

**장**  아버지 나오신다..

**박**  (나오고)

**재우**  시우 왔습니다 아버님..

**박**  (대꾸 없이 와서 아들 보며)……

**시우**  ….(조금 있다가 목례)

**박**  (앉으며)와서 같이 밥 먹자는데 왜 삐따닥하게 그래..

**장**  (앉으며)애비없이 애들끼리만 밥먹게 하기 안쓰럽잖아요…앉

492

어라 들··

　　[모두(적당히 앉고)]

**박**　차 왜 안나와··

**재우**　준비하구 있습니다 아버님··너 좀 들어가 봐.

**연우**　뭐얼·· (그깟 거 갖구 나까지)

**박**　(한숨 한번 짧게 내쉬고 아들 보며)별채 보일러 왕왕 돌려 놓구 있어····애들 데리구 들어와··

**시우**　·····

**박**　아줌마 있다구 해두···여기만 못할 거구 어차피 늬들 들어오라구 수리한 별채니까··옷가지만 챙겨 갖구 들어오구 아파트는 뒀다 내년 봄에 처분하든지 해··

**시우**　싫습니다··

**박**　？？？

**재우**　시우야··

**시우**　····

**연우**　아버지 말씀대루 해 시우야··애들 자라는 환경두 여기가 훨씬 좋구 그리구 올케 언니가 애들 좀 잘 챙겨 주니? 엄마 대신 잘 해 줄 거야··언니 믿어두 좋은 사람이잖아··

**시우**　····

**재우**　어머니두 계시구 시우야.

**시우**　그러구 싶은 생각이 없어요.

**박**　왜 없어··거기 고집할 이유가 뭐야·······엉?

**시우**　안 그러구 싶은 게 이유에요··

**장**　시우야··(정원 차 쟁반 들고 나와 자기 할 일 하고)

**시우**    얼마 못살구 갔지만....애들하구 에미랑 ··같이 살았던 집이에요.

**박**    그거 모르는 사람 있어?

**장**    가만 계세요.

**시우**    십년 과외 뛰어 만든...에미 집이에요....아직 구석구석에 에미가 있어요··그 집 안 떠납니다.

**박**    시묘살이 할래?

**장**    가만 좀 계시라니까 그러시네요··

**박**    왜 말을 못하게 해··

**장**    그래··니 심정 이해 못하는 거 아니야 애비야··그렇지만 간 사람은 간 사람이구 산 사람은 살아야지 어쩌겠니....에미 가엾구 불쌍한 건 한량없지만 그래두 산 사람은 또 살 궁리를 해야하는 법이야. 죽고 사는 게 동전 한 번 뒤집는 거나 마찬가지루 아무 것도 아니라고 하지만....그래도 죽은 이와 살 사람 경계는 엄연한 거야·· 성미 급하신 늬 아버지....서두르신다만 그거두 다 너하구 애들 위해 하시는 말씀이니까 고깝게 생각하지 말구...지금 당장 옮기라는 게 무린 거 알아·· 말려두 안 들으시는구나··

**박**    (아내 보고)....

**장**    지금부터 하루하루....애들 에미하구 헤어지는 연습을 해...간 사람 발목 너무 오래 붙잡구 있는 거두 안 좋아··이미 이승 사람 아닌데··발목 붙잡구 늘어져 저 갈데루 못 가게 하지 말어··누구한테두 도움 안되는 일이야··

**재우**    어머니 좋으신 말씀 깊이 새겨들어 너··

**장**    하루라두 빨리 이리루 왔으면 하는 생각은 나두 늬 아버지하구 같지만.....니 생각이 그런 거 같으면 그래....겨울은 거기서 나거

라..그러구 애들 개학 맞춰 들어와..그때쯤이면 너두…..괜찮아지
겠지…

**연우**    시우야.

**재우**    넌 가만 있어..

**연우**    (불만으로 오빠 보고)

**박**    회사는 으쩔 거야..

**시우**    ……

**박**    엉?

**시우**    생각하고 싶지 않습니다..

**박**    생각 안 하면

**장**    내버려두세요.

**박**    언제까지.

**장**    아 글쎄 내버려둬요.

**박**    회사 문 닫아?

**시우**    혼자서두 잘 해 오셨어요.

**박**    상황이 달라 이눔아. 너 미분양 사태 알아 몰라. 분양가 떨어뜨리
구 있는 거 알아 몰라.

**시우**    ….

**박**    이눔 자식 너 부모없이 하늘에서 뚝 떨어졌어? 니 여편네 중한 줄
만 알구 애비야 어찌되거나 상관없단 거야 뭐야.

**장**    (일어나며)일어나십시다.

**박**    ??

**장**    일어나요 어서…어서요..

**박**    (아내에게 잡혀 일어나면서)너만큼은 아니겠지만 나두 애들 에미

불쌍해. 나두 딱하구 가여워. 나두 후회하구 생각하는 게 많아. 한치 앞 모르구 사는 게 인생이야.. 벌 받을 게 있다면 죽어서 받을 테니까 너 이눔 니눔이 날 벌줄 생각은 하지 마. 정신 차리구 빨리 나와 회사 챙겨..

**장**    들어가십시다.

**박**    그게 니 의무야..(하고 아내에게 등 떠밀리다시피 해서 들어간다)

　　　　[모두 조용히……]

**재우**    ……(아우 한동안 보다가)아버님 입장에서는 저러실 수 밖에 없어..

**시우**    ….

**허**    그래두..즈이 아버님 보다는 부드러우신데요 뭘…즈이 아버님 같으면 두들겨 맞았어요..

**연우**    무슨…아들이 개차반인 거두 돈케어신 분인데..

**재우**    넌 지금 그말이 하구 싶냐?

**시우**    (일어나며)갈께요..

**재우**    야야 앉어. 앉어 봐..할말 있어..

**시우**    (도로 앉고)

**재우**    아버지 어머니 이번 연말 여행…우리 가족 전부다 함께 가시재…

**시우**    ….

**연우**    그래 얘..우리 식구 느이 식구 다 같이

**시우**    (오버랩의 기분)난 안가요..

**재우**    야.

**시우**    애들하구 보낼래요..(일어나며)난 빠져요..(하고 현관으로)

**재우**    어이 속상해서 정말…(하고 따라 나간다)

**S#** 현관 밖..정원..

[나오는 시우와 따라 나오는 재우…]

**재우**  시우야..

**시우**  (멈춰 돌아보며)뭐하러 나와요..들어가요..

**재우**  맺힌 맘 풀어 엉? 아버님두 후회하신대잖어어..

**시우**  가요…(하고 대문으로)

**재우**  …..(보며)

**S#**  아파트 광장으로 들어오는 시우의 자동차··

[주차하고 내리는 시우..아파트 현관으로…]

**S#**  거실

[승조는 은혜 안고 지나는 준서 안고 긴 소파에 나란히 앉아서 애들 준서 징징거리면서 싸우고 있는 중.]

**은혜**  (화면 시작과 동시에)니가 자꾸 아빠 듣는데 엄마 얘기하는 거 바보란 말야. 한번 하지 말라 그랬으면 하지 말아야지 왜 자꾸 해. 그러니까 바보라는 거지 야.

**준서**  그래애 누나는 똑똑하다 천재다 천재 나는 바보야 그래. 바보 좋아 나는 바보야. 바보라서 엄마 생각이 자꾸 나는 걸 어떡해..엄마가 보구 싶은 데 어떡해

**은혜**  나는 엄마가 안 보구 싶은 줄 알어? 나는 엄마 생각 안 나는줄 알어?

**준서**  그런데 왜 그래 씨이.

**은혜**  말을 하지 말란 말야 속으루만 생각하구 말을 하지 말라구 바보야.

**준서**  또 바보래 이 기집애 너 죽구 싶어?(지나에게서 벗어나려 하고 지나는 꽉 껴안고)

은혜　뭐 기집애? 기집애?(벗어나려 하며)

승조　은혜야 참아 참아..(꽉 껴안고)

준서　(와아앙 울음 터뜨리며)엄마아아아..엄마아아아...

　　　[조여인은 안타까와서 그냥 보고 있는 상황이다]

시우　(들어오며)????..왜 그래. 준서야 엉?

준서　(지나 벗어나 아빠에게 달려 붙으며)누나가 날보구 자꾸만 바보래
　　　요 아빠아아 앙앙앙앙

시우　바보 소리 싫어하는 줄 알면서 왜 그래. 너한테 누가 자꾸 바보
　　　라면 좋겠어?

은혜　(울음 터뜨리면서)엄마 얘기 하지 말라는데 자꾸만 엄마 얘길
　　　하잖어어 잉잉잉잉(하며 제 방으로 들어가고/들어간 뒤에 은혜 울음
　　　소리)

시우　........(준서도 잉잉잉잉)

조　에이구우우우...(주방으로 아웃)

시우　(준서 두드리며)그래...우리 ..그 문제에 대해서 얘기하자...(준서
　　　안아올려 소파로 가면서)너 은혜 좀 데리구 나와..

승조　그래..(은혜 방으로)

시우　(긴 소파에 준서 앉히고 앉으면서)아빠가 해결봐 줬어야 했는데
　　　못했어 준서야...미안해..해결 보자 우리..

승조　(은혜 데리고 나온다)

시우　은혜 이리 와.. 아빠한테...

은혜　(시우 옆으로)

시우　(두 아이 팔로 안으면서)....엄마 보구 싶지...(두 아이 가만)....아빠두
　　　그래....너무...보구 싶어.....은혜....준서가 엄마 얘기하면 아빠가 괴로

울까봐 못하게 하는 거지?

**은혜** (끄덕이고)

**시우** 아빠가 알아….그리구 준서는 누나가 그러는데두 엄마가 너무..보구싶으니까 너두 모르게 자꾸 …엄마 얘기를 하게 되는 거지?

**준서** (끄덕인다)….

**시우** 그래…..우리 엄마 얘기 편안하게…생각날 때는..하구 싶을 때는 막..하자….엄마 얘기 하구 싶은대루 다 하면서 살자….엄마가..우리를 얼마나 사랑하셨니…

**시우** E (지나 위에)우리가 엄마를 얼마나 사랑해…엄마 얘기하는 거…말리지 마 은혜야..아빠…괜찮아…늬들이 엄마 얘기 안하구..

**시우** 시침 뚝 떼구 그럼…아빠 오히려 섭섭할 거야..그래 우리…마음 아픈 거…엄마 얘기 많이 하는 걸루 소독하자…그러다 보면 …

**시우** E (승조 위에)한참 지난 뒤에는…마음 그렇게 많이 안 아프면서도 엄마를 그리워할 수 있게 될 거야…

**시우** 엄마두…우리가 엄마를 그리워하는 거….좋아할 거야…..알았어? …알았지?…(두 아이 달라붙고 안아주면서)…….

**S# 주방**

[간단한 안주와 와인…]

**지나** 아줌마 그러시는데 아까는 시우야 준서가…..혼자 이방 저방… 화장실..다용도실까지 다….문 열구 돌아다니면서 그러더래..(울음이 터질 듯하며)

**조** (치즈 내놓으면서)저게 엄마 찾는구나 싶어 그냥….하이구우우…

**시우** …..

**지나** 나는…자식 낳아본 적 없는데두 이렇게 이런데….언니는….. 어땠을까……애들 놓구 가야한다는 게….죽는 거 보다 더 아팠을 거야..

**시우**  다른 얘기하자…(홀쩍 마시고 내리며)참 너한테 돌려줄 거 있다

..(하고 나간다)..

[나가는 것 봐주고]

**승조**  그런 얘기 하지 마…

**지나**  …(보는)

**승조**  딴 얘기 해..

**지나**  뭐..애들한테두 해두 된댔는데..

**승조**  건 애들이지이…건드리지 마..

**지나**  어우….내가 시우라면 돌겠다..난 비겁하니까..

**승조**  왜 자꾸 비겁하단 소릴 해..

**지나**  비겁하니까..

**조**  (피클 낸다)

**승조**  이제 그만하세요 아주머니..

**조**  다 나왔어..

**승조**  잘 좀 부탁드려요.. 아주머니 계셔서 다행이에요..

**조**  뭐얼…내가 무슨 소용이야…애들 엄마가 있어야지…

**지나**  아주머니 한잔 하실래요?

**조**  아유 아냐 난 술 못해..(하는데)

**시우**  (지나의 보석 상자 들고 들어와 지나 앞에)….갖구 가….고마웠어…

**지나**  ….(상자 내려다보며)

**시우**  애들 옷하구 그 사람 드레스 값…청구 해..

**지나**  그래..한 일억쯤 할게..

**시우**  못 입어보구 갔어… 너무 호되게 받지는 마..

**지나**  정떨어지게 그러지 마‥너 왜 그래‥

**시우**  그 사람이 계산 치르라더라…(술잔 집어 마신다)

**지나**  ……(보다가)그렇게 아프면서 그 소리까지 하디?

**시우**  그런 사람이니까‥‥

**지나**  정말 항복이다‥또 한번 결정적으루 항복이다 승조야 마시자‥

**승조**  (글라스 부딪히며)천천히 해‥

**시우**  이거…집들이 선물로 받고 …엄청 좋아했는데…(글라스)그럴 땐 허풍 심한 애같잖아

**승조**  생각나…대머리두 아닌데 공짜 좋아한다구 너 그랬지‥(제 잔에 따르려는 병 뺏으며)내가 하께…(따라주는데)

**시우**  니 친구 잘 있어?

**승조**  잘 있어…늬들 얘기 했어‥

**지나**  걔가 승조 일거리 잘 물어온대‥며칠 전엔 즈네 빌딩 리모델링 일거리 물어다 줬대‥

**시우**  괜찮은 친구네‥잘 유지해‥

**승조**  응‥잘 맞아‥‥착하구‥

**지나**  너보다 더?

**승조**  열두 배 더‥

**시우**  너는…그 의사…

**지나**  지금 세미나 가구 서울에 없어‥

**승조**  하루 한 두번은 꼭 전화해‥

**시우**  언제 한번… 보자‥

**지나**  말만 해…보여줄게‥

**시우**  (홀쩍 마시고 내리는데)

승조   집에 갔다면서..

시우   (끄덕이며)이사하라구..

지나   ...그래서..

시우   못해...안한다 그랬어..장모님 모셔다 여기서 쭈욱 살 거야..

지나   ....(보며)

승조   .....(보며)

S# 빈 거실..

S# 침실

　　　[시우 가운데/ 두 아이 하나씩 옆에..]

시우   (가만가만 노래 부른다)구울 따러어 가고...아기가 혼자 남아 집
　　　을 보오다가...

S# 과거/준서의 방

영애   파도가 불러주는 자장 노래에..(노래 계속해서 시우에 연결)

S# 시우의 침실

시우   잠이 드웁니다..........(한동안 멍하다가)잠들었어?

은혜   아니?

준서   아뇨..

시우   다시 해?

준서   (일어나 앉으며)아빠..우리 나중에 엄마 만나요?

시우   ...그럼 만나지...

준서   하늘 나라에서요?

시우   ....엄마가....죽었다구...돌아가셨다구 생각하지 말구 준서야
　　　...우리 그냥....아주 먼데루 여행가 계시다구 생각하자...엄마가 우
　　　리보다 먼저 출발하셨어...먼저 가셔서 우리 기다리구 계시다구 생

각해…이 다음에…꼭…반드시 만나…우리 네 식구 반드시 다시 만

나서 뭉칠 거야..

**준서**  아빠..

**은혜**  그만 자아..(오버랩의 기분)

**준서**  ?..또 그런다.나는요 아빠.. 엄마가 우리 집에 계신 거 같아요..

숙제를 하구 있으면 엄마가 보시구 있는 거 같구요…부엌에서 무슨

소리가 들리면 엄마가 우리 햄버거 만들구 계신 거 같아요..

**시우**  아빠두 그래…

**준서**  아빠두요?

**시우**  응…

**준서**  (누우면서)아빠두 그러시대..

**은혜**  알았어..너만 그런 거 아냐..잠이나 자..

**시우**  그래..자자…잘 시간이야…….(하며 스탠드 끄고)

[잠시 그대로….]

**S#**  빈 거실…

[사이 두었다가]

**시우**  (나온다…어둠 속에 소파에 앉아서 영애 핸드폰으로 단축 다이얼 누

른다)

E  시우 핸드폰 벨 울리고

[전화기에 뜨는 영애의 사진….]

**시우**  …..(보면서…….)

E  벨은 계속 울리고…….

**시우**  (전화 끊는다)……(끊고 가만히)

**S#**  머리 묶고 아이들하고 만화 보면서 낄낄거리던 장면..

S# 제주도에서 지나 때문에 싸움 붙었던 장면··

S# 아이들과 놀던 장면 1/2/

S# 온천여행 간다고 싸우던 씬··

S# 그날 밤 술 먹고 들어와 심술피던 장면···

S# 현재의 시우·····

F.O

S# 엄마의 방··

시우  (무릎 꿇고 앉아서)에미가···약속했었어요 장모님··

엄마  (손자 손녀 한꺼번에 안고/아직도 아픈 중이고)그래··데리구 가 잘
      놀리구 와······에미두 좋아할 거야·· 애들 다치지 않게 조심하구··

시우  네···

엄마  설마·····에미가 지 새끼들 다치게야 할까···괜한 걱정이지··

준서  할머니 편찮으세요?

엄마  엉···조금·····늙어서 그래··

준서  감기 드셨어요?

엄마  감기두 들구·····머리두 아프구···

소정  은혜랑 준서 좋겠네···스키 잘 배워 둬. 내년에는 나랑 같이 가자
      ··나 스키 기차게 잘 탄다 늬들?

준서  발레하는 누나는요··

소정  응 그 누나는 못 타··아니 안타··스키타다 다리 다치면 절대 안
      된다구 안 배웠어.

시우  병원에를 가 보세요 장모님··

엄마  필요없어··병원이 무슨 해당야···죽으면 행복인데···

시우  ····(보며)

504

**엄마**  죽으면 행복이야...이대루 죽으라면 만세 부르면서 죽겠어.

**소정**  어머닌...자꾸 저러셔서 속상해 죽겠어요 정말‥

**시우**  ‥‥‥

**S#**  가게 앞에 세워져 있는 승조의 자동차. 스키 네 벌 자동차 뚜껑 위에‥

　　　[시우 가족 나오는 것 보고 지나와 승조 차에서 내린다‥]

　　　[애들 데리고 가게로‥]

　　　[가게 안‥]

**시우**  (가게 문 열고)

**이모**  (재료 준비하다가)응…갈려구? (문 쪽으로)

**시우**  네…

**이모**  (아이들에게)아이구우우 내 강아지들…그래 어디루 놀러 가
　　　는데?

**준서**  스키장 가요 할머니‥

**이모**  어엉 눈밭으루 가는구나‥

**준서**  네‥

**이모**  어디‥우리 은혜 이제 누나 노릇 더 잘해야지…엄마 대신 준서
　　　잘 보살펴 엉? 그러는 거야‥

**은혜**  네‥

**시우**  장모님 병원 좀 모시구 가세요 이모님.

**이모**  말을 들어? 죽으면 만세 부른다는 양반인데‥걱정마 내일은 정
　　　호가 강제루라두 모시구 간댔어‥ 아 안 아프면 이상한 거지 괜찮어
　　　걱정할 거 없어‥어이 가. 가가‥

**시우**  인사 드려‥

**두 아이**  (인사하고)

**이모**　오냐 오냐오냐 잘 놀다 와 엉?

**두 아이**　(대답하고)

**S#**　가게 밖

[나오는 세 사람…]

[따라 나와서..]

[지나 승조 적당히 인사하고 다 타고 차 뜰 때까지 이모….]

**S#**　고속도로를 달리는 승조의 차··

**S#**　차 안··

[앞자리 승조 운전 지나 옆자리.]

[뒤는 아이들과 시우··]

**준서**　(시우 무릎에서 자고 있고)

**은혜**　(아빠에게 안겨 자고)

**시우**　….(창 밖으로 시선 보내면서)……

**S#**　스키장 전경…(낮)

[스키장 풍경 1/2/3/]

[아이들에게 스키 가르치는 승조와 지나··자유롭게 오랜만에 기분 좋은 분위기··]

[조금 타는 게 가능해진 두 아이·· 보람을 느끼는 승조와 지나··]

**지나**　(애들하고 히히덕거리다가 문득)어머…

**승조**　왜 그래··

**지나**　나 핸드폰 두구 나왔어··닥터 신 전화할텐데…

**승조**　난 부러 두구 나왔다 방해받구 싶지 않아서··

**지나**　놀구 있어··나 전화 갖구 나올게··

**승조**　오케이··

**지나**  (스키로 미끄러지려 폼 잡는데)

**승조**  야..시우는 아직두 볼일 못보구 있나? 안되면 그냥 나오라 그래.. 이따 내가 나가서 약 사다 준다구…

**지나**  알았어어..(미끄러지는데)

**은혜**  아빠 데리구 오세요오오..

**지나**  어엉…알았어어어…

　　　　[미끄러지는 지나..]

**S#**  스키 보관소에 스키 맡기는 지나…

**S#**  콘도 복도..

**지나**  (승강기에서 내려 경쾌하게 잰걸음으로 객실로)……..

　　　　[카드 키거나 무슨 키거나 열고 들어간다.]

**S#**  콘도 거실

**지나**  (들어오며)시우야….어딨니이…(화장실 쪽으로) 아직두 성공 못하구 들어앉아 있는 거야? ….시우야…….(화장실 문 두드리며)시우야…애…(하는데 무슨 소린가가 들리는 듯)??(시우가 짐 푼 방 문 열고)???

**S#**  객실

**시우**  (두 팔 머리 감싸고 거의 뒹굴듯 소리내며 아파하고 있다)….

**지나**  ??(뛰어들며)애 시우야. 시우야

**시우**  너무…너무 아파 아아아아 아으으으으으으 아아아아아아아….

**지나**  ??(보통 사태가 아니다)잠깐 잠깐 있어 잠깐 있어..(후닥닥 전화로 가서 프런트 전화번호 확인하고 누른다)..네 여보세요..여기 ***실인데 위급환자에요. 구급차 좀 빨리 대기시켜 주세요. 당장 병원으루 옮겨야겠어요.(끊으려다 다시)아니 스키타다 다친 거 아니에요…어쨌든 위급상태니까 이거 보세요 이렇게 전화 붙잡구 있지 말구 빨리 차 불러요 차아!!

## S# 콘도 앞
[일일구 구급차 대기 중인데 대원들에게 부축되거나 업히거나 나오는 시우‥계속 극심한 통증 머리 싸쥐고. 지나 함께‥]

## S# 사이렌 울리며 달리는 일일구 구급차‥

## S# 차 안‥

**시우** (마구 아파 머리 싸쥔 채 비명 울리는)‥‥‥

**지나** 왜 이러는 거야 시우야‥왜 이래 왜 이래애애애‥‥(시우 얼굴 잡고) 시우야 시우야‥‥시우야아아아‥‥(시우는 너무 아파 정신이 없을 지경)

## S# 종합병원에 대어지는 일일구
[대기 중인 병원 의사들 시우 싣고 응급실로‥]

**지나** 감사합니다 감사합니다 감사합니다‥(하면서 응급실 쪽으로)

## S# 응급실 앞

**지나** (급히 와서 문 밀고 들어가는데 마주 나오는 시우의 밀차. 시우는 아예 비명을 울리고)??어디루 가는 거에요?

[모두 급하게 아무도 대답 안 하고 밀차 빠르게 밀고 황망하게]

**지나** 어디가는 거에요.(따르며)어디가냔 말이에요.

**아무나** 검사요 검사실요‥

**지나** ???‥‥‥

## S# 검사실 복도‥
[복도를 빠른 속도로 밀려오는 시우와 남자들 등 뒤에서 펄쩍펄쩍 뛰듯 하며]

**지나**   시우야.. 조금만 참아 검사한대.. 검사 끝나면 금방 치료할 거야..조금만 참아 응? 참아 시우야..(검사실로 들어가는 밀차. 지나 따라 들어가려다가 막히고)……(너무나 황당하고 무섭고 어쩔 줄을 모르겠다가)………(핸드폰 주머니에서 꺼내 승조 단축 다이얼 찍으려다 아 참 얘 전화 콘도에 있지/ 그만두는데)

    [의사 두어 명 급히 와서 검사실로 들어간다…]

**지나**   ……????……(하고 있다가 왔다 갔다 했다가 가만 있을 수가 없는 불안…)

**S#**   스키장에서 놀고 있는 승조와 두 아이··

**S#**   검사실 앞··

**지나**   (노려보듯 검사실 문 보고 있는데)……

**의사**   (나온다)…

**지나**   ???(다가든다)

**의사**   부인되세요?

**지나**   (대답하면서도 심상치 않다)아니 저 전 친구에요  무슨 일이에요 왜 그러는 거에요 검사 결과가 뭐에요 선생님 금방 조치 되는 거죠? 지금두 아파해요? 왜 그러는 거에요?

**의사**   가족되시는 분은

**지나**   저 가족이나 같아요 선생님… 저한테 말씀하세요 수술이 필요하면 즉시 수술해주시구요

**의사**   (오버랩의 기분)아니 저 유감입니다만 검사 중에 사망….

**지나**   ???

**의사**   하셨어요··

**지나**   뭐라구요?·····

**의사**   혹시…최근에

**지나**   네에??

**의사**   극심한 두통 증세로 봐서 뇌저 동맥류 파열로 추측됩니다만..검
사 시작하구 금방 그렇게 돼서…

**지나**   ……(보며 피가 다 아래로 빠지는듯한)

**의사**   얼핏 보기에도 건강한 청년같은데…혹시 최근에 극도의 긴장
상태였다거나 심한 스트레스/혹은 (하는데)

**지나**   엄마(의사 무시하듯 검사실로 움직인다)……(문 앞에 잠깐 서서….)
들어가 보겠어요…

**의사**   ….그러세요…

**S# 검사실··**

**지나**   (들어선다)……

   [검사실 남자들 뒤처리 하고 있다가 잠깐 돌아보고 자기 할 일들 하고…]

**지나**   ……(밀차에 실려 있는 시우를 본다)……엠알아이 기계..옆에….

**시우**   (평화로운 시우)…….(시우의 모습이 부옇게 흐려지면서)

**지나**   (가득 고였던 눈물이 뚜루루루루)…….(천천히 시우에게 다가서
……내려다보며)………(믿을 수 없는)…….정말이니?…..너 정말이야?…
….(있다가 가만히 손 뻗어서 시우 뺨에 대고)…………시우야….시우야
………시우야…………

**S# 박회장 거실··**

   E 울리는 전화벨….서너 번··

**김**   (간단한 휴가 보따리 들고 나와 현관으로 가며)아무도 없어 그만
끊어어어 (나간다)

**S# 비행 중인 비행기 일등석··**

510

[박회장 내외 타고 있다….]

**S#** 이등석에는 허서방 내외와 미주, 재우 내외 타고 있고…

**S#** 스키장…

[신나게 놀고 있는 두 아이와 승조…..]

〈끝〉

부록

## TV 드라마

### 〈무지개〉
1972년, MBC, 주간 드라마.

### 〈상록수〉
1972년, TBC, 주간 연속극(문예물 각색).

### 〈새엄마〉
1972~1973년, MBC, 일일 연속극.
재혼한 여성이 대가족을 자신의 의지로 슬기롭게 끌고 나가는 이야기로,
가족 중심 일일 연속극의 새 지평을 연 드라마.

### 〈심판〉
1972년, KBS무대, 단막극.

### 〈강남가족〉
1974년, MBC, 일일 연속극.
고지식하면서도 정직하고 단란하게 살아가는 공무원 가정의 일상 이야기.

### 〈수선화〉
1974년, MBC, 일일 연속극.
여성을 중심으로 지혜롭게 살아가는 가족의 이야기로, 이 드라마를 시작
으로 세칭 '김수현표 드라마'로 평가받기 시작함.

〈하얀 밤〉

1975년, KBS무대, 신년 특집극.

〈안녕〉

1975년, MBC, 일일 연속극.
가정과 부부 윤리의 변화를 그린 드라마.

〈신부일기〉

1975~1976년, MBC, 일일 연속극.
시골서 갓 시집온 영리하고 해맑은 며느리가 만들어가는 부드럽고 화목
한 가정 이야기.

〈아버지〉

1975년, TBC, 토요무대(단막극).

〈탄생〉

1976년, MBC, 신년 특집극.

〈여고 동창생〉

1976~1977년, MBC, 일일 연속극.
여고 시절 단짝이었던 다섯 명의 동창생들이 사회와 부딪치며 살아가는
이야기.

〈말희〉

1977년, KBS무대, 작가가 드라마 선집에 추천한 대표 단막극.

〈보통 여자〉

1977년, TBC, 단막극.

〈당신〉

1977~1978년, MBC, 일일 연속극.

새 며느리가 주변의 질투와 멸시 등의 어려움을 극복하고 부부애를 되찾는 홈드라마.

〈후회합니다〉

1977~1978년, MBC, 주말 연속극.

가족의 오해와 갈등 속에 인생을 살아가는 중년 여성 이야기.

〈청춘의 덫〉

1978년, MBC, 주말 연속극.

배신한 남자에게 복수하는 애정극으로, 1999년 SBS 리메이크작으로 "당신 부숴버릴 거야"라는 명대사를 낳음.

〈불행한 여자의 행복〉

1978년, TBC, 단막극.

〈행복을 팝니다〉

1978~1979년, MBC, 일일 연속극.

한집안에 모여 사는 일곱 세대의 애환을 다룬 드라마.

〈엄마, 아빠 좋아〉

1979년, MBC, 주말 드라마.

〈고독한 관계〉

1980년, TBC, 주말 드라마.

〈입춘대길〉

1980년, KBS, 신년 특집극.

〈잃어버린 겨울〉
1980년, TBC, 주말 드라마.

〈아롱이다롱이〉
1980년, TBC, 주간 드라마.

〈옛날 나 어릴 적에〉
1981년, KBS, 신년 특집극.
1993년 KBS 설날 특집극으로 리메이크됨.

〈첫 손님〉
1981년, MBC, 신춘 특집극.

〈안녕하세요〉
1981년, MBC, 주말 드라마.

〈사랑의 굴레〉
1981년, MBC, 〈사랑의 계절〉 100회 특집극.

〈불타는 다리〉
1981년, MBC, 육이오 특집극.

〈사랑합시다〉
1981~1982년, MBC, 일일 연속극.

〈야상곡〉
1981~1982년, MBC, 주말 드라마.
농밀한 애정극.

〈아버지〉

1982년, MBC, 신년 특집극.

중년 가장이 그리는 남자 이야기.

〈어제 그리고 내일〉

1982~1983년, MBC, 일일 연속극.

〈다녀왔습니다〉

1983년, MBC, 일일 연속극.

밝고 경쾌한 홈드라마.

〈딸의 미소〉

1984년, KBS, 신춘 특집극.

〈사랑과 진실〉

1984년, MBC, 주말 드라마.

정반대의 성격을 가진 자매의 엇갈린 운명을 그린 이야기.

〈사랑과 진실〉 2부

1985년, MBC, 주말 드라마.

〈사랑과 진실〉의 속편.

〈사랑과 야망〉

1987년, MBC, 주말 드라마.

시대적 배경과 함께 서로 다른 두 형제가 살아가는 이야기. 2006년 SBS 주
말 드라마로 리메이크됨.

〈모래성〉

1988년, MBC, 미니시리즈.

작가의 소설을 원작으로 극화한 멜로드라마.

## 〈배반의 장미〉
1990년, MBC, 주말 드라마.
식물인간에서 깨어나는 남편과 아내 이야기.

## 〈사랑이 뭐길래〉
1991~1992년, MBC, 주말 연속극.
전통적인 가정과 비교적 개방적인 두 가정 사이의 문화적 갈등과 충돌
이야기로, '대발이 아버지'라는 캐릭터를 낳음.

## 〈두 여자〉
1992년, MBC, 미니시리즈.

## 〈어디로 가나〉
1992년, SBS, 창사 특집극.
병든 아버지와 자녀들 간의 갈등과 삶과 죽음 이야기.

## 〈산다는 것은〉
1993년, SBS, 주말 드라마.
가장이 된 여성의 삶과 가족 이야기.

## 〈작별〉
1994년, SBS, 주간 드라마.
시한부 의사와 그 가족의 인생과 슬픔에 대한 이야기.

## 〈인생〉
1995년, SBS, 창사 특집극.

## 〈목욕탕집 남자들〉
1995~1996년, KBS, 주말 연속극.
목욕탕을 하며 삼대가 함께 사는 서울 변두리 집안의 전통과 현대가 섞

인 이야기.

### 〈사랑하니까〉
1997~1998년, SBS와 HBS(케이블 현대방송) 동시 방송.
김수현 드라마 가운데 유일하게 죽은 영혼이 드라마 속에 등장하는 이야기.

### 〈아들아 너는 아느냐〉
1999년, SBS, 창사 특집극.
사고로 뇌사에 빠진 아들의 장기를 기증하면서 깨닫는 삶에 대한 이야기.

### 〈불꽃〉
2000년, SBS, 주간 드라마.
네 주인공의 엇갈린 관계와 운명적 사랑 이야기.

### 〈은사시나무〉
2000년, SBS, 창사 특집극.
부모 자식 간의 복잡한 감정과 관계에 대한 고찰.

### 〈내 사랑 누굴까〉
2002년, KBS, 주말 연속극.
자녀들의 연애와 결혼을 중심으로 펼치는 홈드라마.

### 〈완전한 사랑〉
2003년, SBS, 주말 드라마.
희귀병에 걸린 연상의 아내와의 애틋한 사랑 이야기.

### 〈혼수婚需〉
2003년, KBS-2TV, 추석 특집극.
결혼의 현실과 이상에 대한 고찰.

### 〈부모님 전상서〉

2004~2005년, KBS, 주말 연속극.

경기도 여주를 배경으로, 자녀들이 그들의 삶에 대해 매일 돌아가신 부모님께 보고하는 형식의 드라마.

### 〈홍소장의 가을〉

2004년, SBS, 창사 특집극.

경제위기로 퇴직한 가장을 통해 가족의 아픔과 사회문제를 그린 드라마.

### 〈내 남자의 여자〉

2007년, SBS, 미니시리즈.

가까운 친구가 남편과 불륜에 빠진 이야기.

### 〈엄마가 뿔났다〉

2008년, KBS, 주말 연속극.

살림에 지친 주부가 휴가를 선언하는 홈드라마.

### 〈인생은 아름다워〉

2010년, SBS, 주말 드라마.

제주도 배경의 성소수자를 포함한 가족 이야기.

### 〈천일의 약속〉

2011년, SBS, 미니시리즈.

알츠하이머에 걸린 아내를 보살피는 순정극.

### 〈아버지가 미안하다〉

2012년, TV조선, 개국 특집극.

환경미화원 가장이 겪는 애환을 들려주는 드라마.

〈무자식 상팔자〉
2012~2013년, JTBC, 주말 연속극.
한집안 삼대의 세대별 우여곡절을 다룬 이야기.

〈세 번 결혼하는 여자〉
2013~2014년, SBS, 주말 연속극.
결혼의 의미를 되새겨 보는 젊은 층의 풍속도.

〈그래, 그런 거야〉
2016년, SBS, 주말 연속극.
아버지와 아들 세 형제가 살아가는 이야기.


## 라디오 드라마

〈저 눈밭에 사슴이〉
1968, MBC라디오 공모 당선 연속극.

〈약속은 없었지만〉
1968, MBC라디오 연속극.

〈지금은 어디서〉
1968, MBC라디오 연속극.


## 영화 시나리오

〈잊혀진 여인〉(1969), 〈아빠와 함께 춤을〉(1970), 〈필녀〉(1970), 〈미워도 다시 한번〉 3편(1970), 〈미워도 다시 한번〉 4편(1971), 〈보통 여자〉(1976), 〈불행한 여자의 행복〉(1979), 〈어미〉(1985)

## 소설

『상처』,『겨울로 가는 마차』,『안개의 성』,『포옹』,『유혹』,『청춘의 덫』,『여자 마흔 다섯』,『겨울새』,『결혼』,『모래성』,『그늘과 장미』,『망각의 강』,『눈꽃』(이 가운데 일부는 다른 작가의 각색으로 TV 드라마로 방송됨)


## 산문집

『미안해, 미안해』(1979),『生의 한 가운데』(1979)


## 영화화 된 원작들

『눈꽃』,『유혹』,『겨울로 가는 마차』,『마지막 밀회』,『내가 버린 남자』,『청춘의 덫』,『상처』,『약속은 없었지만』,『죄 많은 여인』,『욕망의 늪』,『버려진 청춘』,『너는 내 운명』,『나는 고백한다』,『이 밤이여 영원히』

## | 김수현 연보 |

**1943**     3월 충북 청주에서 출생.

청주여자고등학교, 고려대학교 국문학과 졸업.

잡지사 기자로 잠시 활동.

**1968**     MBC 문화방송 개국 기념 라디오 연속극 공모에 「그해 겨울의 우화」(〈저 눈밭에 사슴이〉)가 당선. 방송 드라마 작가로 공식 등단 이후 두어 편의 라디오드라마를 더 집필.

**1969**     〈잊혀진 여인〉 1970년 〈미워도 다시 한번〉(3, 4편) 등 10편 안팎의 영화 시나리오를 직접 썼고, 이 가운데 〈필녀〉는 1971년 제8회 청룡영화상 시나리오 각본상을 받았다. 이밖에 〈눈꽃〉 등 원작만을 가져가 영화화한 작품도 10여 편 더 있다.

**1972**     MBC-TV 주간극 〈무지개〉 집필 도중 일일 연속극 작가로 전격 발탁. 그 해 8월 말에 시작한 일일극 〈새엄마〉가 폭발적인 인기로 무려 411회나 방송되어 당시로서는 최장수 드라마의 기록을 남겼다. 이는 곧 현실적 일상생활을 바탕으로 하는 일일극 패턴의 시작을 알림과 동시에 일일극 중흥을 예고하는 '김수현 드라마'의 화려한 등장이었다. 〈새엄마〉는 1973년 한국 방송 사상 최초로 제1회 한국방송대상 극본상 수상. 1974년 〈강남가족〉, 〈수선화〉 등 쓰는 연속극마다 시청률 1위는 계속되었고, 앞서 〈새엄마〉 때부터 1980년대 초까지 약 10년 동안 거의 하루도 쉬지 않고 쓰는 실로 초능력의 작가가 되었다. 매일 또는 주간 연속극이라는 특징도 있지만 단순히 집필량으로만 치자면 아마도 이 지구상에서 가장 많은 원고를 쓴 작가로 기록될 것이다.

**1975**     〈신부일기〉 때부터는 '시청률 제조기'라는 별명과 함께 명실

공히 TV 드라마 일인자 자리를 굳혔다. 덕분에 MBC는 그때부터 한동안 '드라마 왕국'이라는 소리를 듣기도 했다. "김수현 드라마라면 죽은 시체도 벌떡 일어난다"는 말도 이때 나왔다. 실제로 김수현 드라마가 방송되는 저녁 시간에는 거리가 한산했고, 그 시각 설거지를 미루고 TV 앞에 앉는 주부들 때문에 전국의 수돗물 사용량이 줄어든다는 말까지 나왔다. 〈신부일기〉는 제3회 한국방송대상 최우수 작품상을 받았고, 1980년 TBC-TV를 통해 방송한 주말극 〈고독한 관계〉는 제16회 백상예술대상 극본상을 받았다.

**1977**  월간 여성 잡지 연재소설 「상처」를 시작으로 1990년까지 드라마와 별개로 무려 13편 이상의 소설을 발표. 단행본으로 출간된 이들 소설들은 단번에 베스트셀러 반열에 올랐다. 소설 『겨울로 가는 마차』, 『여자 마흔 다섯』 등이 모두 이 시기에 나왔다.

**1980**  컬러 TV 방송 시대가 열린 후 2000년대까지, 긴 연속극에 비해 상대적으로 작품성이 뛰어난 각 방송사의 명품 단막극 또는 순도 높은 2, 3부작의 특집극을 사실상 도맡아 집필하며 TV 드라마의 또 다른 진수를 보여주었다. 모두가 인간의 본질을 끊임없이 추구하는 내용들로, 3부작을 하룻밤에 연속 방송하는 집중 편성을 통해 더 많은 시청자들에게 전율에 가까운 충격과 감동을 안겨주었다. 이들 특집극 가운데 〈옛날 나 어릴 적에〉는 1981년 또다시 제17회 백상예술대상 극본상을, 〈어디로 가나〉는 제20회 한국방송대상 TV 드라마 부문 작품상과 그해 한국방송작가상을 받았고, 〈은사시나무〉는 다시 한번 제37회 백상예술대상 TV 부문 극본상을 수상했다.

**1984**  5월부터 11월까지 방송된 〈사랑과 진실〉은 최고 시청률을 76%까지 끌어 올리며 김수현 드라마 '사랑 시리즈'의 신호탄이 되기도 했다. 이 무렵부터 일일극에서 빠져나와 TV 드라마의 흐름을 주간 연속극 위주로 바꿔놓았고, 1987년에는 '사랑 시리즈' 제2탄이라 할 수 있는 〈사랑과 야망〉을 써서 또 한 번 최고 시청률 70% 이상이라는 선풍적인 인기를 안방에 몰고 왔다. 1988년

제24회 백상예술대상에선 TV 부문 대상을 차지했고, 2006년 SBS 에서 리메이크되어 또다시 폭발적인 인기를 얻었다.

**1988** 　사단법인 한국방송작가협회의 이사장직을 맡아 이후 8년여 동안 방송 작가들의 권리 찾기에 앞장서 투쟁과 헌신으로 저작권 확보를 완성했다. 후진 양성을 위한 '방송작가 교육원'도 개설해 향후 이곳 출신 작가들 대다수가 방송 프로그램을 거의 장악해 방송 콘텐츠 향상을 주도함으로써 드라마를 비롯한 방송 발전에 크게 공헌하였다.

**1990** 　11월부터 1992년 5월까지 방송된 주말극 〈사랑이 뭐길래〉는 코믹 홈드라마라는 새로운 장르를 개척함과 동시에 TV 드라마의 수준과 흥미를 한 단계 높였다는 평가를 받았다. 기왕의 수식어인 '언어의 연금술사'에 이어 TV 드라마에 관해 드디어 '신神의 경지'에 이르렀다는 극찬을 세상 사람들과 언론으로부터 들었다.

**1992** 　〈사랑이 뭐길래〉는 한국 방송 사상 처음으로 중국에 진출, 한류의 원조 또는 효시로 최초의 수출 드라마가 되었다. 당시 〈사랑이 뭐길래〉가 방송되는 주말 저녁 8시 시간대에 남의 집에 전화하는 일은 크게 실례라고 할 정도로 온 국민이 이 드라마에 빠져드는 일종의 '김수현 신드롬'을 낳았다. 중국 역시 그 반응이 엄청나 당시 10억이 넘는 인구의 온 대륙이 들썩였다는 중국 CCTV 관계자의 증언이 있었다. 국내 최고 시청률 64.9% 또한 결코 그저 그냥 넘길 만한 수치가 아니었다.

**1993** 　〈산다는 것은〉과 〈작별〉과 같은, 주로 삶과 죽음에 대해 진지하게 접근하는 작품들을 SBS 주간 드라마를 통해 선보였다. 번뜩이는 재치와 시청자의 말문을 트이게 하는 생생하고 맛깔스런 대사, 언어 문학의 상승 효과, 빠른 전개와 충만한 리얼리티, 인물들의 다양한 캐릭터와 상황 반전에 지치지 않는 서사 구조를 거침없이 쏟아냈다.

**1995** 　KBS 주말 연속극 〈목욕탕집 남자들〉은 수많은 '김수현표 가족 드라마' 가운데 또 하나의 전범을 보여준 경우다. 이 드라마 한

편으로 그때까지 상대적으로 다소 열세에 있던 KBS 드라마들을 단 한 방에 강세로 돌려놓는 마법을 보여주었다. 1995년 당시 한 유력 월간지가 해방 후 '한국을 바꾼 100인' 가운데 방송계에서는 유일하게 드라마 작가 김수현을 선정 발표했다. 가령 시청률 30%면 대략 1천만 명, 70% 안팎이면 아무리 깎아도 2천만 명 이상이 한꺼번에 동시 시청한다는 계산이다. 게다가 이와 같은 특정 작가 드라마에 대한 꾸준하고 열광적인 시청 행태는 1970년대 초 김수현의 드라마가 처음 등장한 때부터 2010년대 초까지 약 40여 년간 견고하게 유지됐다. 그간의 '김수현 드라마'가 한국인의 생활양식이나 의식과 문화, 대중적 가치와 정서에 미친 긍정적인 영향을 올바르게 평가한 결론으로 볼 수 있는 일이었다.

**2000**  SBS 주간 드라마 〈불꽃〉을 시작으로 〈완전한 사랑〉(2003), 〈내 남자의 여자〉(2007)까지 시대의 변화와 함께하는 〈청춘의 덫〉 리메이크를 비롯해 새로운 감각의 멜로드라마를 모색해 동시대의 사회 윤리적 문제와 정서적 도덕 방향을 정리해보기도 했다. 2004년 KBS 주말 연속극 〈부모님 전상서〉는 두 번째로 한국방송작가상을 받았고, 〈엄마가 뿔났다〉(2008), 제주도를 무대로 한 〈인생은 아름다워〉(2010)와 JTBC의 주말 연속극 〈무자식 상팔자〉(2012)까지 2000년대에 들어 괄목할 만한 '가족 드라마 4종 세트'를 내놓으며 역시 김수현 드라마의 기본 단위는 '가족'이라는 점을 상기시켰다. 계속된 여러 편의 '국민 드라마'로 여전히 많은 시청자의 공감을 이끌어내는 데 성공했다.

**2008**  한국방송협회 주관 '서울 드라마 어워드'에서 '올해의 대한민국 대표 작가'로 선정됐다.

**2012**  대한민국 대중문화예술상 은관문화훈장을 수여받았다.

김수현 드라마 전집 9
# 완전한 사랑 2

| | |
|---|---|
| 1판 1쇄 인쇄 | 2021년 2월 1일 |
| 1판 1쇄 발행 | 2021년 2월 22일 |

| | |
|---|---|
| 지은이 | 김수현 |
| 펴낸이 | 임양묵 |
| 펴낸곳 | 솔출판사 |

| | |
|---|---|
| 책임편집 | 임우기 |
| 편집장 | 윤진희 |
| 편집 | 최찬미, 윤정빈 |
| 디자인 | 오주희 |
| 마케팅 | 이원지 |
| 제작관리 | 박정윤 |

| | |
|---|---|
| 주소 | 서울시 마포구 와우산로29가길 80(서교동) |
| 전화 | 02-332-1526 |
| 팩시밀리 | 02-332-1529 |
| 홈페이지 | www.solbook.co.kr |
| 이메일 | solbook@solbook.co.kr |
| 출판등록 | 1990년 9월 15일 제10-420호 |

| | | |
|---|---|---|
| ISBN | 979-11-6020-129-1 | 04680 |
| | 979-11-6020-120-8 | 세트 |

· 이 도서의 국립중앙도서관 출판예정도서목록(CIP)은 서지정보유통지원시스템
  홈페이지(http://seoji.nl.go.kr)와 국가자료종합목록 구축시스템(http://kolis-net.nl.go.kr)에서
  이용하실 수 있습니다. (CIP제어번호:CIP2020005402)
· 잘못된 책은 구입한 곳에서 바꿔드립니다.
· 책값은 뒤표지에 표시되어 있습니다.